Vislumbres Sobre

A Psicologia do Yoga

I. K. Taimni

Vislumbres Sobre
A Psicologia do Yoga

Tradutor: Edvaldo B. de Souza

EDITORA
TEOSÓFICA

Theosophical Publishing House
Adyar, Chennai
Índia, 6000020, 1973

Editora Teosófica
SIG Quadra 6, Nº 1235
70.610-460 – Brasília-DF – Brasil
Tel.: (61) 3322.7843
E-mail: editorateosofica@editorateosofica.com.br
Site: www.editorateosofica.com.br
Instagram: @editorateosofica
Whatsapp: 61 98613-4906

T133 Vislumbres sobre a psicologia do *yoga* / I. K. Taimni.
Tradução: Edvaldo B. de Souza – Brasília: Editora Teosófica, 2023
432 p.
Título original: Glimpses into the psycology of *yoga*
ISBN : 978-85-7922-222-1

1. Filosofia Oriental 2. *Yoga*
I. Souza, Edvaldo B. II Título

CDD 181.45

Revisão de texto: Zeneida Cereja da Silva
Capa e diagramação: Ana Paula Cichelero
Foto da capa: Briam Cute

Sumário

Prefácio da Edição Brasileira.......7
Prefácio do Original em Inglês.......11

Parte 1 – *Vislumbre Sobre a Natureza da Realidade*

Capítulo 1 *Dhyāna Mantra* de *Mahesha*.......26
(Uma fórmula para Meditação sobre a Divindade Manifestada)

Capítulo 2 *Shiva Stotra*.......49
(Um Hino Dirigido à Divindade Não Manifestada)

Capítulo 3 *Brahma Stotra*.......68
(Um Hino dirigido à Realidade Suprema)

Capítulo 4 *Guru-Stotra*.......94
(Um hino dirigido ao Divino Mestre)

Parte 2 – *Vislumbre Sobre a Natureza da Consciência*

Capítulo 5 Consciência – Expressão do Divino.......118

Capítulo 6 Fusão e Expansão de Consciência.......134

Capítulo 7 Involução e Obscurecimento da Consciência.......149

Capítulo 8 O "Eu" e Sua Atenuação.......163

Capítulo 9 A Libertação da Consciência.......176

Capítulo 10 Os Quatro Estados de Consciência.......187
(Jāgrat, Svapna, Sushupti e Turīya)

Parte 3 – *Vislumbres Sobre a Natureza da Mente*

Capítulo 11 Ideação Cósmica.......202

Capítulo 12 A Ideação Divina e o Plano Divino.......214

Capítulo 13 Livre-Arbítrio e Predestinação.......232

Capítulo 14 Ideação Individual....243
Capítulo 15 O Indivíduo e seu *Dharma*....253
Capítulo 16 Mente e Consciência....265
Capítulo 17 A Natureza da Mente de Acordo com o Vedanta....278
Capítulo 18 A Natureza da Mente de acordo com o *Yoga* – I....294
A Mente e os Três *Gunas*
Capítulo 19 A Natureza da Mente de Acordo com o *Yoga* – II....306
Teoria da Percepção Mental
Capítulo 20 A Importância do Desejo....321
Capítulo 21 A Eliminação do Desejo....331
Capítulo 22 A Natureza do *Samādhi* – I....341
Capítulo 23 A Natureza do *Samādhi* – II....360

Parte 4 – *Vislumbres da Natureza da Assim Chamada Matéria*

Capítulo 24 A Doutrina dos Três *Gunas*....374
Capítulo 25 A Doutrina dos Cinco *Bhūtas*, *Indriyas* e *Tanmātrās* – I....390
Capítulo 26 A Doutrina dos Cinco *Bhūtas*, *Indriyas* e *Tanmātrās* – II....405
Capítulo 27 O Que é a Vida?....422

Prefácio da Edição Brasileira

Esta obra abrange o *Yoga*, por uma abordagem científica, desde seus níveis mais universais e abstratos até a psicologia do indivíduo. Foi publicada originalmente em 1973, e é um complemento mais amplo do livro mais consagrado do Dr. Taimni, *A Ciência do Yoga* (Brasília: Teosófica, 1996), publicado originalmente em 1961, onde ele comenta o *Yoga-Sūtra* de Patañjali, como o autor justifica: "Em um comentário sobre tal tratado [o *Yoga-Sūtra*] o assunto deve ser apresentado, na medida do possível, da mesma forma que no tratado original e não é seguro ou desejável introduzir ideias estranhas ao assunto do tratado original. Mas o *Yoga* é um assunto de escopo muito vasto, com uma base muito ampla tanto do pensamento filosófico quanto da experiência oculta. Compreende os resultados de investigações feitas por milhares de trabalhadores avançados neste campo de pensamento filosófico e técnicas científicas baseadas nessas investigações"[1] (TAIMNI, 1976, p. v). Dessa forma, deve-se também recomendar a leitura de *A Ciência do Yoga*, do mesmo autor.

Dr. Iqbal Kishen Taimni (1898-1978) também faz parte desta geração e adquiriu notoriedade nos temas do *Yoga* e da meditação. Por ter nascido em

[1] "In a commentary on such a treatise [the *Yoga-Sūtra*] the subject should be presented, as far as possible, in the same way as in the original treatise and it is not safe or desirable to introduce ideas which are extraneous to the subject-matter of the original treatise. But *Yoga* is a subject of very wide scope with a very broad base of philosophical thought and occult experience. It comprises the results of investigations made by thousands of advanced workers in this field of philosophical thought and scientific techniques based on these investigations" (TAIMNI, I. K. *Glimpses into the Psychology of Yoga*. Chennai [Madras], Índia: Theosophical Publishing House, 1976. p. v).

Lucknow, Índia, numa família brâmane, e posteriormente ter recebido seu Doutorado em Química Inorgânica, pela London University (Universidade de Londres), em 1928, desenvolveu uma rara habilidade em seus escritos, qual seja, combinar seu conhecimento de filosofia oriental e sânscrito com filosofia oculta e ciência exata moderna. Além disso, seus escritos são notáveis pela pedagogia e clareza, pois foi, por muitos anos, professor da University of Allahabad (Universidade de Allahabad), Índia. Sua principal contribuição à Sociedade Teosófica foi como escritor de diversas obras, pelo que recebeu a Medalha Subba Row em 1975 (HARRIS, 2006, p. 601-602, p. 613). Entre suas obras, pode-se destacar *Self-Culture in the light of Occultism* (*Autocultura à Luz do Ocultismo*) (1976), *Preparação para o Yoga* (1992), *The Science of Yoga*: the *Yoga Sūtras of Patañjali* (*A Ciência do Yoga*) (1961).

O autor, portanto, está plenamente qualificado para desenvolver este tema raro que abrange o *Yoga*, por meio de uma abordagem científica, desde a natureza da Realidade e da Consciência até a natureza da mente e sua percepção à matéria, chegando assim na psicologia do indivíduo. Capítulos tais como "Os Quatro Estágios de Consciência", "A Natureza da Mente segundo o Vedanta", "A Natureza da Mente segundo o *Yoga*", "A Eliminação do Desejo", lançam luz sobre a psicologia do *Yoga* e da filosofia oriental com inspiração incomum, que se manifesta e complementa magistralmente também em outro de seus livros: *Autocultura à Luz do Ocultismo* (Ed. Teosófica), particularmente nos capítulos "As Funções do Corpo Astral" e "Controle, Purificação e Cultura das Emoções". Neste último livro, ele cita e recomenda outra obra de autoria de Bhagavan Das: *A Ciência das Emoções*, que está em vias de publicação pela Editora Teosófica. Todas essas obras são muito importantes para aquele que quer aprofundar o tema da psicologia do *Yoga*, bem como do autoconhecimento.

O *Yoga-Sūtra* sustenta, porém, que a ignorância é a causa do mal, do sofrimento ou das aflições da vida, e apresenta um método para se alcançar o pleno autoconhecimento que é a Libertação (*kaivalya*) de todos esses males. Convém enfatizar, portanto, que o autoconhecimento, como considerado no *Yoga-Sūtra*, não se restringe ao plano psicológico, pois transcende a própria mente. Dessa forma, Patañjali distingue claramente entre o Ser e a mente que esse utiliza, conforme o *Yoga-Sūtra*, no *sūtra* II: 20, como segue: "O vidente [ou Ser] é pura consciência, mas, apesar de puro, parece ver através da mente"[2] (PATAÑJALI *apud* TAIMNI, 1996, p. 152). Ainda que o objetivo ou propósito da vida, ou encarnação do Espírito *puruṣa* e a matéria (*prakṛti*), seja o autoconhecimento num sentido mais profundo e espiritual, a psicologia também pode ser abrangida neste processo de conhecimento da mente, conforme sugere o *Yoga-Sūtra*, no *sūtra* II: 23, conforme publicado em *A Ciência do Yoga*: : "O propósito da união de Espírito [*puruṣa*] e *prakṛti* [natureza ou matéria] é a conscientização, pelo *puruṣa*, de sua verdadeira natureza e do desenvolvimento dos poderes inerentes a ele e a *prakṛti*"[3] (PATAÑJALI *apud* TAIMNI, 1996, p. 156). Em outras palavras, numa interpretação simplificada, Patañjali afirma que o propósito da vida, enquanto processo de união de *puruṣa* (Espírito) e *prakṛti* (Natureza Material), é fundamentalmente a busca pelo autoconhecimento, bem como a busca por uma evolução ou desenvolvimento dos poderes latentes na consciência e na matéria dos corpos.

---

[2] "*Draṣṭā dṛśimātraḥ* śudho *'pi pratyayānupaśyaḥ*" (PATAÑJALI *apud* TAIMNI, I.K. *A Ciência do Yoga*. Brasília: Teosófica, 1996, p. 152).

[3] "*Sva-svāmi-śaktyoḥ svarūpopalabdhi-hetuḥ saṃyogaḥ*" (PATAÑJALI *apud* TAIMNI, I.K. *A Ciência do Yoga*. Brasília: Teosófica, 1996, p. 156).

Dessa forma, o leitor é convidado a pôr em prática o desafio da vida embarcando na aventura de conhecer a si mesmo.

Agradecimentos são devidos a todos que de alguma forma contribuíram para esta inspiradora edição.

Brasília, 07 de fevereiro de 2023.

+ Ricardo Lindemann, Dr.

Diretor da Editora Teosófica

Ex- Presidente da Sociedade Teosófica no Brasil

Prefácio do Original em Inglês

Ao escrever *A Ciência do Yoga*, que é um comentário sobre o *Yoga-Sūtra* de Patañjali, o autor teve que se limitar ao assunto daquele tratado e lidar com os vários tópicos na ordem e na maneira adotadas por Patañjali. Isto foi necessário porque o livro de Patañjali é considerado como a apresentação mais autorizada da Ciência do *Yoga* por uma mente mestra, que resistiu ao teste do tempo e da experiência e é usado quase como um livro didático por todos aqueles que sistematicamente estudam e praticam o *Yoga* superior. Em um Comentário sobre tal tratado o tema deve ser apresentado, na medida do possível, da mesma forma que no tratado original e não é seguro ou desejável introduzir ideias que sejam estranhas ao tema do tratado original.

Mas o *Yoga* é um tema de amplo alcance, com uma base muito extensa de pensamento filosófico e experiência oculta, que inclui os resultados de investigações feitas por milhares de trabalhadores avançados neste campo e também o pensamento filosófico e as técnicas científicas baseadas nestas investigações. É verdade que este conhecimento sobre o *Yoga* não está disponível de forma sistemática e coordenada, como no caso do conhecimento científico moderno, e parte dele não é confiável; ainda assim, com todos estes defeitos, temos na literatura sobre o *Yoga* um vasto cabedal de pensamento e técnica preciosos que não podemos nos dar ao luxo de ignorar. É o único conhecimento disponível para os estudantes comuns no mundo externo que lança alguma luz sobre os aspectos internos da vida do homem, seu destino final e os meios disponíveis para obter total libertação das ilusões, limitações e misérias da vida comum na qual todos nós estamos envolvidos. É a partir desta base de parco conhecimento, por mais insatisfatório que seja, que o estudante tem que começar sua divina aventura até que desenvolva as qualificações necessárias para que lhe seja confiado o conhecimento mais profundo e as técnicas mais precisas necessárias nos estágios avançados do *Yoga*.

É preciso que o estudante estude o *Yoga* a partir de um ponto de vista amplo, e utilize todo o conhecimento essencial que está disponível para se equipar para a vida do *Yoga* que está por vir. Nesta tarefa ele tem, por certo, que constantemente fazer uso do discernimento para evitar atolar-se no lodaçal de ideias espúrias e vagas nas quais a verdadeira e essencial filosofia e técnica do *Yoga* está inserida. Mas ainda assim, ele tem que construir uma base adequada de sólidos conhecimentos teóricos, assim como um estudante que quer fazer pesquisa em qualquer ramo da Ciência tenta, primeiramente, adquirir todos os conhecimentos disponíveis ligados a esse campo particular de trabalho.

Aqueles que não têm essa base tão adequada de sólidos conhecimentos teóricos, mais cedo ou mais tarde, provavelmente, se verão presos às barras do avental de um ou outro do grande número de autointitulados "iogues" que andam por aí coletando discípulos e às vezes nem hesitam em explorá-los para seus próprios fins egoístas. Ou, na pressa de obter alguns resultados tangíveis e espetaculares, os aspirantes podem colocar diante de si mesmos um objetivo muito limitado, baseado numa técnica menor, e descobrir, no final, que entraram num beco sem saída que não leva a lugar algum.

O objetivo de vida do *Yoga* é verdadeiramente infinito, com vistas a realizações tão vastas que não conseguimos sequer compreendê-las com nossas atuais limitações. Em tal empreendimento, os atalhos e métodos supersimplificados, baseados em técnicas menores ou ideias vagas e gerais são, por sua natureza, não apenas inúteis, mas sem sentido. Exigimos não apenas uma ampla base de conhecimento teórico, mas também um esforço total que abranja todos os aspectos de nossa vida e se estenda por inúmeras vidas.

Há material suficiente disponível na literatura do *Yoga* para uma base adequada de conhecimentos teóricos e para lançar bases sólidas para uma vida de *Yoga* prática, desde que utilizemos nossa faculdade de discernimento e utilizemos esse material adequadamente. Não devemos esquecer que o objetivo de adquirir esse conhecimento é nos permitir entrar no caminho do *Yoga* e adquirir aquelas qualificações que nos permitam colocar-nos em contato com a fonte do verdadeiro conhecimento dentro de nós. À medida que nossa mente se purifica e se harmoniza e a faculdade intuitiva começa a funcionar, o conhecimento que precisamos brota de dentro de nós, e a ajuda e orientação que merecemos chega até nós de algum lugar, de alguma forma, sem ser solicitada. Esta é uma lei da vida espiritual que devem ter sempre em mente aqueles que trilham a senda do *Yoga*. Portanto, façamos o melhor uso possível de nossas oportunidades e recursos atuais e confiemos em Deus para fazer o resto.

Ver-se-á pelo que foi dito acima que, embora o *Yoga-Sūtra* seja um livro de valor inestimável para o aspirante, ele não deve considerá-lo como uma bíblia e confinar sua mente dentro da estrutura da filosofia e técnica do *Yoga* dada por Patañjali em seu tratado. Há outros aspectos do *Yoga* sobre os quais ele pode aprender de diferentes fontes, e um estudo cuidadoso desses aspectos não só ampliará e enriquecerá sua mente, mas também dará uma visão mais ampla dos assuntos tratados no *Yoga Sūtra*. Todo o conhecimento sobre a constituição interna do Universo e a Realidade subjacente da qual o Universo é derivado – o conhecimento que geralmente é chamado de Ocultismo – serve para elucidar a filosofia e a técnica do *Yoga*, e até mesmo a familiaridade comum com esse conhecimento permitirá ao aspirante ver um novo significado e importância nos *Sūtras* de Patañjali. Mesmo o conhecimento científico, que lida apenas com a casca mais externa de nosso Universo, é de alguma ajuda na compreensão da filosofia e da técnica do *Yoga*, como será visto nas muitas ilustrações científicas usadas neste livro. Este Universo físico exterior é uma projeção e um reflexo do universo espiritual interior, um fato que é sugerido na máxima ocultista "Como é em cima, é embaixo".

Pode-se perguntar: Se o trilhar a senda do *Yoga* é um assunto de longo prazo, de que serve fazer um estudo profundo e minucioso da filosofia e da técnica do *Yoga* que não estamos em condições de pôr em prática no presente imediato? Esta dúvida frequentemente espreita na mente de muitos estudantes e solapa seu entusiasmo e determinação para fazer um estudo profundo e completo do *Yoga* e praticar pelo menos suas técnicas preliminares. Esta dúvida é bastante natural, mas se baseia na ignorância das leis fundamentais do progresso em qualquer campo do esforço humano.

Os psicólogos nos dizem que nosso progresso no estudo de qualquer assunto ou no domínio de qualquer técnica depende de nosso interesse. Quanto mais nos interessarmos por qualquer empreendimento desse tipo, maior será nossa capacidade de progredir rapidamente nesse campo de trabalho. O interesse, por sua vez, depende de nossos *Samskāras*, dos impulsos que trazemos de nossas vidas passadas, bem como dos esforços que fizermos nesta vida. Quanto mais nos envolvemos no assunto, mais nosso interesse cresce e uma espécie de círculo virtuoso é estabelecido, no qual nosso interesse e nossa capacidade de aprender se reforçam continuamente. Portanto, não há outra maneira de progredir em nenhuma linha de esforço, exceto dando o máximo de tempo e atenção que pudermos às atividades que desenvolverão nosso interesse e nossas faculdades nessa direção.

Se nossa faculdade de discernimento, chamada *Viveka* em sânscrito, tiver sido parcialmente despertada e percebermos até certo ponto o quão desesperadamente estamos envolvidos nas ilusões e limitações dos mundos inferiores, e que devemos fazer um esforço determinado para nos libertarmos delas, então não há outro caminho aberto para nós senão iniciarmos de alguma forma, com quaisquer que sejam os recursos e as capacidades que tenhamos. E a maneira melhor e mais fácil de começar é empreender um estudo profundo e minucioso do Ocultismo. Isto nos dará um conhecimento sólido sobre os problemas mais profundos da vida, e os métodos confiáveis e corretos pelos quais estes problemas podem ser efetivamente resolvidos. Não apenas devemos tentar adquirir esse conhecimento exaustivamente, mas também fazer um esforço sério para aplicá-lo em nossa vida, de acordo com nossa capacidade e oportunidade. Se fizermos isso com fé e determinação, é possível que oportunidades inesperadas de progresso comecem a surgir. Nada mais há que possamos fazer e nada menos do que isso será suficiente.

Além disso, há outro aspecto deste problema que a maioria das pessoas negligencia, mesmo aquelas que têm algum conhecimento de Ocultismo. É um fato bem conhecido, estabelecido pela pesquisa Oculta, que após a dissolução do corpo físico o homem passa longos períodos de tempo nos mundos mais sutis antes de descer novamente à encarnação física. Uma parte considerável desse período é passada nos planos puramente mentais correspondentes aos chamados "céus" das religiões ortodoxas. Ora, a concepção usual sobre "céu", baseada nas doutrinas das religiões reveladas, é que se trata de uma vida de felicidade pura e intensa na qual colhemos os frutos de nossas boas ações –

Punya, como é chamado na religião hindu – praticadas na vida física anterior. Mas a investigação Oculta mostrou que esta é apenas uma função menor da vida passada no céu entre duas encarnações. Seu principal objetivo é transmutar a matéria-prima das experiências adequadas reunidas na vida física anterior em faculdades e capacidades correspondentes a essas experiências. É esta assimilação de nossas experiências e sua transmutação em faculdades e capacidades nos planos mais sutis que é o fator mais importante na evolução humana, e particularmente no desabrochar de nossa natureza divina em seus últimos estágios.

As faculdades e capacidades que são desenvolvidas desta maneira dependem da natureza das experiências, em outras palavras, das atividades físicas, emocionais, mentais e espirituais que fornecem a matéria-prima dessas experiências. Qualquer aspiração, qualquer estudo e prática que seja direcionada para a realização do ideal do *Yoga* fornece exatamente o tipo de matéria-prima que será trabalhada em faculdades e capacidades que são necessárias para trilhar o caminho do *Yoga* rapidamente. Aqueles que pensam muito nos problemas da vida interior, tentam adquirir todo o conhecimento sobre a solução desses problemas que está disponível no mundo exterior e, particularmente, fazem um esforço determinado para realizar os ideais da vida espiritual da melhor forma possível, portanto, passam uma vida extremamente frutífera no mundo celestial. Eles voltam para a próxima encarnação com um tremendo aumento da capacidade de trilhar a senda do *Yoga* e de fazer rápidos progressos.

Deve ficar claro, portanto, que não começamos uma nova encarnação onde paramos na última encarnação, como geralmente se supõe. Começamos em um nível superior, desde que nossa vida anterior não tenha sido desperdiçada em atividades triviais e autoindulgentes, mas vivida propositalmente na busca de um ideal definido, e levemos para a vida pós-morte uma rica colheita de matéria-prima de pensamento e experiência carregada de alta aspiração. A qualidade do pensamento e da experiência determinará a direção do progresso na vida entre duas encarnações, enquanto a quantidade de pensamento e experiência e a intensidade do desejo ou aspiração determinarão o grau de progresso.

Os aspirantes muito sérios possuem assim, na nova encarnação, não apenas capacidades muito maiores para a prática do *Yoga*, e geralmente nascem em circunstâncias nas quais podem perseguir seu ideal sem os obstáculos que prejudicam o caminho do aspirante irresoluto. Pois os obstáculos e a falta de oportunidades que geralmente encontramos quando tentamos trilhar este caminho têm origem, na maioria das vezes, dentro de nós. É por ainda não estarmos prontos, inteiros e devidamente qualificados que os Senhores do *Karma* não levam a sério nossas aspirações e esforços, e organizam nossa vida exterior sem nenhuma consideração especial em proporcionar condições favoráveis para levarmos uma vida de *Yoga* prática. Este trabalho é tão importante tanto para o indivíduo quanto para a raça humana que todos os agentes divinos que trabalham na Natureza cooperam com o indivíduo que seriamente se proponha a desabrochar suas potencialidades divinas, e possua, pelo menos em certa medida, as qualificações e capacidades necessárias para alcançar o sucesso nesta linha. Nossa vida exterior reflete, até certo ponto, nossos desejos interiores, nossas capacidades e o trabalho que estamos destinados a realizar.

Assim, ver-se-á que a perspectiva para o aspirante não é tão desesperadora quanto uma consideração superficial de suas circunstâncias atuais possa fazer com que pareça. Suas circunstâncias, no presente imediato, podem não ser muito favoráveis para levar uma vida de progresso rápido, mas infinitas potencialidades e oportunidades inesperadas estão ocultas dentro dele, e ele pode até mesmo fazer progredir rapidamente se estiver determinado e adotar os meios certos para este fim. O que é realmente necessário é pensamento claro, discernimento penetrante, compreensão da necessidade de trilhar a senda do *Yoga*, e uma determinação inabalável para alcançar o objetivo.

O que foi dito acima mostrará como é importante para nós fazermos o máximo esforço para adquirirmos conhecimento, mesmo sendo intelectual, a respeito das realidades da vida interior e usar esse conhecimento de modo prático da melhor forma possível. Não importa se não somos capazes de adquirir de imediato um conhecimento verdadeiro e direto sobre as realidades da vida espiritual. Não importa se nossos esforços para levarmos uma vida espiritual não tiverem resultados tangíveis nesta vida. É a aspiração sincera, a intensidade do esforço e a quantidade e qualidade da matéria-prima das experiências que determinam nosso futuro, provocam as transformações necessárias em nossa natureza e o desabrochar de nossas faculdades espirituais.

Este livro foi dividido em quatro partes que tratam das quatro realidades fundamentais da existência – Realidade, Consciência, Mente e a assim chamada Matéria. Em vista da vasta e insondável natureza do conhecimento a respeito destas realidades, ninguém pode sequer tentar dar um quadro completo ou mesmo abrangente de todo o panorama intelectual do conhecimento filosófico. Os poucos aspectos deste conhecimento que foram tratados da forma esboçada neste livro podem, portanto, na melhor das hipóteses, ser considerados como "vislumbres" – vislumbres muito tênues e escassos.

Mesmo na questão do conhecimento sobre a matéria, com milhares de cientistas de ponta tentando desvendar os mistérios da matéria durante mais de um século, não estamos nem perto da solução dos problemas relativos à natureza da matéria. Na verdade, quanto mais a ciência avança neste campo, mais os mistérios do mundo físico confundem o cientista e o levam à beira do desespero. E não há nada com que se admirar neste desenvolvimento inesperado. Quando se começa com premissas erradas, faz-se vista grossa aos fatos óbvios e patentes da existência, ignora-se completamente os valores morais e espirituais da vida, entregando-se ao mau uso sem sentido e desenfreado do conhecimento e do poder, não se pode obter êxito na busca da *verdade*, mesmo que esta verdade a respeito da natureza da matéria seja o aspecto mais baixo da VERDADE transcendental que está por trás do Universo. Os capítulos dados sob o título "Vislumbres sobre a natureza da assim chamada Matéria" tentam fornecer, em linhas gerais e de forma esboçada, a concepção Oculta da natureza da matéria. Eles mostrarão o quanto a ciência se afastou das realidades que estão na base da assim chamada matéria.

No que diz respeito ao conhecimento da Mente, Consciência e Realidade, as condições e dificuldades para adquirir conhecimento são de um tipo bem diferente. Não há incerteza com relação aos fatos que foram descobertos, porque os métodos da verdadeira pesquisa Oculta (não psíquica) buscam e chegam à verdade por um método totalmente diferente do método empregado na pesquisa física, e que por sua própria natureza não admite nenhum erro. Baseia-se na percepção direta de uma verdade através da fusão da mente com essa verdade, tornando-se, desse modo, realmente consciente dessa verdade em nossa consciência.

Além disso, a integração progressiva de diferentes tipos de conhecimento numa única fonte e numa única Verdade transcendental, que leva a uma simplificação gradual combinada com abrangência e profundidade, torna a percepção simultânea das verdades e realidades da vida espiritual não apenas possível, mas inevitável. Nas expansões de consciência que acontecem nos níveis mais profundos do *Samādhi*, o Adepto torna-se cada vez mais consciente daquela Verdade abrangente e transcendental da qual derivam todos os tipos de conhecimento, em todas as esferas possíveis e em todos os níveis, e na qual eles existem em um estado integrado. Isto é o que a ciência onipresente e o conhecimento transcendental referidos no aforismo III-50 e III-55 do *Yoga-Sūtra* realmente significam.

Mas embora a obtenção deste tipo de conhecimento pelos métodos do *Yoga* superior seja possível, sua comunicação aos outros torna-se cada vez mais difícil à medida que as realidades às quais o conhecimento pertence tornam-se cada vez mais sutis. Assim, embora seja possível dar alguma ideia a respeito dos fenômenos dos planos mais sutis nos quais os seres humanos passam após a morte do corpo físico, as realidades dos Planos Espirituais que se encontram além só podem ser sugeridas em termos mais gerais com a ajuda de paradoxos, similitudes e símbolos. O conhecimento Oculto sobre as realidades destes Planos Espirituais é, portanto, peculiar em um aspecto. Ele é correto substancialmente, totalmente confiável, profundo e abrangente por um lado, mas extremamente vago, incompleto e esquemático por outro. Isto não se deve apenas à dificuldade inerente de comunicar as verdades transcendentais da vida espiritual através da instrumentalidade do intelecto e do meio extremamente inadequado da linguagem. A escassez e a indefinição do conhecimento que está disponível ao público também se devem ao fato de que a maior parte do conhecimento que está sob a custódia dos Adeptos tem que ser sonegada de uma humanidade ainda insuficientemente evoluída moral e espiritualmente, e que está propensa a usá-lo de forma abusiva, da maneira mais inescrupulosa e irresponsável, em seu próprio prejuízo. Somente uma ponta do véu foi levantada, e somente aqueles que podem se tornar moral e espiritualmente qualificados para o propósito é que podem obter acesso às infinitas e inimagináveis vistas do conhecimento que estão além do véu.

Mas apesar da indefinição e incompletude deste conhecimento Oculto disponível no mundo exterior, não há literatura mais preciosa em toda a gama do pensamento humano que se possa comparar com ele em sua sublimidade, esplendor e importância para o homem. Pois ele nos dá informações definitivas e confiáveis a respeito de nossa real natureza, do propósito de nossa existência neste mundo físico e do destino final do homem que, como ser espiritual, está obrigado a cumprir mais cedo ou mais tarde. Sem este conhecimento Oculto em segundo plano, todo o conhecimento científico preciso, vasto e em rápido crescimento, bem como outros tipos de conhecimentos que têm sido acumulados nos tempos modernos, em diferentes campos de pesquisa, tornam-se sem sentido e inúteis. Pois ele reduz a humanidade, para o qual foi acumulado, ao *status* de um fenômeno natural temporário e em constante mudança, como a flora e a fauna que cobrem a terra por um tempo, e depois se transformam em nada, não deixando nenhum vestígio de sua existência. Se a humanidade é nada mais que uma espécie de macacos com um cérebro altamente desenvolvido acidentalmente neste planeta, se não há outra vida além da que encontramos no Plano Físico, se não há continuidade e evolução da vida individual, e a morte põe fim a todas as nossas alegrias e tristezas, às nossas aspirações e esforços de autoaperfeiçoamento, então por que levar o aprimoramento desta humanidade tão a sério, e até mesmo estar determinado a destruir mais da metade dela para proporcionar melhores condições para os sobreviventes – se há sobreviventes. Esta filosofia autocontraditória é realmente ridícula demais para ser posta em palavras, e provavelmente aqueles que a professam não acreditam nela no âmago de seus corações.

De qualquer forma, o indivíduo realmente inteligente, em quem a faculdade de discernimento foi despertada mesmo que parcialmente, ao mesmo tempo em que acolhe o crescimento do conhecimento científico como um meio eficaz de aliviar os desconfortos e sofrimentos físicos e ampliar nosso horizonte mental, se recusará a permitir que ele engula sua mente e abafe seu discernimento. Se ele se permitir ceder a esta tentação, deverá então resignar-se a permanecer preso à roda de nascimentos e mortes e passar pelas misérias da vida sem qualquer esperança e possibilidade de libertação. Ele trocou sua herança Divina por um prato de sopa.

Na Parte 1 do livro, buscando dar vislumbres parciais sobre a natureza da Realidade, o autor tomou para ilustração trechos das escrituras sagradas dos hindus que estão presentes quase que exclusivamente na língua sânscrita. Passagens semelhantes e talvez mais esclarecedoras podem, sem dúvida, ser encontradas nas escrituras sagradas de outros povos. A verdade não é monopólio de nenhum povo, idade ou cultura em particular. Onde quer que haja um indivíduo altamente evoluído cuja mente seja suficientemente sensível para ter um vislumbre da Verdade transcendente, existe a possibilidade de um reflexo parcial dessa Verdade em sua consciência. Se tal reflexo ocorrer, o indivíduo pode compartilhar sua experiência com outros, e temos uma revelação do tipo que encontramos nos *Upanishads* e nos escritos dos místicos, ocultistas e instrutores que fundaram as grandes religiões do mundo.

Muito embora a comunicação de tal conhecimento transcendental a outros seja uma tarefa impossível, quem pode dizer, depois de estudar as poucas passagens da Parte 1 e tentar compreender seu profundo significado, que o estudo desta literatura oculta que tenta nos dar vislumbres da natureza da Realidade é fútil ou desnecessário e é melhor deixar a mente em branco com relação a este assunto, com um grande ponto de interrogação sempre nos enfrentando no fundo da mente? Mas o propósito de incluir estes extratos das escrituras hindus não é apenas mostrar como eles enriquecem nossa concepção de Deus, mas também fornecer algum material adequado ao aspirante para que ele possa memorizar e usar para reflexão e meditação, sempre que puder encontrar uma oportunidade de se engajar neste tipo de atividade mental. Não se deve permitir que a meditação se torne uma atividade rotineira da mente. Deve tornar-se um estado habitual da mente, ao qual ela reverte automaticamente para refletir sobre as realidades da vida interior, sempre que estiver livre para fazê-lo.

Parte 1

Vislumbres Sobre
A Natureza da Realidade

Capítulo 1

Dhyāna Mantra de *Mahesha*

(Uma Fórmula de Meditação sobre a Deidade Manifestada)

O conhecimento direto da Realidade que está oculta nos recessos mais íntimos de nossa consciência, e da qual deriva este Universo manifestado em toda sua complexidade e variedade, é o objetivo último do *Yoga*. Pois, quando o homem conhece essa Realidade pela percepção direta, e sabe simultaneamente que é essencialmente uno com ela, ele se liberta de todas as ilusões e consequentes misérias dos mundos inferiores, e se estabelece permanentemente nessa Realidade em sua verdadeira natureza *Sat-Chit-Ānanda*. Este é o objetivo último de todos os seres humanos e o propósito subjacente do longo ciclo evolutivo pelo qual todos nós estamos passando nos planos inferiores de existência.

Há um conhecido mantra nos *Upanishads* que quando traduzido livremente significa "O homem se torna aquilo em que medita constantemente, portanto medite em *Brahman*, a Realidade Última". Portanto, para aqueles que estão trilhando a senda do *Yoga* não pode haver objeto de meditação mais adequado do que esta Realidade que está oculta no interior da mente e do coração de cada ser humano. É verdade que, como exercício intelectual, um aspirante pode meditar sobre qualquer coisa com um significado profundo. Mas se a escolha está aberta a nós para selecionarmos um tema adequado para meditação, por que não escolhermos um com infinitas profundezas e aspectos inesgotáveis, capaz de despertar em nossos corações os mais profundos sentimentos de devoção e que nos levará gradualmente em direção ao nosso objetivo final? Por que contentar-nos com a mera ginástica mental, quando temos a oportunidade de comungar com o nosso Eu Superior e refletir sobre as realidades mais profundas e íntimas da vida?

É verdade que essa Realidade está além do reino da mente e não pode ser imaginada ou compreendida no seu real sentido enquanto nossa Consciência estiver obscurecida pelos véus do intelecto. Mas é igualmente verdade que, com um esforço constante e perseverante para compreendermos esta Realidade através da instrumentalidade de nossa mente e coração, os véus do intelecto gradualmente se tornam mais sutis e finalmente desaparecem. Somente quando o homem tentou ao máximo, e por longos períodos, atacar os conceitos relativos a essa Realidade, e forçou seu intelecto para ver o que está oculto por trás destes conceitos, é que as verdades neles incorporadas começam gradualmente a aparecer no horizonte de sua consciência intuitiva e mais tarde se tornam realidades nas práticas superiores do *Yoga*. Sendo assim, que o aspirante sério não se deixe enganar pela ideia, às vezes difundida, de que nada pode ou precisa ser feito no campo do intelecto, porque a Realidade que é o objeto de nossa busca está além do intelecto.

O divórcio entre religião e filosofia, que infelizmente foi permitido empobrecer nossos ideais religiosos em certos círculos ortodoxos, levou a uma inacreditável pobreza de pensamento no que diz respeito às concepções religiosas nessas comunidades. Aqueles que são educados em tais circunstâncias naturalmente encontram um grande ponto de interrogação a os afrontar mentalmente quando se sentam para meditar sobre as realidades interiores da vida espiritual. Não há nada definido e de vital importância para a mente se apoderar e atacar. Não se pode fazer muito com um ponto de interrogação, a menos que no fundo da mente esteja oculto um rico estoque de inescrutáveis ideias filosóficas de profundo significado. É por isso que a maioria das pessoas com um *background* filosófico pobre acha difícil a meditação religiosa. O estoque de ideias esgota-se muito rapidamente, e a meditação logo se torna um processo monótono de repetir os mesmos textos ou ideias religiosas obsoletas de forma mecânica, dia após dia, ano após ano. Não se pode esperar que tal meditação faça mais do que manter o hábito e nos dê uma satisfação ilusória de termos cumprido nosso dever religioso.

Mesmo aqueles que têm temperamento devocional e trilham a senda de *Bhakti*, precisam de um rico fundo mental para despertar suas emoções mais profundas com a ajuda de ideias profundas e inspiradoras a respeito da natureza de seu *Ishta-Devatā*. A devoção desprovida de um rico fundo mental tende a degenerar, como todos nós bem sabemos, em mero emocionalismo, o que não é muito útil mesmo para aqueles que estão trilhando a senda do amor. Isto pode ser acompanhado de uma grande excitação agradável e parecer muito espetacular, mas sua utilidade para promover nosso desabrochar espiritual é muito limitada. Além disso, os estágios mais elevados de devoção são alcançados através do *Samādhi*, o que requer não apenas uma mente disciplinada, mas também uma mente repleta de sentimentos e ideias. Somente uma mente assim é que pode servir de trampolim para o êxtase devocional característico do *Bhakti Mārga*. Portanto, mesmo as pessoas devocionais não podem se dar ao luxo de dispensar um fundo mental filosófico.

O Ocultismo e muitas religiões nas quais a religião não foi divorciada da filosofia fornecem uma fonte inesgotável de conceitos profundos e inspiradores a respeito da natureza dessa Realidade que é geralmente chamada de

Deus. Qualquer pessoa que tenha estudado e pensado profundamente sobre estes conceitos e os problemas da vida espiritual pode ter à sua disposição um estoque extraordinariamente rico de ideias que podem fornecer material adequado para a meditação prolongada e profunda ao aspirante sincero. Ele então não precisa sentar-se para meditar seriamente apenas para logo encontrar sua mente tentando desesperadamente buscar ideias para não perder o fio de meada na meditação sustentada.

Há muitos textos nos *Upanishads* e em outras literaturas religiosas hindus que dão, de forma condensada, uma grande variedade de combinações de conceitos filosóficos da natureza mais profunda e sentimentos religiosos de requintada beleza. Mas talvez não haja nenhum texto em toda a gama do pensamento religioso hindu que se possa comparar com o *Dhyāna Mantra* de *Mahesha* por reunir em quatro linhas alguns dos conceitos mais profundos, filosóficos, religiosos e ocultos conhecidos pelo homem. O valor desse mantra é acentuado pelo fato de a maioria desses conceitos ter sido associada à conhecida forma humana simbólica de *Mahesha*, a Deidade que preside um sistema manifestado. Esta forma simbólica ajuda a mente inferior a manter unida sob a forma de uma imagem concreta alguns dos conceitos mais elevados relativos a um *Logos* ou *Īshvara* e, assim, traz uma combinação muito conveniente do concreto e do abstrato. Ela pode servir na meditação não apenas como uma porta para adentrar as vastas vistas de realidades que ela encarna e simboliza, mas também como ajuda para despertar os sentimentos mais profundos e sutis na mente daqueles que são capazes de devoção religiosa.

O fato de essa figura ser simbólica não precisa sufocar os sentimentos da devoção. É sem dúvida simbólica, mas é o símbolo da mais alta Realidade que está oculta em nossos corações e que é, na verdade, nossa Amada. Se precisamos ter algo concreto para que a mente inferior possa compreender, por que não o fornecer com uma forma que não só seja bela e independente de todos os estreitos preconceitos da tradição religiosa, mas que incorpore as mais elevadas concepções da Deidade, que são quase universais por natureza. Tal símbolo pode não apenas aumentar nossa devoção, mas também nos ajudar a obter uma concepção muito mais profunda e significativa de nossa Amada do que a mera devoção religiosa a um ideal religioso indefinido e inimaginável.

Externamente pode parecer que este conceito seja essencialmente hindu na tradição e na concepção, mas, se examinarmos mais de perto, veremos que realmente nada há de hindu no conceito. Não identificamos uma teoria científica ou escola de arte particular com o país em que ela tem origem e onde foi desenvolvida, por causa de sua natureza essencialmente universal. Por que então identificar uma forma simbólica que encarna conceitos universais relativos a Deus com o país em que tem sua origem e onde é adorada no presente?

Poderá ver-se pelo comentário sobre o *Dhyāna Mantra* de *Mahesha* que os conceitos que foram reunidos no texto do mantra são de natureza universal, e geralmente aceitos por pessoas com uma visão ampla sobre problemas de religião e filosofia. Eles podem ser retirados completamente de sua origem hindu sem afetar de forma alguma sua grandeza filosófica e sua razoabilidade inerente. É por isso que o *Dhyāna Mantra*, assim como a forma simbólica de *Mahesha*, podem servir como base de meditação para as pessoas em geral, desde que estejam interessadas nas realidades internas da religião e da filosofia e suas mentes estejam livres de estreitos preconceitos de ortodoxia. É com este objetivo que o *Dhyāna Mantra* é dado aqui.

O breve comentário sobre o mantra servirá para mostrar a natureza profunda dos conceitos nele apresentados de forma condensada e integrada, e também mostrar sua natureza universal e fundamental. O mantra pode servir como ponto de partida para a meditação sobre a Realidade que é o objeto de busca de cada iogue. Ele pode ir cada vez mais profundamente no significado dos muitos conceitos e também ampliar gradualmente a área de sua concepção de Divindade acrescentando outros conceitos. Este esforço constante e sério para conhecer *Brahman* através da instrumentalidade do intelecto preparará o terreno para conhecer diretamente aquela Realidade que está realmente além do intelecto.

ओं ध्यायेत् नित्यं महेशं रजतगिरिनिभं चारुचन्द्रावतंसम् ।
रत्नाकल्पोज्ज्वलाङ्गं परशुमृगवराभीतिहस्तं प्रसन्नम् ॥
पद्मासीनं समन्तात् स्तुतममरगणैर्व्याघ्रकृत्तिं वसानम् ।
विश्वाद्यं विश्वबीजं निखिलभयहरं पञ्चवक्त्रं त्रिनेत्रम् ॥

Om! Dhyāyet nityam Mahesham rajata-giri-nibham chāruchan-drāvatamsam

Ratnākalpojjalāngam parashumrgavarābhītihastam prasannam.

Padmāsīnam samantāt stutam amaraganair vyāghra-krttim vasānam.

Vishvādyam vishvabījam nikhila-bhaya-haram panchavaktram trinetram.

ओं a bem conhecida sagrada sílaba usada como uma palavra de poder espiritual; ध्यायेत deixe ele meditar sobre नित्यं diariamente, constantemente, महेशं o Grande Senhor रजत prata गिरि montanha निभं brilhante चारु bela चन्द्र ornamento अवतंसं Joia da Crista रत्न आकल्प उज्ज्वल Joia, gema, brilhando अङ्गं membros, corpo, machado, chocada परशु antílope, corça मृग benção वर , desteminada अभीति mão हस्तं feliz प्रसन्नम् sorrindo पद्मासीनं sentado na postura de lótus समन्तात् em todos os lados स्तुतम् , louvado em hino अमरगणैः por hostes de imortais

व्याघ्रकृत्तिं pele de um tigre वसानम् veste विश्वाद्यं o começo do Universo विश्वबीजं a semente do Universo निखिलभयहरं remoção de todos os medos पञ्चवक्त्रं quem tem 5 faces त्रिनेत्रम् quem tem três olhos.

'Que ele medite constantemente no Grande Senhor cujo corpo é tão brilhante quanto uma montanha de prata, cuja joia da coroa é a bela lua, cujos membros são refulgentes como pedras preciosas, que segura em suas duas mãos os símbolos do machado e do antílope e cujas outras duas mãos mostram os sinais místicos de bênção e destemor (sobre seus devotos), que tem um rosto alegre, que está sentado na postura de lótus, que está cercado por todos os lados por uma multidão de imortais que cantam hinos em seu louvor, cuja vestimenta é a pele de um tigre, que é o começo e a semente do Universo, que é o destruidor de todos os medos, que tem cinco rostos e três olhos.'

Om! Dhyāyet nityam – *Om* é a conhecida sílaba mística que é prefixada praticamente a todos os mantras sagrados com um significado profundo. Isto é para invocar o poder divino que está oculto dentro dela e que pode ser despertado parcialmente ao ser pronunciado. Recomenda-se a meditação constante sobre o Grande Senhor porque a união com Sua Consciência é o objetivo último de toda disciplina espiritual e do *Yoga*. É através da união de sua consciência individual com a consciência divina, como resultado da meditação constante, que o homem se torna consciente de sua própria natureza divina e se liberta completa e permanentemente das limitações e ilusões da vida nos planos inferiores da existência. Mas esta meditação deve ser real, motivada por um intenso desejo de encontrar essa Realidade. Se for um mero exercício mental rotineiro para cumprir uma obrigação religiosa, seu efeito será relativamente pequeno.

Mahesha – é uma palavra composta: *Maha+Isha*. O prefixo "*maha*" que significa "grande" quando unido a qualquer substantivo significa o estado final daquela coisa em particular, e como o estado final é geralmente um *tattva* ou princípio, significa o princípio eterno oculto no interior das incontáveis expressões temporárias daquele princípio. A relação não é diferente daquela de um arquétipo e suas expressões. Assim, *Mahākāla* significa o princípio do tempo do qual derivam todas as medidas de tempo trabalhando em diferentes planos do Universo. *Mahākāsha* significa o princípio do espaço, do qual derivam os diferentes tipos de 'espaços mentais' existentes em diferentes planos. *Mahāmāyā* significa o princípio final da Ilusão, do qual derivam diferentes tipos de ilusões operando em diferentes níveis e em diferentes esferas da vida. *Maheshvara* significa o Princípio Logoico que encontra expressão no *Logos* Cósmico e nos *Logoi* Solares. A palavra *Mahesha*, que significa 'o Grande Senhor', é geralmente usada num sentido mais limitado de um *Logos* manifestado.

Rajata-giri-nibham: Nesta frase, a Consciência de *Mahesha* é comparada a uma brilhante montanha de prata. A fim de entender por que este símile foi utilizado, tentemos imaginar uma montanha de prata polida. Aqueles que estiveram no interior dos Himalaias sob a luz do sol brilhante podem se lembrar da tremenda impressão de grandeza e impressionante esplendor que a cena produz. Mas isto não é nada comparado com o efeito que será produzido por uma montanha de prata polida. A neve é uma substância amorfa e não é boa refletora, enquanto a prata polida é um dos melhores refletores de luz. Quando a luz solar brilhante é refletida de uma montanha de prata, ela produzirá um efeito ofuscante.

Mas há outra razão mais importante para que este símile tenha sido usado. A prata reflete a luz branca em sua pureza, e a luz branca é um símbolo do estado integrado de consciência. A Consciência de *Mahesha* é um estado integrado, ou seja, contém tudo o que é potencialmente necessário na manifestação e, no entanto, nada como tal.

Por que Sua Consciência é comparada a uma montanha? Por várias razões. Uma montanha alta sugere grandes alturas e a necessidade de se escalar árdua e perseverantemente para atingir essas alturas. Temos que escalar, vida após vida, galgar a escada evolutiva, a fim de alcançar as alturas da Consciência Divina. Ou, podemos dizer que temos que mergulhar cada vez mais profundamente nos recessos de nossa própria mente e consciência a fim de alcançar o mais sutil dos reinos sutis da Consciência. Altura e profundidade significam a mesma coisa nos reinos da mente e da consciência.

Charuchandrāvatamsam: – A frase significa "cuja cabeça está adornada com a lua". A lua, especialmente a lua crescente, como já foi explicado em outro lugar, é um símbolo do tempo. No simbolismo hindu, utilizamos esse objeto particular como símbolo de um princípio ou coisa abstrata, o que sugere da maneira mais eficaz a natureza e as funções do princípio. Ora, não há, na Natureza, nenhum objeto que sugira mais fácil e efetivamente a natureza do tempo como a lua. De fato, os povos primitivos mediam o tempo pelas fases da lua, e o mês lunar ainda é usado na sociedade hindu, junto com o ano solar, para medir a passagem do tempo. Então, a periodicidade e o ritmo são acompanhamentos comuns do tempo nos fenômenos naturais. Ambos são sugeridos pelas fases e pelo crescer e minguar da lua. Vê-se, portanto, que a lua é um símbolo de tempo notavelmente apropriado.

Por que ela é usada na simbologia de *Mahesha* ou do *Logos* de nosso Sistema Solar? Porque o tempo é um elemento indispensável do mecanismo da manifestação e, portanto, deve ser adequadamente representado na simbologia do *Logos* manifestado. Mas devemos lembrar que ele é apenas um ornamento e não uma parte integrante de sua natureza, que está acima do tempo. Ele usa esse ornamento quando cria um mundo manifestado, e o tira quando se retira para o Imanifesto na época de *Pralaya*. Além do tempo, a lua também é usada na filosofia hindu como um símbolo da mente, porque brilha não pela sua própria luz, mas pela luz do sol que simboliza o *Ātmā*. Como símbolo da mente, seu uso na simbologia de *Mahesha* é também muito apropriado.

Ratnakalpojjvalangam: – Esta frase significa "cujo corpo cintila e brilha como um ornamento feito de pedras preciosas". Quando a luz branca incide sobre um ornamento feito de pedras preciosas como os diamantes, ela é refletida a partir de diferentes pedras e suas facetas em todas as cores do arco-íris. É esta variedade e constante mudança nas cores que acrescenta muito à beleza requintada de tais ornamentos.

Por que o corpo da Divindade manifestada é comparado a tal ornamento? Porque quando a Consciência Divina funciona através dos diferentes planos de um Sistema Solar, ela produz uma tremenda variedade de expressões. Ela se expressa no Plano Astral e obtemos variedade tal de sentimentos e emoções como amor, simpatia, ternura, etc. Quando funciona através do intelecto ou do corpo mental, temos criações mentais de infinita variedade em diferentes campos do pensamento. Quando brilha através do Plano *Búddhico*, temos percepções inimagináveis de beleza, harmonia, amor e *ānanda*. E quando funciona através do Plano *Átmico*, sua expressão está totalmente além da imaginação humana, embora possamos sentir vagamente que essa expressão deva incluir o espetáculo imponente da vontade Divina e do poder Divino "ordenando todas as coisas de forma poderosa e doce" e levando incansavelmente o mundo manifestado à sua consumação Divina.

Os planos criados do Universo ou do Sistema Solar constituem o corpo de *Mahesha* ou o *Logos*, e produzem uma infinita variedade de expressões quando a Consciência Divina funciona através deles. Este símile traz à tona a beleza e a tremenda variedade de expressões da Consciência Divina no estado diferenciado no campo da manifestação, em contraste com o símile da montanha de prata que traz à tona a natureza misteriosa de seu estado integrado no Imanifesto. O *Logos* existe em parte no Imanifesto e em parte no Manifesto. Aliás, é Ele quem traz os dois em relacionamento ativo.

Parashumrga Varābhīti hastam: – Esta frase representa simbolicamente quatro poderes exercidos pelo *Īshvara* ou *Logo*s de um Sistema. Pode-se assinalar que no simbolismo hindu os objetos nas mãos de uma Deidade, ou os sinais feitos pelas mãos simbolizam poderes particulares. Tais sinais são geralmente chamados de *mudrās*.

A machadinha e o cervo, que às vezes também são mostrados pelos *mudrās*, formam um par de poderes Divinos que podem ser considerados opostos em Natureza. O cervo é frequentemente usado na simbologia hindu como um símbolo da ilusão ou *Māyā*. O símbolo é derivado do comportamento de um cervo perdido em um deserto. Quando o cervo sedento vê água em uma miragem, um fenômeno natural comum num deserto, ele corre atrás da água ilusória. Ele corre e corre atrás da miragem que retrocede, na esperança de saciar a sede, até cair morto. Este comportamento dos cervos é muito semelhante ao nosso comportamento na nossa busca da felicidade nos objetos dos mundos inferiores. Toda nossa vida, e vida após vida, continuamos essa busca num objeto após outro, mas a felicidade real e permanente nunca pode ser encontrada nesses objetos temporários e ilusórios.

Esta ilusão é um aspecto da Grande Ilusão ou *Māyā*, e o cervo na simbologia de *Mahesha* simboliza o poder divino de *Māyā* que mantém as Mônadas Divinas em manifestação para que suas potencialidades divinas possam desdobrar-se gradualmente através das experiências adquiridas nos mundos inferiores. A menos que esse poder Divino seja exercido, é difícil entender por que a Mônada Divina deve deixar seu lar eterno e descer aos mundos inferiores para passar pelo longo ciclo evolutivo no reino do tempo e do espaço.

O machado simboliza o poder oposto de libertação. Quando a Mônada tiver evoluído o suficiente e estiver suficientemente madura para retornar ao seu lar Divino, o poder Divino de libertação entra em cena. Isto destrói primeiramente as ilusões menores que nos mantêm presos aos mundos inferiores e depois, finalmente, a ilusão fundamental que nos torna inconscientes de nossa natureza Divina. O machado simboliza esse poder de libertação que destrói nossas ilusões e corta os laços que nos mantêm presos aos mundos inferiores. Portanto, esses dois poderes estão sendo exercidos simultaneamente em escala macrocósmica no processo evolutivo.

O outro par de poderes que também será visto como relacionado é simbolizado por dois gestos conhecidos chamados *vara mudrā* e *abhiti mudrā*. *Vara* significa uma bênção, e este símbolo representa o poder divino de satisfazer todos os desejos dos seres humanos, qualquer que seja sua natureza. Existe uma lei da Natureza operando na vida dos seres humanos, segundo a qual todo desejo que entretenhamos persistentemente é realizado mais cedo ou mais tarde, seja nesta vida ou em uma vida futura. Pode ser o tipo certo de desejo ou um desejo maligno. Se for o tipo certo de desejo, obteremos algum benefício ao tentarmos satisfazê-lo, sob a forma de desenvolvimento de uma faculdade e o ganho de alguma felicidade temporária comum. Se for um desejo maligno, sofreremos as dolorosas consequências e possivelmente aprenderemos uma lição para o futuro, para não entretermos tal desejo. Esta realização necessária de nossos desejos fortes e persistentes é o resultado de nossa origem e natureza Divinas. Somos os filhos do Altíssimo e temos, assim, o Divino privilégio de obter o que desejamos, mesmo que isso não seja em nosso benefício.

Abhiti mudrā representa o poder Divino oposto de conferir destemor ao indivíduo quando ele desistiu de todos os desejos temporários e alcançou a Autorrealização. Enquanto desejarmos as coisas deste mundo, as retivermos para nossa satisfação individual, estivermos apegados a elas, não poderá haver destemor para nós. O verdadeiro destemor só vem quando percebemos a ilusão fundamental subjacente à manifestação e percebemos nossa verdadeira origem e natureza Divinas. Então todo o medo cessa, para sempre. O que há a temer quando conhecemos tudo e todos como uma manifestação de nosso Amado, a Realidade oculta no interior deste mundo ilusório? Assim, Deus nos dá o que quer que queiramos. Ele satisfaz nossos desejos comuns nos estágios iniciais de nosso crescimento espiritual. Ele nos dá imortalidade e destemor quando nos tornamos suficientemente sábios para renunciarmos a todos esses desejos e desejarmos somente a Ele. Cabe a nós fazermos a escolha e trabalharmos para nos libertarmos das ilusões e limitações dos desejos inferiores.

Prasannam: – Na simbologia de *Mahesha* Ele é geralmente mostrado com um sorriso inescrutável no rosto. O que isto simboliza? *Ānanda*. Ele é chamado *Sat-Chit-Ānanda* em sua natureza essencial, e *Ānanda* ou bem-aventurança Divina é um aspecto da Consciência Divina. À medida que recuamos nos recessos mais profundos de nossa consciência, encontramo-nos não apenas em reinos tremendamente maiores de conhecimento e poder, mas também no de bem-aventurança. Qualquer prazer ou felicidade ilusória e temporária que se encontre nos objetos deste mundo é apenas um leve eco da felicidade suprema que se esconde nos recessos mais profundos de nosso coração; e da natureza requintada de alguns de nossos momentos felizes, podemos tentar julgar como será a verdadeira fonte dessa felicidade. O sorriso tênue no rosto de *Mahesha* simboliza esta *Ānanda*.

Padmāsīnam: – Esta frase significa "sentado na postura de lótus". Há muitas *āsanas*, ou posturas, mencionadas em livros sobre o *Hatha Yoga*, mas as que são usadas na prática da meditação são muito poucas, sendo *padmāsana* a principal entre elas. *Padmāsana* tornou-se assim um símbolo de meditação, e este é seu significado simbólico na simbologia de *Mahesha*. Mas sobre o que medita *Mahesha*? Meditamos n'Ele para nos aproximarmos d'Ele e finalmente unir nossa Consciência com a Dele, mas o que o Grande Senhor tem para alcançar? Neste símbolo está a pista para uma importante doutrina da filosofia Oculta.

A Realidade Última existe em dois estados fundamentais, o Eterno Imanifesto e o Manifesto chamados *avyakta*, e *vyakta* em sânscrito. O *Logos* Cósmico e, em um nível inferior, os *Logoi* Solares representam o estado manifesto. Eles são as Divindades que presidem os sistemas Cósmico e Solar respectivamente, mas obtêm seus Planos e o Poder de trabalhar esses Planos do Imanifestado, que é a fonte da Ideação Cósmica e do Poder Cósmico, como já foi explicado em outros contextos. A Consciência de *Mahesha* é assim a via de comunicação entre o Imanifesto e o Manifesto, o que também é sugerido por outros símbolos na simbologia de *Mahesha*. O *damaru*, o *gangā*, o *padmāsa-*

na, todos simbolizam esta descida deste Plano e Poder de sua fonte infinita no Imanifesto. Somente quando o Plano e o Poder são baixados por *Mahesha* desta forma é que eles se tornam disponíveis para as hierarquias *Dévicas* no Sistema manifestado. Podemos com dificuldade compreender o princípio geral subjacente a esta doutrina Oculta, mas não conseguimos compreender a natureza desta meditação Divina.

Samantāt stutam amaraganair: – A frase significa "cercado por todos os lados por hostes de imortais que constantemente entoam hinos em Seu louvor". Isto soa muito como a concepção antropomórfica ortodoxa de Deus sentado em um trono cercado por anjos que cantam hinos em Seu louvor, mas esta descrição não deve ser tomada literalmente. É apenas uma forma poética e simbólica de expressar uma experiência dos mundos interiores. Os místicos e ocultistas comuns que tiveram um vislumbre parcial e temporário dos mundos espirituais tentaram às vezes descrever seus sentimentos e reações. A impressão que se tem de tais descrições é que, diante dessa experiência esmagadora, existe um tremendo desejo de entregar a individualidade totalmente ao Divino e de destruir o egoísmo, que se apresenta como uma barreira entre os dois. Se este sentimento, ou melhor, este estado de consciência puder ser formulado em palavras imateriais, ele é a atitude ou *bhāva*, que é a essência da experiência.

Sendo esta a natureza da experiência esmagadora que segue um vislumbre temporário e muito parcial do Divino, quando apenas tocamos a franja da veste mais externa da Deidade, tentemos imaginar qual será a reação na consciência daqueles que foram capazes de romper as ilusões e limitações dos planos inferiores e se encontram imersos em um oceano de beleza, amor e felicidade. Qual será a atitude daqueles cuja consciência se tornou permanentemente unida à Consciência Divina, daqueles que são referidos como *Jīvanmuktas* ou Seres Libertos na literatura Oculta, e como imortais no contexto atual? A frase que estamos considerando é apenas uma forma simbólica de descrever o estado de espírito e a atitude daqueles que conseguiram alcançar a união permanente com Deus. Uma parte de sua consciência está constantemente voltada para Deus e está em um estado indescritível de exaltação e adoração.

Vyāghra-krittim vasānam: – Esta frase que significa "cuja veste é a pele de um tigre" tem novamente um profundo significado simbólico. Como foi apontado acima, no simbolismo religioso hindu, o objeto concreto particular escolhido como símbolo é aquele que sugere à mente fácil e naturalmente o que se busca simbolizar. Ora, nos velhos tempos antes do avanço da Ciência, o tigre era considerado o animal mais poderoso que existia. Aqueles que viram um tigre em ação sabem que poder concentrado está presente em suas patas que com um só golpe pode matar um grande animal como um búfalo selvagem. Assim, o tigre foi tomado como símbolo de poder ativo e concentrado e *Durgā*, o símbolo do aspecto ativo do Poder Divino, é sempre mostrado no simbolismo hindu *montando* um tigre.

Mas *Mahesha* tem dois aspectos, como já foi apontado. Em um de Seus aspectos Ele é a Deidade que preside um sistema manifesto, e Seu poder está em ação em inúmeras esferas, de inúmeras maneiras. Mas em Seu outro aspecto, Sua consciência está voltada para o Eterno Imanifesto. Neste estado puro de consciência integrada, Seu poder, embora presente potencialmente, está inativo. Ora, se simbolizarmos o poder ativo por um tigre vivo, como vamos simbolizar o poder inativo ou potencial? Obviamente, por um tigre morto, ou mais simplesmente por meio da pele de um tigre. Então, a pele desse tigre, com a qual Ele se veste, não é nada mais que um símbolo de infinito poder potencial presente em Sua consciência integrada. O homem comum pode achar difícil compreender a concepção científica de energia cinética e potencial, mas o símbolo de um tigre vivo para o ativo poder divino concentrado, e o da pele de um tigre para o poder inativo ou potencial pode ser facilmente compreendido por todos.

Visvādyam: – Esta frase significa "quem é o começo do Universo". O que, neste caso, significa a palavra 'começo'? Significa de onde o Universo começa ou no qual ele tem sua fonte. *Mahesha* traz o Universo do reino do Imanifesto, mas este Universo está em potencial e muitas etapas de projeção e "criação" estão envolvidas antes que ele tome a forma do mundo físico com o qual só o homem comum está familiarizado. Essas etapas de projeção e criação e as formas estruturais que delas resultam são tratadas em detalhes na doutrina Oculta da Cosmogênese, e não precisam ser consideradas aqui. Tudo o que temos que observar aqui é que o mundo físico visível tem sua origem no Plano *Ādi* e, portanto, Aquele que preside o Universo e funciona a partir do Plano *Ādi* é chamado *Visvādyam*.

Vishva bījam: – Esta frase que significa "quem é a semente do Universo" indica a relação existente entre o mundo Divino existente na Mente Divina do *Logos* e o mundo espiritual e temporal que se desdobra no tempo e no espaço e traz a evolução das Mônadas que neles vivem. É impossível para o intelecto humano compreender a natureza desta relação que é sugerida no aforismo IV-12 do *Yoga-Sūtra*. Mas como o Universo ao se desdobrar no tempo e no espaço está potencialmente presente na Mente Divina e segue o padrão de um Plano, podemos compará-lo ao crescimento de uma árvore a partir de uma semente. É por isso que *Mahesha* é chamado de *Vishva bījam*.

Nikhila bhaya haram: – Esta frase que significa "quem é o removedor de todos os medos" exteriormente parece ter o mesmo significado que a obtenção do destemor referido no segundo verso do mantra. Mas o fato de este poder divino ter sido referido novamente de uma forma um pouco diferente significa que esta frase tem uma conotação diferente. Não há lugar para repetição na expressão extremamente concisa de ideias que a maioria dos mantras de profundo significado contém.

Vimos, quando consideramos o poder de conferir *abhīti*, que poder se destinava à obtenção da Imortalidade ou Libertação de todas as ilusões e limitações da vida nos planos inferiores da existência. Isto tira o *Jīvanmukta* do reino de *Prakriti* e o estabelece no mundo da Realidade com pleno conhecimento de sua natureza Divina. No contexto atual, a maneira pela qual o destemor tem sido referido, ou seja, como liberdade de todo tipo de medos, mostra que aqui a referência é ao tipo inferior de destemor que surge quando baseamos nossa vida no *dharma* ou na retidão, e trilhamos o caminho de nosso desabrochar espiritual através do *Yoga*. Então surge em nossa mente um misterioso estado de destemor do qual aqueles que estão constantemente se comprometendo com o mal não podem ter a menor ideia. Não podemos dizer que o medo tenha desaparecido completamente de nossa vida sob estas condições, porque ainda estamos no reino de *Prakriti* e presos, pelo menos parcialmente, pelas ilusões dos mundos inferiores. Mas os medos comuns que atormentam a vida de um homem comum não existem então para nós. Pois esses medos nascem de conflitos internos produzidos por constantes concessões ao mal, da tendência à violência que existe dentro de nós e nos faz temer outras pessoas, de nossos apegos que nos fazem temer a perda das coisas que agarramos e seguramos tenazmente. A retidão elimina o compromisso com o mal, e isto põe um fim a todos os conflitos internos. *Ahimsā* elimina a tendência à violência e, como resultado, nos libertamos do medo de outros homens ou mesmo de animais. O desapego elimina naturalmente o medo de perder nossos bens, e até mesmo nosso corpo no momento da morte. Vemos assim que o mais alto tipo de destemor é o resultado da fusão de nossa consciência com a Consciência de *Mahesha*, e o tipo inferior de destemor é o resultado de nos aproximarmos d'Ele através de nosso desabrochar espiritual interior. Em ambos os casos, é da vida Divina que deriva o destemor.

Pancha vaktram trinetram: – Estas duas últimas frases que significam "que tem cinco rostos e três olhos" têm que ser tomadas em conjunto porque são complementares. Elas são da maior importância e significado porque expressam de forma simbólica a doutrina mais elevada e fundamental da filosofia Oculta segundo a qual existe apenas Uma Realidade Última e tudo em manifestação, qualquer que seja sua natureza, é uma expressão dessa Realidade e é dela derivado.

O Universo manifestado pode ser dividido em dois aspectos fundamentais que podem ser chamados subjetivo e objetivo. O que as duas frases acima, em sânscrito, pretendem transmitir é que ambos os aspectos são uma expressão da mesma Realidade Suprema que está por trás do Universo.

Aqueles de nós que estão familiarizados com o pensamento filosófico sobre o assunto aceitarão prontamente a ideia de que o aspecto subjetivo do Universo é uma expressão da Realidade Última, porque podemos conceber essa Realidade somente como consciência pura ou como o aspecto subjetivo da mente. Mas estamos propensos a considerar o Universo em seu aspecto objetivo como algo fora dessa Realidade, algo que Deus criou e que Ele meramente conhece como o Universo externo em Sua Consciência subjetiva, e nós o conhecemos individualmente como nosso ambiente com a nossa mente subjetiva.

Esta dificuldade em conceber o Universo objetivo também como uma expressão da Realidade deve-se realmente a uma concepção equivocada sobre a natureza da criação, e à nossa incapacidade de compreender claramente que a base essencial do Universo manifesto é mental. Não é necessário entrar aqui nesta interessante questão filosófica. O assunto foi tratado sistemática e racionalmente em *O Homem, Deus e o Universo*. Mas suponhamos que aceitamos por enquanto a ideia de que o Universo se baseia essencialmente na mente e, em última instância na consciência, e olhamos para o problema deste ponto de vista, que está de acordo com as doutrinas fundamentais do Ocultismo e se baseia na experiência direta dos mais altos Adeptos do Ocultismo. Se aceitarmos esta ideia, então a doutrina do Universo objetivo, sendo também uma expressão da Realidade Última, decorre da relação existente entre os aspectos subjetivo e objetivo da mente.

Uma criação mental, seja ela produto da Ideação Divina ou da ideação individual, não vem do nada. Ela vem da consciência. Podemos entender isto facilmente se imaginarmos um grande artista tentando visualizar em detalhes uma pintura que ele deve desenhar. De onde vem a imagem mental em sua mente? De lugar nenhum? Não! Ela sai de sua consciência e só conseguirá permanecer em existência enquanto ele mantiver sua atenção voltada para ela. No momento em que ele retira a atenção, a imagem mental deve desaparecer. Ela é parte da consciência do artista e é de sua própria substância. Isto ilustra a relação entre Deus e o Universo. Ele criou o Universo fora de Sua Consciência e deve impregná-lo com Sua Consciência a fim de mantê-lo em existência.

Ao produzir a imagem mental do quadro, a consciência do artista se polariza, por assim dizer, um polo se tornando a mente subjetiva, e o outro a imagem mental objetiva, a atenção do artista que perpassa a imagem e resulta na percepção da imagem sendo o elo de ligação entre os dois. Portanto, a imanência de Deus não é acidental ou opcional. Ele tem que impregnar o universo mental que Ele cria com Sua Consciência para mantê-lo em existência. Esta penetração não é como a penetração de uma esponja com água, mas como a penetração de uma imagem mental pela consciência da qual ela é protegida.

Este fato de tanto o aspecto subjetivo quanto o objetivo do Universo serem expressões da mesma Realidade é que se procura expressar simbolicamente nos cinco rostos e três olhos de *Mahesha.*

Mahesha é geralmente simbolizado por uma forma humana com apenas um rosto, mas às vezes é mostrado com cinco rostos. Estas cinco faces simbolizam o Universo objetivo criado pelos cinco Princípios Cósmicos fundamentais de manifestação que são chamados de *Pancha-bhūtas* ou *Pancha-tattvas.* Vamos ver de que forma as cinco faces simbolizam o quíntuplo Universo objetivo criado pelos *Pancha-bhūtas.* Como conhecemos o Universo objetivo que nos rodeia? Através dos cinco órgãos dos sentidos. e de acordo com a psicologia do *Yoga*, os cinco órgãos dos sentidos são afetados pelos cinco *Pancha-bhūtas* (que são geralmente referidos como os cinco Elementos) e produzem cinco tipos de sensações que em sua totalidade fornecem toda a matéria-prima para a mente na cognição do Universo objetivo.

É verdade que de acordo com a Ciência existem inúmeros átomos, moléculas e outras partículas que são responsáveis por essas sensações, mas de acordo com a Psicologia do *Yoga*, estes servem apenas como agentes ou instrumentos dos Princípios Cósmicos chamados de *Pancha-bhūtas*, sendo as sensações fundamentalmente devidas aos *Pancha-bhūtas*. Como este assunto foi discutido exaustivamente em *A Ciência do Yoga* e em *O Homem, Deus e o Universo*, não precisamos ir mais longe aqui.

Tentemos agora visualizar, por meio da mente, os verdadeiros fatos por trás da cognição do mundo objetivo externo. Vibrações complexas de todos os tipos estão sendo vertidas, durante as horas de vigília, em nossa mente ao longo dos cinco canais dos cinco órgãos dos sentidos e produzindo os cinco tipos de sensações. Nós não temos outros meios de conhecer o mundo externo. Mesmo quando instrumentos científicos são usados para ampliar o alcance de nossas percepções, eles são meramente extensões ou formas refinadas de nossos "órgãos dos sentidos". Portanto, o mundo objetivo se apresenta à nossa consciência subjetiva por cinco canais. Colocando a mesma ideia de forma diferente e mais gráfica, podemos dizer que a realidade objetiva do Universo aparece diante da realidade subjetiva da consciência sob cinco aspectos ou com cinco faces. Portanto, o simbolismo subjacente às cinco faces de *Mahesha* é bastante claro e óbvio. Estas cinco faces representam a Realidade ou Deus em seu quíntuplo aspecto objetivo.

E quanto aos três olhos? No livro sobre simbolismo hindu, foi demonstrado que os dois olhos normais na simbologia do Mahesha representam a percepção sensorial ou instrumental, e o terceiro olho a percepção não instrumental que se desenvolve quando o iogue atinge estados mais elevados de consciência espiritual. Mas existe outra forma mais expressiva de interpretar o significado simbólico dos três olhos.

Existem três tipos de cognição reconhecidos na Psicologia do *Yoga*. Primeiro, há a cognição sensorial na qual a percepção ocorre através da instrumentalidade de nossos órgãos dos sentidos. Este tipo de cognição compartilhamos com todos os seres vivos. Não apenas animais, mas até mesmo seres sobre humanos recebem pelo menos uma parte de suas informações sobre o mundo externo através dos órgãos dos sentidos, físicos ou suprafísicos.

Depois há a cognição puramente mental que se torna possível quando nossa mente está totalmente desenvolvida. Os animais inferiores, cujas mentes são rudimentares, são incapazes de cognição puramente mental, embora os animais superiores possam ser supostamente capazes de exercê-la muito parcialmente. A percepção de princípios abstratos, leis, beleza e tantas outras coisas suprassensoriais dependem da cognição mental.

Há um terceiro e mais elevado tipo de percepção que pode ser chamado de intuitiva ou espiritual. Isto só é possível quando nossa natureza espiritual está bem desenvolvida. Nesse tipo de percepção, a relação sujeito-objeto é abolida, por assim dizer, e pode-se considerar a mente comum como sendo eliminada.

Estes são os únicos três tipos de percepção conhecidos, e representam o aspecto subjetivo do Universo manifestado. Os três olhos de *Mahesha* simbolizam estes três tipos de percepção em seu aspecto subjetivo, como as cinco faces simbolizam sua aparência em seu aspecto objetivo. Que a interpretação acima é a correta fica bastante claro a partir dos nomes das conhecidas oito formas de *Shiva* na religião hindu. Cinco desses nomes referem-se obviamente a Seu quíntuplo aspecto objetivo, e três a Seu triplo aspecto subjetivo. Mas não precisamos entrar nesta questão aqui.

Capítulo 2

Shiva Stotra

(Um Hino Dirigido à Divindade Não Manifestada)

É uma doutrina fundamental do Ocultismo que a Realidade que permeia o Universo e que é sua fonte eterna existe em dois estados referidos geralmente em sânscrito como *Vyaktā* e *Avyaktā* ou o Manifestado e o Não Manifestado. O primeiro estado se expressa através de um Ser Divino que é a Deidade que preside um sistema manifestado e é referido como *Īshvara* ou Deus em linguagem comum. O Não Manifestado, que em seu estado mais sutil permanece sempre não manifestado e por isso é chamado de Eterno Não Manifestado é a causa final, oculta e misteriosa da série de Universos que dele surgem na alternância eterna de *Srishti* e *Pralaya*.

Embora o Eterno Não Manifestado seja a causa final e fonte de tudo que aparece na manifestação em todos os níveis, ele mesmo não tem nenhuma causa ou fonte e é, portanto, *Akārana* e *Nirālamba* em sânscrito. Embora todas as qualidades, estados, princípios e outras coisas que constituem a parafernália do estado manifestado sejam derivadas dele, mas em si mesmo ele não contém um traço de nenhuma dessas coisas, como tal. É, portanto, chamado *Nirvishesa*. Embora tudo que acontece no Universo aconteça porque o Eterno Não Manifestado está presente em segundo plano, ainda assim ele não é um ator direto, *kartā*, em nada. Embora a tremenda quantidade de energia que está sendo consumida no funcionamento da maquinaria do Universo seja derivada, em última instância, do Eterno Não Manifestado, nenhuma atividade de qualquer tipo jamais ocorre dentro do Eterno Não Manifestado. Embora o universo se desdobre em toda sua complexidade e vastidão de acordo com um Plano Divino e esse Plano tenha sua fonte última no Eterno Não Manifestado, não há Plano ou planejamento no sentido comum no Eterno Não Manifestado. É óbvio, portanto, que o Eterno Não Manifestado ou o estado de Realidade *Avyaktā* é um estado único e misterioso, o qual não existe em nenhum lugar no menor grau, não apenas dentro da experiência humana, mas também nem mesmo nos planos mais elevados da existência em manifestação.

As concepções filosóficas sobre a natureza do Eterno Não Manifesto e a distinção entre o Não Manifestado e o Manifestado foram tratadas de forma geral em *O Homem, Deus e o Universo* e não precisamos considerar estas questões aqui. Mas para que o estudante possa apreciar a maneira pela qual a concepção de Deus é apresentada nas escrituras sagradas dos Hindus como os *Upanishads*, é necessário assinalar aqui alguns fatos relevantes.

Em primeiro lugar, a linha de demarcação entre os diferentes estados e funções da Realidade não está claramente traçada e as palavras usadas para os denotar são frequentemente usadas de forma intercambiável e bastante solta. Há alguma justificativa para isto porque, de acordo com as mais altas doutrinas do Ocultismo, em última análise, existe apenas uma Realidade e essas diferenças são diferenças de funções, níveis e estados e não de natureza essencial. Além disto, todos estes estados e níveis de Realidade estão presentes, um dentro do outro, não apenas dentro do Universo como um macrocosmo, mas também dentro de cada ser humano como um microcosmo. Aliás, eles estão presentes em cada ponto do espaço e do tempo em sua totalidade, como foi expresso tão graficamente por Plotino: "Todas as coisas estão em toda parte, e tudo é tudo". Não só estão presentes desta maneira misteriosa, mas também estão inter-relacionadas e, portanto, quando nos referimos a uma, as outras também estão implícitas e presentes no fundo.

Como resultado desta singular relação entre os diferentes aspectos e níveis da Realidade, quando um ser humano olha dentro de seu coração, ele está realmente se defrontando com todos estes aspectos e níveis ocultos atrás do véu do intelecto. Quando se dirige a um aspecto, ele está realmente se dirigindo a todos os outros aspectos ao mesmo tempo. Quando se aproxima de um aspecto da Deidade que ele considera como seu *Ishta Devatā* ele, na realidade, se aproxima de todos os outros aspectos também ao mesmo tempo. Ver-se-á, portanto, que do ponto de vista do *Sādhaka* não importa muito qual aspecto particular é referido em um contexto particular porque ele está buscando o Todo, a Verdade das Verdades, a Realidade Única.

Não é que as diferenças nas concepções filosóficas de funções, níveis e estados da Realidade Única não sejam conhecidas ou reconhecidas. Elas são meramente ignoradas nas apresentações populares destas verdades por uma questão de simplificação e para facilitar a compreensão das mesmas pelo homem comum. Aqueles que estudaram estas questões do ponto de vista filosófico podem compreender facilmente a que nível ou função da Realidade se refere um contexto particular. Assim, por exemplo, o *Dhyāna Mantra* de *Mahesha* obviamente se refere principalmente a *Īshvara*, Deidade e Governante manifestado de nosso sistema solar, em quem todos os poderes estão presentes em sua plenitude e completude, embora exercidos de fato através da mediação de outros *Adhikāri Purushas*. Ele é o Deus real, mas oculto da concepção popular, cuja vontade é suprema e exercida por inumeráveis hierarquias de seres. Por outro lado, o hino que está sendo discutido no presente capítulo obviamente se refere ao aspecto Não Manifestado da Realidade, geralmente referido como *Shiva*. Note-se que a maioria dos atributos sugeridos são de natureza transcendental e não os atributos de um *Logos* manifestado.

A maioria desses hinos, que se destinam ao uso popular, não apenas apresentam uma concepção da Deidade na qual tanto o aspecto manifestado como o não manifestado estão incluídos, mas também visam a trazer um equilíbrio das abordagens filosóficas e devocionais da Deidade. No aspecto devocional, a ênfase é dada ao aspecto Pessoal de Deus no relacionamento pessoal mais próximo com o devoto. No aspecto filosófico, é Sua natureza Impessoal e universal que é trazida à tona. A abordagem devocional tende a despertar as mais profundas emoções e sentimentos sublimes, enquanto o aspecto filosófico ajuda a mente a compreender as mais profundas concepções da Deidade em Seu aspecto universal e impessoal. Descobriu-se que esta feliz combinação de todos os aspectos serve da melhor maneira possível o propósito para o qual os hinos são destinados tornando possível o seu uso por pessoas de todos os tipos de temperamentos e necessidades.

O hino em discussão contém oito estrofes, mas apenas as duas primeiras foram dadas e comentadas para ilustrar a grandeza filosófica dos conceitos da Deidade encontrados em alguns desses hinos.

नमामीशमीशान निर्वाणरूपं
विभुं व्यापिकं ब्रह्मवेदस्वरूपम् ।
अजं निर्गुणं निर्विकल्पं निरीहं
चिदाकारमाकाश वासं भजेऽहम् ॥

Namāmīshāmīshāna nirvānarūpam
Vibhum vyāpikam Brahmavedasvarūpam
Ajam nirgunam nirvikalpam nirīham
chidākāramākāsha vāsam bhajeham.

नमामीशमीशान (नमामि+ईशम्+ईशान) नमामि me inclino em adoração e autoentrega ईशम a Deus como Governante Supremo ईशान o sol como uma forma de *Shiva* निर्वाणरूपं cuja forma exterior é *Nirvāna* विभुं eterno, onipresente व्यापिकं conhecimento de *Brahman* स्वरूपम् natureza Real अजं sem atributos, acima do reino de *Prakriti* निर्गुणं não admitindo uma alternativa, acima da esfera de dúvida e incerteza निरीहं (निर+ईहं) sem desejo, sem inclinação para agir चिदाकारम् que toma forma através da instrumentalidade de *chit* आकाशवासं cuja morada é o espaço भजेऽहम् que eu adoro.

"Curvo-me em adoração ao Governante Supremo de nosso mundo que se manifesta no Plano Físico como o Sol, cuja forma exterior é o *Nirvāna*, mas cuja natureza essencial é aquele conhecimento supremo direto da Realidade eterna e onipresente referida como *Brahman*. Eu adoro Aquele que não nasce, é sem atributos, sem alternância de estados opostos, sem desejo ou apego, que toma forma através de *chit* ou mente e cuja morada é o espaço".

Namāmīshamīshāna: O hino começa como sempre com uma saudação à Divindade, mas não é uma saudação no sentido comum. *Namāmi* é derivado de *na+mama* que significa "não eu ou meu". Este é o grito do amante ou do devoto: "não eu, mas tu" "nada é meu, tudo é teu". Assim, a palavra traz consigo as conotações de palavras como autoentrega, adoração, devoção ou autoanulação que caracterizam a atitude de um devoto para com seu Senhor que é infinitamente maior do que ele e, no entanto, objeto de intenso amor.

A importância das duas palavras *Īsham* e *Īshān* é que oferece as saudações à Divindade que preside o Sistema Solar. O hino é dirigido à eterna Realidade onipresente referida como *Shiva* mas, como esta Realidade se manifesta, no que nos diz respeito, através do Logos Solar, as saudações são dirigidas à Deidade cujo centro de Consciência está no sol. Quando fazemos reverência a alguém maior que nós, curvamo-nos diante do corpo físico, embora saibamos que ele seja o *Ātmā*, e o corpo físico apenas sua veste mais externa.

Nirvānarūpam: A palavra *rūpa* em sânscrito significa a forma exterior, enquanto a palavra *svarūpa* significa a forma essencial e real de uma realidade manifestada. O corpo de um ser humano (físico ou suprafísico) é seu *rūpa*, o *Ātmā* ou Espírito é seu *svarūpa*. Todos conseguem ver seu *rūpa*, mas somente o Iogue Autorrealizado, que foi capaz de transcender o reino do *Prakriti* pode conhecer seu *svarūpa*. Ver-se-á, portanto, que uma realidade manifestada pode ter muitas formas externas de acordo com o nível em que está funcionando, mas apenas um *svarūpa* interior.

Estas duas palavras, no final do primeiro e segundo versos, visam dar alguma ideia das formas externas e interna da Deidade. A forma mais externa é indicada pelas duas palavras *Īsham* e *Īshān*, que já foram discutidas. O fato de *Nirvāna* também indicar a forma externa da Divindade requer alguma explicação. Aqueles que estão familiarizados com a literatura Oculta ou Budista sabem de um modo geral o que é o *Nirvāna*. É o estado de consciência alcançado pelo iogue quando consegue transcender o reino da mente ou *Prakriti* e se estabelecer no mundo da Realidade. Neste estado, a mais elevada consciência do iogue entra em contato com a consciência Divina da Deidade no nível mais baixo em que Ela funciona no reino da manifestação. O *Nirvāna* pode, portanto, ser considerado como Seu *rūpa*.

Vibhum vyāpikam Brahmavedasvarūpam: Este verso almeja dar uma indicação da natureza Real, essencial de Seu *svarūpa*. Foi assinalado ao explicar o *Dhyāna Mantra* de *Mahesha* que Ele tem uma natureza dupla. Ele é parte do Eterno Não Manifestado e, sendo a Deidade que preside um sistema manifestado, Ele também está no manifestado. Devemos lembrar, porém, que embora Ele esteja na manifestação, Sua vontade opera de forma misteriosa a partir do mais elevado Plano Divino, e Ele não toma parte ativa no funcionamento real do maquinário do sistema manifestado. Esta função pertence a *Vishnu* que é, portanto, o verdadeiro Governante ativo do sistema.

Aquele aspecto do Senhor que permanece sempre no Não Manifestado é Seu *svarūpa* e é esta natureza essencial que sugerem as três palavras do segundo verso. Uma tentativa foi feita em *O Homem, Deus e o Universo* para dar alguma ideia da natureza dessa Consciência Cósmica que é a natureza essencial de *Shiva*, e não é necessário entrarmos aqui nesta questão. Mas o estudante faria bem em notar que somente Sua Consciência, que está acima do tempo e do espaço e, portanto, transcende o reino da manifestação, pode permear, no sentido real, o que quer que esteja presente na manifestação.

Além disso, como a consciência de *Shiva* é um estado integrado, não pode ser consciente em parte ou agir em parte. Ela é consciente como um todo e atua como um todo. Isto é o que se entende por *akhanda* ou estado 'ininterrupto' que se procura descrever em declarações místicas como as seguintes: "Pois a luz em toda parte se encontra com a luz, já que tudo contém todas as coisas em si e ademais vê todas as coisas em outra. Para que todas as coisas estejam em toda parte, e tudo é tudo". É assim que a Divina Vontade de *Shiva* está dirigindo e energizando tudo na manifestação a partir do centro mais recôndito, sem parecer participar de nada. Toda a criação se move e funciona de acordo com Sua vontade operando a partir do Não Manifestado, mas Ele não pode ser visto em nenhum lugar, em nada.

Ajam nirgunam nirvikalpam nirīham: Então chegamos ao verso seguinte na estrofe que tenta dar uma indicação dos atributos do sem atributos. Como *Shiva* representa o estado transcendente em manifestação em contraste com *Vishnu*, que representa o estado imanente, todos os atributos são naturalmente dados sob a forma de negativos.

Podemos nos perguntar qual é a utilidade de definir os atributos Divinos desta maneira. Dar a forma positiva dos atributos sugere algo significativo para a mente humana. Dizer que uma coisa é A significa bom senso. O que significa dizer que uma coisa não é A? Que ela não é A. O que é então? Seria realmente absurdo se não significasse nada e nós simplesmente continuássemos utilizando todos os adjetivos e substantivos acrescentando um prefixo negativo a eles.

Quando dizemos que uma coisa não é A não significa simplesmente que não seja A. Significa também que é o estado em que A existe quando se tornou *laya*, ou se fundiu em sua fonte ou está sob a forma em que existe quando não está manifestada. O Não Manifestado não é apenas um estado transcendente, mas é também o recipiente final em uma forma potencial de todos os estados, princípios e atributos que podem aparecer na manifestação quando as condições exigidas estão presentes. O Absoluto, como vimos em outro contexto, é não apenas um vazio, mas também um Pleno. Da mesma maneira, a forma não manifestada de qualquer realidade manifestada, portanto, contém potencialmente todos os constituintes ou qualidades que podem aparecer em forma diferenciada na sua manifestação. No estado de *Pralaya*, o Universo não desaparece no nada, mas se torna *laya*, ou fundido num estado mais elevado ou sutil. É por isso que se chama *pralaya*, e é por isso que um novo Universo pode dele emergir no momento apropriado. Um verdadeiro *nada* ou vazio não pode, por sua própria natureza, produzir coisa alguma.

Portanto, quando dizemos que uma coisa não é A o que realmente queremos dizer é que essa coisa é o estado potencial de A, no qual A no estado ativo desapareceu. Há, portanto, uma tremenda diferença entre não A e a mera ausência de A que não será nada. A diferença é como a diferença entre a nulidade do *plenum* e a nulidade do simples nada.

Portanto, todas estas palavras que começam com o prefixo negativo *ni* ou *a* e que são usadas para insinuar a natureza da Divindade não são meros absurdos, mas têm um significado profundo e contribuem definitivamente para nossa concepção do estado e Consciência divinos. *Ajam* significa não apenas "que não nasce", mas o recipiente potencial ou *āshraya* de todas as coisas que nascem, crescem, decaem e morrem na manifestação. *Nirgunam* significa não apenas "que é sem *gunas* ou atributos", mas aquilo que pode assumir todos os *gunas* na manifestação. *Nirvikalpam* significa não apenas "que é sem *vikalpa* ou alternância de estados opostos", mas aquele que pode se expressar no estado de *vikalpa* na manifestação. *Nirīham* significa não apenas o estado no qual não há um vestígio de desejo de qualquer tipo. Significa o recipiente potencial desse princípio que se expressa em desejos de todos os tipos. Em resumo, todos esses negativos de certa forma têm um significado positivo e enriquecem nossa concepção do *plenum* não manifestado que contém tudo potencialmente e, contudo, nada de fato.

Chidākāramākashavāsam bhajeham: Este verso é também de grande importância filosófica, porque contém dois conceitos relativos à natureza da Realidade não manifestada e aos mundos manifestados que saem dessa Realidade na alternância eterna de *shristi* e *pralaya*. Poderemos compreender facilmente o significado profundo deste verso se recordarmos brevemente a doutrina Oculta relativa à relação entre Realidade, Consciência, Mente e Matéria. De acordo com essa doutrina, todo este Universo manifestado em todos os graus de sutileza é derivado e é a expressão de uma Realidade Eternamente Não Manifestada. Consciência, Mente e Matéria são derivadas dessa Realidade por um processo de diferenciação progressiva, e embora essencialmente uma em essência, desempenha papéis diferentes no processo de manifestação.

O Espaço, ou melhor, o Princípio Cósmico chamado *Ākāsha* em sânscrito, desempenha um papel fundamental e duplo na manifestação. Por um lado, fornece o meio no qual o princípio mental em seu aspecto subjetivo funciona através de imagens mentais. É, portanto, uma fonte inesgotável e perceptora de todos os tipos de imagens mentais. Por outro lado, fornece o meio básico ou matriz para o mecanismo estrutural necessário para os fenômenos *objetivos*. Este mecanismo torna-se possível como resultado da derivação dos outros quatro Elementos Cósmicos chamados *Bhūtas* oriundos do *Ākāsha* e sua combinação em uma infinita variedade de formas. Neste segundo aspecto, este *Ākāsha* torna-se uma fonte infinita e inesgotável de todos os tipos de partículas de matéria e energias. Devido ao seu duplo papel, esse espaço é chamado *Chidākāsha* ou Espaço Mental. Ele está relacionado à mente subjetiva, por um lado, e aos *Bhūtas* objetivos, por outro.

Estas duas correntes de Mente e Matéria, originárias de *Chidākāsha*, são realmente os instrumentos na manifestação dos dois opostos polares de Consciência e Poder ou *Purusha* e *Prakriti*. Elas se misturam por toda parte e constituem a urdidura e a trama do tecido mental que um Universo manifestado realmente é. Esta questão foi tratada com mais detalhes em outros contextos e, portanto, não é necessário explicar o assunto mais meticulosamente no contexto atual. Tudo o que o estudante precisa entender aqui é que *Chidākāsha* ou Espaço Mental é o meio a partir do qual o Universo manifestado é elaborado e no qual funciona. E por trás e dentro deste meio oculta-se aquela Realidade dual que chamamos de *Shiva-Shakti-Tattva*.

निराकारमोङ्कारमूलं तुरीयं
गिराज्ञानगोतीतमीशं गिरीशम् ।
करालं महाकालकालं कृपालं
गुणागारसंसारपारं नतोऽहम् ॥

Nirākāramomkāra mūlam turīyam
Girājñānagotīta mīsham girīsham
Karālam mahākāla kālam kripālam
Gunāgāra samsāra pāram natoham

निराकारम् sem forma ओङ्कारमूलं a Realidade alojada na raiz da sílaba sagrada Om तुरीयं o quarto e mais elevado estado de consciência no qual a consciência da Realidade é alcançada गिराज्ञानगोतीतमीशं (गिरा+ज्ञान+गो+अतीतं+ईशं) गिरा conhecimento ज्ञान intelectual गो um órgão dos sentidos अतीत além de ईशं o Senhor, Governante गिरीशम् Senhor da Montanha (Kāilās) करालं terrível, difícil para os malfeitores, महाकाल o princípio último do Tempo do qual derivam tempos de diferentes medidas. काल tempo, o Espírito Supremo como princípio de destruição कृपालं misericordioso, compassivo para com os justos e devotos. संसार (सं+अ+सार) propriedade, um dos três principais gunas आगार abriga fluxo de fenômenos पारं a margem oposta de um rio, refúgio नतोऽहम् eu me curvo em adoração.

'Eu me curvo em adoração Àquele que não tem forma, que é a Realidade oculta na raiz da sílaba sagrada Om, que é o mais elevado estado de Consciência, que é o Senhor além do reino da fala, dos sentidos e da mente, que é o Senhor da montanha sagrada Kailās, que é terrível para os malfeitores e compassivo para os justos, que é o princípio do Tempo assim como o princípio da mudança e da destruição, que é a outra margem ou refúgio que alcançamos quando atravessamos este rio caudaloso do fluxo de fenômenos que constituem os mundos inferiores.'

Nirākāram: Este verso mais uma vez contém pistas sobre algumas das mais elevadas verdades do Ocultismo. *Nirākāram* significa, naturalmente, "sem forma", mas embora seja um atributo negativo, deve ser interpretado no sentido mais sutil, como no caso de outros atributos negativos que já foram discutidos anteriormente. 'Sem forma' refere-se ao aspecto transcendente da Realidade, e embora este aspecto em si mesmo não contenha formas do tipo com o qual estamos familiarizados ou que possamos conceber, ele é o recipiente potencial de todos os tipos possíveis de formas que aparecem no transcurso da evolução de um Universo manifestado. O estado transcendente de Consciência, que é um estado integrado, é como a luz branca, como já foi apontado em outros contextos. Ele produz não apenas cores na diferenciação, mas também todas as formas que podemos perceber, com sua ajuda. As formas e as cores dos objetos não existem, é claro, nos próprios objetos. São meramente imagens mentais produzidas em nossa mente pelos objetos e essencialmente ilusórias em sua natureza.

Omkāramūlam turīyam: Para entender plenamente o que esta frase significa, temos que recordar duas doutrinas fundamentais do Ocultismo. Uma é que o Universo manifestado em seu aspecto estrutural é baseado na vibração. O estado mais sutil e integrado desta vibração, do qual todos os tipos de vibrações são derivados, é chamado de *Nāda* em sânscrito. Esta afirmação pode parecer muito abrangente e simplificada, mas temos que lembrar que mesmo a Ciência moderna tem corroborado de forma muito inesperada e inequívoca esta antiga doutrina Oculta. Pois, de acordo com a Física moderna, o Universo físico é básica e essencialmente nada além de vibração ou radiação, seja radiação livre que viaja pelo espaço como luz, ou radiação engarrafada que se comporta como matéria, sendo ambas intercambiáveis.

A outra doutrina Oculta que devemos lembrar é que consciência e vibração estão interligadas e relacionadas na manifestação através de uma série de estágios intermediários. Isto permite que a consciência, por um lado, se projete na manifestação através da mediação do som, embora este som não seja necessariamente o som como o conhecemos, mas de uma natureza muito mais sutil e complexa, indicada pela palavra sânscrita *Shabda*. Por outro lado, ele permite que um indivíduo envolvido nos níveis mais baixos de manifestação utilize o 'som' ou *Shabda* para contatar estados cada vez mais profundos de consciência até o mais elevado estado de *Turiyā*, que é a Consciência de *Shiva*.

Esta relação de 'som' e consciência é utilizada não apenas no *Mantra Yoga* para desabrochar níveis mais profundos de consciência, mas é também a base de algumas artes ocultas nas quais a potência inerente ao som é utilizada para produzir 'resultados definitivos' de natureza tangível no reino da manifestação. Em razão do perigo do mau uso de tais poderes, somente referências veladas a eles são dadas na literatura relevante, e o conhecimento real é transmitido diretamente às pessoas qualificadas oralmente.

Girājñānagotitamīsham: A Consciência de *Shiva* sendo um estado transcendente está naturalmente além da fala, além dos sentidos e até mesmo além do intelecto. 'Além da fala' significa que não pode ser descrita. 'Além dos sentidos' significa que não pode ser cognominada através da instrumentalidade dos sentidos. 'Além do intelecto' significa que não pode ser imaginada ou compreendida pelo intelecto. Mas embora o Senhor esteja além destes três instrumentos do conhecimento no reino da manifestação, Ele é seu governante, e eles funcionam através de Sua presença e poder por trás deles.

Girīsham: 'Senhor da montanha' refere-se obviamente à morada de *Shiva-Shakti* que se chama *Kailāsa*. Uma montanha, como já foi apontado anteriormente, é um símbolo muito apropriado das alturas de consciência que têm que ser escaladas para alcançar o transcendente Estado de Consciência-Poder que é referido como o *Shiva-Shakti-Tattva*. Em primeiro lugar, uma montanha como o Himalaia sugere uma altura tremenda que é atingida por estágios sucessivos de alturas intermediárias. Temos que subir de um estado de Consciência para outro em *Samādhi* antes de podermos adentrar o mundo da Realidade, que é a morada de *Shiva-Shakti*. Então, uma montanha alta sugere uma atmosfera extremamente rarefeita na qual aqueles que não estão acostumados a ela dificilmente podem respirar. Da mesma forma, os mundos espirituais internos são mundos de extrema sutileza dos quais não só não podemos ter uma concepção nos planos inferiores, mas nos quais não podemos viver conscientemente, a menos que estejamos suficientemente desenvolvidos espiritualmente. Então, novamente, uma montanha coberta de neve como o Himalaia sugere uma pureza extrema. Aqueles que conseguem alcançar regiões de altas altitudes definitivamente sentem a pureza da atmosfera e descobrem que ela eleva imediatamente a mente, desde que, é claro, sejam suficientemente sensíveis. Na verdade, quanto mais alguém pensar neste símbolo de uma montanha coberta de neve, mais ele se dará conta da sua aptidão para representar a morada da Divindade.

Karālam mahākalakālam kripālam: Este verso, por outro lado, é do mais profundo significado filosófico, embora a maioria das pessoas que recitam este hino todos os dias não se deem conta disso. Tomemos primeiro as duas palavras *karālam* e *kripālam*, que se destinam a indicar dois atributos opostos da Divindade. Tem sido apontado em vários contextos que a Realidade Última é uma síntese harmoniosa de todos os opostos que se encontram em manifestação. Na verdade, a neutralização dos opostos é tão perfeita que produz um vazio ou *Sūnya*. Este *Sūnya* não é, entretanto, o vazio do nada, mas um vazio que contém tudo potencialmente e nada de fato.

Consideremos o significado dos dois atributos Divinos opostos mencionados acima, à luz da doutrina Oculta acima. *Karālam* significa horrível, enquanto *kripālam* significa benéfico. A Divindade que está guiando e governando o mundo é ao mesmo tempo horrível e benéfica. Muitas pessoas associam Deus apenas à misericórdia e à beneficência, mas esta é apenas uma visão parcial baseada na emoção e não na razão e na observação dos fatos da vida. Vemos em toda parte na vida e na Natureza expressões terríveis da Vontade Divina. A Lei do *Karma* que é uma expressão da Vontade Divina em relação à vida humana traz não somente prazer e felicidade como consequência natural das boas ações, mas também dor e sofrimento pelas más ações. É inútil fechar os olhos para estas coisas. Devemos tentar encarar os fatos e entender as coisas como elas realmente são.

Por enquanto, vamos considerar esta questão com relação à evolução humana e tentar ver por que estas duas funções divinas, uma agradável e a outra desagradável, têm que ser exercidas, embora Deus em sua natureza essencial seja o próprio Amor. Para entender este problema, temos que lembrar a doutrina Oculta de que o Universo manifestado existe, tanto quanto podemos ver, para a evolução e desabrochar das Mônadas. Essas Mônadas, sendo essencialmente Divinas, têm que evoluir como indivíduos livres por escolha interior e não como autômatos por compulsão exterior. Elas têm que aprender a escolher o certo e o verdadeiro por livre escolha e aprender as lições necessárias através de todos os tipos de experiências adquiridas nos mundos inferiores. A outra importante doutrina Oculta que temos que lembrar é que o Universo manifestado é baseado e derivado de Uma Realidade Última. Há, portanto, apenas uma Vida e uma Consciência por trás de suas variadas e incontáveis expressões, estando estas unidas por um laço espiritual invisível de unidade. O amor é, portanto, a lei mais fundamental e natural da vida, e quem transgride esta lei tem que sofrer para restaurar a harmonia interior, e aprender a não transgredi-la no futuro. Esta lição é aprendida automaticamente, embora muito lentamente, através da experiência. Quando nos expressamos em amor, a bem-aventurança flui em nossa mente a partir do interior, seja como felicidade comum ou como *ānanda* espiritual. Quando damos expressão ao ódio sob qualquer forma, sofremos sempre internamente, e se nosso ódio afeta os outros externamente, sofremos também externamente até aprendermos a tão necessária lição de *ahimsā*.

Embora o ódio cause estragos na vida privada dos indivíduos e seja a fonte de uma tremenda quantidade de dor e sofrimento, ele é visto em sua forma mais sinistra e terrível nas relações internacionais e raciais, onde os ódios nacionais e raciais são alimentados deliberadamente para obtenção de fins políticos. As forças de ódio continuam se acumulando nas mentes coletivas conscientes e subconscientes das nações opostas até que a pressão se torna grande demais, a represa explode e a guerra com todos os seus horrores e sofrimentos se precipita. E nos perguntamos por que lutamos e nos questionamos sobre quem foi o responsável por iniciar a guerra. Mas a guerra é meramente uma expressão do aspecto terrível da natureza Divina em grande escala e destina-se a nos ensinar que a lei da unidade de toda a vida não pode ser violada, a não ser à custa do sofrimento. Podemos ser lentos para aprender esta lição, mas a Natureza também é uma professora implacável, e a lição terá que ser aprendida.

A frase *mahākālakālam* insinua o aspecto dinâmico da natureza divina na manifestação. Essa natureza manifesta-se em constante mudança implacável e produz a impressão do tempo em nossa consciência. A frase *mahākāla* refere-se ao princípio do Tempo ou mudança, que existe potencial e eternamente na natureza Divina no reino do não manifestado, e se manifesta como diferentes medidas de tempo operando em diferentes planos do Universo quando a manifestação ocorre. O tempo, como o espaço, é um fenômeno mental e suas medidas, como as dimensões do espaço, diferem de plano para plano. Todos estes tempos no reino da manifestação são aspectos diferenciados de *Mahākāla*, o princípio eterno do Tempo existente no não manifestado, e, portanto, devem ser considerados em sua forma essencial como funções da Divindade ou como atributos de *Shiva*.

Também é necessário observar com relação ao *kala* ou tempo, como existe no reino da manifestação, que sua natureza essencial é a mudança. *Kala,* em sânscrito, significa também o Espírito Supremo como princípio de destruição, e o poder divino de destruição e morte é representado simbolicamente pela conhecida forma terrível da Deusa Kali. Ao ser cuidadosamente examinada, ver-se-á facilmente que destruição, morte, etc., são todos aspectos diferentes da implacável lei da mudança que rege o mundo fenomenal. Quando a mudança está voltada à desintegração, nós a chamamos de destruição. Quando uma mudança leva um organismo vivo a deixar de funcionar para sempre, chamamos de morte.

Gunāgāra samsāra param natoham: Este verso revela, com a ajuda de três palavras, a natureza deste mundo fenomenal no qual estamos envolvidos e também aponta os únicos meios disponíveis para transcender suas ilusões e limitações. Embora a verdade que se busca transmitir seja bastante simples e fácil de ver, poucos conseguem vê-la no sentido real.

Ver o mundo fenomenal como ele é, e não se deixar iludir por seus grosseiros atrativos ilusórios, é o começo da sabedoria. Ser capaz de penetrar suas atrações glamorosas e ver este mundo como ele realmente é, é chamado de *Viveka,* em sânscrito. Não sentir nenhuma atração por seus objetos e buscas como resultado desta faculdade de discernimento despertada é chamado *Vairāgya*. Estes dois constituem as qualificações mínimas essenciais para trilhar a senda do *Yoga*.

Gunāgāra e *Samsāra* dão muito eficazmente uma ideia correta com relação à natureza deste mundo fenomenal. De acordo com a filosofia Sankhya na qual o *Yoga* se baseia principalmente, este mundo em constante mudança é um fenômeno puramente mental produzido na mente dos *Jīvātmās* individuais pelo surgimento e combinação de todos os tipos de *gunas* ou propriedades que estão presentes na Natureza ou *Prakriti* num estado integrado. Estes *gunas* são derivados dos três *gunas* básicos (*Rajas, Tamas, Sattva*) assim como o número infinito de cores encontradas na Natureza são todas derivadas das três cores primárias do espectro. Este mundo fenomenal é, portanto, chamado de *gunāgāra*, um oceano de fenômenos em constante mudança produzidos pelos *gunas*. O mundo aparentemente real, sendo uma corrente de fenômenos em constante mudança que atingem nossos órgãos dos sentidos produzindo uma série de imagens mentais em nossa mente é patentemente ilusório. A palavra *Samsāra* é uma palavra composta *sam* (com) + *a* (sem) + *sāra* (realidade ou substância) que significa "sem qualquer realidade, embora aparentemente real", portanto, dá uma ideia correta com relação à natureza deste mundo fenomenal.

Talvez uma ilustração nos permita perceber mais facilmente o que se pretende transmitir com as duas palavras acima. Suponhamos que estamos na margem de um rio que flui rapidamente observando o fluxo da água no rio. A maioria das pessoas pensará que está vendo um rio de verdade, mas quais são os fatos? Um pensamento um pouco profundo lhes mostrará que estão apenas vendo uma imagem mental em constante mudança produzida em sua mente por um fluxo de água em constante mudança. A impressão produzida em suas mentes de um rio real diante delas é pura ilusão. Tal é a natureza do mundo fenomenal em que vivemos e passamos nossas vidas sem jamais percebermos que se trata de um mero fluxo de fenômenos em constante mudança.

Mas por trás, ou melhor, dentro deste mundo irreal em constante mudança, está oculta uma Realidade que é referida como o estado *Shiva*. Conhecer esta Realidade é o único meio disponível para os *Jīvātmās* envolvidos neste *Samsāra* se elevarem acima das ilusões e limitações inerentes a este mundo. É por isso que esta Realidade é chamada de *param*, "a outra margem" que alcançamos quando atravessamos este oceano de existência ilusória.

Capítulo 3

Brahma Stotra

(Um Hino dirigido à Realidade Suprema)

Como os estudantes de filosofia indiana sabem muito bem, a palavra sânscrita *Brahman* é usada para aquela Realidade Suprema que sempre permanece não manifestada em seu aspecto mais elevado, mas produz o Universo, tanto visível quanto invisível, como um fenômeno recorrente em escala cósmica. É natural que essa Realidade seja objeto de muita especulação filosófica e discussão e, às vezes, opiniões contraditórias sejam expressas sobre sua natureza inescrutável. Diferentes escolas de filosofia indiana têm visões um pouco diferentes sobre tais questões, mas nenhuma posição rígida é tomada nestes assuntos, porque é geralmente reconhecido que essas escolas chamadas *Darshanas,* em sânscrito, são meramente diferentes maneiras de olhar a mesma Realidade de diferentes pontos de vista, e enriquecem nossa concepção desta Realidade. Portanto, enquanto cada escola de pensamento trata o assunto de um ponto de vista particular e tenta apresentá-lo apenas a partir desse ponto de vista, nenhuma contradição é sentida quando um ponto de vista diferente ou mesmo oposto é expresso por outra escola.

É por esta razão que no campo de *Sādhanā* essas diferenças nas concepções filosóficas da Realidade não só são ignoradas, sendo as concepções combinadas adequadamente para ajudar ao máximo o *Sādhaka* em seu trabalho.

As realidades da vida interior parecem muito diferentes quando percebidas e vividas pelo *Sādhaka* a partir do interior, do que parecem ao mero filósofo acadêmico quando ele estuda e expõe estas coisas a partir de sua poltrona. Pois, na percepção ou experiência intuitiva, há pelo menos um contato parcial com a realidade em questão, enquanto o conceito do filósofo acadêmico pode ser puramente intelectual e artificialmente criado pelo estudo das ideias de outras pessoas.

Esta combinação harmoniosa de vários pontos de vista filosóficos é evidenciada até certo ponto em alguns dos hinos que são geralmente usados pelo aspirante em suas orações. Como esses hinos são para ser recitados por pessoas de diferentes temperamentos e origens mentais e para auxiliar o desabrochar de diferentes aspectos de sua natureza, eles tentam colocar sob forma condensada uma concepção tão rica quanto possível da Deidade, dentro do escopo limitado de algumas estrofes. Cada aspirante obtém nelas não apenas algo que o atrai particularmente, mas também algo que amplia seu horizonte mental e aumenta sua sensibilidade. São estas apresentações católicas e multicoloridas da concepção da Deidade nestes hinos e literatura similar que têm impedido o endurecimento dos conceitos e atitudes filosóficas e ajudado a manter alguma liberdade de pensamento e catolicidade de visão no Hinduísmo. O *Brahma Stotra*, que é um hino dirigido a *Brahman*, a Realidade Suprema, ilustra em certa medida os pontos acima mencionados.

Um ponto importante que o *Brahma Stotra* traz à tona é que a Realidade Suprema está intimamente envolvida em tudo na manifestação, não apenas porque todo o Universo é dela derivado e por ela permeado, mas também porque, em última análise, é uma expressão da Vontade Divina. Existe uma escola de pensamento filosófico que considera esta Realidade como um mero espectador ou *Sākshi*, mas esta é apenas uma visão parcial que em sua forma inqualificável é insustentável à luz da doutrina Oculta total. Não devemos esquecer que a manifestação é uma projeção e reflexo repetidos da Realidade Última em matéria mais densa e estados mentais menos sutis. A Realidade Última é, portanto, não apenas a fonte última de tudo que existe, mas deve ser a causa última e, portanto, o ator indireto em tudo.

Também é necessário observar que a manifestação é um processo limitador e, portanto, quanto mais profundamente a consciência se envolve na manifestação, mais ela fica limitada por este envolvimento. Como já foi apontado em outro lugar, este envolvimento não é total em nenhum estágio da progressiva descida da consciência, mas o *quantum* que se envolve torna-se cada vez mais limitado à medida que desce cada vez mais profundamente na manifestação. O aspecto da consciência que não se envolve neste processo limitador e permanece livre de envolvimento está sempre presente dentro do aspecto que se envolve, sendo capaz de exercer suas funções supremas em cada esfera de ação, em cada ponto do espaço e do tempo. É por esta razão que a supremacia da Realidade subjacente não é afetada por seu envolvimento parcial no processo da manifestação.

A Realidade Última é capaz não só de exercer sua supremacia em cada esfera de manifestação, mas também de satisfazer todas as suas exigências, qualquer que seja sua natureza. Isto é assim porque é um estado superintegrado. Como já foi explicado em outros contextos, o estado integrado de qualquer categoria de coisas contém, em forma potencial, todas as coisas que podem aparecer a partir dele na diferenciação e pode fornecer qualquer uma destas coisas como e quando necessário. O estado superintegrado sendo uma integração de estados integrados deve, portanto, logicamente conter potencialmente todas as coisas possíveis de cada categoria no campo da manifestação e deve ser capaz de fornecê-las como e quando necessário.

O que foi dito acima deve ser entendido corretamente em seu mais elevado sentido filosófico e não interpretado de forma pouco inteligente em termos de nossas experiências humanas mais baixas. Não podemos considerar o envolvimento da Realidade Última em tudo como uma interferência arbitrária em tudo e uma imposição da vontade pessoal. Este envolvimento é principalmente sob a forma de leis naturais universais que funcionam automática e naturalmente sem qualquer elemento de arbitrariedade ou injustiça. A própria natureza desta Realidade como permeando o vasto e complicado Universo, com inúmeras criaturas evoluindo nele, torna tal concepção antropomórfica de Deus insustentável e até ridícula. Mesmo quando o Poder Divino desempenha seu papel limitado no relacionamento pessoal com as almas individuais, o exercício deste poder deve ser considerado impessoal e baseado em um equilíbrio requintado de justiça e amor.

Mas também é necessário evitar ir ao outro extremo e considerar esta Realidade como um princípio puramente abstrato que, como um conjunto de leis científicas e matemáticas, está na base do Universo manifestado e regula mecanicamente suas atividades. A ideia de uma Realidade Última como um Princípio Impessoal que é totalmente alheio e não está relacionado com o que ocorre no campo da manifestação e nos assuntos dos homens, a menos que devidamente compreendido, pode causar grande confusão em nosso pensamento filosófico e nos privar desnecessariamente da ajuda indispensável do Poder Divino em nossa vida externa e interna. O próprio fato de esta Realidade Última ser a fonte de Consciência, Poder, Amor, Felicidade, etc., em suas formas mais elevadas e sutis, torna tal ideia insustentável.

ओं नमस्ते सते सर्वलोकाश्रयाय
नमस्ते चिते विश्वरूपात्मकाय ।
नमोऽद्वैततत्त्वाय मुक्तिप्रदाय
नमो ब्रह्मणे व्यापिने निर्गुणाय ॥

Om namaste sate sarva-lok-ashrayāya,
Namaste chite vishva-rup-atmakāya
Namo-advaita-tattvāya mukti-pradāya,
Namo Brahmane vyapine nir-gunāya,

ओं a sílaba sagrada chamada *Pranava* नमस्ते saudações a Ti सते a Verdade última e autoexistente सर्व todos os mundos लोका आश्रयाय refúgio चिते o Princípio Mental विश्व Universo रूप forma आत्मकाय alma, essência ऽद्वैत-तत्त्वाय Princípio da não dualidade que permite perceber a unicidade na dualidade मुक्ति प्रदाय outorgador da Libertação ब्रह्मणे o Ser Supremo व्यापिने tudo que permeia निर्गुणाय sem quaisquer atributos.

'*Om*! Saudações a Ti que como *Sat*, a Verdade Suprema, és o substrato e refúgio de todos os mundos. Saudações a Ti que, como *Chit*, o Princípio Mental, és a alma do lado da forma do Universo. Saudações a Ti que, como princípio da não dualidade, és o doador da Libertação. Saudação a Ti que, como Ser Supremo, és Onipresente e sem atributos'.

A primeira estrofe do *Brahma Stotra*, que é um hino dirigido à Realidade Suprema, faz alusão aos quatro aspectos fundamentais da Realidade e sua natureza e funções na manifestação. Os estudantes da filosofia hindu estão familiarizados com a concepção do aspecto basicamente triplo da Realidade que é geralmente referido como *Sat-Chit-Ānanda*. Estes três aspectos não devem ser considerados independentes, mas uma triplicidade que deriva da diferenciação da Consciência pura não diferenciada e é a base final da relação sujeito-objeto nos planos inferiores. A relação mútua existente entre os três aspectos pode ser facilmente compreendida por meio de uma ilustração extraída de nossa experiência comum. Quando uma imagem mental é projetada em nossa consciência, estabelece-se uma relação sujeito-objeto na qual a consciência se torna o sujeito, a imagem mental se torna o objeto, e a consciência da imagem se torna o elo de ligação entre os dois. *Sat-Chit-Ānanda* são os três aspectos da Realidade dos quais derivam todas as projeções mentais subjacentes às manifestações em diferentes níveis, e o mesmo tipo de relação entre os três componentes é encontrado sempre que tal manifestação ocorre. Como esta questão foi exaustivamente discutida em outros contextos, não precisamos ir mais longe aqui. Passemos, portanto, a considerar brevemente o aspecto macrocósmico da triplicidade fundamental subjacente às manifestações mentais de todo tipo.

O primeiro verso da estrofe refere-se ao aspecto *Sat* da Realidade, que se reflete sob a forma de consciência integrada nos planos inferiores. É a fonte e a base última de todos os sistemas e estados de existência manifestados no Universo manifestado. Tudo na manifestação sai do não manifestado quando *Shristi* ou a criação ocorre e se funde no não manifestado na dissolução, ou *Pralaya*. É neste sentido que o aspecto *Sat* da Realidade é o 'refúgio' ou fonte última ou lugar de repouso de todos os mundos em manifestação. Sendo o todo, contém tudo potencialmente sob forma integrada e pode realmente produzir qualquer coisa na manifestação quando chega o momento adequado e as condições necessárias para sua manifestação estão presentes.

Assim como o aspecto *Sat* é a fonte de manifestação, também o aspecto *Chit*, que é a raiz última do Princípio Mental, é o instrumento de manifestação. A base última do Universo, ou melhor, da manifestação, de acordo com a doutrina Oculta, é mental. Todo sistema manifestado, desde o Cosmos até um Sistema Solar, é o produto da Ideação Divina e envolve a triplicidade dos aspectos *Sat-Chit-Ānanda* da Divindade. O nível da mente que está envolvido depende da sutileza do sistema manifestado que é seu produto, mas o ponto importante a lembrar é que é o Princípio Mental, em seus diferentes graus de sutileza, que está na base de cada sistema manifestado. Mesmo a Ideação Cósmica é uma atividade mental, embora de um grau de sutileza do qual não possamos ter nenhuma concepção. É por esta razão que se diz que o aspecto *Chit* da Realidade, referido na segunda linha da estrofe, subjaz ao lado da forma do Universo e é chamado de alma mais recôndita do Universo. A forma é uma base necessária da manifestação, embora possa ser de natureza tão sutil, devido ao maior número de dimensões do espaço envolvido, que nos seja impossível visualizá-la.

Nos planos inferiores, o sujeito e o objeto, que estão relacionados aos aspectos *Sat* e *Chit* da Consciência respectivamente, constituem uma dualidade enquanto nossa consciência estiver confinada dentro do reino da mente e estiver sob a influência de *Avidyā* ou *Māyā*. O Universo manifestado como um macrocosmo, e a alma individual com todas as suas vestes como um microcosmo, são vistos como algo diferente e à parte da Realidade da qual são derivados. E enquanto essa ilusão persistir, e nos identificarmos com os veículos sob sua influência, permaneceremos presos aos mundos inferiores de manifestação e sofreremos suas misérias e limitações. Mas o fato real é que o estado manifestado saiu do não manifestado e é, portanto, parte integrante dele, um com ele em essência e substância. Busca-se transmitir este fato por axiomas ocultos como as seguintes *Brahmaivedam Vishvam* (na verdade, este Universo não é nada além de *Brahmā*) ou *Aemātmā Brahmā* (Este *Ātmā* é *Brahmā*).

O terceiro aspecto da consciência que nos permite tornar-nos perceptivos desta verdade mais fundamental da existência, que 'os dois são um' em essência e substância, é chamado de *Advaita Tattva* no terceiro verso da estrofe. Obviamente, essa consciência que deriva do terceiro aspecto da Realidade é da natureza da percepção, mas é chamada de *Ānanda* na terminologia vedantina por causa da *Ānanda* ou Bem-aventurança que a acompanha. Esta anomalia foi explicada em outro capítulo e não precisamos entrar nesta questão aqui, exceto para ressaltar que esta percepção é meramente uma percepção da verdade subjacente da unicidade de sujeito e objeto e não envolve qualquer outra mudança.

O ponto importante a se observar sobre este terceiro aspecto da Realidade, referido no terceiro verso, é que ele liberta o indivíduo da ilusão de existência separada do Todo, e ao terminar a identificação com este mundo separado de si mesmo, liberta-o de suas limitações e escravidão. É por esta razão que é chamada a outorgadora de Libertação. Ao alcançar a consciência desta Verdade Suprema, o indivíduo torna-se um *Jīvanmukta* ou um Ser Liberto. Ele está livre das ilusões e limitações dos mundos inferiores e da necessidade de encarnação obrigatória. Isto esclarece a natureza da consciência de um Ser Liberto. Ele também vive e vê o mesmo mundo em que vive o homem comum, mas ele o vê como parte integrante da Realidade e sabe que a distinção entre homem, Deus e Universo é uma ilusão. A Libertação, portanto, é essencialmente uma questão de percepção mais profunda das realidades da existência, e não uma mudança de lugar ou de condições externas.

O quarto verso da estrofe refere-se ao quarto ou ao estado transcendental da Realidade que está além dos três aspectos implícitos na natureza *Sat-Chit--Ānanda*. Este estado final está subjacente e permeia todos os outros estados, e estando além até mesmo dos aspectos *Sat-Chit-Ānanda*, é sem qualquer tipo de atributos, mesmo de natureza Divina. Há dois detalhes que podemos notar com relação a este aspecto final referido no último verso.

Em primeiro lugar, o aspecto *Sat* é um componente de uma triplicidade que aparece quando o aspecto *Chit* entra em jogo. Portanto, está relacionado ao aspecto *Chit* e é uma espécie de oposto polar do aspecto *Chit*, implicando uma consciência voltada para fora. Embora, quando comparado com o aspecto *Chit* seja um estado que implica totalidade e completude, não pode, por sua própria natureza, ser o estado final da Realidade e deve haver um estado que esteja acima da triplicidade, da qual o estado triplo é derivado. Como é sabido, os três componentes de tal triplicidade são mutuamente dependentes e, portanto, só podem aparecer ou desaparecer juntos. Portanto, embora *Sat* seja geralmente referido como a Verdade última, não pode ser considerado como a Verdade última no sentido estritamente filosófico. A pura Realidade indiferenciada referida como *Brahman* e que está livre de qualquer tipo de distorção ou atributos é a Verdade Suprema. Este é o estado *Shiva* em contradição com a tríplice consciência de *Maheshvara* voltada para fora, o Princípio Logoico.

O segundo ponto a ser observado é que a Relatividade governa todos os estados inferiores de Realidade e os estados mentais que são deles derivados. A manifestação, do mais alto ao mais baixo, é uma projeção repetida das realidades mais internas em estados cada vez mais densos da matéria e em estados menos sutis da mente. E, portanto, as mesmas realidades são encontradas de forma refletida e degradada em diferentes níveis governados pela mesma relação mútua em um determinado nível. É fácil ver, portanto, como essas realidades nos níveis inferiores podem ser confundidas com a Realidade Última por aqueles cuja faculdade de discernimento não esteja totalmente desenvolvida. A Realidade Última existe apenas no Eterno Não Manifestado e é a fonte de todas as realidades relativas que podem estar dentro do reino da experiência humana na prática do *Yoga* superior.

त्वमेकं शरण्यं त्वमेकं वरेण्यम्
त्वमेकं जगत्कारणं विश्वरूपम् ।
त्वमेकं जगत्कर्तृपातृप्रहर्तृ
त्वमेकं परं निश्चलं निर्विकल्पम् ॥

Tvamekam Sharanyam tvamekam Varenyam,
Tvamekam Jagat-kāranam vishva-rūpam,
Tvamekam Jagat-kartr-pātr-prahartr,
Tvamekam param-nishchalam nirvikalpam.

त्वमेकं Tu somente शरण्यं digno de receber em refúgio त्वमेकं Tu somente वरेण्यम् desejável, digno de fazer esforços para ou de cortejar त्वमेकं Tu somente जगत् o mundo कारणं causa विश्व o Universo रूपम् forma जगत् o mundo कर्तृ Criador पातृ Preservador प्रहर्तृ Destruidor परं mais elevado निश्चलं imutável, imóvel, invariável निर्विकल्पम् não admitindo alternativa ou dualidade, acima do reino da dúvida ou incerteza.

'Tu és o único refúgio, Tu és o único objeto digno de busca, Tu és a causa última e invisível do mundo, bem como a base do lado forma do Universo, Tu és o único Criador, Conservador e Destruidor dos mundos em manifestação, bem como o mais elevado Princípio imutável e não dual subjacente a esses mundos'.

A primeira questão que surge na vida de um aspirante que viu, pelo menos parcialmente, através das ilusões da vida mundana comum, e decidiu sair delas, é: o que ele deve esforçar-se para conseguir. Pois há muitos objetos de busca que ele pode colocar diante de si na esperança de se afastar da vida mundana e se libertar de suas limitações e ilusões. Ele pode começar a executar mais séria e plenamente as injunções da religião particular em que nasceu e adotar uma vida de religiosidade exterior tão característica de todas as religiões ortodoxas e que serve como um opiáceo eficaz para a grande maioria dos aspirantes comuns. Ele pode embarcar na busca de algum objeto pseudoespiritual, como o desenvolvimento de poderes psíquicos. Externamente isto parece muito pouco mundano, mas é realmente uma ambição mundana que aparece sob uma forma mais sutil. Ele pode adquirir algum conhecimento superficial da religião à qual pertence e tornar-se a divindade que preside um *āshrama*. Ou ele pode adotar algum modo de vida peculiar que dê a impressão de que está em busca de um ideal mais dinâmico ou espiritual. Ele pode deixar os cabelos crescer, andar descalço e vagar sem rumo em busca de algo do qual não tem a mais nebulosa noção.

Estes diferentes tipos de buscas que são adotados por pessoas que estão temporariamente desiludidas com a vida mundana comum podem dar-lhes alguma satisfação temporária, mas não podem levá-las permanentemente para fora das ilusões e limitações dos mundos inferiores. Pois eles não vão à raiz do problema e são, em muitos casos, bastante irrelevantes.

Não precisamos ir mais longe nesta questão, pois ela foi discutida em outros contextos. Basta apontar aqui que o único meio eficaz de superar as limitações e ilusões dos mundos inferiores é desabrochar nossas faculdades espirituais e adquirir conhecimento de nossa Real natureza, que, em essência, é una com a Realidade subjacente ao Universo. Somente este conhecimento pode nos libertar das limitações nas quais estamos todos envolvidos e, portanto, é o único objeto que vale a pena ser perseguido pelo verdadeiro aspirante que é sincero e espiritualmente maduro.

A próxima pergunta que surge é: como este conhecimento pode ser adquirido? Esta é uma pergunta que não pode ser respondida facilmente, pois envolve toda a ciência da Autocultura e seus aspectos mais elevados referidos como *Yoga*. Mas se tivermos que dar uma resposta em poucas palavras, podemos dizer que esse conhecimento é obtido pela fusão de nossa consciência individual com a Consciência Universal que está oculta em nosso coração e é a Realidade Suprema subjacente ao Universo. Esta fusão progressiva da consciência individual com a Consciência Divina é a tônica ou segredo de todos os métodos genuínos de desabrochar espiritual que visam alcançar a Libertação. A Consciência Divina com a qual a consciência individual se funde é chamada *Sharanyam* porque ela dá uma proteção efetiva e permanente ao indivíduo contra as misérias e limitações dos mundos inferiores.

Vemos, assim, que a Realidade Última ou a Verdade Única que está oculta no coração de cada ser humano individualmente, bem como no Universo como um todo, é o único objeto digno de busca e o único Refúgio no qual o indivíduo pode encontrar Paz verdadeira e duradoura. Buscar qualquer outro objeto ou refugiar-se em qualquer outra coisa nunca pode ser adequado. Isto é o que o primeiro verso da segunda estrofe procura imprimir na mente do buscador da Verdade.

Os três versos restantes da segunda estrofe procuram realçar o caráter complementar e oposto dos aspectos manifestados e não manifestados da Realidade e sua unicidade essencial. A Realidade Una é, por um lado, a causa última do Universo que permanece oculta no não manifestada e, por outro, é a própria substância do lado forma do Universo manifestado. É a Criadora, Preservadora e Destruidora do Universo manifestado em seu aspecto de uma Deidade Manifestada. É também o Princípio Eterno que permanece sempre não manifestado e no qual não há nenhuma mudança ou atividade de qualquer tipo.

भयानां भयं भीषणं भीषणानाम्
गतिः प्राणिनां पावनं पावनानाम् ।
महोच्चैः पदानां नियन्तृत्वमेकम्
परेषां परं रक्षकं रक्षकाणाम् ॥

Bhayānām bhayam bhīsanam bhīsanānām,
Gatih prāninām pāvanam pāvanānām,
Mahochchaih padānām niyantri tvam-ekam,
Pareshām param raksakam raksakānām.

भयानां do terrível भयं temível, भीषणं do terror भीषणानाम् do terrível गतिः refúgio, meta final, fonte última de ajuda प्राणिनां dos seres, dos seres vivos पावनं purificador पावनानाम् dos purificadores महोच्चैः mais elevados पदानां seres colocados नियन्तृ governante त्वमे Tu एकम् somente sobre o supremo परं Supremo रक्षकं protetor रक्षकाणाम् dos protetores.

'Pavor do terrível, terror do horrível; refúgio e objetivo último de todos os seres, purificador de todos os purificadores, governante dos que estão colocados mais alto, supremo sobre o supremo, protetor dos protetores'.

A estrofe acima serve para realçar a supremacia "de *Brahman* em todas as esferas de manifestação". Esta Realidade está oculta no nível mais profundo do Universo manifestado e não dá a menor indicação de agir em qualquer lugar e, ainda assim, "doce e poderosamente ordena todas as coisas". Sua supremacia se baseia no fato de que ela é a fonte e a base última de todo o reino de manifestação. O Poder que cria, preserva e destrói um sistema manifestado deve, por sua própria natureza, ser supremo em tudo na manifestação. A supremacia da Realidade não manifestada no reino da manifestação é inerente à própria natureza da relação entre o não manifestado e o manifestado. A estrofe acima aponta alguns exemplos dessa supremacia.

A concepção de Deus como um pai amoroso e misericordioso que pode perdoar tudo, e tudo o que você tem que fazer para obter Seu perdão é ir banhar-se no Ganges ou fazer uma confissão a um padre, é um produto de criação ilusória e, embora os fatos da vida não o justifiquem, as pessoas religiosas acreditam convenientemente nele e agem de acordo. A prevalência da filosofia materialista que considera a mente e a consciência como estando fora do reino da lei tem encorajado também a difusão desta mentalidade do 'faça como quiser', sob o pretexto de liberdade de pensamento e ação. As pessoas pensam e agem com base no pressuposto de que são bastante livres para fazer o que quiserem. A distinção entre certo e errado está desaparecendo gradualmente e a única coisa que faz a maioria das pessoas pensar que algo está errado é o medo de castigos físicos diretos. Muitos indivíduos estão inclinados a pensar que são livres para fazer qualquer coisa com impunidade, desde que possam evitar ser descobertos pela polícia. No caso das nações, o medo de represálias é o único meio de intimidação. Não é de admirar que, com ideias tão confusas e absurdas com relação à natureza do mundo em que vivemos, estejamos caminhando lentamente para a anarquia e para uma maior infelicidade e sofrimento.

O aspecto mais grave deste problema é o pensamento caótico que marca nossas relações internacionais. Pensa-se que uma vez que outra nação tenha sido declarada inimiga, qualquer tipo de atrocidade, crueldade ou injustiça é justificada, e os líderes falam muito seriamente até mesmo no extermínio de todo um povo que considerem como seu inimigo.

O primeiro verso da estrofe acima tem por objetivo advertir essas pessoas que têm o poder de prejudicar e infligir sofrimento a outros, e que cegados por esse poder, comecem a pensar que podem fazê-lo com impunidade. Aqueles que adotam métodos assustadores e perpetram outras iniquidades sob a ilusão de que são suficientemente poderosos para impedir a retaliação devem saber que a reação retributiva é inerente a cada ação desse tipo e deve aparecer de alguma forma, em algum lugar, mesmo que não exista a menor possibilidade disso na situação prevalecente. A Lei do *Karma*, que é um instrumento da vontade divina na manifestação, mais cedo ou mais tarde os alcançará, e tanto mais cedo, quanto mais flagrante e violenta for a transgressão da lei da justiça e do amor. Aqueles que usam métodos assustadores estarão sujeitos a métodos ainda mais assustadores. Aqueles que inspiram medo nos outros viverão eles mesmos em constante temor. Aqueles que impiedosamente destroem os outros, mais cedo ou mais tarde, encontrarão seu próprio destruidor. Esta é uma lei natural e não podemos escapar dela, mesmo que possamos ignorá-la em nossa ignorância ou egoísmo. Todos os ocultistas sabem que esta lei existe e não pode ser violada impunemente. Mesmo as pessoas comuns que têm olhos para ver podem perceber o funcionamento desta Lei nos acontecimentos da história e na vida daqueles entre os quais vivem.

Não é muito difícil ver que a retribuição, por mais terrível que possa parecer à nossa visão limitada, deve ser um fato na Natureza se existe uma Realidade subjacente que é um estado de perfeito equilíbrio e harmonia, e que automaticamente restaura o equilíbrio e a harmonia sempre e onde quer que estes sejam perturbados por forças discordantes no Universo em evolução. A concepção de um Deus misericordioso que perdoa tudo e permite que o mal cresça sem controle e produza o caos em todos os lugares não se baseia nem na razão nem na exigência de amor no sentido mais elevado da palavra. Um Universo evoluindo de forma ordenada deve estar baseado na existência de uma Lei subjacente abrangente em todas as esferas da vida e uma provisão para a correção de tendências malignas, ainda que isto envolva sofrimento do tipo mais severo.

Os outros exemplos do exercício das funções divinas em tudo, que são dados nos três versos restantes da estrofe acima, devem ser entendidos à luz do que foi dito acima. A Realidade Última deve ser, por sua própria natureza, o manancial de uma determinada função divina na manifestação, pois todas as expressões dessa função são derivadas dela em última instância.

Assim, entre vários objetos de busca está a VERDADE, o objeto último a ser adquirido por todos os que buscam a verdade. Entre os agentes purificadores que operam no Universo, deve ser o agente supremo que purifica esses agentes e os restaura à sua pura condição original quando são poluídos no transcurso de seu trabalho. Deve ser a mais alta autoridade entre os agentes da Vida Divina que estão desempenhando suas funções como várias hierarquias de seres e levando a cabo o trabalho da Deidade em várias esferas de manifestação. Entre os Seres Divinos que estão atuando como governantes de sistemas manifestados de diferentes graus deve ser a autoridade final cuja Vontade deve prevalecer. Entre os agentes cuja função é proteger, há novamente uma hierarquia graduada de seres, e esta Realidade, da qual deriva todo esse poder de proteção, deve ser a fonte última de proteção.

O ponto importante a ser observado ao considerarmos a supremacia desta Realidade Última é que esta supremacia é exercida não de forma pessoal e arbitrária, mas através da intermediação das leis naturais e do ajuste das forças naturais. Como esta Realidade é a base da consciência no caso de todo ser consciente, ela pode usar todos os seres conscientes como instrumento de seus propósitos. Sem ter o mínimo indício de que eles estão servindo como seus instrumentos, ou mesmo suspeitando disso, eles podem realizar a Vontade Divina e cumprir o propósito Divino. Você pode se opor a algo que pode ver, ou pelo menos de cuja existência você esteja ciente, mas quem pode resistir a um Poder que age por trás de sua mente e assim detém a chave para sua faculdade de decisão? Os céticos e aqueles que negam Deus ou aqueles que vão precipitadamente no caminho do *adharma*! Cuidado!

परेशप्रभो सर्वरूपाप्रकाशिन्
अनिर्देश्य सर्वेन्द्रियागम्य सत्य ।
अचिन्त्याक्षर व्यापकाव्यक्ततत्त्व
जगद्भासकाधीश पायादपायात् ॥

Paresha prabho sarva-rūp-aprakashin,

Anirdeshya sarvendriyāgamya satya,

Achintyāksara vyāpakāvyakta tattva,

Jagad bhāsakādhīsha payādapāyāt.

परेश प्रभो O Senhor Supremo सर्व todas as formas रूप अप्रकाशिन् invisíveis, ocultas, autoiluminantes अनिर्देश्य que não podem ser apontadas (सर्वन्द्रियागम्य सर्व+इन्द्रिय+अगम्य) inacessível a todos os sentidos सत्य a verdade अचिन्त्य incompreensível, inconcebível अक्षर imperecível व्यापक que perpassa अव्यक्त não manifestado तत्त्व princípio, essência जगत् mundo, iluminador do Universo, iluminador भासक अधीश Senhor पाययात् protege-nos, salva-nos अपायात् da ofensa, do pecado, da calamidade, da desgraça.

'Ó Supremo Senhor em cuja Consciência todas as coisas existem, embora invisíveis, imperceptíveis pelos sentidos, embora a própria Verdade, Princípio oculto, incompreensível, imperecível, onipresente, que permeais tudo, Senhor e Luz do Universo! Protegei-nos do mal'.

A estrofe acima tenta realçar o caráter transcendente da Realidade Suprema e a impossibilidade de experimentá-la através da instrumentalidade dos sentidos e da mente. Mas quando usamos a palavra transcendência em Ocultismo, devemos ter o cuidado de distinguir seu significado do significado que lhe é dado geralmente na filosofia ocidental. Nessa filosofia, a Realidade transcendente – se existe tal Realidade – é considerada incognoscível por qualquer meio, e tudo que podemos fazer é especular sobre ela. Só podemos ir compreender até onde o intelecto nos pode levar, não além. Mas não é esta a concepção desta Realidade no Ocultismo. De acordo com esta concepção, a Realidade está certamente fora do alcance dos sentidos e da mente e é impossível conhecê-la no sentido real através destes dois instrumentos de conhecimento. Mas isto não significa que seja impossível conhecer essa Realidade de modo geral. De acordo com a filosofia Oculta, existe um método de conhecer a Realidade e no sentido mais completo do termo, e este método consiste em suprimir completamente as modificações da mente. Então, a consciência individual liberta-se do véu que a separa da consciência universal e conhece esta Realidade diretamente, tornando-se una com ela. Não precisamos adentrar mais a natureza deste método, pois esta é a conhecida técnica do *Samādhi*, que é uma parte essencial da disciplina do *Yoga*. A natureza da mente como expressão diferenciada da consciência integrada não foi claramente compreendida no Ocidente e, portanto, naturalmente, a possibilidade de conhecer a realidade da consciência transcendendo a mente não foi percebida até que as pessoas se familiarizassem com a literatura do *Yoga*.

A frase *sarvarupa aprakāshin* é muito significativa porque traz à tona um aspecto importante da relação entre mente e consciência. A consciência ilumina a mente e torna seu conteúdo perceptível, mas ela mesma permanece oculta atrás ou dentro destas modificações. É fácil entender como isto acontece se visualizarmos um globo de vidro pintado iluminado por uma luz colocada dentro dele. A luz ilumina a pintura, mas ela mesma permanece oculta dentro do globo pintado. Como revelar a própria luz? Apague a pintura sobre o globo de vidro para que ele se torne transparente novamente. Como a luz é autoiluminadora, ela se revela. É por isso que o *Ātmā* ou Espírito é simbolizado pelo sol que brilha por sua própria luz, e a mente pela lua que brilha pela luz do sol.

Um aspecto interessante deste fenômeno é visto considerando o que acontece quando a pintura é removida por um processo químico que a faz desbotar cada vez mais. Durante estas etapas intermediárias, tanto a luz iluminadora quanto a pintura iluminada serão visíveis simultaneamente. Isto corresponde ao estado dos indivíduos autorrealizados que permanecem no mundo da manifestação após atingir a Autorrealização. Eles estão conscientes simultaneamente dos dois mundos, o mundo da Realidade e o mundo da manifestação. Somente quando o mundo de manifestação desaparece completamente, e a consciência está totalmente centrada em si mesma ou no mundo da Realidade, é que o estado de *Kaivalya* é alcançado. O aforismo III-55 do *Yoga-Sūtra* deve ser entendido à luz do que foi dito acima.

A palavra *anirdeshya* traz novamente à tona a natureza peculiar da relação entre consciência e mente de uma maneira diferente. Os objetos do mundo que são objetivos na natureza pertencem ao reino da mente e podem ser apontados. O perceptor destes objetos que é de natureza subjetiva, e em última análise é a Realidade oculta dentro de nós, pertence ao reino da consciência e, portanto, não pode ser apontado. O dedo indicador pode apontar para tudo em seu ambiente objetivo, mas embora ele mesmo seja objetivo na natureza, não pode apontar para si mesmo. O que foi dito acima mostra o absurdo da exigência dos céticos de que aqueles que acreditam em Deus ou têm conhecimento direto Dele deem uma demonstração prática ou objetiva de Sua presença. É impossível mostrar o perceptor de todos os objetos a alguém. Ele só pode ser autopercebido esvaziando a mente de todo o seu conteúdo. Isto é chamado de *Citta-Vrtti-nirodha* na terminologia do *Yoga*.

A frase *sarvendryāgamya satya* que significa "a Verdade que está além do alcance de todos os sentidos" deve ser entendida em seu sentido mais amplo, e não apenas em relação ao corpo físico. Pois há corpos feitos de matéria mais sutil ocultos dentro do corpo físico bruto e cada um tem seu próprio conjunto de órgãos dos sentidos através do qual o mundo correspondente é conhecido. Em planos ainda mais elevados, a percepção ocorre através do centro mental e isto pode ser considerado instrumental no sentido mais amplo deste termo. A Verdade está além do alcance de todos estes diferentes graus de percepção instrumental.

O terceiro verso refere-se a quatro outros atributos deste Princípio Divino. Estando além da mente Ele é inconcebível. Sendo eterno Ele é imperecível. Sendo da natureza do *Sat* ou da consciência integrada de onde saem estes mundos mentais, Ele necessariamente deve permear estes mundos mentais. Sendo a fonte última de todos os mundos criados, que aparecem no tempo e no espaço na alternância eterna de *Shrishti* e *Pralaya*, Ele mesmo deve permanecer sempre não manifesto. A iluminação do mundo sugerida na frase *Jagat-bhāsaka* é a iluminação pela consciência. Geralmente não percebemos que é a consciência subjacente ao Universo que torna possível não apenas sua percepção, mas também sua própria existência objetiva. Como já foi explicado em outro contexto, ela é tanto o sujeito quanto o objeto.

A última frase *payādpayat* que significa "salvar-nos do mal ou da calamidade" deve ser interpretada de acordo com a nota exaltada e profunda de todo o hino. Introduzir uma oração mesquinha para pedir proteção ao Todo-Poderoso contra os danos e inconvenientes comuns da vida será realmente um anticlímax bastante deslocado em tal contexto. Será como um mendigo se aproximando de um rei em busca de um favor e depois lhe pedindo apenas uma refeição reforçada. Se ele tem a oportunidade de receber uma bênção do rei, por que não deveria pedir algo que lhe tire a pobreza para o resto de sua vida, em vez de uma refeição trivial? Orar a Deus pelas necessidades comuns da vida que podemos obter por nosso próprio esforço ou de pessoas comuns ao mundo é entender mal e subestimar completamente Sua exaltada natureza e poderes e nossa própria herança divina. Um verdadeiro aspirante não pede nada a não ser aqueles "bens" que lhe permitirão libertar-se e libertar os outros das ilusões e limitações da vida inferior para sempre, pois estes são o nosso verdadeiro inimigo.

तदेकं स्मरामस्तदेकं जपामः
तदेकं जगत्साक्षिरूपं नमामः ।
सदेकं निधानं निरालम्बमीशम्
भवाम्भोधिपोतं शरण्यं व्रजामः ॥

Tad ekam smarāmas tad ekam Japāmah
Tad ekam Jagat-sāksi rūpam namāmah,
Sad ekam nidhānam nirālambamīsham
Bhavāmbhodhi-potam sharanyam vrajāmah.

तदेकं Somente Aquele Um स्मरामः sobre o qual meditamos, e lembramos constantemente जपामः nós adoramos (entoando orações ou mantras) जगत्साक्षिरूपं Àquele que é o aspecto subjetivo e objetivo do Universo नमामः nós nos curvamos सदेकं निधानं o receptáculo da Verdade Una निरालम्बम् que não depende de nada mais, autoexistente ईशम् o Senhor भवाम्भोधि o oceano de existência irreal पोतं o navio, a embarcação शरण्यं o Refúgio व्रजामः nós vamos todos juntos.

'Àquele somente de quem lembramos e meditamos constantemente, somente Àquele nós adoramos através de *Japa*, àquele somente que é tanto o aspecto subjetivo quanto objetivo do Universo, nós nos curvamos em adoração, e vamos todos juntos para Aquele que é o receptáculo da Verdade Única, o Senhor autoexistente que é a embarcação que nos pode transportar sobre o oceano de existência irreal ao nosso único Refúgio'.

A última estrofe do *Brahma Stotra* faz soar uma nota devocional numa sinfonia de ideias de outra forma altamente filosófica. Como já foi explicado em outro contexto, a Realidade Última é uma superintegração harmoniosa de Princípios opostos e, portanto, é tanto um Princípio Impessoal que energiza, regula e guia misteriosamente todo o Universo como uma Lei Universal, como também um Deus Pessoal com o qual é possível cada ser humano entrar no mais íntimo e pessoal relacionamento. Como Princípio Universal, permeia todo o Universo como o Eterno Não Manifestado. Como um Deus Pessoal, Ele está estabelecido no coração de cada ser humano individual, guiando sua evolução desconhecida e não reconhecida nos estágios iniciais, e agindo como um companheiro constante, guia e amado nos estágios mais avançados. Os dois aspectos se fundem, mais ou menos, quando o ser humano se torna um *Purusha* Autorrealizado e consegue ver a si mesmo como parte integrante da Consciência e Poder universais, bem como um Ser Divino individual através do qual essa Consciência e Poder universais atuam.

Como desenvolvemos o relacionamento pessoal com Deus? O método empregado depende do estágio do aspirante, e esses estágios são sugeridos nos dois primeiros versos da última estrofe. O primeiro passo, quando o aspirante decide se aproximar de Deus, e não apenas se contentar em adorá-Lo a distância, é lembrá-Lo constantemente. A lembrança constante, ao dirigir frequentemente a mente para Ele desenvolve progressivamente a devoção; pois, quando dirigimos nossa atenção para Ele, Sua atenção é atraída para nós de forma mais poderosa e, consequentemente, um maior influxo do Poder Divino ocorre dentro de nós, energizando, purificando e refinando nossos veículos.

Quando a devoção se torna suficientemente intensa, surge o desejo de entrar em relação ainda mais íntima com Ele e nos faz adotar um meio mais poderoso para este fim. Meio este que é fornecido por *Japa*, no qual o poder do pensamento é combinado com o poder inerente ao 'som', e a repetição adequada de um mantra desenvolve uma relação crescente com o *Ishta Devatā*, como apontado no aforismo II-44 do *Yoga-Sūtra*.

Quando um grau suficiente de relacionamento com o *Ishta Devatā* for estabelecido, o caminho se abre para uma união ainda mais estreita com Ele através da Autoentrega. Como foi explicado em outro contexto, autoentrega, implícita na palavra sânscrita *namāmah*, significa essencialmente a progressiva atenuação da consciência de um "eu" pela qual a consciência do devoto se funde gradualmente com a consciência do *Ishta Devatā* e, finalmente, ocorre uma fusão dos dois através do *Samādhi*, como foi explicado no Comentário sobre o aforismo 1-23 do *Yoga-Sūtra*. A relação pessoal continua a crescer e se tornar cada vez mais íntima nos diferentes estágios do *Samādhi* até que a Autorrealização ocorra e esta relação pessoal se expanda para a percepção da Consciência Divina universal, possibilitando assim ao indivíduo liberado entrar em relação tanto com os aspectos pessoais quanto impessoais da Realidade Única.

O hino em discussão é dirigido à Realidade Última, que é a fonte e a base última do Universo manifestado. Nesta Realidade deve estar presente a Verdade última da existência, ou melhor, deve ser a própria Verdade, pois nesse estado último não pode haver dualidade, e a Verdade suprema não pode ser diferente da Realidade na qual essa Verdade está contida. Pela mesma razão, essa Realidade deve ser autoexistente, o que significa que ela deve existir por seu próprio Poder ou por si mesma, sem depender de qualquer outra realidade para sua existência. Pelo fato de a manifestação ser uma projeção repetida e o autoenvolvimento da Realidade Última, tudo na manifestação deve ser derivado e, portanto, deve depender de alguma outra realidade acima, ou melhor, dentro dela. Mas a Realidade Última é a fonte de tudo na manifestação e, portanto, não pode depender de qualquer outra realidade fora de si mesma. Ela deve existir por si mesma. Isto é o que Autoexistência verdadeiramente significa.

A última ideia na estrofe é um final adequado do tema geral e uma nota profunda do hino. Após insinuar alguns aspectos profundos da Realidade Última, ela aponta no final que todos nós estamos indo ou nos movendo em direção a essa Realidade. De acordo com a doutrina Oculta, não apenas o Universo manifestado surgiu da Realidade Última, mas tudo o que existe nela está evoluindo e desabrochando as infinitas potencialidades que se ocultam dentro dela. Para o que tende este processo de desabrochar ou onde termina esta evolução? Na própria Realidade Suprema. Como essa Realidade está além do alcance da mente mais sutil, não podemos ter ideia da natureza deste objetivo final. Ela está envolta nas profundezas escuras e inimagináveis do Eterno Não Manifestado. Mas como resultado das experiências dos mais elevados Adeptos do Ocultismo sabemos pelo menos isto: que este fim não é como a extremidade de uma linha que chega abruptamente a um fim. É mais como a extensão de uma linha ao infinito que, segundo a matemática moderna, forma um círculo de dimensões infinitas e retorna a si mesma. O processo de involução e evolução em seu aspecto macrocósmico é cíclico em sua natureza, embora a natureza deste ciclo esteja além de nosso alcance mental.

Mas esta é apenas a nossa meta final. Na verdade, na manifestação, estamos envolvidos em limitações e ilusões de diferentes graus, embora o tempo todo carreguemos esta Realidade última nos recessos mais profundos de nosso coração. É este fato, a presença deste Princípio último dentro de nós, que é a garantia de nossa realização final. Desconhecido para nós, ele atrai e guia cada alma individual de forma infalível a si mesmo através de eras de tempo, e depois se revela a nós no último estágio. É esta revelação que nos dá conhecimento direto de nossa Real natureza e da natureza do Universo, e consequentemente nos liberta das ilusões e limitações em que estamos envolvidos na manifestação. É isto que o último verso da última estrofe realmente significa.

Capítulo 4

Guru-Stotra

(Um hino dirigido ao Divino Mestre)

A palavra *guru*, em sânscrito, é empregada hoje em dia indiscriminadamente para designar todo tipo de instrutor, mas estritamente falando deve ser usada exclusivamente para instrutores que possam servir como guias e instrutores para aqueles que estão trilhando a senda do florescimento espiritual. Como os discípulos estão em diferentes estágios de progresso espiritual e suas necessidades e capacidades variam muito, é natural que *gurus* de diferentes graus de capacidades e qualificações sejam necessários para sua orientação. Um aspirante com aspirações vagas, interesse superficial em sua vida espiritual e capacidades muito limitadas não precisa de um instrutor espiritual de alta ordem, assim como uma criança não precisa de um professor universitário para lhe ensinar o alfabeto. Mas espera-se que o próprio instrutor espiritual esteja trilhando o caminho do desabrochar espiritual com seriedade, seja capaz de compreender os problemas do discípulo e seja capaz de guiá-lo até onde as capacidades do discípulo possam levá-lo na vida atual. Ele também não deve ter absolutamente qualquer outro motivo a não ser ajudar o discípulo em assuntos relacionados à sua vida espiritual.

Aqueles que estão trilhando a senda do *Yoga* e precisam de orientação nos planos internos da existência naturalmente precisam de um instrutor e guia que tenha avançado no caminho da santidade e esteja bastante familiarizado com os problemas e as realidades da vida interna. A simples posse de faculdades psíquicas não é qualificação para este tipo de trabalho, porque o desabrochar espiritual ocorre em planos que estão além do escopo das faculdades psíquicas. É geralmente reconhecido que para discípulos realmente avançados é necessário um indivíduo que tenha trilhado o caminho da santidade e se tenha estabelecido permanentemente no mundo da Realidade. Tal instrutor é chamado de *Sat-Guru*, que significa um instrutor que atingiu a Autorrealização e se estabeleceu em *Sat* ou Realidade. Como a consciência de tal pessoa liberada está unida à Consciência Divina, o *Guru-Stotra* pode ser considerado como sendo dirigido em um sentido limitado a tal *Sat-Guru*, mas como ficará claro a partir do *Stotra*, o hino é realmente dirigido ao Divino Mestre que está estabelecido no coração de cada verdadeiro discípulo e atua a partir do interior.

अखण्ड मण्डलाकारं व्याप्तं येन चराचरम् ।
तत् पदं दर्शितं येन तस्मै श्रीगुरवे नमः ॥ १ ॥

Akhanda mandalākāram, vyaptam yena charācharam,
Tat padam darshitam yena, tasmai Shrīgurave namah.

अखण्ड esfera ininterrupta, indiferenciada मण्डल, globo आकारम् forma व्याप्तम् está permeada येन por quem चराचरम् Universo dos seres em movimento e sem movimento तत् पदं aquele estado de Realidade, aquele Ser Supremo foi mostrado येन por quem तस्मै àquele श्री prefixo honorífico aos nomes das divindades e pessoas eminentes गुरवे instrutor espiritual e guia नमः saudações.

'Saudações àquele Guru que me mostrou aquele Ser Supremo que sob a forma de uma esfera de consciência indiferenciada permeia este Universo de seres em movimento e sem movimento'.

Akhanda mandalākāram, vyāptam yena charācharam: é tido como certo por aqueles que estão trilhando o caminho do desabrochar espiritual que subjacente a este Universo há uma Realidade última da qual o Universo é derivado e pela qual é permeado. Estar perceptivo desta Realidade em medida crescente é o objetivo real de todo esforço espiritual, pois somente esta percepção pode nos dar a realização de nossa eterna natureza Divina e consequente liberdade das ilusões e misérias destes mundos inferiores.

O primeiro verso da estrofe refere-se a esta Realidade e tenta dar alguma ideia da maneira como esta Realidade permeia o Universo. Em seu sentido superficial, a frase *akhanda mandalākāram* parece significar que esta Realidade está presente no interior do Universo sob a forma de uma esfera intacta. Considera-se geralmente que o Universo manifestado tenha a forma de uma esfera e, portanto, supõe-se também que a Realidade tenha a mesma forma se for para permear o Universo e estar em contato com cada ponto do mesmo. Mas o estudante verá que esta concepção da Realidade é filosoficamente insustentável. O que é da natureza da consciência e está além do reino do tempo e do espaço não pode ter a forma de uma figura tridimensional por mais perfeita que esta figura possa ser. Na melhor das hipóteses, a esfera pode ser tomada como um símbolo adequado daquela forma sem forma na qual a Realidade deve existir para impregnar o Universo. Foi feita uma tentativa de esclarecer esta questão no capítulo sobre o Ritmo Cósmico em *O Homem, Deus e o Universo*, mas é certo que será um fracasso porque a questão está realmente além do reino do intelecto.

A palavra sânscrita *akhanda* que literalmente significa "ininterrupto" deve ser tomada aqui no sentido de "integrado" ou "não diferenciado". A consciência em seu estado integrado é a mesma e total onde quer que se expresse. Somente quando é diferenciada ou 'interrrompida' é que ela pode se adaptar ao veículo pelo qual se expressa.

Tat padam darshitam yena, tasmai Shrigurave namah: No segundo verso, o discípulo que conseguiu ter um vislumbre do mundo da Realidade é mostrado oferecendo-se em adoração ao *Guru* com cuja ajuda a visão foi obtida. O papel desempenhado pelo *Guru* no desabrochar espiritual do discípulo é um mistério da vida oculta. Não é necessário entrar nesta interessante questão aqui, mas pode-se mencionar que, neste desabrochar, as iniciações desempenham papel muito importante. As iniciações superiores acontecem todas como expressão da vontade divina, porque *īshvara* é o verdadeiro *Guru* interno de todo discípulo que trilha o caminho da santidade. Mas o *Guru* externo é o agente através do qual uma iniciação é realizada. A natureza dessas iniciações também faz parte do mistério da relação *Guru-Shisya*, mas é bem sabido que essas iniciações envolvem a ativação de certos centros nos corpos físico e suprafísico. Isto resulta na obtenção temporária de estados superiores de consciência.

A consciência física de todo ser humano está unida de forma contínua aos mais elevados níveis de consciência através de um complexo mecanismo de veículos contendo vários centros de forças de vários tipos. Esses veículos e centros servem para isolar a consciência do indivíduo dos níveis mais elevados de consciência nos estágios iniciais da evolução humana. Mas quando o homem interior está pronto e o tempo está propício para abrir os canais entre os níveis inferiores e superiores, a manipulação dos centros nos veículos através da mediação de certas correntes de energia coloca os veículos inferiores em comunicação direta com os superiores, e a consciência pode então passar livremente de um veículo para outro de acordo com o desenvolvimento e a capacidade do discípulo.

É a manipulação destes centros através de forças de vários tipos e a consequente descida do Poder Divino que é a característica essencial das iniciações, e é neste trabalho que entra o *Guru*. Mas como o *Guru* nas verdadeiras iniciações é um *Sat-Guru*, ou seja, aquele que realizou a Verdade, essas iniciações podem ser consideradas como o trabalho conjunto de Deus e do *Guru*. As iniciações acontecem segundo a vontade de Deus que é o *Jagat-Guru*, mas pôr em ação a vontade Divina é o trabalho do *Guru*. É por esta razão que, no hino, nenhuma distinção é feita entre Deus e o *Guru*. Pode ser considerado como dirigido a Deus que trabalha através do *Guru* ou ao *Guru* que trabalha como um agente consciente de Deus.

Também deve ser óbvio que nenhum instrutor espiritual que não seja um *Jīvanmukta* tem qualquer justificativa para pensar ou encorajar a crença de que os atributos divinos referidos neste *stotra* sejam aplicáveis a ele, embora a tentação de fazê-lo no caso de *gurus* comuns seja muito forte, especialmente sob a pressão exercida por seus seguidores emocionais. É este tipo de confusão mental que leva ao desenvolvimento de cultos da personalidade, à vulgarização do ideal do *guru* e à exploração de pessoas devocionais que carecem de discernimento espiritual.

गुरुर्ब्रह्मा गुरुर्विष्णुर्गुरुर्देवो महेश्वरः ।
गुरुरेव परं ब्रह्म तस्मै श्रीगुरवे नमः ॥

Gurur Brahmā gurur Visnur gurur devo Maheshvarah,

Gurureva param Brahmā, tasmai Shrigurave namah.

गुरुः instrutor espiritual e guia ब्रह्मा (é) *Brahmā*, गुरुर्विष्णु o Guru (é) *Vishnu*, गुरुर्देवोमहेश्वरः o *Guru* (é) o Supremo Deus Maheshvara, गुरुरेव o *Guru* (é) até mesmo परं ब्रह्म a Realidade Última.

'Saudações ao *Guru*, pois o *Guru* é *Brahmā*, ele é *Vishnu* e até mesmo Maheshvara; não, o *Guru* é até mesmo o próprio Brahman Supremo'.

Para entendermos esta estrofe, temos que lembrar que por trás da consciência de cada Mônada estão presentes todos os níveis da Realidade, camada após camada de inimaginável esplendor. É verdade que, nos estágios iniciais de seu desenvolvimento, ela não tem consciência deste fato e está isolada da comunicação direta com essas realidades ocultas. Mas como ela é um microcosmo, todas estas realidades devem estar presentes dentro dela potencialmente para florescerem de forma gradual durante o longo curso de sua evolução e desabrochar de sua natureza espiritual.

Da mesma maneira, por trás da consciência de cada Instrutor espiritual avançado que pode agir como um *Guru*, estão ocultos todos estes diferentes níveis de Realidade. Ele também é um microcosmo e contém dentro de sua consciência tudo que está presente no macrocosmo de uma forma totalmente ativa. Mas como seu desabrochar espiritual foi muito mais longe, ele não só está em contato direto com estes diferentes níveis de Realidade, pelo menos até certo ponto, mas também pode exercer aqueles poderes que são inerentes a estes estados superiores de consciência. Além disso, sua consciência está em contato consciente e em sintonia com a Consciência do Logos ou *Īshvara* do sistema e pode, portanto, servir como um agente consciente da Vontade Divina.

No caso de *Īshvara*, que é um macrocosmo em relação às Mônadas evoluindo em Seu sistema, todos os estágios de consciência e todos os poderes Divinos estão em pleno florescimento, e Ele não apenas dirige e governa o sistema que preside, mas também serve como guia espiritual interno de todas as almas que estão a Ele associadas no esquema evolutivo. *Brahmā*, *Vishnu* e *Mahesha* são os três bem conhecidos aspectos da Deidade manifestada e estão amplamente relacionados com Seus poderes de criação, preservação e regeneração.

Parabrahman é a Realidade Última que é o Eterno Não Manifestado. Tudo está presente nesse estado em uma condição integrada e potencial, e ele é a fonte última e verdadeira de tudo que aparece a qualquer momento no reino da manifestação. Todos os níveis de Realidade que existem no Não Manifestado ou no Manifestado são também derivados e uma expressão desta Realidade Suprema.

O segundo ponto que vale a pena notar nesta estrofe é que cada Mônada é um microcosmo que contém todos os aspectos da Realidade dentro de si em forma potencial, e que todos estes aspectos têm que desabrochar de uma maneira harmoniosa para produzir um ser perfeito. Assim, cada aspecto da Deidade manifestada dentro de cuja consciência ela evolui é necessário para seu desenvolvimento. Por exemplo, nos estágios iniciais, o aspecto *Brahmā* contribui para seu desenvolvimento intelectual, o aspecto *Vishnu* é necessário para o desenvolvimento do *Buddhi,* e a influência de *Mahesha* desabrocha a Vontade Espiritual. E a presença de *Parabrahman* no mais íntimo da consciência não apenas exerce uma misteriosa influência de direção geral, mas silenciosa e incessantemente leva o processo evolutivo ao seu fim colimado. Assim, a referência a diferentes aspectos da Realidade na estrofe não é um voo fantasioso sem sentido, mas cheio de profunda importância, apontando para a natureza múltipla das influências Divinas que nos estão afetando a partir de dentro e contribuindo para nosso desenvolvimento harmonioso.

Não devemos, entretanto, visualizar essas influências como provenientes de diferentes fontes ou regiões. Fazê-lo seria mal interpretar a natureza da Consciência Divina que fornece o campo para a evolução das Mônadas. Esta consciência é mais como um globo de luz branca que contém luz de todas as cores de forma integrada e fornece qualquer cor que seja necessária em qualquer ponto particular do tempo e do espaço.

सर्व श्रुति शिरोरत्न विराजित पदाम्बुजः ।
वेदान्ताम्बुजसूर्यो यो तस्मै श्रीगुरवे नमः ॥

Sarva Shruti shiroratna virājita padāmbujah,
Vedāntāmbuja sūryo yo, tasmai Shrīgurave namah.

सर्व todos श्रुति os textos das verdades reveladas nos *Vedas* शिरोरत्नः as joias da coroa विराजित são adornadas पदाम्बुजः os pés de lótus वेदान्ताम्बुज o lótus do Vedanta सूर्यः sol यः que

'Saudações àquele *Guru* cujos pés de lótus estão adornados com as joias da coroa de todas as revelações e que é o sol que faz florescer o botão do Vedanta (no coração do discípulo)'.

Esta estrofe contém duas ideias muito significativas expressas em linguagem poética. Tomemos primeiramente a palavra *Shruti* que significa verdades religiosas reveladas. Por que tais verdades reveladas são chamadas de *Shrutis*? Para entender isto, devemos lembrar que a Realidade ou a Verdade existe eternamente dentro do coração do Universo, e todas as diferentes verdades que são corporificadas em revelações são realmente aspectos parciais dessa Verdade integrada final. Segundo o Ocultismo, o método para encontrar qualquer verdade ou aspecto da Realidade é elevar nossa consciência ao nível exigido e produzir uma fusão de nossa consciência com a Verdade. Tal fusão das duas é possível porque a consciência é derivada da Realidade última ou da VERDADE última subjacente ao Universo. Só é possível fundir aquelas coisas que sejam essencialmente da mesma natureza ou que pertencem à mesma categoria. Outra maneira de visualizarmos este processo de baixar qualquer verdade para o interior de nossa consciência é pensar nele como um processo de sintonia. À medida que sintonizamos as vibrações eletromagnéticas no espaço e as captamos em nosso rádio, podemos sintonizar a Mente ou Consciência Universal, na qual todas as verdades estão eternamente presentes e tomar consciência delas através de nossos veículos mais sutis. Também é possível que um Ser Divino ou uma entidade altamente espiritual comunique uma verdade particular à nossa mente, elevando nossa consciência até o nível exigido temporariamente e imprimindo a verdade em nossa mente. Mas o processo em todos esses casos é essencialmente o mesmo, baseado na sintonia da mente e da consciência. É o conhecimento obtido desta maneira pela percepção direta ou 'audição' que em sânscrito é chamado de *Shruti* ou revelação. Não é baseado no raciocínio, não pode ser provado e tem que ser aceito sob a autoridade da pessoa que o obteve desta maneira. Tal indivíduo é chamado de *Rishi* ou Vidente na literatura religiosa do Hinduísmo.

Deve-se notar que o conhecimento que é obtido desta maneira pela percepção direta dentro da consciência do indivíduo tem que ser revestido de ideias e formulado em linguagem, e é aqui que começa o problema. Em primeiro lugar, muito deste tipo de conhecimento é de natureza transcendental, além do escopo do intelecto humano, e não pode ser interpretado em termos do intelecto de forma satisfatória. Só pode ser comunicado às pessoas comuns sob a forma de sugestões vagas, paradoxos e similitudes. A pessoa tem que elevar sua própria consciência ao nível necessário para conhecer a verdade direta e plenamente. Ou, se sua faculdade intuitiva estiver funcionando corretamente, ela pode reconhecer as verdades incorporadas em tais revelações e compreendê-las parcialmente.

No caso de tais verdades reveladas, não há apenas a questão da prova, mas também da interpretação. Elas podem ser interpretadas de diferentes maneiras e até mesmo completamente mal interpretadas.

É por isso que os ensinamentos dos Videntes que viram estas verdades direta e verdadeiramente são depreciados no decorrer do tempo por aqueles que são incapazes de percepção direta ou mesmo intuitiva. Eles têm que depender de suas ideias não iluminadas sem realmente se preocuparem com a verdade, interpretando os ensinamentos como querem, influenciados grandemente por seus preconceitos mentais e determinados a se adequarem a seus próprios propósitos. É assim que os ensinamentos originais dos grandes Mestres são gradualmente perdidos ou são tão pervertidos e degradados por seus seguidores com o passar do tempo que quase não resta nada em comum entre os dois.

Somente quando há um grupo de Videntes e Adeptos capazes de manter contato direto com as verdades da vida interior, geração após geração, é que os ensinamentos podem permanecer em sua forma original pura, tanto no espírito quanto na letra. Esses Instrutores são chamados de *Sat-Gurus* na literatura do Ocultismo. *Sat* significa Verdade e *Sat-Guru* é, portanto, um Instrutor que conhece a Verdade diretamente e é, portanto, capaz de guiar um discípulo qualificado como um agente consciente do Supremo Instrutor. Tais Instrutores não podem ser encontrados procurando-se entre os *āshramas* dos *gurus* profissionais, submetendo as divindades que presidem estas lojas de artigos religiosos à observação e ao escrutínio minuciosos. É o *Sat-Guru* que encontra o *chela* devidamente qualificado quando este último está pronto, e o ajuda de acordo com sua capacidade e estágio de desenvolvimento. Isto é assim porque ele pode perscrutar um chela repetidamente com sua visão interior e conhecer suas potencialidades interiores, o que quer que ele esteja fazendo e onde quer que esteja vivendo no mundo exterior. Não posso fazer melhor, ao tentar dar uma ideia desses salvadores da humanidade, do que dar a seguinte citação traduzida de um poeta persa.

'Há uma classe de homens que são homens de prática e ação e que vivem em reclusão. Monarcas em reclusão, mendigos aparentes na vida, conhecedores do objetivo da vida, mas que parecem como se tivessem perdido o caminho. Como a humanidade pode descobrir sua existência, quando estão tão escondidos quanto as fabulosas águas da vida? Como a traça que se autossacrifica, eles ardem no fogo do amor, eles não são como a lagarta egoísta que se envolve em seu próprio casulo. Têm um corpo de poeira, mas um alento ígneo; com um grito arrancam uma montanha de sua base; com um lamento derrubam todo um reino. Como o vento, eles são invisíveis, mas rápidos de movimento, como a pedra, silenciosos, mas sempre em devoção. Noite e dia, estão tão imersos no oceano do amor e do êxtase, que não distinguem a noite do dia. Tão encantados estão com a beleza do Criador das aparências externas, que nada têm a ver com a beleza das aparências'.

Há outra bela ideia nesta estrofe. O Supremo Instrutor é comparado com o sol, e a natureza espiritual do discípulo com o broto de uma flor de lótus. É um fato bem conhecido que o botão de lótus permanece fechado no escuro e se abre gradualmente quando o sol brilha. A influência do Supremo Instrutor ou *Sat-Guru* sobre o discípulo é de natureza semelhante.

O conhecimento de nossa natureza Divina e sua unicidade essencial com a Realidade Suprema que subjaz ao Universo é a essência da filosofia vedantina. Este conhecimento está oculto em forma potencial no coração de cada ser humano. Como é que cada indivíduo está destinado e, em última instância, alcança este conhecimento no transcurso de sua evolução espiritual? Pelo fato de o Sol da Verdade brilhar eternamente em nossos corações e produzir condições para o desabrochar gradual de nossa consciência, que culminará na obtenção desse conhecimento. Não é só o fato de o Supremo Instrutor nos ajudar de tempos em tempos quando atingimos um determinado estágio e precisamos de ajuda para passarmos para um estágio superior. Sua luz está sempre brilhando em nossos corações, e imperceptível e misteriosamente desabrochando nossa consciência individual *ad infinitum*.

चैतन्यो शाश्वतो शान्तो व्योमातीतो निरञ्जनः ।
विन्दु नाद कलातीतो तस्मैश्रीगुरवे नमः ॥

chaitanyo shāshvato shānto vyomātīto nirañjanah
vindu nāda kalātīto, tasmai Shrīgurave namah

चैतन्य: O Espírito Supremo considerado a essência de todo ser e fonte de toda cognição शाश्वत: o Eterno, acima do tempo शान्त: o Pacífico व्योम espaço अतीत: além de निरञ्जन: intocado pela impureza विन्दु o ponto, o centro comum da consciência नाद o som ou vibração como base do Universo manifestado कला uma pequena parte de qualquer coisa, funções e poderes diferenciados decorrentes da consciência integrada अतीत: acima, além.

'Saudações ao *Guru* que é (um com) o Espírito Supremo, estabelecido no Eterno, o Pacífico, acima do Espaço, intocado pela impureza e além dos três instrumentos de manifestação *Bindu*, *Nāda* e *Kalā*'.

A estrofe acima dá indicação de alguns atributos Divinos bem conhecidos, e é preciso uma compreensão clara de seu significado mais profundo para obtermos qualquer compreensão possível da natureza da Divindade com nossas tremendas limitações. É verdade que esses atributos envolvem questões de grande importância filosófica, mas isto só mostra que filosofia e religião não podem ser separadas, se quisermos entender as verdades fundamentais da existência.

Chaitanyo shāsvato shānto vyomātīto niranjanah:

Chaitanyah significa geralmente consciência, mas no contexto atual significa o estado integrado de consciência do qual derivam os estados mentais diferenciados. *Shashvatah* significa eterno ou o que está acima do processo de mudança que dá a impressão de tempo. *Vyomātītah* significa além do espaço. *Sāntah* significa pacífico ou livre de qualquer tipo de perturbação. *Niranjanah* significa livre de impurezas. Estas duas palavras não significam ausência de perturbação ou impureza comum, característica dos planos inferiores da existência, mas aquele tipo mais sutil de perturbação e impureza que a presença de um sistema manifestado deve produzir no estado perfeitamente harmonioso e equilibrado da Consciência Divina integrada.

Vindu nāda kalātīto: Estas três palavras são geralmente referidas juntas na literatura Oculta hindu porque estão intimamente interligadas. Ao tratar da relação entre o Não Manifestado e o Manifestado em *O Homem, Deus e o Universo*, foi explicado como a manifestação se realiza através da instrumentalidade de uma série de funções que estão intimamente relacionadas e, em sua totalidade, podem ser chamadas de mecanismo de manifestação.

Elas agem e entram em funcionamento juntas nos diferentes níveis de manifestação em suas formas mais ou menos sutis. Estas foram referidas como Ponto, Tempo, Espaço, Som, Ilusão etc. Duas das três funções acima, a saber, *Nāda* (som) e *Bindu* (o Ponto) já foram tratadas em detalhes no livro acima mencionado, e é necessário apenas explicar brevemente o que significa *Kalā*.

Kalā, embora usado com muita frequência nos sistemas filosóficos hindus, especialmente aqueles relacionados aos Tantras, é uma palavra misteriosa que ninguém parece entender claramente. Autores diferentes utilizam-na em sentidos diferentes. São dadas longas cadeias de nomes que variam em número e conotação, enumerando os diferentes *Kalās*, mas o que esses nomes realmente indicam é deixado muito vago e indefinido. Vamos tentar ver se o Ocultismo pode lançar alguma luz sobre a natureza de *Kalās*.

Kalā significa geralmente uma pequena parte de qualquer coisa. Tem um grande número de conotações que não é de nenhuma relevância para o contexto atual. O fato de a palavra ser usada quase invariavelmente com *Nāda* e *Bindu* mostra que ela representa algo fundamental ligado à manifestação do Universo em diferentes níveis. A pista de seu real significado é encontrada em seu significado geral, ou seja, uma pequena parte ou parte de qualquer coisa.

Quando a Realidade desce de um nível para outro, somente uma parte da consciência e dos poderes inerentes à consciência pode ser expressa no nível inferior. A parte restante permanece não manifestada no nível superior devido às condições mais limitadas que prevalecem no plano inferior, e à inadequação do *upādhi* ou instrumento através do qual a manifestação ocorre. Assim, por exemplo, quando a Mônada (*Ātmā*) desce na Individualidade (*Jīva-Ātmā*), somente uma porção ínfima de sua consciência e poder é capaz de encontrar expressão através da Individualidade. Da mesma forma, quando a Individualidade desce numa personalidade (*Jīva*) apenas uma pequena fração de sua consciência e faculdades é capaz de encontrar expressão no nível inferior. A cada descida para um nível inferior, seja no macrocosmo ou no microcosmo, ocorre o obscurecimento da consciência e a limitação do poder. *Kalā* está obviamente ligado de alguma forma a esta limitação e expressão progressiva, passo a passo da consciência e de suas faculdades e poderes. Essas funções da consciência e os correspondentes poderes e faculdades que conseguem encontrar expressão num determinado nível podem ser considerados como os *Kalās* da entidade que exerce as funções ou exerce os poderes.

Uma vez que todas essas funções e poderes estão presentes na Realidade Não Manifestada em um estado integrado e potencial, e é somente quando a manifestação ocorre que eles se separam e entram em operação, a condição *kalātīta* é a condição além da manifestação. Vê-se, portanto, que este atributo como os outros mencionados nesta estrofe aponta para o estado transcendental além da manifestação. Como todas estas funções envolvidas no mecanismo de manifestação num determinado nível estão inter-relacionadas e entram em operação juntas, deve ficar claro por que elas também devem ser transcendidas juntas quando a consciência passa da condição manifestada para a não manifestada. A relatividade destas coisas deve, no entanto, ser mantida em mente quando lidamos com a relação entre o manifestado e o não manifestado.

ज्ञानशक्ति समारूढस्तत्त्व माला विभूषितः ।
भुक्ति मुक्ति प्रदाता च तस्मै श्रीगुरवे नमः ॥

Jñānashakti samārūdhastattva mālā vibhūsitah
Bhukti mukti pradātā cha, tasmai Shrīgurave namah

ज्ञान sabedoria, conhecimento espiritual शक्ति poder espiritual समारूढः condução, controle तत्त्व funções divinas, princípios माला guirlanda विभूषितः adornada com मुक्ति prazeres mundanos ou bem-estar भुक्ति libertação das ilusões e limitações mundanas प्रदाता doador च e.

'Saudações a esse *Guru* que controla o conhecimento e o poder espiritual, que tem conhecimento direto de todos os *tattvas* e que pode conceder tanto o bem-estar mundano quanto a Libertação'.

Jñānashakti samārūdha tattva mālā vibhūsitah: Neste verso estamos lidando com outro atributo Divino, a combinação de conhecimento e poder em sua forma mais elevada. Naturalmente, esta é apenas outra forma de se referir à onisciência e à onipotência que são concomitantes da Consciência Divina. Todos os que estão estabelecidos no mundo da Realidade e compartilham da Consciência Divina, também compartilham da onisciência e onipotência que são inerentes a essa consciência. Na verdade, este é o mais elevado *Siddhi* ou *Vibhūti* que deve ser obtido e depois renunciado pelo iogue antes de atingir *kaivalya* e se tornar um ser liberto ou *Jīvanmukta*.

Há dois aforismos muito interessantes e significativos no *Yoga-Sūtra* de Patañjali, a saber, III-50 e III-51, que esclarecem esta questão. O aforismo III-50 afirma que do conhecimento do *Purusha*, ou em outras palavras, da unificação com a consciência da Mônada, surge a onisciência e a onipotência. O aforismo seguinte, III-51, afirma então que o apego, mesmo à onisciência e à onipotência, é uma fonte de escravidão e que esse apego deve ser renunciado antes que *kaivalya* ou Libertação possa ser alcançado.

Estes dois aforismos são de grande importância e oferecem uma pista para o fato extraordinário de que, embora haja um número tão grande de Seres Libertos participando do governo interno do mundo, nenhum conflito ou desarmonia surge a qualquer momento em nenhum lugar. O *Logos* de um Sistema Solar é a Divindade que preside o sistema, o Governante Divino cuja vontade é suprema em tudo. Por isso Ele é chamado de *Īshvara* em sânscrito. Ele é auxiliado em seu trabalho por uma hierarquia de Seres Libertos que são chamados *Adhikāri Purushas*, *Manus* etc., desempenhando funções no Governo Interno do mundo, assumindo enormes responsabilidades e exercendo poderes tremendos. Mas sendo um com Ele em Consciência, eles não só conhecem perfeitamente a Vontade Divina, como têm a sabedoria suprema que lhes permite cooperar com Ele e cumprir Sua vontade em tudo. Eles já foram libertos e alcançaram onisciência e onipotência, e também destruíram completamente o último traço de apego à onisciência e onipotência através de *viveka*. Esta é a condição precedente para entrar e se estabelecer no mundo da Realidade. Assim, podemos ver como não há absolutamente nenhuma possibilidade de conflito e desarmonia no mundo Divino, embora haja tantos Seres Divinos compartilhando omnisciência e onipotência com *Īshvara* e levando a cabo Sua vontade em inúmeras esferas de trabalho.

A importância da palavra *samārudha* depois de *Jñāna shakti* deve ser observada cuidadosamente. A palavra significa "cavalgar com total controle". Só quando podemos controlar qualquer coisa é que podemos ser considerados como seu verdadeiro mestre. E o verdadeiro controle só pode vir com o perfeito desapego, ou elevando-nos acima da necessidade ou desejo daquela coisa. Enquanto estivermos apegados a ela, embora possamos possuí-la, somos realmente seus escravos. Este fato é visto em toda parte.

Vejamos o campo do moderno conhecimento científico. Esse conhecimento das forças materiais na Natureza pôs enormes poderes em nossas mãos, mas devido à nossa imaturidade espiritual, estamos cegamente apegados ao poder que adquirimos. Portanto, somos realmente seus escravos e não podemos usá-lo como deveria ser usado em todas as esferas da vida. Cada parcela de conhecimento traz consigo um poder correspondente, e esse poder pode ser usado corretamente ou não. Se estamos apegados ao poder por falta de discernimento espiritual, somos realmente seus escravos e não podemos deixar de usá-lo indevidamente. Vemos isso no caso da energia atômica. Todos percebem teoricamente que a energia atômica, se usada sabiamente, pode trazer um tremendo benefício à humanidade, e se usada erroneamente pode destruir a humanidade. E, no entanto, estamos sendo impotentemente levados à beira de um precipício – o precipício da guerra atômica que significará a destruição de uma grande parte da humanidade e que pode levar à sua extinção. Somos todos pessoas inteligentes, conscientes do perigo, mas por não sermos senhores deste tremendo poder, mas seus escravos, devido à nossa visão materialista, somos impotente e estamos sendo levados apressadamente em direção à nossa própria destruição.

Não é apenas em questões que envolvem problemas internacionais em grande escala que podemos ver este princípio funcionando, mas também em esferas menores. Qualquer indivíduo que chega ao poder, seja qual for sua natureza, só pode ser seu mestre quando não está apegado a ele. Se ele está apegado a ele por considerações pessoais, ele é realmente seu escravo e está obrigado a agarrá-lo cada vez mais e usá-lo de forma abusiva em cada vez maior medida. É um fato bem conhecido que o poder corrompe, e o poder absoluto corrompe absolutamente. Há uma razão psicológica definida por trás deste fenômeno quase universal no mundo externo. Somente o desapego (*vairāgya*) pode assegurar que nossa faculdade discernimento (*viveka*) funcione corretamente e nos permita usar o poder de forma adequada e sábia. O uso indevido do poder turva ainda mais nosso julgamento, leva a um maior apego a ele e nos inclina a arrebatar mais poder por métodos mais inescrupulosos. Esta ação e reação criou um círculo vicioso que levou ao aumento da corrupção de nossa natureza moral, envolvendo-nos em complicações cada vez maiores e nos aproximando mais do dia do juízo. Os *Purānas* estão cheios de histórias alegóricas ilustrando este fenômeno psicológico e a história fornece muitas lições impressionantes para aqueles que estão engajados em uma busca cega pelo poder, mas o obscurecimento de *Buddhi* torna impossível para aqueles que cruzaram o ponto de não retorno verem algo de errado no que estão fazendo.

Tattva mālā Vibhūshitah que significa literalmente "adornado com a guirlanda de *tattvas*" é apenas uma forma poética de dizer que o *Sat-Guru* tem conhecimento direto de todos os princípios subjacentes ao Universo manifestado e à Realidade não manifestada. Como os *tattvas* são as funções Divinas subjacentes ao Manifestado, tanto quanto o Não Manifestado, como explicado em *O Homem, Deus e o Universo*, eles representam em sua totalidade o mais elevado conhecimento sobre tudo, sem exceção. É a essência desse conhecimento abrangente a respeito dos princípios fundamentais subjacentes à manifestação que confere ao iogue onisciência e sua correlata onipotência.

Com relação à natureza deste conhecimento, é preciso lembrar que ele não é uma mera soma de conhecimentos comuns em todas as esferas possíveis de existência. Todos os diferentes ramos do conhecimento nos níveis inferiores da mente aglutinam-se e se fundem uns nos outros à medida que avançamos em direção à fonte de todo conhecimento, assim como os muitos ramos de uma árvore se fundem gradualmente em um único tronco do qual são derivados. É este conhecimento integrado, do qual todos os ramos possíveis do conhecimento são derivados por diferenciação, que confere onisciência. Esse conhecimento não se adquire dominando um ramo do conhecimento após outro, mas adentrando os mais profundos reinos da mente até que o iogue alcance a fonte de todo conhecimento, 'sabendo que tudo é conhecido'.

Bhukti mukti pradātā cha: Esta frase significa literalmente 'que tanto concede prazeres mundanos quanto Libertação' e é geralmente interpretada ao se dizer que assim que o *Guru* tenha aceito o discípulo, ele é responsável pelo bem-estar mundano e espiritual do discípulo, e este último não precisa se preocupar ou fazer nada a respeito. Esta interpretação popular, muito conveniente para discípulos tíbios e aduladores de seus instrutores, é naturalmente encorajada pelos gurus comuns que são facilmente encontrados no mundo externo. Ela criou uma atmosfera muito insalubre de falsas esperanças e exploração da relação *Guru-Shisya*. A maioria das pessoas que estão em busca de um *guru*, especialmente na Índia, acredita que tudo o que elas têm de fazer em relação à sua vida espiritual é encontrar um *guru* que seja devidamente qualificado, de acordo com seu julgamento espiritualmente imaturo, e que consiga obter seu favor pessoal por qualquer meio. O *guru* fará o resto e até mesmo lhes concederá o prêmio supremo da realização humana – *Jīvanmukti*!

Esta concepção errada a respeito do papel e do poder de um *guru*, embora não sem algum elemento de verdade, mas uma farsa dos fatos reais, está destinada a desenvolver uma mentalidade negativa que solapa todo esforço autossuficiente na direção certa, e a inclinar o discípulo a concentrar todos os seus esforços em agradar a personalidade do *guru* e obter seus favores de alguma forma. Coloca também a realização da Libertação fora do reino da Lei de evolução e a torna dependente dos caprichos e favores arbitrários de uma determinada pessoa, mesmo que essa pessoa possa ter alguma realização espiritual a seu favor.

A fim de interpretar corretamente a frase em discussão para que esteja de acordo com as leis subjacentes à evolução humana e às condições sob as quais a senda do *Yoga* pode ser percorrida, temos que lembrar o que foi dito ao discutir o *Dhyāna Mantra* de *Mahesha* com relação aos dois poderes Divinos simbolizados por *vara mudrā* e *abhiti mudrā*. Deus satisfaz todos os nossos desejos de prazer e benefícios mundanos comuns, desde que desejemos essas coisas para nosso crescimento comum nos estágios iniciais de nosso desenvolvimento mental, moral e espiritual. Mas quando nos tornamos suficientemente maduros espiritualmente e somos capazes de ver através do glamour desses objetos temporários e ilusórios de busca, e desejamos sinceramente nos libertar dessas ilusões e limitações dos mundos inferiores, Ele nos dá *Mukti* ou Libertação. Ele é que é o *pradātā* ou doador de ambos em última instância, embora estes dons possam aparentemente vir ao discípulo através da mediação do *Sat-Guru*.

Como foi assinalado anteriormente, é muito difícil, se não impossível, distinguir entre um verdadeiro *Sat-Guru* e *Īshvara* por causa da fusão da consciência e da vontade de um Ser Liberto com a Consciência e a Vontade Divinas. Mas para servir como um agente consciente do Divino, ele deve ser um verdadeiro *Sat-Guru* e não um simples titular ou um autoproclamado ou proclamado por seus seguidores. Como o aspirante comum pode encontrar e julgar um *Sat-Guru* assim? Ele não precisa. É o *Sat-Guru* que sempre julga e infalivelmente encontra o discípulo que está pronto e qualificado para trilhar o caminho. O trabalho do aspirante é apenas fazer os maiores esforços para se qualificar para este privilégio e esperar pacientemente e com perseverança até que o próprio *Sat-Guru* lhe conceda este privilégio. Daí a máxima ocultista: "Quando o discípulo está pronto, o *Guru* aparece".

PARTE 2

Vislumbre Sobre a Natureza da Consciência

Capítulo 5

Consciência – Expressão do Divino

Uma das consequências diretas do divórcio entre religião e filosofia no pensamento ocidental é a tendência de considerar a natureza da consciência como uma questão puramente filosófica que não está relacionada de forma alguma com os problemas da religião. A concepção de consciência é extremamente vaga e indefinida, mas seja o que for, ela é tratada meramente como um problema de psicologia. A consciência é considerada como a mesma coisa que percepção, o pano de fundo do pensamento. É definitivamente considerada como um fenômeno mental ligada ao aspecto subjetivo da mente em contraste com os pensamentos que são percebidos objetivamente.

Mesmo a vaga concepção acima da natureza da consciência talvez seja definitiva demais para o psicólogo moderno, e não será aceita de modo geral. A maioria dos psicólogos, devido a seu preconceito materialista, ainda se recusa a dar à mente um *status* independente como algo diferente e separado do corpo e capaz de existir sem o corpo. A consciência, sendo considerada um aspecto dos fenômenos mentais, sofre com a mesma falta de reconhecimento como um princípio independente em existência. É considerada geralmente como um subproduto dos processos vitais que ocorrem no corpo físico e deixa de existir quando esses processos vitais chegam ao fim com a morte do corpo físico.

Quando mesmo a mente e a consciência, que estão dentro de nossa experiência, não são reconhecidas como princípios independentes da existência, é demais esperar que o moderno psicólogo ortodoxo reconheça que existe um Princípio último em existência ao qual nos referimos geralmente como Realidade ou Deus. A ideia de que possivelmente haja uma Realidade em segundo plano no Universo é sem dúvida bastante familiar e manipulada pelos filósofos, mas alterar tal pensamento está no reino da especulação, sujeito a interessantes discussões filosóficas e infindáveis adivinhações sobre o que essa Realidade é ou poderia ser. Muito poucas pessoas levam estas coisas a sério ou pensam que elas sejam de importância vital em nossa vida. Na melhor das hipóteses, estes são assuntos interessantes para a investigação filosófica, e podem fornecer uma quantidade ilimitada de grãos para os moinhos do pensamento filosófico.

Se, sob estas condições de incerteza e indefinição do pensamento a respeito dos aspectos mais vitais e significativos de nossa vida, for apresentada a ideia de que esta consciência comum ou percepção que está dentro da experiência de cada ser humano é uma expressão da Realidade a que nos referimos como Deus, a maioria das pessoas se sentaria, esfregaria os olhos e começaria a se perguntar do que estou falando. Deus é considerado pelo homem comum como um Ser Divino distante e inacessível, que de alguma forma exerce algum tipo de influência e autoridade sobre nossa vida. Considerá-Lo como o próprio substrato de nossa vida e Se expressar através de nossa própria consciência soa como uma blasfêmia. Como pode um Ser que é tão remoto, poderoso e transcendente estar presente como nossa própria consciência, que é tão comum, familiar, e o pano de fundo de toda mente humana? Parece absurdo e inacreditável. E ainda assim esta é a verdade das verdades, a verdade mais elevada e significativa de nossa vida, de acordo com o Ocultismo.

Permitam-me esclarecer que na mente do cético não deve haver nenhum mal-entendido, nenhuma ambiguidade, nenhuma dúvida com relação à verdade profunda que acaba de ser afirmada, que em Ocultismo aferramo-nos ao que dizemos. Se ele acredita ou não é problema dele, mas deve saber que não estamos apenas colocando em forma poética um sentimento religioso vago baseado em fé piedosa. Estamos afirmando um fato que se baseia na experiência direta dos mais altos Adeptos do Ocultismo que são as flores da raça humana e que conseguiram penetrar nos mais profundos mistérios da existência.

Se nossa consciência for divina em sua natureza essencial, vemos de imediato quão próxima é a relação entre filosofia e religião. A natureza da consciência é o problema mais profundo e importante da filosofia, pois todos os fenômenos mentais são baseados ou pelo menos associados à consciência, e esta última parece conter a chave para o segredo da natureza da mente. Deus, por outro lado, é o problema central da religião, o pivô em torno do qual gira nossa vida religiosa. E descobrimos que o objeto de investigação e busca em ambos os campos é o mesmo, embora chamado por nomes diferentes e considerado de maneiras diferentes. Na descoberta da verdadeira natureza da consciência está o segredo de encontrar Deus. O problema mais profundo da filosofia é, portanto, também o problema mais profundo da religião. Que absurdo, então, que filósofos e líderes religiosos se ignorem mutuamente e trabalhem em compartimentos estanques.

Do exposto acima vemos não apenas a necessidade de uma colaboração estreita e sincera entre líderes religiosos e filósofos, mas também a inevitabilidade de importar o espírito científico e a técnica científica para este trabalho, se quisermos resolver o problema acima mencionado. Se os filósofos não se devem contentar com meras especulações sobre a natureza da consciência e da Realidade, mas sim conhecer estes fatos da existência no sentido real, ou seja, por experiência direta, então terão de basear a sua investigação e pesquisa no experimento e na experiência e não apenas em raciocínios ou suposições plausíveis do intelecto. Para que os religiosos não fiquem satisfeitos em adorar a Deus a distância e em participar de rituais, por mais belos e esmerados que estes sejam; se quiserem *encontrá-Lo* e *conhecê-Lo* como uma Realidade sempre presente dentro dos seus próprios corações, então terão de desistir da confiança na mera fé e nas satisfações emocionais em que somos levados a acreditar pelos líderes religiosos ortodoxos, que são a verdadeira substância da vida religiosa e da experiência religiosa. Terão de procurar e encontrar Deus dentro dos seus corações e *saber* que são Divinos e partilhar a Vida Divina com Ele. Existe uma técnica científica definida para levar adiante e levar a bom termo esta busca da Verdade que está oculta no Universo e no coração de cada ser humano, e esta técnica é chamada *Yoga*.

Tendo colocado a doutrina oculta referente à natureza da consciência de uma forma simples e geral, deixemos agora o cético e aprofundemos um pouco mais o assunto para o estudante sério. Consideremos mais algumas ideias que esclarecem os diferentes aspectos da sua natureza.

Vimos acima que ao considerarmos a natureza da consciência deparamo-nos imediatamente contra algumas outras realidades da existência em associação com as quais a consciência é sempre encontrada a funcionar. Referimo-nos acima à relação da consciência com essa Realidade a que chamamos de Deus. Vimos que a consciência está sempre associada à mente, sendo na realidade o pano de fundo de todos os fenômenos mentais. Vimos que a consciência está sempre associada, no Plano Físico, a um veículo ou corpo que faz o materialista confundi-la como um subproduto dos processos vitais que ocorrem no corpo. Assim, verificamos que ao considerarmos a natureza da consciência temos também de considerar a natureza das outras três realidades básicas da existência acima mencionadas, ou seja, mente, matéria, e Realidade.

Haverá alguma relação entre elas? Há, e esta relação está consubstanciada na doutrina do Ocultismo, que é empolgante em sua grandeza, simplicidade e abrangência. De acordo com essa doutrina, existe apenas Uma Realidade Última e as outras três realidades básicas acima referidas são os seus derivados. Esta relação e a derivação das três podem ser expressas de forma simples e concisa como se segue:

Realidade → Consciência → Mente → Matéria

Esta doutrina, portanto, não só aponta para a unidade essencial de tudo que existe, não apenas integra todas as realidades básicas da existência num só conceito filosófico, mas também mostra a relação destas realidades umas com as outras, qual é a sua fonte e como são derivadas uma da outra. É verdade que estas relações e as doutrinas em que se baseiam não podem ser demonstradas e provadas de forma costumeira em laboratórios por experiências físicas, baseando-se antes em fatos de experiência e resultados de experimentos e não em especulações, pelo que devem ser consideradas "científicas" no sentido mais lato. Afinal, cada fenômeno ou númeno tem de ser investigado e conhecido por métodos que lhe são apropriados e que estão natural e inerentemente relacionados com a sua natureza peculiar, e não por métodos ditados arbitrariamente por aqueles que nada sabem a respeito e se preocupam menos ainda.

Se se tiver compreendido, até certo ponto, a importância da doutrina acima referida relativamente à natureza da consciência, e visto como ela é a penúltima realidade da existência e a fonte da mente e da matéria, pode-se facilmente ver como é absurdo tentar investigar o fenômeno e a natureza da consciência com a ajuda de qualquer aparelho físico, por mais elaborado ou sensível que possa ser, e por mais imponentes que sejam os laboratórios em que as experiências forem realizadas.

Neste contexto, lembro-me de um episódio engraçado que me foi relatado por um *Swami* que vivia num pequeno *āshrama* nos contrafortes dos Himalaias. Um dia ele estava sentado no seu *āshrama* quando uma equipe dos chamados investigadores chegou com uma grande quantidade de equipamento contendo aparelhos científicos e todo o tipo de engenhocas. A equipe era composta por alguns cientistas dos Estados Unidos, e um ou dois indianos que colaboravam com eles. Eles disseram ao *Swami* que estavam investigando a natureza de *Samādhi* e realizando experiências científicas para este fim com a colaboração de iogues na Índia, que eram capazes de passar para o estado de *Samādhi*. O *Swami* viu o absurdo de tais experiências, mas concordou humoristicamente em cooperar. Assim, os investigadores ocuparam-se e fixaram todo tipo de aparelhos elétricos no seu corpo, e quando tudo estava pronto, pediram-lhe que entrasse em *Samādhi* para que pudessem fazer as observações necessárias que lhes permitissem desvendar o segredo do *Samādhi*. O *Swami* consentiu, foram feitas leituras detalhadas, e quando as experiências terminaram, a equipe partiu agradecendo ao *Swami* pela sua cooperação neste empreendimento científico. O *Swami* não quis saber quais foram as descobertas destes investigadores, mas este episódio mostra o tipo de pesquisa que está ocorrendo nos laboratórios do mundo para desvendar os segredos da mente e da consciência, que são realmente os segredos finais da existência.

Qualquer homem com um pouco de bom-senso pode ver que o que estes trabalhadores entusiastas conseguiam investigar e medir eram, na melhor das hipóteses, as reações fisiológicas de certos processos mentais, e não conseguiam, por nenhum exercício de imaginação, esclarecer a natureza das mudanças na consciência que ocorrem em *Samādhi*. A mente e a consciência são demasiado sutis, e os seus movimentos e mudanças não podem ser registados em instrumentos físicos densos. Enquanto os psicólogos modernos insistirem em utilizar meios físicos para investigar os fenômenos e a natureza da mente e da consciência, permanecerão envoltos nestas trivialidades e sem compreender o que a mente e a consciência realmente são.

A doutrina relativa à derivação de consciência, mente e matéria a partir da Realidade Última não só mostra a sua unidade e relação mútua subjacente como também esclarece a natureza da consciência, que é o tema em discussão. Sendo a Consciência a realidade básica subjacente ao Universo e, portanto, o princípio mais sutil existente, é natural que haja confusão e incerteza com relação à sua natureza, especialmente porque existe uma suspeita consciente ou inconsciente na mente da maioria das pessoas com relação a quaisquer fatos que não sejam baseados em dados físicos e não possam ser verificados por experiências físicas. A única fonte de conhecimento a partir da qual podemos ter uma ideia razoavelmente correta e confiável com relação à natureza da consciência é o Ocultismo, especialmente aquele aspecto do mesmo que trata das técnicas práticas do *Yoga*. Mas a maioria dos estudantes que estudam a matéria fazem-no teoricamente e num espírito acadêmico sem qualquer trabalho experimental e determinação de conhecer a verdade, pelo que o seu conhecimento permanece superficial, fragmentário, e puramente intelectual.

Não é possível, neste capítulo, entrar numa discussão pormenorizada sobre a natureza da consciência e mostrar como ela está relacionada à Realidade, por um lado, e à mente e à matéria, por outro. Mas como não podemos obter uma compreensão intelectual clara e verdadeira, mesmo de natureza geral, no que diz respeito à natureza da consciência sem lidar com a cadeia:

Realidade → Consciência → Mente → Matéria

É necessário apontar os traços salientes da doutrina Oculta a respeito dessas realidades básicas da existência e de seu relacionamento mútuo. Para uma discussão detalhada, o estudante pode estudar o livro *O Homem, Deus e o Universo*, do autor.

Já foi assinalado que a doutrina Oculta, baseada nas experiências e nos experimentos de uma longa linha de Adeptos neste campo, é a única fonte de informação verdadeira e confiável sobre este assunto, e aqueles que não podem aceitar esta doutrina como base de estudo, discussão e investigação devem se resignar e se contentar com o conhecimento superficial, empírico e fragmentário encontrado em livros sobre psicologia moderna.

Podemos começar observando que a doutrina Oculta é essencialmente monística. De acordo com ela, todo o Universo, visível e invisível, é derivado e é a expressão da Realidade Suprema. Portanto, tudo o que encontrarmos na existência não só terá raízes nessa Realidade, mas estará misteriosamente relacionado a tudo o mais. Aqueles que têm percepção intuitiva com relação às realidades da vida interior verão a grandeza desta concepção filosófica da Realidade que está presente no coração do Universo e que é referida como Deus pelas pessoas religiosas. Para outros que têm uma perspectiva materialista ou são prisioneiros de suas respectivas ortodoxias, isso não significará nada.

Embora todas as coisas sejam derivadas e tenham raízes na Realidade Última, elas não estão todas no mesmo nível no reino da manifestação. Pois a manifestação é um processo de projeção e reflexo repetidos a partir dessa Realidade e por isso tudo que encontramos aqui no nível mais baixo do Plano Físico é o resultado de tal projeção repetida, tendo vindo de cima, passo a passo, com muitos níveis intermediários. Isto é verdade para os três derivativos básicos da Realidade com os quais estamos preocupados aqui, a saber, consciência, mente e matéria. Todas elas existem em muitos graus de sutileza e função em diferentes níveis, e o que sabemos delas no Plano Físico são suas mais cruéis expressões no nível mais baixo.

Assim, não podemos fazer ideia do que são essas realidades nos níveis mais elevados, simplesmente observando suas expressões no nível mais baixo, além de obter apenas uma ideia aproximada e qualitativa de sua natureza. Mesmo isto exigirá uma profunda reflexão e um genuíno espírito de investigação. Para saber quais são essas realidades nos níveis superiores, a consciência tem que ser liberta, pelos métodos do *Yoga*, das limitações e ilusões dos planos inferiores para que possa funcionar nos planos superiores, e a percepção direta dessas realidades nesses planos se torne possível. Somente os mais elevados Adeptos do Ocultismo que conseguiram rastrear essas realidades básicas da existência até sua *fonte* foram capazes, deste modo, de perceber suas formas verdadeiras e originais e seu relacionamento mútuo naquele estado transcendente.

Tudo que podemos fazer é tentar compreender intelectual e intuitivamente o que são essas realidades a partir do pouco conhecimento que nos foi dado por esses Adeptos, e com sua ajuda tentar trilhar aquela senda de desabrochar interior que torna possível a percepção direta destas verdades. Isto não é fácil ou possível de realizar em pouco tempo, mas se quisermos um conhecimento verdadeiro e real, não há outro curso aberto para nós. Os conceitos importantes neste conhecimento que esclarecem a natureza da consciência podem ser resumidos da seguinte forma:

A consciência pura, que é um estado transcendente, quando rastreada até sua fonte descobre-se ser derivada da Realidade Última por um processo misterioso que pode ser chamado de diferenciação em opostos polares. O estado positivo resultante dessa diferenciação é a Consciência, enquanto o estado negativo, por falta de um termo melhor, pode ser chamado de Poder. Neste sentido mais elevado e sutil, tanto a Consciência Cósmica quanto o Poder Cósmico são infinitos, integrados e potenciais, e todas as manifestações de consciência e poder nos planos inferiores são meramente reflexos ou expressões desses estados mais elevados em diferentes níveis. Na filosofia hindu, estes dois mais elevados princípios de existência, que são a base dos lados subjetivo e objetivo da manifestação, são chamados *Shiva* e *Shakti*.

A mente em sua forma mais pura e sutil deriva de uma ulterior diferenciação da consciência como resultado do surgimento da relação sujeito-objeto na consciência integrada pura. Em sua forma mais sutil é apenas um princípio ao qual podemos nos referir como a Mente Cósmica. Esse princípio é não apenas a fonte e a base dos fenômenos mentais subjetivos em todos os níveis, mas também do Plano Divino sendo executado em diferentes níveis no Universo manifestado através dos diferentes *Logoi* ou *Īshvaras*.

É preciso observar cuidadosamente que a mente é essencialmente da mesma natureza da consciência e difere dela da mesma maneira que um espectro de luzes coloridas difere da luz branca da qual é derivado por dispersão. E assim como a luz branca realça as cores de diferentes objetos sobre os quais ela incide, fornecendo de si mesma os elementos de cor necessários, assim também a consciência transmite ou realça o significado e a importância de diferentes estados mentais, fornecendo-os a partir de seu inesgotável estado integrado. Assim, a consciência serve não apenas como pano de fundo de todos os fenômenos mentais, mas também como um repositório inesgotável do significado e da importância de tais fenômenos.

Assim como a Consciência integrada pura se dispersa e é a fonte de todos os tipos de estados mentais diferenciados, da mesma forma o puro Poder integrado, que é um princípio consciente em seu estado mais elevado, é a base de todos os tipos de propriedades – chamadas *gunas* em sânscrito. São estas propriedades, que em suas diferentes combinações fornecem a base *objetiva* dos fenômenos mentais, que em seu mais elevado estado integrado são chamados de *Mulaprakriti* na filosofia hindu.

Ver-se-á, portanto, que *Prakriti*, ou Natureza em um sentido geral e abrangente, é um correlato do princípio mental e ambos são necessários para a produção dos fenômenos mentais que constituem, em essência, o Universo manifestado. As relações destas realidades básicas existentes podem ser representadas da seguinte forma:

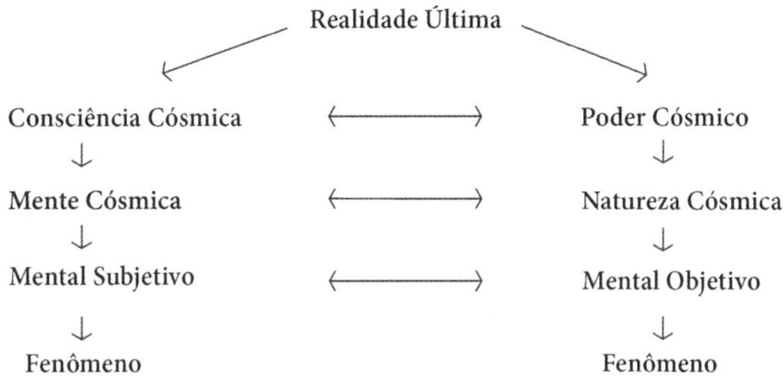

Chegamos então ao último elo da cadeia, a relação de mente e matéria, e temos que considerar a base da matéria. Este é um campo no qual estamos realmente em confronto com a ciência moderna, que tem investigado a matéria muito minuciosamente e acumulado uma enorme quantidade de dados factuais no que diz respeito às suas propriedades e comportamento. Portanto, o que quer que seja dito com relação à natureza da matéria deve levar em consideração os pontos de vista científicos sobre o assunto.

Foi mencionado em um parágrafo anterior que a mente e a consciência ainda não receberam um *status* independente nos círculos científicos ortodoxos. Embora nos tenhamos afastado do ditame de Lombroso que afirmava que o cérebro segrega o pensamento como o fígado segrega a bílis, ainda assim, apesar das pesquisas neste campo, a ciência ortodoxa mesmo agora implicitamente se recusa a reconhecer que mente e consciência podem existir além da matéria. Elas ainda são consideradas pela maioria dos cientistas ortodoxos como subprodutos de processos biológicos, químicos e físicos. Matéria e energia são, na opinião deles, a base essencial ou a única base do Universo.

Diante desta formidável massa de opinião científica cristalizada, que supostamente se baseia em fatos científicos, é preciso coragem para afirmar o ponto de vista Oculto sobre este assunto. Mas isto deve ser dito e declarado de forma inequívoca e enfática, para que não restem dúvidas na mente do inquiridor quanto ao que o Ocultismo representa nesta questão fundamental, que não é apenas uma questão de interesse científico, mas um problema envolvendo os ideais, as atitudes filosóficas e o destino da humanidade.

A visão Oculta referente à relação da mente e da matéria é quase o oposto da visão científica ortodoxa. Ela considera a mente, ou melhor, a consciência, como a base última da chamada matéria, e a matéria, no sentido em que as pessoas geralmente a tomam, como não tendo existência independente. Não é possível lidar com esta questão neste capítulo e analisar todos os fatos que mostram que a visão Oculta não é tão sem substância ou fundamento como pode parecer ao leigo. Mas para mostrar que nem a visão científica ortodoxa está tão solidamente baseada em fatos como deveria estar, deixe-me citar um parágrafo do *The Mysterious Universe* [O Universo Misterioso] de *Sir* James Jeans:

> "Para resumir os principais resultados deste e do capítulo anterior, a tendência da física moderna é decompor todo o Universo material em ondas, e nada mais que ondas. Estas ondas são de dois tipos: ondas engarrafadas, que chamamos de matéria, e ondas não engarrafadas, que chamamos de radiação ou luz. O processo de aniquilação da matéria é meramente o de desengarrafar a energia das ondas aprisionadas e libertá-las para viajar pelo espaço. Estes conceitos reduzem a totalidade do Universo a um mundo de radiação, potencial ou existente, e não parece mais surpreendente que as partículas fundamentais das quais a matéria é construída exibam muitas das propriedades das ondas".

Os fatos acima mencionados, e outros descobertos mais recentemente, mostram que a matéria é derivada da radiação ou, em outras palavras, do movimento. Sendo assim, o materialismo no sentido ortodoxo tem o próprio solo retirado de sob os pés, e o Universo físico, mesmo de acordo com a ciência ortodoxa, é apenas um fenômeno energético. Esta é também a visão Oculta e, portanto, a ciência, nesta questão, realmente se deslocou para o ponto de vista do Ocultismo e corroborou parcialmente esta doutrina Oculta.

Se a matéria é derivada do movimento ondulatório, a questão agora é: Qual é o meio pelo qual este movimento se realiza? De acordo com experimentos científicos, não parece existir nenhum éter, e assim a ciência foi reduzida à necessidade de supor que as ondas luminosas são transmitidas através do espaço vazio ou vácuo, algo sobre o qual uma ponderação profunda mostrará ser impossível. De acordo com a doutrina Oculta, o movimento é baseado na mente e é incapaz de existir por si só. As questões da relação mente e matéria e o *modus operandi* da percepção sensorial, no entanto, não ficam pendentes, estando corporificadas na conhecida, mas pouco compreendida, doutrina de *Bhutas* e *lndriyas*, tratada nos capítulos seguintes.

Começamos este capítulo ressaltando que a consciência comum, da qual toda pessoa inteligente está consciente de uma forma vaga, é nada mais do que a expressão rebaixada da Realidade que detém todos os segredos de todo o Universo ocultos dentro de seus diferentes níveis. Concluiremos este capítulo esclarecendo uma dúvida que pode surgir na mente do estudante e que pode ser formulada desta maneira. Se esta consciência da qual estamos perceptivos dentro de nós é a expressão da Realidade, e todo conhecimento, incluindo o conhecimento desta divindade, está assim oculto no interior do coração de cada ser humano, como é que os seres humanos em geral se comportam em sua vida atual de uma maneira que torna difícil acreditar que eles carregam este conhecimento de sua divindade dentro de seus corações? O que o Ocultismo tem a dizer sobre esta anomalia?

Segundo a doutrina Oculta, é verdade que o homem é essencialmente divino e que leva consigo o conhecimento de sua divindade oculto dentro de sua própria consciência. Mas essa consciência que aparece no Plano Físico desceu depois de atravessar muitas camadas de mente, a camada mais baixa correspondendo ao estágio de desenvolvimento animal. Devido à evolução muito parcial de sua natureza espiritual resultando na falta de verdadeiro discernimento ou *viveka* e da filosofia materialista que prevalece no mundo atual, o homem identifica-se com o seu corpo físico e com a mente inferior, e assim expressa em suas atitudes e modos de comportamento uma grande parte dessas tendências animais que deveria ter superado.

É preciso lembrar que um desenvolvimento muito elevado do intelecto pode coexistir com as mais baixas tendências animais, e o fato de termos feito avanços tão extraordinários no campo da ciência não significa necessariamente que nos tenhamos tornado muito civilizados no verdadeiro sentido. Ainda lutamos constantemente usando armas altamente sofisticadas em vez de dentes e garras, ou arcos e flechas. Ainda resolvemos nossas diferenças recorrendo à força física ou à violência em vez da razão ou do bom-senso, seguindo assim realmente a lei da selva. Ainda estamos sob o domínio do instinto de rebanho, permitindo que barreiras artificiais de nacionalismo, religião, idioma etc. nos dividam, nos coloquem uns contra os outros e nos façam esquecer e ignorar nossa humanidade e irmandade essenciais. Assim, a fachada do intelecto altamente evoluído e do progresso científico apenas esconde o fato de uma natureza espiritual ainda superficial e parcialmente desenvolvida na humanidade como um todo.

A resposta à pergunta acima encontra-se na *Bhagavad-Gitā* nas seguintes palavras de Sri Krishna: "Assim como a fumaça envolve a chama, como um espelho é coberto pelo pó, como o âmnio envolve o embrião, assim o desejo envolve Este" (III-38).[1]

Se envolvermos uma lâmpada elétrica acesa de 1000 w. com inúmeros globos concêntricos de vidro de diferentes cores e contendo matérias ofuscantes de diferentes tipos, cada globo sucessivo irá obscurecer e poluir ainda mais a luz que passa através dele, e a luz que sai do globo mais externo será embaçada, fraca e turva. Ela não pode dar qualquer indicação da luz brilhante e pura que brilha no centro. Mas, mesmo assim, essa luz fraca e turva, que é tudo o que podemos perceber de fora, é a pura luz branca do centro e dela derivada. Esta é a relação entre a vaga, fraca e misteriosa consciência por trás de nossa mente, à qual nos referimos como consciência e o Sol da Consciência Espiritual que brilha dentro do coração de cada ser humano, por trás dos muitos véus de mente e matéria. É o Próprio Deus que está olhando através de nossa mente.

[1] *Bhagavad-Gitā*, Brasília: Editora Teosófica, 2ª edição de bolso, 2014, p. 89 (Nota Ed. Bras.)

Capítulo 6

Fusão e Expansão de Consciência

Foi mostrado ao considerarmos a relação da Realidade e Consciência em *O Homem, Deus e o Universo* que a raiz da consciência está no *Shiva-Shakti Tattva* e que a Realidade a que nos referimos como *Shiva* é a Consciência em seu estado perfeito, pura, integrada e imaculada pelo funcionamento da mente, mesmo no nível divino. Esta Consciência é não apenas o substrato de todos os graus da mente, mas é o meio básico no qual todo o Universo manifestado funciona em toda sua complexidade e graus de sutileza. É essa consciência que quando desce à manifestação se transforma em diferentes graus de mente e perde sua verdadeira e real natureza à medida que se envolve cada vez mais na matéria e na mente. Tudo o que podemos experimentar desta consciência no plano mais baixo é o senso geral de consciência que parece estar subjacente a todas as operações mentais. Como é o próprio substrato da mente e é a luz que ilumina a mente, nunca poderemos conhecer sua natureza através da instrumentalidade da mente, exceto de uma forma muito vaga. Como pode a mente conhecer aquela luz que ilumina seu funcionamento? Como pode um par de pinças agarrar a mão que as segura?

E ainda assim é com esta consciência modificada e adulterada que se filtrou através dos muitos graus da mente que o psicólogo moderno pode lidar no estudo da consciência e da mente. Não é de admirar que ele esteja totalmente confuso e incerto, apesar da demonstração externa de confiança e da parafernália do aparato físico que abarrota os laboratórios para estudar a mente através da instrumentalidade de um aparato físico. Ele não vê o fato óbvio de que somente coisas físicas podem ser investigadas com um aparato físico e não aquelas que são mentais e espirituais. Não é de admirar que ele se tenha envolvido em questões triviais e artificiais que não estão relacionadas com os problemas reais da psicologia e da filosofia. Basta olhar através da estranha literatura que está sendo produzida a partir de laboratórios imponentes para a investigação de fenômenos psicológicos para perceber as dificuldades às quais a psicologia moderna se reduziu ao insistir em considerar o homem como um animal em vez de um ser espiritual, e tentar investigar a mente apenas com base nos fenômenos mentais que ocorrem através do cérebro físico.

Embora seja difícil convencer o psicólogo moderno de que os fenômenos mentais só podem ser investigados por meios puramente mentais, e a consciência só pode ser conhecida por aquele que se libertou de todos os graus de sutileza da mente, ainda assim este é um fato que ele terá que aceitar e administrar se quiser conhecer a real natureza da mente e da consciência. Mas deixemo-lo a seu critério por enquanto e consideremos as conclusões e experiências daqueles que investigaram a mente e a consciência por métodos puramente mentais e passaram a conhecer a real natureza da mente e da consciência. Em suma, vejamos o que o *Yoga* tem a dizer sobre estas importantes questões.

Vamos ver alguns *Sūtras* do *Yoga-Sūtra* de Patañjali que esclarecem a natureza da consciência. Patañjali não tentou, por razões óbvias, explicar o que é a consciência, mas existem no livro alguns *Sūtras* muito interessantes que nos fornecem vislumbres sobre a natureza da consciência. Se estudarmos esses *Sūtras* de forma cuidadosa e especialmente tentarmos compreender seu significado interior, poderemos ter alguma ideia sobre esta realidade essencial da existência. Mas é preciso adquirir uma ideia clara com relação a toda filosofia e técnica do *Yoga* para se ter uma concepção clara em relação à natureza da consciência:

Comecemos pelo *Sūtra* I-41:

Kshīna-vrtter abhijatasyeva maner grahītr-grahana-grāhyesu tatstha-tadañjanatā samāpattih

"No caso de alguém cujas *Citta-Vrittis* (modificações mentais) foram quase aniquiladas, ocorre a fusão ou completa absorção recíproca do conhecedor, do conhecimento e do conhecido, como no caso de uma joia transparente (colocada sobre uma superfície colorida)".

Este *Sūtra* é um dos mais importantes de todo o livro e contém algumas ideias fundamentais a respeito da natureza da consciência. Ele insinua o mistério do 'saber por meio do vir a ser', a técnica do *Yoga* que é utilizada na realização e na Autorrealização.

O que o *Sūtra* busca transmitir através de uma semelhança marcante é a verdade de que a consciência funcionando através de um centro pode fundir-se com a consciência funcionando através de outro centro, e a primeira entidade pode desta forma saber o que está contido na consciência da segunda entidade. Esta é essencialmente a técnica do *Samādhi*, tanto *Sabīja* quanto *Nirbīja*. Aqueles que estudaram o *Yoga-Sūtra* lembrarão que em *Sabīja-Samādhi* a realidade oculta é percebida por trás de qualquer 'objeto' de meditação, enquanto em *Nirbīja-Samādhi* é a própria Realidade que é o objeto de percepção. A realidade por trás de qualquer objeto é esse objeto tal como ele existe na Mente Divina.

O mistério oculto por trás desta técnica de fusão da consciência só pode realmente ser resolvido através da experiência de *Samādhi*, mas podemos utilizar uma série de ilustrações para obtermos alguma ideia desta técnica de 'saber por meio do vir a ser'. Consideremos primeiramente o simulacro usado no próprio *Sūtra*. Aqui a fusão é comparada à fusão visual de um cristal perfeitamente transparente sobre uma superfície colorida. O cristal, embora ainda esteja lá, é visualmente assimilado tão completamente com o fundo que se tem a impressão de desaparecer da vista. É a transparência do cristal, o fato de estar livre de qualquer tipo de estorvo que lhe permite absorver a cor do fundo e assim ser completamente assimilado por ele. Da mesma forma, quando a mente do iogue, que está meditando sobre um objeto, é liberta de todos os ônus e modificações e se torna transparente, ela é, por assim dizer, assimilada com o objeto e assim conhece o objeto, ao praticamente se tornar o objeto. A triplicidade do perceptor, percebido e percepção transforma-se numa consciência unificada da realidade oculta por trás do objeto, na qual o perceptor tornou-se um com o percebido.

Outra maneira de entendermos o mistério desta fusão é considerarmos as diferentes Mônadas como diferentes centros flutuando num mar de Consciência. Cada centro, na involução nos planos inferiores, é cercado por uma carapaça multicamadas da mente separando-se assim dos outros centros e do mar da Consciência no qual os centros estão imersos. À medida que as diferentes camadas da carapaça mental são removidas, a consciência que brilha através da mente torna-se cada vez mais parecida com sua fonte e, finalmente, recuperando sua pureza, funde-se com o mar da Consciência. Ela pode assim saber diretamente o que está presente na Mente Divina, e em um nível mais profundo saber também que é um centro da Consciência Divina. Esta última etapa é chamada de Autorrealização.

De fato, a símile de diferentes centros flutuando no mar da Consciência Divina é enganador do ponto de vista mais elevado. Os diferentes centros das Mônadas ou *Jīvātmās* são concêntricos com o centro *Logoico*, embora as mentes dos *Jīvātmās* funcionem separada e independentemente, como foi explicado nos capítulos sobre o Ponto. Mas algumas pessoas podem achar mais difícil visualizar a relação do *Jīvātmā* e do *Paramātmā* desta forma, e para elas a analogia dos centros flutuantes no mar da Consciência Divina pode ser útil.

As ideias mencionadas acima podem esclarecer algumas experiências e realidades dos Planos Espirituais, tais como as seguintes:

(1) Conhecimento direto da realidade oculta por trás de qualquer objeto por fusão de nossas mentes individuais com a Mente Divina (que contém esta realidade) em *Sabīja-Samādhi*.

(2) A realização de nossa verdadeira natureza espiritual, suprimindo todas as modificações da mente e assim nos estabelecendo em nosso Eu por meio de *Nirbīja-Samādhi*.

(3) A onisciência do Adepto que atinge o Plano do Espírito deve-se à fusão de sua consciência com a Consciência Divina. E como cada estado de consciência é igualado por um poder correspondente, a onisciência do iogue Autorrealizado é automaticamente acompanhada pela onipotência.

(4) Como a autoentrega a Deus gradualmente produz uma fusão de consciência do *Sādhaka* e do *Ishta-devatā*, a forma particular na qual Deus é adorado. A alma individual se separa da SuperAlma através da instrumentalidade da consciência do "eu" (*Asmitā*). Esta *Asmitā* é na verdade uma espécie de

força constritiva que centraliza a consciência Divina livre da Mônada e constrói gradualmente um forte centro de individualidade e personalidade nos planos espiritual e temporal, respectivamente. Como resultado deste egoísmo e do crescente interesse pelo mundo externo e da perda de consciência de sua verdadeira natureza, há uma separação cada vez maior entre o *Jīvātmā* e o *Paramātmā*, uma mudança que é o oposto de união ou fusão de consciência. Uma atitude de autoentrega ou fusão da vontade individual na Vontade Divina neutraliza esta tendência separadora e gradualmente atenua a consciência do "eu". Isto naturalmente traz uma sutilização gradual dos véus que separam o *Jīvātmā* e *Paramātmā*, resultando por fim na fusão da consciência ou *Samādhi* como indicado no *Sūtra* II-45.

Samādhi-siddhir Īshvara-pranidhānat

"Conquista de *Samādhi* pela autoentrega a Deus".

(5) Como cada *Siddhi* ou realização no reino do *Yoga* superior é produzido por *Samyama*, que é o nome técnico para a tríplice técnica do *Samādhi*. *Samyama* é o processo total de meditação que começa com a concentração em um "objeto" cuja verdadeira natureza é buscada para ser realizada, e termina com a fusão da mente com esse "objeto" através do *Samādhi*, onde o iogue se torna consciente da realidade daquele objeto em particular. Há muitos tipos de objetos que podem ser tomados para *Samyama*. Alguns deles são apresentados no capítulo III do *Yoga-Sūtra* de Patañjali. O *Sūtra* que trata de cada objeto oferece não apenas o princípio ou coisa sobre a qual *Samyama* é realizado, mas também o poder correspondente que vem ao iogue como resultado do verdadeiro conhecimento assim adquirido.

Pode-se perguntar quem percebe a realidade do objeto se a relação sujeito-objeto desaparece e perceptor, percebido e percepção tornam-se um só. A fim de entender esta questão, devemos lembrar que quando a habitual relação sujeito-objeto é estabelecida, a imagem mental correspondente ao objeto sai realmente do sujeito. A realidade da imagem está presente na consciência integrada do sujeito ou perceptor, mas quando ela parece sair para o reino da mente, apenas sua imagem ilusória está presente na mente e a realização significa cair ou penetrar nesta imagem e tornar-se consciente da realidade tal como ela existe na consciência integrada.

O estabelecimento da relação sujeito-objeto assemelha-se a uma ação telescópica na qual as diferentes partes são separadas quando são projetadas e aparentemente se tornam uma só quando ocorre a recessão. Com base nesta simulação, a relação sujeito-objeto ou a triplicidade de perceptor, percepção e percebido pode ser representada pelo diagrama seguinte:

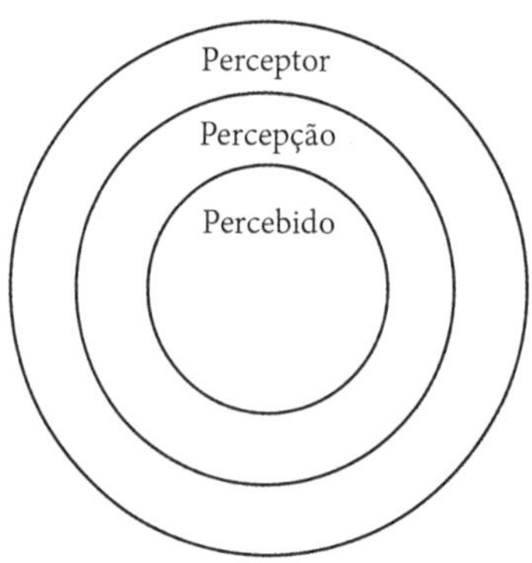

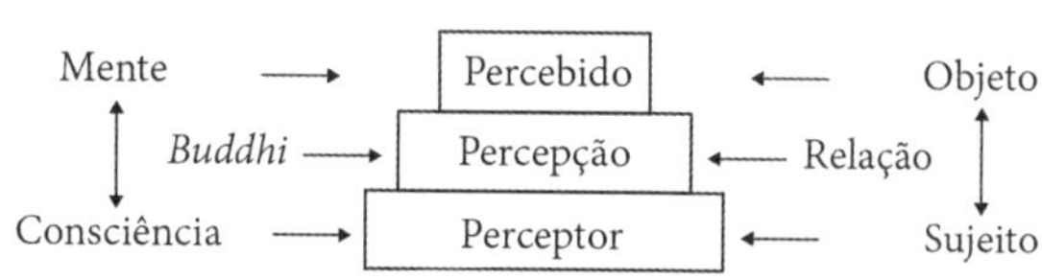

Assim, quando os três se tornam um, eles não desaparecem, mas passam por uma espécie de transformação sutil, mas ainda estão presentes no reino do real. O objeto está lá em sua verdadeira natureza, o perceptor está lá em sua verdadeira natureza e a percepção também está lá em sua verdadeira natureza. É a verdadeira percepção do verdadeiro objeto pelo verdadeiro perceptor.

Como já foi assinalado anteriormente, o que quer que encontremos no reino da manifestação é uma espécie de reflexo ou projeção de uma realidade no reino do Real e o acima mencionado pode ser considerado como um exemplo deste princípio geral.

Outro tipo de vislumbre é dado à natureza ou consciência por um *Sūtra* que insinua a presença de um Princípio eterno e onisciente como a base da consciência individual.

Este *Sūtra* é IV-18 (*Yoga-Sūtra*)

Sadā jñātāsh citta-vrttayas tat -prabhohpurusasyāparinamitvāt

"As modificações da mente são sempre conhecidas de seu Dono, em razão da imutabilidade do *Purusha*".

A capacidade que tem a mônada de conhecer tudo que se passa na mente da individualidade e da personalidade a ela ligadas deve-se ao fato de que sua consciência atua no reino do Eterno, e assim conhece tudo que se passa no reino do tempo e do espaço. Isto ocorre porque todos os estados mentais derivam de um estado básico integrado de Consciência passo a passo e são essencialmente da natureza dessa Consciência. É assim que no caso de uma Mônada ou *Purusha* todos os estados mentais através dos quais sua consciência funciona ficam abertos diante dele como um livro o tempo todo. É também por isso que o *Logos* de um Sistema Solar está sempre ciente de tudo o que acontece nele. Ele é *Sarva-vyāpaka* e, portanto, *Sarva-Sāksi*. Todo o sistema solar em todos os graus de sutileza pode ser considerado como estando presente em Sua Consciência em um estado de solução, se me é permitido usar tal frase.

Mas o *Logos* sabe não só o que está se passando na mente de cada ser vivo em Seu Sistema Solar. Ele também pode produzir mudanças e fazer com que qualquer indivíduo faça o que Ele deseja. Ele segura as rédeas de todos os indivíduos em Suas mãos porque ele pode guiá-los através de seu *Buddhi*. Este poder está relacionado com a função ativa da consciência e é geralmente referido como onipotência. Vê-se, portanto, que um indivíduo atuando em sua mente separada é impotente contra o Poder Divino, porque o Poder que o dirige nos planos inferiores está oculto dentro dele e ele desconhece sua fonte. É através deste poder dirigente de *Buddhi* que o Senhor de um Sistema Solar controla e guia todas as entidades em Seu reino, e que finalmente é capaz de fazer a Vontade Divina triunfar. Não devemos assumir este controle e direção num sentido antropomórfico ou introduzir um elemento de arbitrariedade nele. Esses poderes funcionam através de leis naturais em geral, mas em circunstâncias particulares e em ocasiões especiais a intervenção divina direta pode ocorrer e de fato ocorre.

Esse poder de direção e controle que Deus exerce pode despertar um sentimento de repulsa na mente das pessoas que, sob a ilusão da separatividade, consideram este tipo de controle como um controle de sua vontade e negação de seu livre-arbítrio. Um pensamento um pouco profundo, no entanto, lhes mostrará a falácia em sua atitude. Pois Aquele que controla sua vida é seu próprio Eu Superior que é uno com o Eu Universal e, certamente, não podem ter objeção ao controle que lhes confere seu Eu Superior ao invés de seu eu inferior. Mesmo o egoísta mais consumado não pode, a princípio, ter qualquer objeção ao fato de sua vida estar em última instância nas mãos de seu próprio Eu Superior ao invés do eu inferior com suas fraquezas, ilusões e ignorância.

Nada pode melhor ilustrar e tornar claro para nossa mente este fato importante do que o diagrama simbólico a seguir que mostra a relação entre o Um e os muitos.

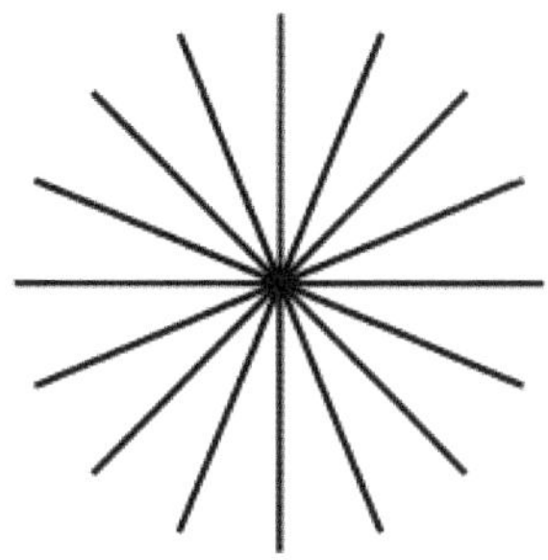

Vemos pelo diagrama acima que uma entidade cuja consciência funciona a partir do centro não só tem uma visão clara de tudo que acontece ao longo das diferentes linhas radiais, mas também pode controlar tudo a partir deste ponto de vista. Se alguém tem dificuldade de entender este assunto desta maneira simbólica, pode imaginar o que acontecerá quando um tumulto ocorrer em uma cidade cheia de gente que está disposta radialmente e todas as estradas se encontram assim em uma travessia central. Os militares se deslocarão imediatamente para a travessia central da qual podem não só obter uma visão de toda a cidade, mas também controlá-la facilmente.

Vemos assim que onisciência e onipotência só podem ser exercidas a partir de um plano onde haja fusão de consciência e, portanto, unicidade. E sob estas condições, não podemos dizer quem é o controlador e quem é o controlado.

Detenhamo-nos um pouco mais sobre esta questão da fusão da consciência e examinemos mais a fundo algumas de suas implicações.

A primeira coisa que podemos notar é que uma coisa só se pode fundir perfeitamente com outra se forem da mesma natureza, não podendo haver fusão perfeita entre diferentes tipos de coisas. Assim, a luz branca pode fundir-se perfeitamente com a luz branca, mas não com a luz colorida. Da mesma forma, consciência só pode fundir-se com consciência, e mente só pode fundir-se com mente no mesmo nível.

O segundo ponto a ser observado é que, quando este tipo de fusão ocorre, há uma partilha de atributos, por assim dizer. Tudo que está presente, ou é atributo de um, torna-se automaticamente presente, ou torna-se atributo do outro. Na fusão de consciência acima mencionada, há compartilhamento não só de conhecimento, mas também de poder, de amor, de sabedoria, na verdade, de tudo que associamos à Divindade. Quando a consciência de um indivíduo se une ou se funde com a consciência do *Devata* ou da *Devī* ou de qualquer ser espiritual avançado em perfeita comunhão, o que está presente na mente da *Devī* ou do *Devata* torna-se conhecido pelo indivíduo de acordo com sua capacidade e o desenvolvimento de seus veículos. Os poderes que são exercidos pela *Devī* ou pelo *Devata* podem ser exercidos pelo *Sādhaka* até o ponto em que sua consciência tenha desabrochado. O mesmo se aplica no caso do *Logos*. Aqueles que em *Samādhi* conseguem elevar-se para o nível da Mente Divina podem saber em sua mente o que está presente na Mente Divina, pelo menos parcialmente. Esta é a base da técnica do *Sabīja-Samādhi*. No *Sabīja-Samādhi* o objeto é limitado, e assim adquire-se apenas o conhecimento da realidade oculta por trás desse objeto. Em *Nirbīja-Samādhi*, a consciência do iogue como um todo funde-se com a do *Logos* e assim, o que quer que esteja presente na consciência do Logos pode ser conhecido pelo iogue nesse estágio. Isto é o que se entende por alcançar a omnisciência sugerida no *Sūtra* III-50.

Ver-se-á que onisciência e onipotência são ambas referidas neste *Sūtra* em particular e isto ocorre porque seguem juntas. Quando um indivíduo atinge a onisciência como resultado da união com a Consciência Divina, ele simultaneamente atinge a onipotência, embora não exerça esses poderes. Somente os *Adhīkari Purushas*, ou indivíduos que ocupam um determinado cargo, exercem os poderes pertinentes a esse cargo, embora outros *Purushas* também possam possuir esses poderes. O exercício dos poderes nos Planos Espirituais é guiado por conhecimento e sabedoria e não há a mínima possibilidade de conflito ou desarmonia em qualquer lugar. Somente nos planos inferiores, onde estamos sob o domínio de desejos, egoísmo, ilusões e ignorância é que encontramos disputa pelo poder e uma tendência universal de tomar o poder para fins egoístas. Nos Planos Espiritual e Divino, o exercício do poder é guiado pela sabedoria, confinado dentro da própria esfera de trabalho e motivado pelo amor. O iogue deve desenvolver *Vairāgya* mesmo em relação à onipotência, antes que possa se estabelecer no mundo da Realidade, como sugerido no *Sūtra* IV-29.

A discussão acima sobre o mistério da fusão da consciência preparou o terreno para a compreensão do mistério mais importante da expansão da consciência. Este é o verdadeiro objetivo do *Yoga*, e *Samādhi* nada mais é do que a técnica pela qual a consciência pode ser posta a se expandir, passo a passo, suprimindo as modificações da mente em diferentes níveis.

Quando começamos de baixo e suprimimos a mente no nível mais baixo, naturalmente a atividade mental desaparece nesse nível, e a consciência, tendo perdido o mecanismo nesse nível, é forçada a recuar para o próximo nível mais elevado da mente. O processo pode ser repetido à exaustão em *Samādhi*, e a consciência assim liberta da escravidão da mente, passo a passo, até que se tenha desembaraçado do grau mais sutil da mente, permanece em sua forma verdadeira e real como resultado de sua total libertação da mente.

O importante *Sūtra*, no *Yoga-Sūtra*, que esclarece a natureza da consciência nesta expansão progressiva, é o seguinte:

Citer apratisamkramāyah tad-ākārāpattau sva-buddhi-sam-vedanam

"O conhecimento de sua própria natureza através do Autoconhecimento (é obtido) quando a consciência assume aquela forma (ou estado) na qual não passa de um lugar para outro".

Embora este aforismo se destine a dar em poucas palavras o princípio subjacente à técnica final de Autorrealização através de *Nirbīja-Samādhi*, ele também esclarece a natureza da consciência e sua relação com os diferentes níveis da mente.

Seu significado pode ser muito bem ilustrado por um experimento simples. Pegue uma lâmpada elétrica acesa e cubra-a com inúmeros globos de vidro concêntricos translúcidos de diferentes cores. A luz da lâmpada elétrica iluminará os diferentes globos e sairá pelo globo mais externo depois de passar e ser afetada por todos os globos intervenientes. Se você quiser ver a própria lâmpada elétrica, o que você faz? Retira os diferentes globos, um após o outro. À medida que os globos vão sendo removidos, a luz torna-se cada vez mais brilhante e cada vez menos afetada pelos globos intermediários. Quando o último globo é removido, a lâmpada deixa de iluminar os globos e se torna autoluminosa. Anteriormente, sua luz iluminava outros globos, mas ela mesma era invisível. Agora, não havendo globos a serem iluminados, ela se ilumina e se torna autoluminosa. Esta é a relação entre a consciência e os diferentes níveis da mente. Enquanto a consciência funcionar através da mente de diferentes graus de sutileza, ela ilumina a mente nesses níveis. Quando transcende a mente ou se desembaraça do nível mais sutil da mente, ela brilha por sua própria luz em sua pureza. Isto é Autorrealização ou obtenção do conhecimento de sua verdadeira e real natureza pela *Purusha* (Mônada) através de *Nirbīja-Samādhi*.

Devemos observar a seguinte questão quanto à consciência em relação a isto. Essa consciência é a base e o único substrato que existe. É tanto o iluminador, quanto o iluminado e o processo de iluminação. No estado integrado, estes três derivados se tornam um só; o iluminado se funde no iluminador e, naturalmente, a iluminação também se funde nos dois. É esta presença do poder de iluminação no estado integrado, chamado *Sva-buddhi* no *Sūtra*, que responde pelo autoconhecimento, pois é a presença do poder de iluminação da lâmpada elétrica que responde por seu brilho quando os globos são completamente removidos. Este poder iluminador da consciência ilumina a mente quando a relação sujeito-objeto é estabelecida e brilha com sua própria luz quando somente o estado integrado está presente. De fato, é apenas a Realidade Única que se divide em três e assume três funções na relação sujeito-objeto ao invés de funcionar isoladamente no estado integrado.

É interessante notar que, de acordo com a Ciência moderna, a doutrina da Substância Única se reflete mesmo no mundo físico na triplicidade do iluminador, da iluminação e do iluminado. O que é o iluminador? A luz. O que é a iluminação? Percepção da matéria através da luz. O que é matéria? Luz aprisionada ou engarrafada. Portanto, os três aparentemente são realmente três aspectos ou funções ou formas da mesma realidade que é a luz.

O método de Autorrealização sugerido no *Sūtra* IV-22 acima segue o que foi dito acima. Se a consciência integrada dá origem a diferentes níveis da mente pelo estabelecimento da relação sujeito-objeto em diferentes níveis, o método óbvio para atingir o estado integrado é dissolver os diferentes estados da mente, desfazendo a relação sujeito-objeto em diferentes níveis, revertendo assim o processo do envolvimento da consciência como mente. Quando o processo tiver sido concluído e a mente tiver sido completamente dissolvida (em um sentido relativo), somente a consciência integrada permanecerá. Esta é, em essência, a técnica de *Nirbīja-Samādhi.*

O melhor método para visualizar os diferentes graus de mente que são derivados da consciência integrada é imaginar um globo tridimensional de luz branca que contém em si, de forma integrada, globos tridimensionais de luzes coloridas de diferentes comprimentos de onda. Nenhum dos globos de luzes coloridas sob estas condições está realmente presente, embora todos estejam presentes potencialmente e possam fornecer a cor necessária a qualquer objeto que tenha a estrutura química necessária para trazer a cor à tona.

Em tal globo de luz branca irradiando de um ponto, temos não apenas uma ilustração extremamente eficaz e significativa da integração de diferentes estados mentais sob a forma de consciência, mas também de como é possível passar de um ao outro através do centro a partir do qual a luz da consciência irradia, sem qualquer movimento no espaço. O estudante faria bem em esclarecer suas ideias através da reflexão e meditação sobre esta ilustração, pois uma vez que ele tenha um vislumbre do significado interno da ilustração, ele não só ficará fascinado por sua aptidão, mas terá uma visão do *modus operandi* de se elevar a consciência a níveis superiores na meditação.

Capítulo 7

Involução e Obscurecimento da Consciência

Consideramos certos aspectos da fusão da consciência e vimos como a fusão da consciência é possível e como ela leva à obtenção de estados mais elevados de conhecimento e poder. Outra questão interessante que podemos considerar é a dispersão ou desintegração da consciência em sua descida à matéria. Como a fusão ou integração é produzida por processos evolutivos, assim a dispersão ou desintegração é provocada por processos involutivos. É, portanto, o inverso da integração e é produzida em condições que são opostas àquelas necessárias à integração.

Os estados integrado e desintegrado de consciência são referidos em dois aforismos do *Yoga-Sūtra* que são dados logo no início do capítulo I. São eles:

Tadā drastuh svarūpe 'vasthānam

"Então (no estado integrado) o vidente está estabelecido em sua própria natureza essencial e fundamental". (I-3)

Vrtti-sārūpyam itaratra

"Nos outros estados (nos estados não integrados) existe assimilação (do vidente) com as modificações (da mente)". (I-4)

Em outras palavras, quando o indivíduo Autorrealizado está estabelecido em sua verdadeira natureza, ele está no reino da consciência integrada ou *Sat* – Autocontido, o Todo, e acima do reino da mente. Quando ele está funcionando no reino da mente, sua consciência é assimilada com a modificação da mente. A luz da consciência, em vez de estar centrada em si mesma, está dispersa nos objetos contidos na mente.

Esta assimilação da luz da consciência pelos objetos presentes na mente pode ser mostrada de forma muito eficaz através de uma experiência simples a que se fez referência em outro contexto. Se tivermos uma lâmpada de luz elétrica suspensa em água clara contida em um tanque de vidro, a lâmpada brilhará com sua própria luz e será claramente visível na água tranquila. Mas se a água for agitada com velocidade crescente por meio de uma turbina colocada na água, aparecerão padrões na água que se tornarão gradualmente tão densos que farão com que a lâmpada acesa desapareça de vista. A luz irradiada pela lâmpada é agora assimilada pelos padrões cada vez mais densos que se formam. Ela ilumina estes padrões na água em vez de iluminar a lâmpada em si. Se a agitação for diminuída, os padrões na água tornar-se-ão cada vez menos densos e desaparecerão com a tranquilização completa da água. Então a lâmpada brilha com sua própria luz ao invés de iluminar os padrões na água.

Esta é uma ilustração quase perfeita para mostrar como a luz da consciência integrada se desintegra e se perde ou é assimilada pelas modificações da mente quando a mente está funcionando. Também, para mostrar como a tranquilização gradual da mente ou a supressão de suas modificações (*Nirodha*) leva à integração e restauração da consciência a seu estado integrado.

Não precisamos nos alongar nesta questão e podemos agora retomar alguns aspectos interessantes dessa desintegração da consciência em seu impulso para baixo no processo involutivo. Como é bem sabido, há dois tipos de correntes no reino da manifestação, fluindo em direções opostas, uma do centro para a periferia e a outra da periferia para o centro. O primeiro está ligado ao involutivo, o segundo ao processo evolutivo. Estas duas correntes, quando consideradas em relação à evolução humana, são chamadas de *Pravrtti-mārga* e *Nivrtti-mārga* ou caminho de saída e caminho de retorno, e podem ser representadas esquematicamente como segue.

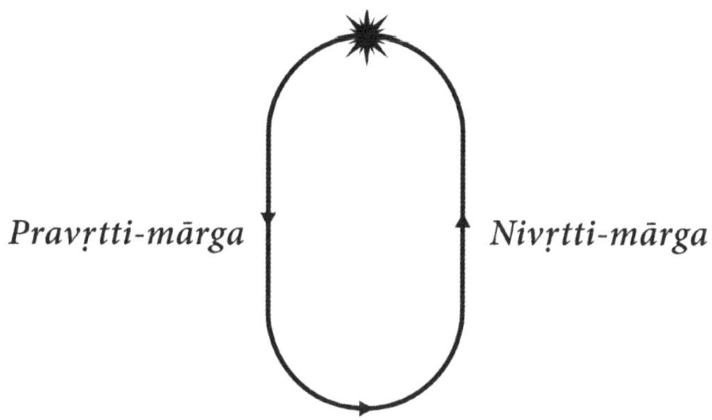

Na senda de saída o homem envolve-se cada vez mais na matéria e nas buscas materiais, e cada vez mais fora de contato com sua natureza espiritual, cada vez mais sob o domínio de seus desejos inferiores e de sua mente inferior, cada vez mais desintegrado e assimilado pelo ambiente físico e seus atrativos.

Na senda do retorno, ele gradualmente se desembaraça de seus interesses materiais, temporários da vida inferior, integra suas forças mental e espiritual dispersas e trilha resolutamente a senda que o tira dos mundos inferiores da ilusão e da ignorância e o capacita a cumprir seu destino divino e a realizar sua Real e verdadeira natureza.

Há um aspecto interessante e importante desta questão que devemos entender claramente se quisermos compreender o significado de algumas tendências muito fortes na vida moderna. É a crescente velocidade relativa de movimento e excitação de que precisamos para atingir um grau mais elevado de civilização, e que é considerada um indicador de progresso. Esta loucura por velocidade, excitação de todos os tipos e expressões violentas em nossas vidas em todas as frentes não é mais que um sintoma e manifestação da maior imersão ou involução da consciência na matéria que é característica do *Pravrtti-mārga*. Quanto mais violento o movimento, maior a excitação, mais a consciência se envolve em seu ambiente, e é assimilada por suas imagens mentais efêmeras e passageiras, como indicado no *Sūtra* I-4, e correspondentemente menos consciente de sua Real natureza, que é indicada no *Sūtra* I-3. Não se trata de um mero chavão filosófico, mas de um fenômeno muito significativo, que podemos observar e estudar por nós mesmos.

Na experiência de agitação da água acima referida, quanto mais violenta for a movimentação da água, maior será a emissão de luz da lâmpada assimilada pelos padrões da água. Da mesma forma, quanto mais violento for o impacto das impressões sensoriais e quanto maior a excitação que ele evoca, mais o ser humano se perde nas condições prevalecentes. É por isso que no *Pravrtti-mārga*, quando uma alma mergulha cada vez mais profundamente no ambiente material por causa de experiências rudes que elas proporcionam, o desejo é por estímulos que sejam tão grosseiros e violentos quanto possível. A mera sensação não é suficiente. Deve ser tão violenta quanto possível. As luzes devem ser deslumbrantes, os sons devem ser altos, os gostos devem ser pungentes. Só então a consciência fica completamente ligada ao objeto da estimulação, voltada para fora e não consegue tomar consciência do vazio interior que nos tempos modernos é eufemisticamente encoberto pela palavra tédio.

O entusiasmo pela velocidade, pelo ruído, pelos jogos brutos, pelo movimento constante, pelas viagens interplanetárias, pelas drogas, por qualquer coisa que nos permita viver e permanecer em um estado de excitação constante tem que ser entendida à luz do que foi dito acima. Isto indica um impulso para se aprofundar na matéria em busca de experiências de natureza mais grosseira, e um meio de evitar o tédio que resulta quando não há nada que prenda nossa atenção fora, e nada que nos sustente internamente. Mesmo a excitação da guerra, que traz tanta dor e sofrimento, é preferível à insuportável monotonia da vida cotidiana que resulta quando somos privados de excitação em nossa vida comum. Por mais absurdo que possa parecer, acho que inúmeras pessoas gostam, no seu íntimo, da guerra de forma pervertida por causa da excitação, apesar da terrível dor e do sofrimento que ela traz. Isto é parte do motivo pelo qual as guerras continuam a ser travadas em escalas cada vez maiores, apesar de todos os esforços que estão sendo feitos em prol da paz. Se não queremos guerras, quem nos obriga a lutar? Os governos que declaram guerra são os instrumentos do povo que quer a guerra. Podemos alegar que estamos lutando em autodefesa, mas temos que olhar para a questão não do ponto de vista de uma nação, mas da humanidade como um todo. Ofensa e defesa é apenas a polarização do ímpeto de lutar.

À medida que os fluxos de involução e evolução fluem em direções opostas, é de se esperar que os personagens e as necessidades daqueles no *Pravrtti* – e *Nivrtti-mārgas* sejam opostos entre si, como mostram os fatos a seguir: 1. O homem no *Nivrtti-mārga* está tentando conscientemente se livrar cada vez mais da matéria e da mente. O homem no *Pravrtti-mārga* está inconscientemente tentando se envolver cada vez mais na mente e na matéria. 2. O primeiro quer a quietude e a tranquilidade da mente. O segundo quer excitação, movimento, sensações rudes. 3. O primeiro tenta buscar em si mesmo a paz, a força e o conhecimento; o segundo, fora de si mesmo, a excitação, o poder e a gratificação sensual. 4. Para o primeiro a solidão e uma atmosfera pacífica é agradável, enquanto o segundo acha tais condições intoleráveis e quer fugir delas.

Se todas as modificações da mente, sutis e grosseiras, são derivadas da Substância básica ou Consciência integrada, o que é que mantém a Substância básica nesses estados modificados e a impede de retornar à sua condição original, harmonizada? Pois vemos geralmente que quando algum estado surge como resultado da distorção ou modificação de outro estado em equilíbrio, aparece uma nova força que tende a restaurar a condição original. Quais são as forças deformadoras e restauradoras no caso presente? Que estas forças existem é bem claro a partir da presença das duas correntes de involução e evolução às quais nos referimos anteriormente. Deve haver uma força deformadora subjacente ao fluxo de involução e uma força restauradora subjacente ao fluxo de evolução, mas qual é a natureza dessas forças?

A pergunta por que a Consciência se envolve na mente não pode ser respondida pelo intelecto. É realmente uma variante da pergunta final por que existe manifestação, e não precisamos entrar nesta questão filosófica aqui. Mas embora o intelecto não possa compreender a causa fundamental da manifestação (*Avidyā*), ele pode, até certo ponto, compreender a causa instrumental. Isto pode ser indicado pela conhecida frase consciência do "eu" ou *Asmitā*. A força que envolve a Consciência integrada nos reinos da mente é a consciência do "Eu" que centraliza e comprime a consciência livre, pura e não centralizada da Realidade ou *Sat*. Este "Eu" opera em diferentes níveis e produz seus próprios níveis correspondentes da mente. A natureza e a causa do "eu" são questões contestáveis, e não precisamos discuti-las aqui. Mas que o "eu" existe, opera em diferentes níveis e é uma força subjetiva que pode ser decomposta ou dissolvida é um fato estabelecido da experiência na prática do

Yoga. Quando o "eu" em um determinado nível é dissolvido, a mente nesse nível perde seu poder obscurecedor e vinculante, porque este é um produto do "eu". A consciência, portanto, retorna ao próximo nível mais profundo da mente produzido e governado por uma forma mais sutil do "Eu". Este processo de dissolução do "Eu" pode ser repetido à exaustão em diferentes estágios do *Samādhi* até que todos os níveis da mente em que estamos envolvidos no processo evolutivo particular *sejam* transcendidos e nos encontremos no reino da consciência integrada da qual estes níveis da mente foram derivados. É isto que deve ser transmitido pelo *Sūtra* IV-22.

Todo o processo de desabrochar espiritual é realmente um processo, do ponto de vista de atenuação e dissolução da consciência do "eu". Pois, se o objetivo da evolução espiritual é a obtenção da consciência integrada em diferentes níveis, não há outro caminho aberto ao aspirante senão atenuar e dissolver o "eu" nos níveis correspondentes e assim libertar a consciência de sua força constritora e vinculante.

Fizemos acima uma consideração do aspecto geral da involução da consciência e vimos como ela se torna presa aos mundos inferiores de ilusões e limitações através do impacto das sensações e excitações, quanto mais violentas as sensações e excitações, maior a escravidão.

Aprofundemo-nos mais nesta questão e examinemos cuidadosamente a natureza desta escravidão para ver como ela leva ao obscurecimento da consciência no caso de um indivíduo. A causa instrumental desta escravidão, como foi apontado acima, é a consciência do "eu". Examinemos a anatomia desse "eu" que faz com que identifiquemos nosso Eu Real com as diversas coisas de nossa vida e ambiente, forjando assim os grilhões de nossa escravidão. Nosso verdadeiro Eu é infinito, eterno e sempre livre, mas através desta tendência misteriosa, torna-se uma criatura finita do tempo e do espaço, ligada aos corpos temporários e em constante mudança através dos quais ele funciona nos planos inferiores. Se pudermos de alguma forma remover gradualmente esta tendência à identificação, que é chamada de *Asmitā* na terminologia do *Yoga*, nossa mente gradualmente começará a clarear e o centro de consciência começará automática e naturalmente a se deslocar para o interior em direção ao centro da Realidade. Para mostrar como esta identificação da consciência encontra expressão em nossa vida comum, organizei uma série destas tendências comuns de nos identificarmos com várias coisas na tabela a seguir.

Eu estou	faminto	
Eu estou	saudável	
Eu sou	velho	Identificação com o corpo físico.
Eu sou	um hindu	
Eu sou	um americano	
Eu sou	um homem branco	
Eu estou	zangado	
Eu estou	confortável	Identificação com o corpo astral ou emoções ou estados mentais.
Eu estou	péssimo	
Eu sou	um artista	
Eu sou	um cientista	
Eu sou	um intelectual	Identificação com o corpo mental ou o intelecto.
Eu sou	estúpido	
Eu sou	muito inteligente	
Eu sou	instruído	

Eu sou	pai	
Eu sou	esposa	Identificação com funções temporárias.
Eu sou	professor	
Eu sou	sacerdote	
Eu sou	muito pobre	
Eu sou	o dono da casa	Identificação com as posses.
Eu estou	bem financeiramente	

A lista precedente não é aprofundada, mas apenas representativa. Contudo é suficiente para nos mostrar como nossa vida está permeada por estas atitudes que, obviamente, não estão em harmonia com as realidades da existência ou, em outras palavras, são falsas ou ilusórias. E, ainda assim, elas influenciam nossa vida em um grau marcante em todas as esferas. Elas influenciam o funcionamento de nossa mente, nosso comportamento e a expressão de nossa consciência. A maioria de nós pensa que sendo inteligentes e civilizados, ao menos nos elevamos acima das tendências de nos identificarmos com o corpo físico bruto, se não com a mente. Se olharmos para a primeira seção desta tabela e depois examinarmos honestamente a condição de nossas mentes, provavelmente descobriremos que esta identificação com o corpo físico ainda desempenha um papel considerável em nossa vida e influencia profundamente nossos pensamentos e ações. Mas como o corpo físico é uma realidade objetiva para nós, podemos ao menos ver intelectualmente que estamos sendo influenciados por estas identificações com o corpo físico e os bens físicos.

No caso da mente, emoções e outros aspectos mais sutis de nossa vida, é mais difícil dissociar-nos desses fenômenos intangíveis e invisíveis e vermos até mesmo intelectualmente como nossas mentes e vidas são profundamente afetadas pela identificação da consciência com o estado mental. Mas a maioria de nós que pratica meditação, ou apenas faz alguma introspecção, pode olhar para estas coisas objetivamente e se dissociar delas pelo menos mentalmente, se não verdadeiramente. Podemos, pelo menos, nos tornar conscientes do fato de que estamos constantemente nos identificando com os estados de nossa mente e emoções e permitindo que esses estados influenciem nossa vida e conduta.

Nosso objetivo ao considerarmos estas coisas é meramente nos permitir compreender até certo ponto o fato fundamental de que existe uma forte tendência em nós de nos identificarmos com coisas que são realmente externas a nós e não uma parte do nosso verdadeiro Eu. Essas tendências, que são de diferentes tipos e existem em diferentes graus de intensidade, somam-se a um formidável ônus na mente que obscurece sua visão e restringe sua liberdade de movimento. Consideradas separadamente, cada tendência pode parecer não importar muito, mas em sua totalidade, elas produzem considerável distorção, desarmonia e obscurecimento e, ao fazerem a mente trabalhar de formas anormais e erradas, produzem mais anormalidades e pressões. Cria-se, assim, um círculo vicioso que resulta num obstáculo à expressão da consciência superior através dos veículos inferiores. O eu inferior não é nada além desta condição anormal produzida na mente que obstrui o Eu Superior em sua expressão através dos veículos nos planos inferiores.

Agora, voltemos à mesa e tracemos uma linha vertical após o "eu" que representará simbolicamente o fato de termos eliminado todas essas tendências de nos identificarmos com coisas que são externas ao verdadeiro "Eu". O que resta depois que as tendências e suas expressões mencionadas no lado direito da linha tiverem sido eliminadas? Somente "Eu sou". De fato, somente o "Eu" é deixado porque "sou" é o termo médio de uma triplicidade que desaparece quando a relação entre os dois é quebrada. Assim como "conhecer" desaparece quando o "conhecido" desaparece, o "sou" que representa o processo de identificação desaparece quando o homem não mais se identifica com as coisas que lhe são realmente externas. Assim, vemos que resta apenas o "Eu" e este "Eu" é o centro da consciência sem nenhum círculo.

A remoção destas anomalias na personalidade é um processo progressivo e quanto mais a mente é esclarecida, mais a vida e a consciência que estão ocultas por trás do "eu" começam a se expressar através do centro. O que são esta vida e consciência que estão ocultas por trás do "eu" com as quais temos lidado ao considerarmos a personalidade? Não a Vida e a consciência Divina em sua pureza, mas a vida e a consciência do Eu Superior ou a Individualidade que está oculta por trás da personalidade. O que realmente acontece é que o centro da consciência é deslocado para o reino da Individualidade ou do Eu Superior, e a vida começa a fluir dali para os reinos inferiores. O Eu inferior tornou-se meramente um instrumento do Eu Superior.

Mas será que o trabalho de limpar a mente desses obscurecimentos acabou? Não! Um novo e sutil conjunto de identificações entra em atividade e são estas que agora têm que ser removidas da mente atuando nos reinos superiores. O problema foi meramente levado para o nível mais elevado da individualidade e há de se passar novamente pelo mesmo processo num nível mais profundo nos reinos mais sutis da mente. É nestes reinos que os iniciados, iogues e discípulos avançados têm que lutar para descartar os "grilhões" que amarram sua consciência a esses reinos mais sutis. Somente quando a mente tiver sido libertada desses tipos mais sutis de identificações e dos obscurecimentos às quais eles conduzem é que a consciência pode ser libertada das ilusões mais sutis e ascender ao reino da Mônada. Esta é a verdadeira Libertação ou *Jīvanmukti* ou Iluminação. Se estudarmos o quarto capítulo do *Yoga-Sūtra* obteremos alguma indicação desses tipos mais sutis de identificações e apegos desses planos e dos métodos que são adotados para dissolvê-los e permitir que a consciência se liberte dos laços da ilusão e alcance a verdadeira Iluminação.

Nosso estudo e compreensão dos princípios gerais e do processo de desobstrução da mente a partir dessas identificações, apegos e obscurecimentos no nível da personalidade ajudam-nos a ter uma ideia do mesmo processo no nível da Individualidade. Há grandes diferenças de graus de sutileza e de níveis da mente, mas os princípios gerais são os mesmos de acordo com a máxima "Tal como é em cima, assim é embaixo". Como há correspondências entre o inferior e o superior e os processos nos dois níveis são análogos, a única maneira de obtermos alguma ideia com relação aos processos mais sutis é estudar o processo correspondente no domínio inferior. Do conhecido ao desconhecido é o correto e único método de abordar estes problemas.

O que estivemos a considerar até agora nos dá uma pista para o problema de elevar o nível de nossa consciência, atenuando nossa consciência do "eu". Devemos eliminar de forma inteligente e sistemática as anormalidades causadas na mente pela consciência do "eu" e isto elevará automaticamente nossa consciência para um nível superior. As anormalidades são devidas, como vimos, à associação subjetiva da mente com o ambiente de diferentes maneiras, ou na linguagem *sāmkhya*, é devido à associação de *Purusha* e *Prakriti*. Portanto, elas podem ser eliminadas por uma dissociação subjetiva da mente com o meio ambiente sem a necessidade de uma dissociação física.

É preciso observar que a associação e a dissociação são ambas subjetivas em sua natureza essencial, embora às vezes possam necessitar de uma dissociação objetiva também devido às mudanças de perspectiva e visão. Vejamos o que significa a associação subjetiva e a dissociação. Se um indivíduo sente e pensa que é o executor de todas as ações, a dissociação não significa necessariamente que ele deixa de ser ativo. Significa que ele se considera como um instrumento através do qual a ação está sendo praticada. Ele é meramente o agente de um Poder superior que trabalha através dele. Ele abre sua mente para esse Poder e tenta conscientemente se tornar seu agente. Ele tenta sintonizar sua vida com aquela vida maior. Esta não é uma atitude artificial que ele tenta desenvolver. Ela representa a verdadeira relação da personalidade com a vida maior que está oculta dentro dela e que, por falta de controle e sintonia adequados, não consegue encontrar expressão adequada e desimpedida. Esta atitude geral de nos considerarmos como uma expressão limitada, imperfeita e parcial de uma vida e consciência tremendamente maiores naturalmente corrigirá nossas atitudes em relação a diferentes problemas e modos de expressão, e provocar uma transformação gradual em nosso estado de consciência. Ela tenderá a eliminar gradualmente o senso de egoísmo em nosso trabalho e atividades. Permitirá que nos dissociemos de nossas funções temporárias e nos consideremos como seres espirituais que assumem essas funções temporariamente e não devem ser limitados ou influenciados por elas.

Não importa o que consideremos ser a natureza daquela Vida maior da qual somos na verdade a expressão, e tentamos nos tornar de fato uma expressão melhor e mais eficiente. Pode ser nosso Eu Superior ou a Individualidade ou a Mônada ou o *Logos* ou o *Shiva* ou o *Shakti Tattva* ou o próprio Absoluto. Todos estes estados de consciência ou níveis de Realidade estão ocultos um dentro do outro numa série ininterrupta dentro de cada ser humano, e assim, ao enfrentar a Vida Divina dentro dele e se abrir a Ela, ele se abre a todos os níveis de Realidade ao mesmo tempo. Muitas pessoas consideram útil conceber esta Realidade interior sob uma forma ou função particular, pois é mais fácil despertar nossa devoção por algo definido ou concreto, mas também é possível nos entregarmos a um Ser ou Princípio impessoal, embora este caminho seja mais difícil de ser percorrido. Deus é tanto pessoal quanto impessoal e todos podem adorá-lo como quiserem. Estas coisas deixam de ter qualquer significado quando passamos do reino de nomes, formas e concepções filosóficas para o reino das realidades interiores da vida espiritual.

Capítulo 8

O "Eu"[2] e Sua Atenuação

O estudo da natureza da individualidade e da unicidade individual da Mônada em *O Homem, Deus e o Universo* e do "eu" ilusório do último capítulo preparou o terreno para considerarmos o problema mais importante envolvido no desabrochar da consciência humana, a saber, a atenuação gradual e progressiva desse "eu". Aqueles que fizeram um estudo sistemático e profundo dos métodos para alcançar os estados superiores de consciência e desabrochar a natureza espiritual devem ter esbarrado num fato muito significativo - que todos eles envolvem, direta ou indiretamente, a dissolução gradual do "eu", e é somente quando o eu inferior está morto, metaforicamente, que o Eu Superior pode funcionar efetivamente e realizar sua verdadeira natureza e destino. Até então, ele é mantido como uma espécie de prisioneiro dentro da dura casca da mente inferior que o eu inferior cria através de seus desejos e ilusões.

Esta é a razão por que todos os sistemas de cultura espiritual visam, entre outras coisas, a destruição gradual do eu inferior, que geralmente é chamado de "eu" por causa do egoísmo, que é sua característica e núcleo mais marcante. Embora esses sistemas visem a destruição desse "eu", os métodos adotados neles para este fim nem sempre são os mesmos. O devoto (*Bhakta*) no caminho do amor tenta provocar a destruição do eu inferior através do autossacrifício e da autoentrega. O *Karma Iogue* dedica todas as suas ações à sua Deidade

[2] Referindo-se particulamente ao "eu" inferior que necessita ser atenuado. (Nota Ed .Bras.)

e tenta fundir sua vontade na Vontade Divina. O *Jnāni* que está trilhando a senda do conhecimento tenta penetrar na natureza do "eu", e através do discernimento ou *viveka* e, ao perceber sua natureza ilusória, elevar-se acima de sua influência. O iogue adota um método científico de elevar a consciência sistematicamente para níveis mais elevados de existência, nos quais a consciência da Realidade se torna progressivamente mais forte, e a sensação de separação e consequente identificação com os veículos que são a base do "eu" torna-se correspondentemente mais fraca. Assim, todos os sistemas de cultura espiritual visam a progressiva atenuação do "eu", embora adotem métodos um pouco diferentes para que isso aconteça.

Tendo em vista que o centro da consciência humana ou a Mônada é eterno e indestrutível, e o desabrochar das ilimitadas potencialidades que se ocultam no interior dela ocorre de forma única, é necessário entender claramente o que de fato significa essa destruição do eu inferior ou atenuação do "eu". Pois as duas coisas parecem ser contraditórias. Se cada Mônada é não apenas eterna e indestrutível, mas individualmente única, como é possível destruir o "eu" que é o próprio centro de sua vida e individualidade distintiva, e por que deveria ser preciso provocar sua progressiva atenuação e destruição final? Obviamente, o "eu" que se procura atenuar e finalmente destruir é algo diferente da Mônada cuja consciência continua a desabrochar *ad infinitum* de acordo com o padrão eterno oculto dentro de sua unicidade individual. Temos que distinguir cuidadosamente entre o destrutível e o indestrutível para que possamos realizar com sucesso a destruição do destrutível e não desperdiçar nossos esforços na tentativa de destruir o indestrutível.

Já discutimos a natureza da individualidade humana e da unicidade individual em *O Homem, Deus e o Universo*. Já vimos como o infinito número de Mônadas tem raízes na Realidade Última e pode ser considerado como derivado da diferenciação do estado superintegrado da Realidade que é geralmente referido como o Absoluto. Elas podem ser consideradas como centros de Consciência e Poder que descem progressivamente para os estados inferiores de manifestação e gradualmente desabrocham as infinitas potencialidades que estão ocultas em seu interior. São esses centros de Consciência e Poder, centelhas da Chama Divina, existentes nos planos eternos da existência, que constituem os elementos indestrutíveis dentro de suas expressões sempre mutáveis nos reinos de manifestação.

Ora, o que quer que evolua deve mudar, e tudo o que muda deve ser destrutível. Portanto, a expressão da Mônada em todos os níveis de manifestação e em todos os estágios de desdobramento deve estar, por sua própria natureza, no reino do destrutível. Mesmo quando a Mônada atinge o *status* de um *Logos* Solar, a expressão deve continuar a mudar, porque está no reino da manifestação. Portanto, é óbvio que o que se procura atenuar progressivamente não é o centro eterno em torno do qual ocorre este desdobramento de mudança, mas algo que é produto dessa mudança ou que a acompanha e tem o efeito de retardar o processo de desabrochar em diferentes níveis. É no reino deste processo de desdobramento e nos fatores que o retardam ou aceleram que devemos procurar o "eu".

Se cada Mônada tem raízes na Realidade Última, e involução e evolução são os dois processos opostos de mergulhar nas profundezas da manifestação e depois delas sair, passo a passo, e alcançar nosso original e perfeito estado de totalidade, deve então haver alguma força que está atuando como um freio neste processo de liberação da consciência da limitação em que está envolvida, e impedindo que retorne instantaneamente ao seu estado original de totalidade existente no Centro. Essa força é chamada por diferentes nomes em diferentes escolas de filosofia. A Sāmkhya chama-a de *Avidyā* ou a ignorância primordial. Na filosofia vedantina é chamada de *Māyā* ou a Grande Ilusão. Não vamos entrar na natureza desta força aqui. Suponhamos que ela exista e possibilite que o processo de desabrochar seja um processo gradual e ordenado no qual as potencialidades ocultas no interior da Mônada possam ser trazidas à tona e aperfeiçoadas, assim como uma semente pode crescer gradual e naturalmente e se tornar árvore quando é semeada no solo e submetida à ação e estimulação de forças naturais. Também não podemos entrar aqui na questão final do por que é necessário que a Mônada se submeta a este obscurecimento e depois à gradual iluminação, pois esta questão será encontrada em conexão com o "por que" do Universo. Tudo que podemos compreender com relação a este mistério dos mistérios, sob nossas atuais limitações, é que a involução da Mônada na manifestação através da mediação de *Māyā* ou *Avidyā* é necessária para o desabrochar de suas potencialidades ocultas e da própria existência do processo cósmico. Se pensarmos profundamente, veremos que o processo cósmico permanecerá no nível da ideação cósmica e o drama da manifestação será sem qualquer propósito, a menos que um aspecto da Realidade Última envolva-se na manifestação sob a forma de muitas Mônadas.

Não vamos nos alongar mais nestas questões últimas da filosofia, e, tomando a involução e a evolução das Mônadas como fatos da existência, consideremos brevemente o *modus operandi* desta involução e evolução. Este problema foi tratado do ponto de vista limitado da Mônada humana na teoria dos *kleshas*, que forma parte integrante da filosofia do *Yoga*, e será abordado brevemente no próximo capítulo. Mas o problema em si é realmente muito maior do que isso. O desabrochar da Mônada não termina quando um ser humano é liberto e atinge *Jīvanmukti* ou *Kaivalya*. De acordo com a doutrina Oculta, novas visões de estados de existência e realização se abrem diante da Mônada, e seu desabrochar continua através de etapas incluindo as de manifestação *Logoica*. Assim, o problema do envolvimento da consciência através de *Māyā* ou *Avidyā* e a existência do "eu" ou individualidade ainda permanece, embora em um nível muito mais profundo. Não podemos entender nada com relação a estes aspectos mais profundos do problema. Não podemos, por exemplo, dizer qual é a natureza daquele véu mais sutil de *Māyā* que obscurece a consciência de um *Logos* Solar e torna possível a manifestação de um Sistema Solar. Não podemos dizer qual é a natureza desse "Eu", *Ahambhava*, através do qual a individualidade de um *Logos* Solar se expressa. Pois cada *Logos* Solar deve também ser individualmente único, e cada unicidade individual só pode se expressar através de uma individualidade limitada, por mais livre de ilusões e limitações que essa individualidade possa ser. Todas estas coisas estão além da compreensão humana. Tudo o que podemos fazer, talvez, seja tentar compreender o problema de uma forma geral através do simbolismo matemático. Pois, no simbolismo matemático lidamos com os princípios gerais e as relações das coisas, e não com o conteúdo dessas coisas.

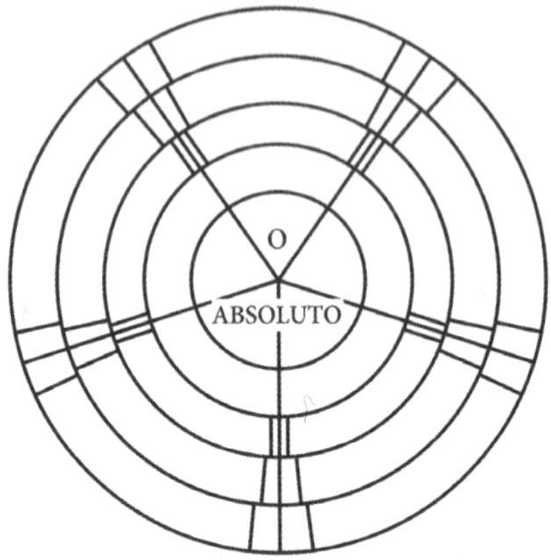

A figura acima simboliza a progressiva atenuação do "eu" à medida que penetramos em direção ao Centro de nosso Ser. Os círculos concêntricos representam os diferentes estados de existência correspondentes a diferentes graus de sutileza da mente e da matéria através dos quais a consciência funciona. Como o centro de consciência de uma determinada Mônada penetra e começa a funcionar em um nível mais profundo, a consciência se expande para o correspondente estado de existência, e essa expansão significa a queda de certas limitações e ilusões e uma correspondente atenuação do "eu". Pois há uma correspondência entre todas estas coisas – estados de existência, expansão da consciência, graus da sutileza da mente e da matéria, as limitações e ilusões que governam cada nível da mente e o grau de atenuação do "eu". Todas estas coisas mudam *pari passu* à medida que o centro da consciência do indivíduo desloca-se para o interior e começa a funcionar em níveis mais profundos. Elas dependem da capacidade do indivíduo de penetrar até um determinado nível de existência e de funcionar nesse nível.

A capacidade de penetrar até um determinado nível de mente ou consciência depende de nosso desabrochar e da consequente habilidade que adquirimos para funcionar nesse nível. Se o centro de nossa consciência for deslocado artificial ou acidentalmente para um nível mais profundo sem um grau correspondente de desabrochar da consciência, isso não significará nada, pois não conseguiremos responder aos fenômenos daquele plano. Eles estarão além de nossa compreensão e afundaremos de volta ao nosso nível habitual, confusos, atordoados ou aterrorizados como aconteceu no caso de Arjuna quando Sri Krishna lhe mostrou sua forma divina. Isso mostra por que o desabrochar da consciência deve vir natural e gradualmente a partir do interior, não podendo ser forçado de fora artificialmente por nenhum instrutor. Temos que estimular esse desabrochar a partir do interior, trilhando a senda do *Yoga*, e tudo o que o instrutor pode fazer é nos guiar e ajudar a fazer isso de forma mais eficaz e segura.

Voltando ao ponto que estávamos considerando, ou seja, a progressiva atenuação do "eu" sem a extinção de nossa individualidade, o importante que temos de lembrar é que o centro de nossa individualidade em torno do qual a vida e a consciência de uma Mônada funcionam e desabrocham nunca é destruído. Tudo o que acontece é que o círculo que simboliza essa vida e consciência continua a se expandir em diâmetro *ad infinitum*, e embora se aproxime continuamente, nunca atinge o estado final de um centro sem uma circunferência. Pois esse é o estado da Realidade Não Manifestada, cujo coração é o Absoluto. Na manifestação deve haver sempre uma circunferência por maior que essa circunferência possa ser. Estamos vivendo em um mundo de Realidade, e o que é limitado de um ponto de vista superior pode ser infinito de um ponto de vista inferior ou vice-versa. Há graus de infinidade e uma infinidade pode ser maior ou menor do que outra infinidade, mesmo do ponto de vista matemático.

A vantagem de se usar o simbolismo matemático para entender estas coisas, como já foi apontado várias vezes, é que estamos lidando apenas com princípios gerais sem referência a qualquer detalhe que possa complicar nosso estudo. Por exemplo, na representação da atenuação gradual do "eu" por meio do diagrama acima, não precisamos nos preocupar com questões como: "Quantos níveis de existência ou estados de existência existem entre aquele no qual nos encontramos e o estado integrado do Absoluto?" e "Qual é a natureza da consciência nesses níveis e como esses estados de consciência diferem entre si?" Todas estas coisas são contornadas em nossa consideração e ficamos com o princípio essencial que queremos apreender.

Depois de lidarmos com o princípio geral, desçamos ao nível mais baixo e consideremos muito brevemente a natureza do "eu" que caracteriza a personalidade funcionando através dos corpos físico, astral e mental inferior, e que é geralmente referida como o "eu inferior". Pois o aspirante comum tem que lidar com esta manifestação inferior do "eu" em sua luta para superar suas limitações e ilusões, e a menos que ele compreenda e adquira a capacidade de dominar esse eu inferior e usá-lo como instrumento de seu Eu Superior, as formas mais sutis do "eu" permanecerão ocultas de sua visão.

Ora, este problema da natureza do eu inferior e como ele é eliminado para nos permitir ascender a estados superiores de consciência é um problema grande e complicado. Ele pode ser examinado de diferentes pontos de vista e abordado praticamente de diferentes maneiras, como já foi assinalado no início. Na verdade, os diferentes sistemas de autocultura que visam o desabrochar ou a obtenção de estados de consciência mais elevados representam estes diferentes pontos de vista e métodos de dominar o eu inferior. Portanto, não podemos lidar com este problema de forma sistemática e minuciosa aqui. Mas como estamos tratando da questão geral da atenuação do "eu", sem destruir a individualidade é preciso apontar pelo menos alguns princípios gerais que nos ajudarão a enxergar o rumo do problema em nossa própria vida e nos ajudarão a superar nossas dificuldades pessoais. Pelo menos devemos poder saber qual é a natureza do problema e em que direção devemos voltar nossos esforços para que possamos ter uma chance razoável de sucesso. Antes de enfrentar qualquer problema na prática, devemos sempre tentar adquirir conhecimento claro e correto com relação ao método de enfrentá-lo. Em um mundo governado por leis naturais, a adoção de métodos errados para obter resultados mesmo altamente desejáveis não pode levar ao sucesso. Somente métodos cientificamente corretos podem ser eficazes.

O primeiro ponto que temos que observar ao tentarmos entender este problema é que o eu inferior não é algo independente e separado da Mônada. A mesma Realidade e a mesma consciência que está na raiz da Mônada também está na raiz da personalidade. Pois existe apenas uma Realidade e uma consciência no fundo de todas as manifestações da mente em qualquer nível que essas manifestações possam estar. A única diferença é que, no caso da personalidade, a Realidade está mais envolta na matéria e, portanto, a consciência está mais sobrecarregada com limitações e ilusões. Estas são em parte inerentes à natureza dos planos e em parte o resultado das distorções e tendências indesejáveis presentes na mente devido à sua ignorância e falta de desabrochar espiritual. O eu inferior pode ser considerado como aquele aspecto da personalidade que é o produto desta última. Em outras palavras, o eu inferior nada mais é do que a mente trabalhando nas limitações e ilusões dos mundos inferiores e com todas as distorções e tendências indesejáveis que são criadas como resultado dessas ilusões. São estas distorções e complexos que constituem sua natureza essencial, como assinalado no último capítulo, e não a mente na qual estas distorções são produzidas. A mente em si é uma expressão da consciência, e quando liberta dessas distorções tende a assumir sua condição pura, na qual a Realidade pode ser refletida. Isto é comparável à doença do corpo físico, que nada mais é do que um desajuste e uma desarmonia das forças naturais que nele atuam. Quando o desajuste e a desarmonia desaparecem, a doença desaparece, e o corpo começa a funcionar naturalmente de forma saudável, sem qualquer consciência de seu funcionamento em qualquer parte. É a doença que nos torna conscientes do corpo em suas diversas partes. Se somos perfeitamente saudáveis, não estamos de modo algum conscientes do corpo. Ele serve apenas como instrumento da vida e da consciência interna e exerce suas funções sem resistência ou impedimento.

Portanto, toda essa infelicidade, insatisfação, inadequação, esforços frenéticos para buscar excitações de todo tipo, tanto na vida dos indivíduos quanto na das comunidades, podem ser considerados sintomas dessa desarmonia interior e distorções presentes na mente. Esta condição anormal e indesejável deve-se em parte à falta de desenvolvimento das faculdades espirituais e mentais. Mas em grande parte deve-se, no caso da pessoa inteligente média, a uma perspectiva errada e pervertida e a um modo de vida pouco inteligente e irrefletido. Basta ao homem comum decidir examinar sua condição mental e a vida que dela decorre e fazer as correções e os ajustes necessários para se libertar pelo menos das características mais pronunciadas e desagradáveis de sua vida. Ele pode não conseguir atingir um alto grau de sabedoria, iluminação ou paz, mas pode, como indivíduo, ao menos se libertar daqueles estados mentais indesejáveis e dolorosos que atormentam a vida do homem comum. Não é apenas o aspirante, mas também o homem comum que tem que procurar em sua mente a fonte de seus males e os meios de remover pelo menos as aflições mais graves que atormentam sua vida, tanto individual quanto coletivamente.

Vemos, assim, que o eu inferior não é apenas um problema para o aspirante, mas também para o homem comum. Ele não está apenas no caminho do aspirante que busca a iluminação e a paz da vida interior, mas também no caminho do homem mundano que busca conforto e felicidade comuns. Quanto mais cedo se perceber que o pensamento correto, o sentimento correto e a ação correta são a base essencial não só da vida espiritual, mas também da vida feliz e contente do mundo, mais facilmente todos poderão obter o que desejam – felicidade, naturalmente temporária e parcial.

Este eu inferior não é, como às vezes estamos inclinados a imaginar, alguma entidade maligna que espreita dentro de nós, tentando-nos o tempo todo e tentando conduzir-nos a caminhos indesejáveis. É a totalidade de hábitos errados de pensamento, sentimento, ação e as tendências e os estados indesejáveis da mente a que estes inevitavelmente nos conduzem. A "destruição" do eu inferior nada mais é, portanto, do que a eliminação de todos esses modos e hábitos errados de pensar, sentir e agir que, natural e automaticamente, levarão ao desaparecimento das condições indesejáveis e dolorosas da mente que delas derivam.

É verdade que esses modos indesejáveis e errados de pensar e agir são de diferentes graus de vulgaridade e só podem ser eliminados gradualmente e passo a passo. Mas o fato é que todos eles são da natureza de distorções e desajustes da mente e, portanto, a única maneira de remover as aflições da vida inferior é enfrentar a mente e remover as distorções e desarmonias de forma sistemática e inteligente. Na medida em que um homem é liberado dessas distorções, nessa medida as aflições da vida são reduzidas em seu rigor e intensidade e o eu inferior é atenuado.

O que esta afirmação significa pode ser esclarecido através de uma ilustração concreta. Tomemos um homem que está sob o domínio dos piores tipos de emoções e pensamentos como ódio, orgulho e avareza, que o levam constantemente a ações violentas, cruéis e injustas. Isto inevitavelmente resulta em um estado de espírito altamente perturbado, inquieto e infeliz que se torna muito doloroso e intolerável e ameaça sua vida a tal ponto que ele decide mudar seus modos errados de pensamento e perspectiva. Ele consegue eliminar as formas mais indesejáveis e grosseiras de seus distúrbios mentais, e imediatamente a mente adquire uma condição comparativamente mais equilibrada e pacífica. Mas ele não se torna um santo desta maneira, pois as formas menos grosseiras de distúrbios mentais ainda existem. Portanto, seu equilíbrio e paz mental ainda são perturbados, embora não tão violentamente como antes. Ele tem que mergulhar mais profundamente nos seus estados mentais e também remover as formas mais sutis de distorções e desarmonias, se quiser uma condição mental mais estável e pacífica.

Uma questão que deve ser observada neste contexto é que, nesta transmutação da natureza inferior e no estabelecimento de atitudes e estados de espírito corretos, precisamos do conhecimento correto. A simples mudança de hábitos e tendências que estão presentes e que são a causa de nossos problemas não é suficiente. As novas atitudes, os hábitos e estados de ânimo devem estar baseados nas leis fundamentais da retidão. É aqui que entram a religião, a filosofia e especialmente o Ocultismo. Estes nos dão padrões de sentimento, pensamento e ação corretos que estão de acordo com as leis da vida superior. Assim, quando estabelecemos nossa vida sobre eles, colocamo-nos em harmonia com essas leis e podemos firmar nossa posição sobre elas com confiança e estabilidade em meio às ideologias, aos movimentos e às modas em constante mudança no mundo externo. Encontramos a rocha das eras e sobre ela podemos desafiar as ondas violentas que se arremessam contra ela a nossos pés.

A religião nos dá alguns desses princípios de vida para nossa orientação, mas como os ensinamentos puros que são dados pelos Fundadores são destinados a um povo particular que vive em uma determinada idade e se corrompe com o passar do tempo, temos que usar o discernimento e não aceitar tudo que encontramos na literatura das religiões ortodoxas. Os ensinamentos Ocultos são mais confiáveis a este respeito porque vão mais fundo e se baseiam nas investigações e verificações de inúmeros adeptos, místicos e santos e têm o caráter, até certo ponto, do conhecimento científico que se baseia na experiência e experimentação diretas. Mas aqui também não podemos dispensar a faculdade de discernimento e temos que estar constantemente atentos e cuidadosos. O motivo puro e a determinação de encontrar a Verdade é que verdadeiramente são o fator mais importante nesta busca, pois onde estes estão presentes, a Vida Divina dentro de nós nos guia infalivelmente para Si, e mesmo quando saímos dos trilhos podemos ser levados de volta gentil ou violentamente para o caminho certo.

Capítulo 9

A Libertação da Consciência

Discutimos nos dois capítulos anteriores a natureza do "eu" e sua atenuação de uma maneira geral, e mostramos como esta identificação subjetiva da Mônada com o mundo objetivo no qual está envolvida cria ilusões e complicações de todos os tipos e resulta em sua escravidão. Vimos como mesmo o discernimento comum e o esclarecimento da mente podem nos ajudar a nos libertar de muitas das ilusões e perversões mais grosseiras, e nos permitir viver uma vida comparativamente livre de conflitos e tensões internas. Mas este é apenas o trabalho preliminar e, embora nos permita levar uma vida mais pacífica, deixa intocado o problema fundamental da libertação da consciência humana da escravidão em que está envolvida. Para isso é necessária uma disciplina mais drástica e sistemática da mente para a atenuação do "eu", e neste capítulo trataremos da questão prática da libertação completa da consciência humana do ponto de vista do *Yoga*. A Mônada é liberta, passo a passo, das limitações e ilusões em que está envolvida e atinge progressivamente estados mais elevados de consciência e liberdade. Não há limites para essa expansão da consciência. A alma do homem é imortal, e seu futuro é o futuro de uma coisa cujo crescimento e esplendor não têm limites', conforme foi esta verdade expressa em *The Idyll of the White Lotus* (*O Idílio do Lótus Branco*[3]).

[3] Brasília: Editora Teosófica, 2ª ed., 2018. (Nota Ed. Bras.)

Esta expansão progressiva e passo a passo da consciência implica uma atenuação progressiva e passo a passo do 'eu', pois cada nível de consciência deve corresponder a um estado de atenuação do 'eu'. Estes dois variam inversamente e assim, enquanto a consciência tende a se aproximar do limite do infinito, o 'eu' tende a se aproximar do limite de zero. Supõe-se que esses valores limitantes possam existir no *Logos* Cósmico, que é a base do *Cosmos* manifestado.

Embora possamos ser capazes de apreender até certo ponto o princípio por trás da atenuação progressiva e ilimitada do 'eu', não podemos ter ideia do que essa atenuação implica em seus estágios mais elevados. É difícil para nós até mesmo visualizar como é o estado de consciência e o 'eu' de um ser humano liberado. Não só somos incapazes de visualizar os estágios superiores do desabrochar da consciência, mas também não estamos preocupados com eles no momento, do ponto de vista prático. É por esta razão que todos os sistemas de Autorrealização se limitam a considerar os estágios que levam à realização de *Jīvanmukti* ou *Kaivalya*, e se calam sobre os estágios posteriores que estão além.

Como foi assinalado antes, o problema prático da atenuação do 'eu' é tratado de diferentes maneiras por diferentes escolas de *Yoga*. Algumas delas não objetivam diretamente este resultado, mas a técnica que seguem tem este efeito na prática e assim conduz à obtenção de estados de consciência mais elevados e sua libertação das ilusões e limitações da vida inferior. É somente no sistema de *Yoga* delineado por Patañjali que se procura atenuar o 'eu' do iogue de forma sistemática e científica e toda a técnica é direcionada para este fim. Ele primeiro prepara o fundo filosófico, depois dá a lógica do processo e por último esboça a técnica de trazer a atenuação do 'eu' a um grau suficiente para permitir ao indivíduo realizar sua verdadeira natureza eterna como *Purusha* ou Mônada. Esse é o objetivo final de seu sistema de *Yoga*. Como os estágios posteriores da atenuação do eu e as realizações a que eles conduzem estão totalmente além da compreensão humana, e os seres humanos não estarem preocupados com eles no atual estágio de evolução, naturalmente, Patañjali sequer os menciona.

Devido à maneira sistemática e lúcida com que Patañjali lidou com todo o problema, vale a pena fazer aqui um breve levantamento de sua teoria dos *Kleshas*, conforme apresentada no segundo capítulo do *Yoga-Sūtra*. Para um estudo mais detalhado, o estudante deve consultar *A Ciência do Yoga*[4].

A teoria dos *Kleshas* ou das aflições humanas começa com o fato inevitável do sofrimento e da miséria na vida humana. Essa miséria não é acidental ou remediável por métodos paliativos comuns, exceto de forma superficial, porque se deve à involução da verdadeira Mônada no universo irreal em que ela perde a consciência de sua natureza verdadeira, eterna e bem-aventurada. Somente através do processo gradual de evolução no reino do tempo e do espaço é que ela consegue transcender suas limitações e ilusões e reconquistar a consciência de sua verdadeira natureza. Patañjali não trata da causa deste envolvimento da Mônada no processo evolutivo, obviamente, pela razão de que este enigma filosófico está além do alcance da compreensão humana, e sua solução não é essencial para a libertação da Mônada das limitações dos planos inferiores. O suficiente para nos darmos conta de que estamos envolvidos na miséria, que a miséria só pode ser superada completa e permanentemente se nos elevarmos acima das limitações e ilusões em que estamos envolvidos, que a Ciência do *Yoga* que traz sistematicamente o desabrochar de nossa cons-

[4] Brasília: Editora Teosófica, 7ª ed., 2019. (Nota Ed. Bras.)

ciência superior é o único meio disponível para nos elevarmos acima dessas ilusões e limitações.

Patañjali dá então o *modus operandi* deste envolvimento na miséria. Ele traça a cadeia de causas e efeitos instrumentais que resultam no envolvimento da Mônada no ciclo de nascimento e morte nos planos inferiores. Esta cadeia começa com a perda da consciência de sua verdadeira natureza devido à força de *Avidya*, e termina com o desenvolvimento de um forte apego à vida nos planos inferiores que mantém sua consciência atada, por assim dizer, nesses planos. Os elos desta cadeia de causas e efeitos são chamados de *Avidyā*, *Asmitā*, *Rāga-Dvesha* e *Abhinivesha* na terminologia do *Yoga* e podem ser representados da seguinte forma:

Avidyā (Ignorância ou falta de consciência da verdadeira natureza)

↓

Asmitā (Consciência do 'eu')

↓

Rāga-Dvesa (Atração-Repulsão)

↓

Abhinivesha (Forte desejo de vida)

Consideremos muito resumidamente o que estas palavras usadas na psicologia do *Yoga* significam. *Avidyā*, embora signifique comumente falta de conhecimento, é usada num sentido muito mais profundo neste contexto. Significa não falta de conhecimento comum, mas falta, na Mônada, do conhecimento de sua verdadeira natureza eterna, fato este que é responsável por sua miséria. Mesmo isto não transmite o pleno significado de *Avidyā*, pois *Avidyā* não é meramente uma condição passiva ou um estado de ignorância. É uma força ativa que mantém a Mônada privada da consciência de sua verdadeira natureza até que o propósito da involução na manifestação tenha sido alcançado, e ela tenha sido capaz de transmutar todo seu potencial em poderes ativos, ou realizado qualquer outra coisa que seja o propósito interno da involução na manifestação. Quando a Mônada emerge dos mundos inferiores como um ser liberto, ela não apenas recupera a consciência de sua natureza divina e eterna, como também toma posse de todas as faculdades e poderes pertencentes a esse estágio em um estado desenvolvido.

Ver-se-á, portanto, que o significado interior de *Avidyā* é praticamente o mesmo que o da palavra "*Māyā*". É uma força ativa positiva que priva a Mônada da consciência de sua natureza eterna, e a mantém neste estado até que ela tenha atingido o estágio necessário de maturidade e perfeição espiritual. Que esta visão não é uma suposição arbitrária será vista a partir da definição de *Avidyā* dada por Patañjali no *Sūtra* II. 5. De acordo com este *Sūtra*, *Avidya* é o estado de consciência no qual o indivíduo é incapaz de discernir entre o Real e o irreal. Isto também é, em essência, o que *Māyā* significa na filosofia hindu. É o poder da ilusão que faz uma pessoa tomar uma coisa pelo que não é. Em seu aspecto mais elevado é tomar a Realidade que se manifesta como este universo pelo vasto e aterrador Universo físico externo no qual nós, seres humanos que fazemos parte dessa Realidade, nos vemos como criaturas insignificantes. O *Sūtra* expressa esta ideia de forma inversa. Quando não podemos discernir entre A e B, podemos dizer que tomamos A por B ou B por A.

Qual é o resultado da ação desta força de *Avidyā* ou *Māyā*? Ela desenvolve na Mônada a consciência de um "eu" correspondente ao grau de envolvimento. Já lidamos com a natureza desta consciência de um "eu" e como ela encontra expressão na identificação da consciência pura com o mecanismo através do qual se manifesta. Essa identificação pode tomar diferentes formas no caso da personalidade, como já vimos. Ela pode se expressar como identificação com nossos bens, com nossas faculdades, com nossos veículos e seus poderes, com nossas funções e de muitas outras formas.

No *Yoga-Sūtra* esta identificação que é a causa da consciência de um "eu" é definida como a identificação da consciência com o poder da percepção ou o de *Purusha* com *Buddhi*. Este será visto como o tipo mais sutil de identificação, pois na redução gradual da identificação do bruto para o sutil a identificação com o próprio poder de percepção será a última etapa. Quando estamos absortos em ver uma imagem de cinema, nos identificamos em diferentes graus com os eventos e personagens que são retratados na tela. O que é que finalmente quebra a ilusão criada desta maneira? A consciência do fato de que estamos vendo apenas uma imagem. A "visão" é o elemento de conexão da tríade contendo "vidente, visto e visão" e a retirada do "vidente" do que é "visto" deve, portanto, envolver sua separação do ato ou processo de ver ou perceber no último estágio. Este é o significado do *Sūtra* II. 6 no qual *Asmita* ou Seidade é definido de forma concisa e essencialmente por Patañjali. Mas para entendermos a ideia plenamente, devemos também examinar suas implicações e expressões.

O terceiro elo da cadeia dos *Kleshas* é o par de opostos através do qual a energia do desejo encontra expressão. É chamado de *Rāga-Dvesha* ou atração-repulsão. A identificação da consciência com os vários elementos em manifestação resulta no desenvolvimento de atrações e repulsões de vários tipos e graus de sutileza. Sentimo-nos atraídos pelo que traz prazer ou felicidade, e repelidos pelo que nos causa dor ou infelicidade. Embora externamente opostos um do outro, atração e repulsão são duas expressões da mesma condição – apego em seu sentido mais amplo – e ambas são as causas da escravidão.

É preciso notar que a repulsão resulta em escravidão ao objeto pelo qual a repulsão é sentida, tanto quanto a atração resulta em escravidão a um objeto que proporcione prazer. Qualquer pessoa pode perceber a verdade desta afirmação observando como o ódio dirigido a qualquer pessoa nos mantém presos a essa pessoa de forma negativa. Liberdade de apego significa liberdade tanto de atrações quanto de repulsões. Como já discutimos esta questão exaustivamente em outro lugar, não precisamos entrar em detalhes aqui novamente. Tudo o que temos que manter com clareza em nossa mente é que as atrações e repulsões fornecem a força motriz do desejo, e aquele que quer se libertar dos desejos deve cortar esses laços entre sua consciência e o mecanismo através do qual ela se manifesta. Em outras palavras, ele deve ser desapegado. A medida em que ele for capaz de eliminar esses apegos determina seu grau de liberdade. Um indivíduo livre dos apegos dos mundos inferiores é uma pessoa liberta ou *Jīvanmukta*, e sua consciência pode mover-se para cima e para baixo na ponte da consciência sem qualquer obstrução ou impedimento.

O último elo da cadeia dos *Kleshas* é *Abhinivesha* ou desejo de vida ou existência encarnada. Este é realmente o resultado da *Rāga-Dvesha*, o efeito final da cadeia de causas e efeitos desencadeados como resultado do envolvimento da consciência da Mônada na manifestação. Embora do ponto de vista filosófico seja meramente um efeito, na vida real pode ser considerado tanto como causa quanto como efeito combinados, ou o que geralmente é chamado de círculo vicioso. Pois o desejo de vida, por sua vez, produz atrações-repulsões; atrações e repulsões levam ao fortalecimento da consciência do ego, e essa consciência do ego é a causa das mais grosseiras ilusões. É por isso que parece que estamos envolvidos num círculo vicioso do qual não sabemos como sair. Mas o aspirante que queira enfrentar este problema seriamente deve pensar profundamente, esclarecer suas ideias e estar plenamente consciente da cadeia de *Kleshas* que o liga, a fim de que possa efetivamente enfraquecê-la e finalmente destruí-la para sua libertação.

Isto nos leva à última questão ligada à teoria dos *Kleshas*: como nos libertarmos da cadeia de *Kleshas* que nos prende firmemente ao mundo inferior com suas inevitáveis ilusões e limitações? De certa forma, toda a técnica do *Yoga* é uma resposta a esta pergunta, porém, mais uma vez sejamos bem claros em nossa mente com relação aos princípios fundamentais para não nos perdermos nos detalhes das técnicas que devem ser empregadas para obtermos nosso propósito. Os princípios fundamentais deste processo libertador são dados na própria teoria dos *Kleshas*, e podemos meramente observar aqui os pontos proeminentes destes princípios antes de encerrar o assunto. Para um estudo mais detalhado, o estudante pode se referir aos *Sūtras* relevantes no *Yoga-Sūtra*.

Como o envolvimento da Mônada no ciclo evolutivo depende da força exercida pelos *Kleshas*, segue-se que temos que eliminar gradualmente esta força para nos libertarmos deste ciclo e tomarmos consciência de nossa verdadeira natureza. Como esta tarefa deve ser enfrentada? Patañjali lidou com este problema de uma maneira muito racional e prática. Ele levou em conta o fato de que o aspirante começa com todas as tendências que surgem dos *Kleshas* em um estado muito desenvolvido e em pleno andamento. Ele é, portanto, incapaz, no início, de ver ou enfrentar as formas mais sutis das tendências. Ele deve primeiramente tentar dominar as formas mais grosseiras e atenuar ao máximo essas tendências. Para isto Patañjali prescreve o *Yoga* preliminar ou *Kriya-Yoga* como é chamado no *Yoga-Sūtra*. O objetivo do *Kriya-Yoga* é reduzir estas tendências a um estado relativamente quiescente para que elas não saiam de seu controle e confundam sua mente. Ele é capaz de mantê-las sob controle firme, embora ainda não seja capaz de evitar sua débil expressão ocasional.

Quando este grau de controle e purificação tiver sido adquirido, o passo seguinte é a meditação. Através da meditação, ele pode atenuar ainda mais os *Kleshas*. Ele pode finalmente reduzi-los ao estado potencial no qual eles permanecem em sua forma germinal, mas estão sob controle suficiente e são incapazes de se libertar e encontrar expressão de qualquer tipo, mesmo com um estímulo comum sendo aplicado de fora. Elas são como sementes que quando semeadas no solo ainda têm a capacidade de brotar, mas não como sementes que foram torradas e que não podem brotar em nenhuma circunstância.

Isto é até onde a meditação pode nos levar ao lidarmos com os *Kleshas*, para reduzir todas as tendências à sua condição de semente em potencial. Qual é o próximo passo? Como destruir as próprias potencialidades das tendências, pois se isto não for feito, não estaremos seguros e não poderemos ser livres? Qualquer forte combinação de circunstâncias favoráveis ao crescimento das tendências pode ativar as tendências potenciais e causar um revés ou mesmo uma séria queda. Além disso, não devemos imaginar que quando essas tendências se tornaram potenciais e são incapazes de encontrar qualquer expressão apreciável, elas se tornaram completamente inoperantes. Estamos certamente em uma posição mais vantajosa, mas no que diz respeito à libertação da consciência, seu poder obscurecedor e retardador ainda é muito considerável. Os *Kleshas*, mesmo sob a forma de *Samskāras* ou tendências potenciais, turvam a consciência e a mantém atada aos níveis inferiores. Até mesmo sua forma potencial deve ser destruída antes que a consciência possa ser livre. Como se pode conseguir isso?

A resposta a esta pergunta é dada no enigmático *Sūtra* II.10:

"Estes, os (*kleshas*) sutis, podem ser reduzidos pela sua reabsorção de volta à sua origem".

Isto significa que temos que reverter o processo que provocou a involução da consciência na Mônada. O processo pelo qual *Avidyā* se desenvolve em sua expressão final, *Abhinivesha*, é um processo causal, estando cada etapa relacionada à próxima como causa e efeito. Portanto, se quisermos remover o efeito final, devemos reverter todo o processo para que cada efeito seja absorvido em sua causa imediata e assim toda a série desapareça. Isto significa que *Abhinivesha* deve ser absorvido em *Rāga-Dvesha*, *Rāga-Dvesha* em *Asmitā*, *Asmitā* em *Avidyā* e *Avidyā* na Iluminação ou consciência da Realidade. Este retrocesso de cada efeito à sua causa não é meramente uma compreensão intelectual, mas uma realização na consciência que liberta o iogue do efeito do *Klesha* particular. Para maiores explicações, o leitor pode consultar o comentário sobre este *Sūtra* em *A Ciência da Yoga*.

Portanto, a solução final ou real do problema consiste no desenvolvimento da consciência de nossa Real natureza. Ela floresce gradualmente. Seu desenvolvimento começa com o aparecimento da Luz no Caminho (*Sūtra* II.28) e termina com a realização de *Kaivalya* (*Sūtra* IV.34). Toda a Ciência do *Yoga* é meramente uma técnica para o desenvolvimento gradual e sistemático da consciência de nossa natureza Real.

O último ponto que devemos observar a este respeito é que a consciência de um 'eu' não pode ser destruída por nenhuma proeza ou simples dispositivo psicológico, como muitos instrutores tentam fazer e muitos aspirantes ingênuos acreditam credulamente. Todo o processo de nosso envolvimento na manifestação está incluído na atenuação dessa consciência e, a menos que o problema seja atacado de forma total, científica e sistemática, o sucesso que poderá ser obtido será parcial e temporário. Somente através da prática sistemática do *Yoga*, levada a cabo até que o objetivo seja alcançado, é que o 'eu' pode ser atenuado ao grau necessário, e a consciência libertada da escravidão dos mundos inferiores.

Capítulo 10

Os Quatro Estados de Consciência

(Jāgrat, Svapna, Sushupti e *Turīya)*

Há muita incerteza com relação ao significado dos quatro estados de consciência mencionados na literatura sobre o *Yoga*. Estes estados de consciência e seu significado foram comentados por alguns escritores, mas receio que o assunto não tenha sido suficientemente esclarecido e a maioria dos estudantes de psicologia do *Yoga* sente-se insatisfeita com sua compreensão do assunto. Vejamos se é possível obter uma visão mais profunda da natureza destes estados de consciência à luz do conhecimento que faz parte da psicologia do *Yoga*.

O ponto importante que devemos observar logo no início é que estes quatro estados, acima mencionados, são estados de consciência e não de mente, que é um produto ou derivado da consciência. Portanto, eles dizem respeito à natureza da "percepção" e não ao "conteúdo" dessa percepção, que é um produto do funcionamento da mente. A percepção, como já vimos em outros contextos, sendo uma expressão de consciência, é um estado integrado, enquanto a mente é um estado diferenciado. Como estamos presos no mundo mental criado por nossa mente e conhecemos a consciência apenas como o poder iluminador por trás da mente, que é apreendida meramente como um tipo vago de percepção no Plano Físico, a pista para a natureza dos quatro estados de consciência deve ser buscada na natureza da percepção se quisermos entender a real importância desses estados sob nossas atuais limitações. À medida que a consciência recua para sua fonte central na prática do *Yoga* superior, os estados *Citta-Vrittis* ou mentais tornam-se mais refinados e tênues, e o poder iluminador da consciência é realizado em medida crescente como a realidade da qual a mente é derivada e na qual funciona. Assim, é mais fácil ver o significado dos quatro estados de consciência e sua relação mútua nestes planos internos.

Mas mesmo com nossas atuais limitações, é possível compreendermos até certo ponto o verdadeiro significado desses quatro estados, desde que procuremos a solução do problema na direção correta. O erro fundamental que acredito tenha sido cometido ao abordarmos o problema e que nos fez sair da pista, é considerarmos estes quatro estados como estados que aparecem sucessivamente à medida que nossa consciência sobe de um plano para outro ou de um veículo para outro progressivamente. Na verdade, estes quatro estados de consciência são inerentes à própria consciência e, portanto, estão presentes no funcionamento ou expressão da consciência em cada plano. Se olharmos para este problema desta maneira, o significado dos quatro estados é-nos revelado facilmente.

Será mais fácil entendermos este ponto, se lembrarmos que a consciência pura é um estado integrado e, portanto, em si mesma indivisível ou *Akhanda* como este estado é chamado em sânscrito. Sua dispersão ou diferenciação em estados mentais pode ser considerada ou à luz de uma ilusão criada pelos veículos, ou podemos dizer que é o aspecto subjetivo de um fenômeno mental que verdadeiramente tem raízes no Vidente e permanece sempre inteiro e indivisível. É por esta razão que o *Purusha* ou o Vidente está sempre perceptivo de tudo que está acontecendo em sua mente atuando em diferentes níveis ou em diferentes veículos, como assinalado no aforismo IV-18 do *Yoga-Sūtra*. A palavra sânscrita *Aparinamitvāt* que significa literalmente "por causa da imutabilidade" inclui a ideia de indivisibilidade ou totalidade, pois apenas o todo é que pode ser imutável. A luz branca do sol pode iluminar e trazer à tona as cores de todos os tipos de objetos em um panorama, porque permanece integrada devido à sua natureza dinâmica. Se perdesse sua totalidade ou estado integrado, perderia a capacidade de iluminar todo tipo de objeto e fazer sobressair sua cor característica. Esta interpretação científica da totalidade talvez seja compreendida mais facilmente do que a interpretação ilusória do Vedanta, embora essa seja também uma maneira diferente de considerar o mesmo problema.

Portanto, o detalhe importante que devemos observar aqui é que esta consciência, que é tudo o que conhecemos da consciência no Plano Físico, é um estado integrado e todos os quatro estados de consciência são, portanto, inerentes a ela e permanecem inerentes a ela mesmo quando ela recua para qualquer nível mais profundo e funciona através de qualquer veículo mais sutil. É por esta razão que todos os quatro estados podem ser experimentados em cada plano de acordo com a experiência dos iogues na sucessiva libertação da consciência de um plano para outro. Os quatro estados são, portanto, relativos ao plano em questão.

Tentemos agora considerar a natureza e o significado dos quatro estados de consciência à luz do princípio geral acima enunciado.

Jāgrat ou estado de vigília é, naturalmente, aquele estado no qual a consciência está em contato real com os objetos do plano através do veículo pertencente a esse plano. Os objetos podem ser os do Plano Físico ou a consciência pode abarcar em sua vasta varredura todos os 'objetos' do Plano *Átmico*, que é o que realmente significa omnisciência. Mas se existe percepção real dos 'objetos', qualquer que seja sua natureza, o estado tem que ser considerado sob a categoria de *Jāgrat*, e o conhecimento é *Pratyaksha*, embora não precise ser necessariamente correto nos planos inferiores, como apontado nos aforismos I-7 e I-8 do *Yoga-Sūtra*. Quando se confunde uma corda com uma cobra no escuro, o conhecimento pertence à categoria de *Viparyaya*, mas o estado de consciência envolvido é *Jāgrat*.

Agora suponhamos que um homem qualquer ainda no estado de vigília feche os olhos e concentre sua mente numa imagem particular formada em sua mente, com a exclusão de todas as impressões sensoriais recebidas de fora. Não é possível que um homem comum faça isso porque sob todas as condições as impressões residuais ou marginais continuarão a afetar a periferia da consciência e dividirão a atenção em parte, dependendo do grau de concentração de que a pessoa é capaz. Um cientista com um intelecto altamente treinado ou um grande artista pode ser capaz de atingir um alto grau de isolamento desta maneira, mas isto nunca pode ser completo. Somente o iogue que é capaz de praticar *Pratyāhāra* pode isolar completamente a mente dos objetos externos e confiná-la no *Pratyaya* presente na mente.

Deve-se notar aqui que a imagem mental presente na mente pode ser de dois tipos. Pode ser a reprodução de uma experiência vivida anteriormente, ou uma criação mental independentemente de qualquer experiência anterior. Quer seja resultado de uma reprodução através da memória ou de produção através da imaginação, representa o estado de consciência *Svapna*, e os dois tipos de modificações da mente *Smriti* e *Vikalpa* definidos nos aforismos I-11 e I-9, respectivamente. Não há realmente nenhuma diferença essencial entre estes dois tipos de modificações. Em ambos os casos, não há contato *real* com os objetos externos, embora haja imagens mentais presentes na mente. São estas duas condições que determinam sua classificação no estado de *Svapna* ou onírico.

Pelo que foi dito acima ver-se-á que o estado *Svapna* de consciência não tem ligação necessária com os sonhos que experimentamos enquanto dormimos. É chamado estado onírico porque os sonhos que experimentamos durante o sono ilustram muito apropriadamente este estado de consciência e o cumprimento das duas condições mencionadas acima, a saber, a ausência de contato com objetos externos e a presença de imagens mentais na mente.

O uso da palavra *Svapna* para este estado de consciência frequentemente cria confusão na mente do estudante, e ele é passível de sair completamente dos trilhos. Na verdade, o fenômeno dos sonhos é muito complexo e envolve muitos fatores nos quais não precisamos entrar aqui. Embora ele ilustre o estado onírico de consciência de forma bastante satisfatória, não tem nenhuma conexão necessária com ele. Como vimos acima, podemos passar para o estado *Svapna* de consciência enquanto ainda estamos acordados, e nossa consciência está confinada ao Plano Físico. De fato, assim que a prática de *Pratyāhāra* é aperfeiçoada pela prática do *Yoga*, todas as operações mentais de *Dhāranā*, *Dhyāna* e *Samādhi* acontecem realmente no estado *Svapna* de consciência, porque o contato com o mundo externo é completamente cortado e a mente do iogue está concentrada no *Pratyaya* presente em sua própria mente. A consciência nestas condições está, no entanto, totalmente alerta e em controle da mente e não há nada de sonhador, embora possa ser chamado de um estado onírico de consciência. Vê-se pelo exposto acima quanta confusão pode ser criada em nossas mentes se nosso conhecimento for baseado meramente no uso de palavras, e não tentarmos ir além dessas palavras e compreender seu significado interior. Devemos tentar compreender e conhecer as coisas como elas são na realidade e, assim, elevar-nos acima do nível superficial de *Shabda Jñāna*.

Consideremos agora o próximo estado superior de consciência que é chamado de *Sushupti* em sânscrito. Aqui novamente descobrimos que a ilustração deste estado em comparação com o estado onírico sem sonhos deu origem a uma grande confusão na mente tanto dos estudantes quanto dos escritores. O que é escrito pela maioria dos escritores na tentativa de interpretar o estado *Sushupti* soa como um palavrório confuso, embora eles geralmente usem palavras sonantes e linguagem mística para impressionar o estudante. Não entremos nestas interpretações errôneas, mas tentemos entender diretamente o significado interior do estado *Sushupti*.

A necessidade de se adotar a abordagem direta ao se lidar com tais problemas não pode ser enfatizada em demasia. O extraordinário crescimento dos cultos à personalidade e nossa adesão cega aos credos que tais cultos à personalidade inevitavelmente geram privou a maioria das pessoas de sua faculdade de pensar de forma independente, clara e direta. Elas adquiriram o hábito de ver as coisas através dos olhos dos outros, de pensar através da mente dos outros, de seus autores, professores religiosos ou líderes políticos favoritos. O que fulano e sicrano dizem sobre isso? – é sua reação imediata quando qualquer nova ideia é posta perante suas mentes. Se suas mentes estão por demais condicionadas e não se importam realmente com a verdade que pensam estar buscando; elas aceitam ou rejeitam a ideia quer a mesma corresponda ou não às suas noções preconcebidas. Raramente elas conseguem fazer uma consideração do assunto com mente livre e aberta tentando entendê-lo diretamente.

Ora, a confusão com relação à real natureza do estado *Sushupti* de consciência é causada pelo fato de que o estado de sono sem sonhos é meramente para ilustrar o estado *Sushupti* e não representa realmente esse estado. Ele é escolhido para ilustrar o estado *Sushupti* porque se assemelha a este estado em dois aspectos. Estes aspectos são (1) Não há *Pratyaya* ou imagem mental presente na mente no sono sem sonhos como há no estado onírico. (2) Ainda há percepção ou consciência presente neste estado, assim como está presente no estado de sono sem sonhos. Como sabemos disso? Porque quando acordamos após um período de sono sem sonhos, há em nós a percepção de continuidade da consciência e frequentemente também um sentimento de felicidade ou satisfação por ter passado por esse período de sono tranquilo. Se fosse um mero vazio envolvendo a descontinuidade de consciência, não há razão por que devesse haver a percepção de ter passado por este período, ou deveria haver um sentimento de satisfação ao despertar de tal sono.

O argumento acima tem sido muito utilizado por filósofos e escritores indianos sobre o assunto, mas acho que eles lhe deram mais peso do que ele realmente merece. A semelhança essencial e inquestionável entre o estado *Sushupti* e o sono sem sonhos consiste na ausência de qualquer *Pratyaya* em ambos. A mente está livre de qualquer conteúdo mental e, no entanto, a consciência está presente, embora possa ser difícil estabelecer logicamente, sem dúvida, a presença da consciência no sono sem sonhos. O argumento de que a percepção é uma expressão da consciência e da falta de atividade mental no sono sem sonhos mostra que a presença da consciência neste estado pode não ser aceitável para muitas pessoas.

Se o estado sem sonhos é usado meramente como um símile para ilustrar o estado *Sushupti* e não é o estado *Sushupti*, esta fraqueza de argumento não importa realmente, pois uma ilustração ou símile não se destina a se assemelhar ao que ilustra em todos os aspectos. A semelhança parcial também pode justificar o uso da ilustração ou do símile.

Entretanto, o que temos que observar aqui com cuidado é que o sono sem sonhos que a maioria de nós experimenta todos os dias não é na verdade o estado *Sushupti*. As recentes investigações que foram feitas por psicólogos sobre a natureza dos sonhos mostraram que ambos, o estado de sonho e o estado sem sonhos, se alternam no caso de um indivíduo normal que está dormindo e depende de muitos fatores, tais como saúde, estado de espírito, etc. O estado sem sonhos é, portanto, tão comum ou frequente quanto o estado onírico que todos nós experimentamos durante o sono.

Considerar, portanto, o estado sem sonhos como o estado *Sushupti* na verdade não tem nenhuma justificativa e demonstra desconhecimento da psicologia do *Yoga* e do significado interior destas palavras que são usadas para descrever os estados de consciência. Isto é o que inevitavelmente acontece quando perdemos contato com as realidades das coisas e chafurdamos numa confusão de palavras e ideias divorciadas de seu real significado. O estado real de sono sem sonhos, que todos nós experimentamos todos os dias como o estado onírico, é um fenômeno muito complexo e não precisamos entrar nesta questão aqui. Basta observar sua semelhança superficial com o verdadeiro estado *Sushupti*, do qual recebeu o nome.

O que é então o verdadeiro estado *Sushupti*? As duas características essenciais do estado *Sushupti* já foram apontadas, a saber, a ausência de um *Pratyaya* e a presença de percepção ou consciência ao mesmo tempo. Estas duas condições parecem ser incompatíveis, pois, em nossa vida comum não temos nenhuma experiência na qual estas condições estejam presentes simultaneamente. Onde há um *Pratyaya* presente na mente, há percepção ou consciência presente ao mesmo tempo. Onde não há *Pratyaya*, não há percepção ou consciência como em um desmaio ou anestesia. O sono sem sonhos aproxima-se mais da concepção do verdadeiro estado *Sushupti*, mas como vimos acima, o argumento a favor da presença da consciência neste estado não é muito convincente e o fenômeno do sono sem sonhos é complicado por outros fatores que não precisamos discutir aqui.

Os estudantes da psicologia do *Yoga* recordarão que o estado de *Asamprajnāta Samādhi* preenche as duas condições que determinam o estado *Sushupti* e chega mais perto de nossa concepção desse estado. De fato, a própria palavra *Asamprajnāta* traz dentro de sua estrutura literal as duas conotações de ausência de *Pratyaya* e presença de consciência. O prefixo *a* significa "sem" e se refere à ausência de *Pratyaya* e *sam* significa "com" e se refere a *Prajnā* ou consciência. Se o estudante recorrer ao comentário sobre o aforismo I-18 do *Yoga-Sūtra* para uma discussão detalhada sobre a natureza de *Asamprajnāta Samādhi*, descobrirá o quanto ele corresponde quase à concepção do estado *Sushupti*. Na verdade, o estado de *Asamprajnāta Samādhi* é o verdadeiro estado *Sushupti*. Estes quatro estados de consciência que estamos tentando entender são partes da psicologia do *Yoga* e não da psicologia comum, e referem-se a estados experienciados na prática do *Yoga* superior. Tirá-los de seu verdadeiro contexto e interpretá-los em termos de fenômenos mentais comuns é, portanto, suscetível de levar a problemas e causar confusão.

Aqui é preciso estender-nos um pouco sobre a natureza de *Asamprajnāta Samādhi* para esclarecer melhor a concepção do estado *Sushupti* e remover certas dúvidas que possam surgir na mente do estudante. Como explicado no comentário ao aforismo I-18 do *Yoga-Sūtra*, *Asamprajnāta Samādhi* vem depois de se adquirir proficiência na prática de *Samprajnāta Samādhi*, e começa quando o *Pratyaya* é abandonado e o estado concentrado da mente vazia é mantido como no *Samprajnāta Samādhi*. De fato, o estado que se sobrepõe não é estritamente um estado mental, mas um estado que se aproxima do estado de consciência integrada. Pois com o desaparecimento do *Pratyaya* e de *Nirodha* das *Citta-Vrittis*, a mente realmente desapareceu, ou melhor, parou de funcionar. Como vimos, a existência da mente é baseada na relação sujeito-objeto e se não há 'objeto' ou *Pratyaya* no campo da consciência, não podemos dizer que a mente esteja funcionando no sentido estrito. Mas como a consciência ainda está presa no reino da mente, não podemos também dizer que a mente não está lá. É um estado muito peculiar no qual a mente está presente e apesar disso não funciona, exceto na medida em que ela mantém a consciência presa dentro de si mesma. Este é o verdadeiro significado de *Nirodha* em sânscrito, que traz consigo as conotações de "inibição" e "aprisionamento". A mente é impedida de funcionar e a consciência é mantida presa no processo.

Em verdade, *Asamprajnāta Samādhi* pode ser considerado como um reflexo ou expressão parcial do estado integrado de consciência. A razão pela qual a iluminação é parcial e opaca reside, naturalmente, no fato de as impressões ou *Samskāras* de *Kleshas* e *Karmas* ainda estarem sobrecarregando os veículos do iogue, e impedindo que a luz da consciência pura brilhe desobstruída através da mente vazia. À medida que a consciência penetra nos níveis mais profundos e sutis da mente nos sucessivos *Asamprajnāta Samādhis*, e o poder obstrutivo dos veículos inferiores diminui e a carga de *Kleshas* e *Karmas* se torna mais leve, ela brilha com um brilho cada vez maior. É por isso que cada *Asamprajnāta Samādhi* sucessivo dá um vislumbre mais vívido da consciência integrada, embora isto seja sempre parcial e indistinto enquanto a Autorrealização não tiver sido alcançada. São também esses vislumbres parciais e embaçados da Realidade que são frequentemente confundidos por *Sādhakas* e iogues avançados com a Autorrealização total. Não há nada que surpreenda nisto, pois mesmo vislumbres parciais e embaçados de realidades nos planos superiores são tremendamente mais reais e vívidos do que qualquer coisa que possamos imaginar no Plano Físico.

Como foi assinalado nos aforismos IV-30 e 31 do *Yoga-Sūtra*, a completa libertação de *Kleshas* e *Karmas* só é obtida após a passagem pelo *Dharma-*

-*Megha-Samādhi* (IV-29). A consciência então é libertada da influência dos *Kleshas*, *Karmas* e do poder obscurecedor que possuem. Como ela então transcende completamente o reino da mente e não está aprisionada no interior da mente, a luz da Realidade brilha livremente em seu mais completo esplendor. Esta é a verdadeira Autorrealização, o objetivo final da técnica do *Yoga*.

Do que foi dito acima, ver-se-á que o estado *Sushupti* expresso em *Asamprajnāta Samādhi* é um estado relativo e está relacionado com o nível em que a consciência está funcionando. Em cada nível ela está relacionada aos estados *Jāgrat e Svapna*, que antecedem e *Turīya*, que sucede. O contato direto com os 'objetos' em um determinado plano corresponde ao estado *Jāgrat* ou de vigília. A retirada da mente dentro do mesmo plano corresponde ao estado de *Svapna* ou onírico. A condição de vazio da mente após a retirada do *Pratyaya* em *Asamprajnāta Samādhi* corresponde ao estado *Sushupti*. A passagem da consciência pelo Centro *Laya* com um reflexo embaçado ou consciência parcial da Realidade oculta no interior desse Centro corresponde ao estado *Turīya*. O ciclo inteiro é repetido em diferentes estágios do *Samādhi*, como mostrado no livro *A Ciência da Yoga*.

Agora detenhamo-nos um pouco no último estado de consciência, ou seja, o estado *Turīya*. A palavra sânscrita *Turīya* significa 'a quarta', 'constituindo a quarta parte' e é usada geralmente para indicar o supremo, o quarto estado do Espírito, o Espírito Impessoal ou *Brahman*. No contexto atual, ela é usada para indicar o quarto ou o mais elevado estado de consciência, que por sua própria natureza deve ser um reflexo da Realidade Suprema. Este estado, como foi apontado acima, é relativo aos três estados anteriores e é seu ponto culminante na prática do *Samādhi*.

Para entender o significado mais profundo do *Turīya avasthā*, que pode ser traduzido para o inglês aproximadamente como o Estado Transcendente, temos que analisar mais de perto o processo da passagem da consciência de um veículo para outro na prática do *Samādhi*. Como foi explicado no comentário ao aforismo I-17 do *Yoga-Sūtra*, isto envolve antes de tudo a mente voltar-se para o interior, afastando-se dos objetos do plano até que o estado objetivo da mente seja completamente substituído por um estado subjetivo. Isto corresponde à passagem da consciência do estado *Jāgrat* para o estado *Svapna*. Depois de *Samprajnāta Samādhi* ter sido alcançado ao executar *Samyama* sobre um "objeto" particular, o próximo estágio é o abandono do *Pratyaya* nesta condição de volta ao interior da mente. Isto envolve a prática de *Asamprajnāta Samādhi* e, como já foi assinalado, corresponde ao estado de consciência *Sushupti*. Aqui a mente está voltada para o interior, sem nenhum *Pratyaya*. A consciência, privada de qualquer 'objeto' sobre o qual possa se concentrar, é deixada solta, por assim dizer, e paira entre os dois planos em estado crítico ou instável. A condição controlada e concentrada da mente que foi atingida na prática de *Samprajnāta Samādhi* evita que ela retroceda para o interior do plano que deixou, abandonando o *Pratyaya*. Assim, o único caminho que lhe resta é seguir em frente, por assim dizer, e passar pelo Centro *Laya* ou pelo Ponto, que é a "porta comum" que conduz a todos os planos, como assinalado ao lidarmos com a natureza deste Ponto. Se *Asamprajnāta Samādhi* puder ser praticado com sucesso, a consciência deve passar mais cedo ou mais tarde por este Centro e emergir no próximo plano superior.

Estendamo-nos um pouco nesta condição crítica em que a consciência está suspensa, por assim dizer, entre dois planos. Consideremos com muito cuidado se queremos entender a natureza de *Turīya*, ou Estado Transcendente de Consciência. Já vimos que neste estado de suspensão, contanto que a consciência não tenha surgido no plano superior seguinte, ela está no estado *Sushupti* e brilha sem nenhum *Pratyaya*, mais ou menos vagamente devido ao obscurecimento causado por *Kleshas* e *Karmas*. A mente funciona no campo da consciência e as imagens mentais brilham pela luz da consciência. Se houver supressão das imagens mentais, é inevitável que o campo se torne claro e a luz branca da consciência integrada se revele em maior ou menor grau. Algo semelhante ocorre quando o rolo de filme que está projetando uma imagem cinematográfica na tela termina e a tela é subitamente iluminada pela luz branca.

Ver-se-á, no entanto, que em todo o processo de pairar da consciência até seu surgimento final no plano superior seguinte, o momento em que a consciência realmente passa pelo Ponto em sua passagem de um plano para outro, é de especial e tremendo significado. Este Ponto é um ponto ideal e a passagem através dele pode, portanto, ser apenas momentânea. Mas nesse momento a consciência do iogue entra em contato com todos os níveis da Realidade, incluindo a Realidade Suprema ou o Absoluto. Como foi mostrado no Capítulo sobre Ritmo Cósmico em *O Homem, Deus e o Universo*, o *Mahābindu* (o Ponto Supremo) e *Mahākāsha* (o Espaço Supremo) são os dois limites extremos entre os quais o Ritmo Cósmico está ocorrendo eternamente. Assim, o Estado Superintegrado ao qual nos referimos como o Absoluto está presente em sua plenitude tanto no *Mahābindu* (em seu aspecto *Plenum*), como no *Mahākāsha* (em seu aspecto de Vazio). Por esta razão, a passagem pelo Ponto significa contato momentâneo com a Realidade Última ou *Parabrahman* e deveria, pelo menos teoricamente, dar ao iogue uma oportunidade de ter um leve vislumbre dessa Realidade, ou melhor, um reflexo embaçado dessa Realidade.

Se ele tem esse vislumbre ou não, com o obscurecimento do Plano Mental e de *Kleshas* e *Karmas*, é outra questão, mas o ponto a ser observado é que este deve ser um estado de consciência inteiramente novo, bem diferente dos três estados anteriores. O estado *Sushupti* pode ser considerado como reflexo da consciência *Logoica*, ou a luz branca da consciência Divina na manifestação. Este contém todas as funções Divinas e estados mentais numa forma integrada e é a fonte e o pano de fundo de todos os fenômenos mentais na manifestação. O estado *Turīya* que pode ser vislumbrado através do *Mahābindu* ou Grande Ponto pode, por outro lado, ser considerado como refletindo, pelo menos teoricamente, o estado Vazio do Absoluto no qual todos os princípios, funções, poderes, forças e opostos estão presentes numa condição superintegrada e perfeitamente harmonizada. É por esta razão que ele é único, transcendente e totalmente além de qualquer coisa que possamos compreender ou imaginar.

O conceito dos quatro estados de consciência foi tratado com algum detalhe no *Mandukya Upanishad*. Mas ao estudar o assunto como apresentado nesse *Upanishad*, devemos lembrar que ele foi tratado do ponto de vista macrocósmico, enquanto nós o discutimos durante todo este Capítulo do ponto de vista do microcosmo. Este estudo mais limitado do ponto de vista microcósmico preparará o terreno e facilitará a compreensão do aspecto macrocósmico mais difícil e complicado.

Parte 3

Vislumbres Sobre a Natureza da Mente

Capítulo 11

Ideação Cósmica

Nós lidamos com alguns fatos que nos fornecem vislumbres tênues sobre a natureza da consciência. Consideremos agora outro conjunto de fatos que nos permitirão compreender a natureza da mente. Mas antes de começarmos nosso estudo, lembremo-nos de dois fatos fundamentais a respeito da natureza da mente. Primeiro, essa mente nada mais é do que uma modificação da consciência, ou, em outras palavras, a consciência é apenas mente integrada. Segundo, essa mente em sua totalidade é tremendamente mais do que aquilo que sabemos dela quando funciona através do instrumento físico, o cérebro humano. Por esta razão, não podemos ter nenhuma ideia sobre a natureza da mente apenas estudando sua expressão física através do cérebro e, no entanto, é isto que a psicologia ocidental está tentando fazer. A mente tem que ser estudada através de métodos mentais ou através da instrumentalidade da própria mente, como indicado pela Ciência do *Yoga*. Há uma grande quantidade de evidências factuais para mostrar que a mente é tremendamente mais do que aquilo que pode encontrar expressão através do cérebro físico. Telepatia, transferência de pensamento, previsão, comunicação com os mortos e tantas outras coisas foram comprovadas como fatos pela pesquisa psíquica e demonstraram a futilidade de se estudar a mente através de métodos puramente físicos e através da instrumentalidade do cérebro físico. Além disso, há uma grande quantidade de evidências confiáveis de clarividentes, místicos e iogues que vai mostrar pelo menos que o que encontra expressão através do cérebro físico é apenas uma pequena fração da atividade total da mente. E, no entanto, a Ciência moderna com sua filosofia materialista é tão predisposta e preconceituosa que se recusa até mesmo a examinar esta questão com mente aberta, e insiste em seguir seus métodos fúteis de pesquisa psíquica em laboratórios muito imponentes. E deve-se dizer que mesmo a atitude das pessoas religiosas ortodoxas neste assunto é inconsistente com o que elas professam e pregam. Embora professando crença na vida do Espírito, eles vivem e trabalham como se a matéria fosse a única coisa real e se recusam a levar a sério certos fatos de nossa vida que estão relacionados com nossa natureza espiritual. O cientista estabeleceu para si mesmo certos princípios fundamentais para investigar a Natureza e seus fenômenos e, embora alguns desses princípios sejam insustentáveis e obviamente incorretos, ele tem alguma justificativa para trabalhar de acordo com eles. Mas que justificativa podem ter os chefes das instituições religiosas para ignorar e negar estes fatos importantes que estabelecem a supremacia da mente sobre a matéria e do Espírito sobre a mente? Por que deveriam resistir à pressão de aumentar o conhecimento com relação a estas coisas? Certamente, só pode haver uma razão para esta atitude irracional e não espiritual. Que eles querem permanecer no campo estreito e restrito do pensamento e do trabalho religioso, tão característico da ortodoxia. A ortodoxia não quer a Verdade, mas um credo, por mais antiquado ou insustentável que se possa ter tornado.

Não é possível compreender a natureza e função da mente em sua totalidade, pois a mente subjaz toda a manifestação em toda a sua complexidade e diferentes graus de sutileza. Mesmo os chamados Planos Espirituais estão verdadeiramente dentro do reino da mente, embora a mente seja de uma natureza requintadamente refinada e sutil. É obviamente impossível para a mente humana não desenvolvida, particularmente quando funciona através de seu instrumento físico, o cérebro, compreender a mente em sua totalidade, mas a psicologia do *Yoga* e o verdadeiro Ocultismo permitem-nos vislumbrar, aqui e ali, sua natureza e sua tremenda amplitude e as possibilidades que se ocultam em sua natureza mais sutil. Tal estudo pode não nos dar uma compreensão real quanto à natureza da mente. Não pode. Mas pelo menos nos mostrará a futilidade de estudá-la pelos métodos ortodoxos que estão sendo seguidos pela psicologia moderna. E nos mostrará que o que chamamos de mente é muitíssimo maior do que a parte insignificante dela que é capaz de encontrar expressão através do cérebro físico.

E deve-se contar com esta natureza oniabarcante e abrangente da mente, pois, como vimos em nosso estudo da consciência, a mente não é nada mais que uma modificação ou forma diferenciada de consciência e tem praticamente a mesma relação com a consciência que um espectro de luzes coloridas tem com a luz branca. Uma está no estado diferenciado e a outra no estado integrado. Mas, essencialmente, elas são a mesma coisa. Agora, se a consciência pura é a Realidade subjacente a todo o Universo manifestado, com bilhões de Sistemas Solares funcionando dentro dele, com profundezas insondáveis de realidades ocultas dentro de sua expressão física externa, a mente, que é uma forma diferenciada da consciência, é também uma Realidade relativa subjacente ao Universo. A única diferença é que a primeira é um estado integrado, enquanto a outra é um estado diferenciado. A primeira é a causa última, a segunda, uma causa secundária. De certa forma, a mente é mais direta e intimamente a causa e o substrato do Universo, porque o Universo é da mesma natureza da mente, embora tenha raízes na consciência e dela seja derivada.

Aqueles que pensaram nos problemas mais profundos da vida e adquiriram alguma ideia da tremenda natureza dos mistérios que nos cercam de todos os lados serão, até certo ponto, capazes de apreciar o significado interior do que foi dito acima. Eles verão que a base ou substrato mental de um fenômeno tão estupendo como o Universo deve ser uma realidade que os seres humanos não conseguem compreender intelectualmente.

Já que irei frequentemente referir-me a aforismos do *Yoga-Sūtra* de Patañjali, gostaria de dizer no início que Patañjali usou a palavra "*Citta*" para aquela realidade à qual nos referimos vagamente como mente. Mas ele a usou num sentido muito mais amplo, obviamente porque teve que lidar com uma gama mais ampla de fenômenos mentais, tanto visíveis quanto invisíveis, tanto no plano temporal quanto no espiritual. Há dois detalhes pertinentes à sua concepção de mente (para os quais ele usa a palavra "*Citta*") que devemos observar para evitar confusão ao estudarmos o *Yoga-Sūtra*.

O primeiro detalhe a ser observado é que a palavra '*Citta*' é usada em alguns lugares para o princípio mental, e em outros lugares como a mente de um indivíduo. Quando usada no primeiro sentido, ela cobre toda a gama de manifestações mentais, desde a Mente Divina ou Universal até a expressão de fenômenos mentais através do cérebro humano. Quando usada no segundo sentido, representa a mente de um indivíduo tanto em sua forma quanto em seus aspectos de vida. A mente individualizada é o princípio mental que funciona através do centro de consciência de uma determinada alma. O primeiro é um macrocosmo, o outro é um microcosmo.

O outro detalhe que pode ser observado é que tanto *Citi* quanto *Citta* são derivados da mesma palavra raiz em sânscrito "*Cit*" que significa 'perceber'. *Citi* significa consciência, enquanto *Citta* significa mente. O significado desta raiz comum reside no fato de que ambas são essencialmente da mesma natureza. Como foi apontado acima, consciência é a forma integrada, enquanto mente é a forma diferenciada ou modificada.

Como não é possível lidar detalhadamente com a natureza e funções de *Citta*, selecionaremos alguns aspectos desta misteriosa realidade subjacente ao Universo e veremos como o Ocultismo os esclarece. Tomemos primeiramente a interessante doutrina da Ideação Cósmica, ou seja, o funcionamento do Princípio Mental em seu aspecto macrocósmico mais sutil. Pois sem alguma ideia desta doutrina não podemos apreciar a natureza essencial da mente – sua fonte, sua amplidão, suas tremendas potencialidades e realidades.

Como a maioria dos estudantes de Ocultismo tem uma noção muito vaga sobre a Ideação Cósmica, e a Ideação Cósmica é o tipo mais sutil de atividade mental, vamos antes de tudo considerar brevemente o que significa Ideação Cósmica em Ocultismo. Para entender esta ideia, o estudante deve lembrar o conceito daquele aspecto da Realidade Não Manifestada que é delineado no capítulo sobre o *Logos* Cósmico Não Manifestado em *O Homem, Deus e o Universo*. De acordo com esse conceito, a diferenciação primária do Absoluto leva ao aparecimento do *Shiva-Shakti-Tattva* polar ou o Princípio Pai-Mãe. Esta é a raiz da consciência por um lado, e a raiz do Poder por outro. A diferenciação secundária do Absoluto leva ao aparecimento da relação sujeito-objeto na consciência pura ou no princípio *Shiva* que é chamado de *Maheshvara Tattva*. É este *Tattva* ou Princípio Mental a que nos referimos como o *Logos* Cósmico Não Manifestado. O *Logos* Cósmico é que é a sede ou fonte da Ideação Cósmica.

O que é a Ideação Cósmica? Segundo as mais elevadas doutrinas Ocultas, o Universo manifestado à medida que se desdobra no espaço e no tempo é o reflexo, ou melhor, a expressão nos planos inferiores da Ideação Divina. A ideia por trás disto é que este estupendo fenômeno é concebido e planejado na Mente Divina no nível cósmico, mas permanece em potencial estado espiritual no Não Manifestado de uma forma que não pode ser compreendida pelo intelecto. À medida que os mundos inferiores de forma e matéria são criados e gradualmente evoluem, o Universo espiritual ou Divino presente na mente do *Logos* Cósmico encontra expressão através desses mundos em termos de tempo e espaço. Não podemos realmente ter nenhuma ideia da natureza deste Universo numênico na Mente Divina, exceto o que podemos inferir da natureza do Universo fenomenal no qual ele é projetado e refletido. Mas talvez um fenômeno análogo dentro de nossa experiência nos dê um leve vislumbre da relação que existe entre os dois.

Um grande artista concebe uma peça ou um quadro em sua mente. No estágio inicial o quadro ou a peça é puramente mental e só existe em sua mente, embora com a nitidez e realismo que só a imaginação de um grande artista pode proporcionar. A etapa seguinte é a passagem do quadro puramente mental para a forma de uma história escrita corporificada num livro. Aqui o quadro puramente mental perde algo de sua nitidez e qualidade de vida, mas adquire uma maior definição e acessibilidade. Uma terceira etapa é o elenco da história sob a forma de uma imagem cinematográfica que requer a complicada parafernália da cinematografia e a produção das condições certas de tempo e espaço para 'filmar' e produzir a imagem. Na terceira etapa estamos lidando apenas com sombras e, no entanto, essas sombras são as sombras de realidades relativas. Elas são as sombras de seres humanos vivos que originalmente estavam presentes como imagens mentais na mente de um ser humano vivo. Ao passar por esses estágios e serem reduzidas para o nível de sombras elas perdem sua qualidade vital, mas as sombras são vistas por seres humanos vivos da mesma natureza e *status* que o artista que produziu o quadro originalmente. Assim, elas são investidas na mente dos espectadores com um certo grau de realismo e vivacidade que caracterizou o quadro na mente do artista. É pelo fato de os espectadores também possuírem uma mente e estarem vivendo que eles conseguem transformar um jogo de sombras novamente num verdadeiro jogo de vida em suas mentes. Os animais não podem fazer isso.

Ora, a grande peça produzida na Mente Divina pela Ideação Cósmica é projetada e refletida nos mundos inferiores da matéria e da ilusão como um jogo de sombras, mas os espectadores são as Mônadas que, a partir de sua própria mente e consciência, investem-na de um certo grau de realismo e tomando-a como real e sob a ilusão de *Māyā* desenvolvem a mente, desabrocham a consciência, até se tornarem suficientemente maduras para tornar possível que o véu de *Māyā* seja levantado. Portanto, esta Peça Divina produzida pelo Divino Artista não é realmente para sua própria diversão, como às vezes se supõe, mas para a educação das inúmeras Mônadas que evoluem em sua Consciência e se aproximam mais Dele em conhecimento e poder, como resultado das experiências obtidas no jogo de sombras.

A fonte e sede da Ideação Cósmica é o *Logos* Cósmico Não Manifestado, mas em Sua Consciência a Ideação ocorre sob a forma mais sutil, incipiente, potencial e inimaginável. Podemos supor que em Sua Consciência estejam presentes os esquemas não apenas do Universo do qual fazemos parte, mas de todos os Universos que já existiram e que se manifestarão no futuro. Também é razoável supor que esta série de Universos esteja presente não em sua forma detalhada, mas como uma fórmula algébrica que resume uma série infinita. Esta série continua a se desdobrar no tempo e no espaço eternamente, cada termo da série correspondendo a um Universo que estará em manifestação por um tempo. A matemática é a única ciência que nos pode fornecer algum tipo de pista a respeito da relação natural das séries de Universos que continuam a aparecer na alternância de *Shristi* e *Pralaya*, e sua relação com o estupendo Plano Divino na Mente *do Logos* Cósmico Não Manifestado da qual emergem um após outro em termos de tempo e espaço. Isto porque a matemática é a ciência das relações e deve definir também a relação última entre o Não Manifestado e o Manifestado.

É este Plano Divino, oniabarcante, que é o esquema final do qual os *Logoi* Solares tomam os projetos de seus respectivos Sistemas Solares quando descem aos planos de manifestação para criar e presidir seus Sistemas Solares. O plano de cada Sistema Solar é uma parte integrante do plano do Universo e se encaixa nele com a perfeição que é característica de toda manifestação e ação Divina. É por isso que, embora existam bilhões de Sistemas Solares funcionando num Universo manifestado, não há choque, nenhuma confusão em qualquer lugar e todo o Universo em toda sua complexidade e esplendor move-se em direção à sua consumação Divina até que seja reabsorvido pela consciência de *Shiva* na época do *Mahāpralaya*.

É necessário distinguirmos entre a Ideação Divina no nível do *Logos* Cósmico e a que ocorre no nível do *Logos* Solar, não só porque eles estão em níveis diferentes, mas também por causa das diferenças que devem existir em sua própria natureza. De acordo com a doutrina Oculta, todo *Logos* Solar traz o Plano de Seu Sistema Solar do Plano do *Logos* Cósmico do qual é parte integrante. O mesmo princípio opera em diferentes níveis de manifestação. A divindade que preside um sistema menor não só funciona sob o controle geral da divindade que está logo acima dela, mas também deriva Seu plano do

Plano mais abrangente de Seu superior. Quando, entretanto, usamos a palavra "controle" em relação a estes poderosos Seres, não devemos ter em nossa mente ideias coloridas por nossas experiências de uma máquina governamental moderna. Estas divindades que funcionam em diferentes níveis no *Cosmos* formam uma Hierarquia que externamente se assemelha à hierarquia dos funcionários de um Estado. Na verdade, esta última é um reflexo tênue da primeira. Mas temos que lembrar que a primeira é uma Hierarquia de Seres Divinos cuja consciência está na mais íntima união e é guiada pela Vontade Una. Nos planos inferiores é a mesma consciência, mas funciona através de diferentes centros sob as ilusões criadas pela mente inferior e puxando em diferentes direções devido aos desejos separatistas inferiores das personalidades temporárias. São estas ilusões criadas por estes desejos separatistas que produzem os conflitos e fracassos no nível humano.

Descendo um degrau até o nível humano, deparamo-nos novamente com o fenômeno de um mundo menor dentro de um mundo maior. Cada individualidade tem um pequeno mundo próprio atuando dentro do mundo maior do *Logos* Solar. Há também a ideação em nível humano. Pois o que é este mundo do ser humano individual senão uma expressão da atividade da mente e dos desejos do indivíduo? Mas trataremos desta questão mais tarde.

Estes diferentes mundos do *Logos* Cósmico, dos *Logoi* Solares e das Mônadas que são o resultado da Ideação Cósmica, da Ideação Divina e da ideação individual podem ser representados esquematicamente como se segue. Vemos neste diagrama como os mundos dos *Logoi* Solares estão contidos dentro do *Logos* Cósmico, por um lado, e por outro como os mundos das Mônadas estão contidos dentro do mundo de seus respectivos *Logoi*.

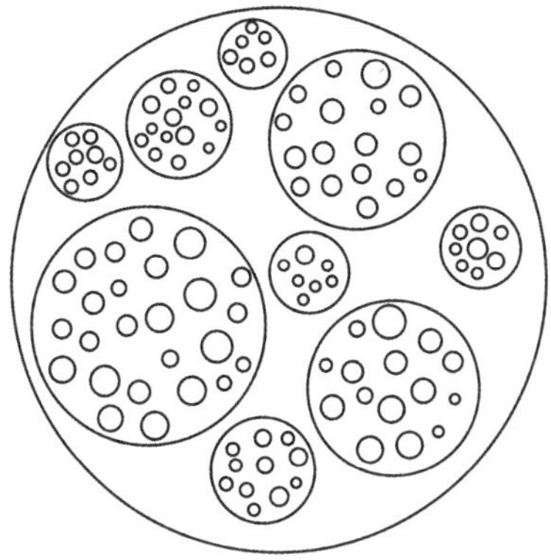

Os mundos do *Logos* Cósmico, dos *Logoi* Solares e das Mônadas

Estará a ideação individual no nível humano relacionada à Ideação Divina no nível solar, assim como a Ideação Divina do *Logos* Solar está relacionada à Ideação Cósmica do *Logos* Cósmico? Em outras palavras: A vida de uma Mônada individual em seu âmbito mais amplo é guiada e controlada pelo *Logos* Solar e se encaixa como parte integrante e harmoniosa do Plano Divino que é realizado no Sistema Solar? Considerando a natureza perfeitamente harmoniosa do *Cosmos* e a presença de um projeto e plano em cada parte de seu funcionamento, e também o fato de que os fenômenos nos planos temporais inferiores são reflexos de reflexos, é razoável supor que a vida de cada individualidade ou Mônada se encaixe perfeita e harmoniosamente na vida do *Logos* Solar ao qual está ligada. Mas esta adaptação não ocorre e o grande projeto por trás do Sistema Solar não aparece até que este atinja seu fim colimado. Assim como não vemos a unidade e a beleza de um edifício até que ele esteja concluído, e nos estágios iniciais da construção tudo parece um caos e sem relação, assim também as vidas dos diferentes indivíduos num Sistema Solar em evolução parecem sem relação nos estágios iniciais e não parecem ser guiadas por um plano comum. Mas à medida que o Sistema Solar se aproxima de sua consumação e as Mônadas nele evoluindo tornam-se agentes autorrealizados e conscientes da Vida Divina, o plano e o projeto subjacentes tornam-se cada vez mais aparentes e, neste Grande Projeto, todos são vistos como tendo seu lugar designado. De fato, aqueles cuja consciência pode subir aos mais altos níveis dos Planos Divinos nos quais o Plano e o Projeto Divino existem podem ver este Plano e Projeto Divino mesmo quando ele está incompleto nos planos inferiores, existindo, porém, em sua forma integrada nos Planos Divinos. Eles não apenas veem este Plano e Projeto Divino que forma, por assim dizer, o projeto do Sistema Solar em evolução, mas também se tornam conscientes da Vontade Divina que está por trás do Plano, e sabendo que a Vontade Divina é irresistível a longo prazo, eles não têm a menor dúvida sobre o cumprimento do Plano. Isso explica a total paz, força e certeza daqueles Grandes Seres que conquistaram o eu inferior, que se elevaram acima dos desejos e das ilusões do mundo inferior e cuja consciência está centrada no Eterno, embora ainda funcionando no mundo do tempo e do espaço. Para aqueles que ainda estão envolvidos nas ilusões e limitações dos mundos inferiores, esta consumação do processo evolutivo é, na melhor das hipóteses, uma esperança e uma possibilidade distantes. Mas para o Iluminado é uma Realidade sempre presente, pois Ele está estabelecido nessa Realidade e pode olhar a partir desse Centro Eterno para o panorama passageiro dos acontecimentos no tempo e no espaço à medida que o Plano Divino se desenrola e se realiza gradualmente. Somente quando estamos cientes deste Plano Divino em sua beleza e esplendor requintados como ele existe na Mente Divina nos planos mais altos do Sistema Solar, e também quando vemos suas sombras sendo lançadas nos mundos inferiores de ilusões e eventos passageiros, é que podemos saber realmente o que de fato é a Ideação Divina. Até lá podemos, na melhor das hipóteses, estudar as sombras e da melhor maneira possível tentar adivinhar como são as realidades que lançam essas sombras. Mas, se como resultado de nossos esforços sinceros e intensos, acontecer de um lampejo reluzir em nossa mente, isso muda nossas vidas completamente e nos torna escravos limitados, para sempre comprometidos com o serviço do grande Plano e do Planejador Divino. É então que começa o verdadeiro serviço. Até então, tudo é preparação e aspiração. Só então estamos em condições de executar a injunção contida na paradoxal máxima "Torna-te o que és".

Capítulo 12

A Ideação Divina e o Plano Divino

No último capítulo, consideramos a natureza da Ideação Cósmica e vimos como ela está na base do Universo em desenvolvimento ou de uma unidade menor como o Sistema Solar que funciona dentro do Universo. A Ideação Cósmica difere da Ideação Divina de duas maneiras. Em primeiro lugar, ela está no reino do Não Manifestado e é, portanto, potencial. Somente quando um *Logos* manifestado (Cósmico ou Solar) se manifesta e fornece o mecanismo necessário para sua expressão é que ele passa da condição potencial para a ativa. Em segundo lugar, ela é a fonte potencial de todos os planos segundo os quais Universos sucessivos e unidades menores como os Sistemas Solares se desdobram quando entram em manifestação. A Deidade que preside um determinado sistema traz de cima o plano para Seu sistema e nele baseia Seu trabalho durante o período de manifestação que se segue.

Depois de entendermos o princípio geral, consideremos alguns aspectos interessantes da Ideação Divina de um *Logos* manifestado. Vamos começar com a consideração de um mistério dos Planos Divinos que esclarece a natureza da Ideação Divina. É chamado *Satya-Samkalpa,* em sânscrito. Esta frase significa a formação de uma imagem no reino da Consciência Divina. Toda imagem formada neste meio, por estar no reino da Consciência Divina ou *Sat*, tem a qualidade inerente de se manifestar primeiro em seu próprio plano em sua forma real e depois nos planos inferiores como sombras da forma real ou irreal.

A palavra sânscrita *Samkalpa* tem uma conotação muito mais profunda e específica do que a de mero pensar ou 'idealizar'. Ela traz consigo a conotação não apenas de "ideação", mas também de "querer". Significa pensar ou imaginar com a ideia de se ter realizado algo. Um homem que está sentado num devaneio ocioso não está praticando *Samkalpa*. Um autor que está imaginando ou 'idealizando' um romance ou uma peça de teatro não está envolvido em *Samkalpa*. Mas um ocultista que está materializando um objeto ao primeiramente formar sua imagem mental ou ao invocar um *Devatā* está engajado em *Samkalpa*. Portanto, a ideia essencial por trás de *Samkalpa* é imaginar ou 'idealizar' com o objetivo específico de materializar ou realizar a coisa idealizada.

Ora, Ideação Divina ou Ideação Cósmica é um processo mental deste tipo, embora a palavra mental seja usada acima em seu sentido mais sutil, como indicação da atividade mental no reino da Mente Divina. Não é apenas imaginar ou idealizar um processo mundial, mas imaginá-lo com a intenção de manifestá-lo. É este elemento de "querer" combinado com "idealizar" que o converte em um *Samkalpa*. E porque é Ideação Divina tendo a Vontade Divina por trás dela, que é chamada *Satya-Samkalpa*, ou seja, *Samkalpa* no próprio reino da Verdade em si mesma. É pelo fato de ser Ideação no reino da Mente Divina baseada na Verdade em si mesma e tendo a Vontade Divina por trás, que tem a qualidade inerente de se manifestar sem qualquer possibilidade de resistência ou distorção de qualquer quadrante. O que é idealizado e querido por Deus deve se manifestar e se realizar como Ele o idealiza. Esta é a ideia por trás de *Satya-Samkalpa*.

Se examinarmos o conceito da Mente Universal, poderemos ver facilmente que a Mente Divina deve ter dois aspectos, um estático e outro dinâmico. O aspecto dinâmico deve compreender o Plano Divino que se desdobra continuamente e se reflete nos planos inferiores no fluxo de fenômenos com os quais todos estamos familiarizados. Quando pensamos em um projeto nos planos inferiores, temos em nossa mente um esquema integrado com estágios sucessivos que são trabalhados à medida que o esquema é implementado. Mas tudo isso é mental e requer uma maquinaria material para sua expressão. Pode ou não ser possível implementá-lo ou realizá-lo da maneira pretendida pelo planejador. Podem surgir todos os tipos de obstáculos imprevistos que forcem os planejadores a desistir do projeto ou modificá-lo consideravelmente. Mas o Plano Divino na Mente Divina não é assim. Em primeiro lugar, não é um projeto mental, em nosso sentido do termo. É um projeto na Mente Divina, o que significa que sua substância ou meio é espiritual e da natureza da consciência. Portanto, o Plano Divino tal como existe e se desdobra na Mente Divina existe e se desdobra naquele meio que chamamos de consciência e tem aquela qualidade de existência verdadeira que associamos à Realidade. É este Mundo Divino funcionando no reino da Consciência que constitui a Realidade objetiva dos Planos Divinos e que é chamado de *Nitya-Lilā* ou Jogo Eterno de Deus na literatura de *Vaishnava*. São esses mundos espirituais de tremenda e inconcebível vivacidade e bem-aventurança que existem e se desdobram na Mente do *Logos*, nos quais vivem aqueles que passam para esses mundos como resultado do privilégio que ganharam ao unir suas consciências com a Sua Consciência.

Uma das maiores concepções errôneas e ideias absurdas que prevalece com relação à experiência dos planos mais sutis é que eles são "sem forma" e, portanto, quem passa por eles está na posição invejável de ficar pendurado no vazio ou viver, na melhor das hipóteses, entre abstrações. Este equívoco é obviamente o resultado da mistura de nossas concepções filosóficas, de pensamento confuso, de estudo superficial e de falta de discernimento espiritual. Acreditamos que os mundos fenomenais são sombras dos mundos espiritual e Divino. Alguns dos mundos invisíveis interiores mesmo em planos fenomenais e temporários, como *Svargas* ou os céus, são conhecidos, e acredita-se serem mundos de beleza requintada, bem-aventurança intensa e vividez inimaginável. Esses mundos são apenas reflexos fracos ou sombras dos mundos espirituais existentes na Mente Divina. E ainda assim permitimos que nossas mentes evoquem um vazio ou um estado de existência nebulosa ao pensar nesses mundos. Adotamos a atitude irracional de considerar as sombras como céus de inconcebível beleza e bem-aventurança e a substância como vazios desprovidos de qualquer conteúdo significativo. É verdade que não podemos conceber a "beleza, o conhecimento e a felicidade desses mundos espirituais; porque quando a beleza, a felicidade e o conhecimento se tornam Divinos, eles transcendem as experiências mais sutis da mente e assim parecem vazios, nebulosos e irreais para a mente inferior. Mas isto não significa que tenhamos que pensar nos mundos como eles existem na Mente Divina, acima até mesmo dos Planos Espirituais, como estados nebulosos de existência onírica. Isto é ilógico, contrário aos fatos e de uma concepção dissuasiva da pior espécie. Portanto, mantenhamos as seguintes poucas ideias claramente em nossas mentes quando pensarmos em Ideação Divina:

(1) Que o mundo da Ideação Divina não é uma condição de vazio ou de estado onírico nebuloso, mas um mundo da maior vivacidade e realidade que está além da imaginação humana.

(2) Que os mundos fenomenais nos três Planos inferiores, (Físico, Astral e Mental inferior), mesmo aqueles que, como os céus retratados na literatura religiosa, são mundos de beleza requintada e bem-aventurança inimaginável, são meras sombras dos mundos espirituais existentes na Mente Divina.

(3) Podemos tentar julgar a beleza e o esplendor desses mundos espirituais pelo fato de mesmo suas sombras, aqui embaixo, nos proporcionarem experiências que são as mais requintadas que a mente humana pode imaginar.

(4) Uma vez que a Ideação Divina é apoiada pela Vontade Divina que é irresistível, ela tem a natureza inerente de se tornar realidade sem falhas. Como ela consegue se tornar realidade por caminhos alternativos nos mundos inferiores da ilusão, será considerado mais tarde. De qualquer maneira, temos que observar aqui que isto não implica predeterminação de nenhuma forma rígida, mas o cumprimento do Plano Divino em última instância sem falhas.

Estivemos a considerar um aspecto da Ideação Divina como indicado pela frase *Satya-Samkalpa*. Outro aspecto da Ideação Divina é indicado pelas palavras sânscritas *Rtam* e *Satyam*, palavras da mais profunda importância no pensamento filosófico hindu. Para entendermos o significado interno da palavra *Rtam*, temos que lembrar a doutrina Oculta de que o *Logos* de um sistema manifestado traz para baixo o plano do sistema ao qual Ele presidirá a partir de uma fonte superior. Sempre que um novo mundo tem que ser criado, *Brahmā*, o Criador, realiza *tapas*, ou austeridade, sob a forma de meditação Divina, e através desta austeridade ou meditação traz para baixo o Plano do sistema ao qual Ele deve presidir, bem como o poder de criar o mundo de acordo com o Plano que Ele trouxe para baixo.

Este Universo no qual estamos vivendo é um *Cosmos* em que tudo acontece não apenas de acordo com leis imutáveis, mas também de acordo com um Plano. Os bilhões de Sistemas Solares que existem e evoluem no Universo não são e não podem ser o resultado de um "concurso fortuito de átomos" , como foi suposto pela Ciência. Teria havido um caos, e não um *Cosmos*, se não houvesse um Plano e uma Inteligência Direcionadora por trás deste estupendo fenômeno. Somente aqueles que estão cegos pela filosofia irracional da Ciência materialista podem deixar de ver que existe um Plano por trás do Universo e uma Inteligência Direcionadora que está implementando esse Plano. Se a Ciência aceita ou não este fato (muitos cientistas estão agora voltando-se para esta visão), este fato é bem conhecido dos ocultistas, e vislumbres desta doutrina Oculta são encontrados em todas as religiões que se baseiam no conhecimento direto das verdades interiores da existência.

O fato de *Brahmā* ou o Criador trazer o Plano do sistema a partir de uma fonte central no Não Manifestado assegura o funcionamento adequado e harmonioso de todos os Sistemas Solares no estupendo Universo, e a coordenação das atividades dos inúmeros *Logoi* Solares que presidem seus respectivos sistemas.

Há muitas referências veladas na literatura hindu (*Vedas*) a esta "descida" do Plano pelo Criador antes de Ele criar Seu sistema. Uma delas é o conhecido *Aghamarsana-Mantra* no qual *Brahmā* é descrito como meditando para contatar e fazer descer o Plano para Seu sistema e depois com base nesse Plano criar o mundo o qual Ele preside. Em um mantra curto não podemos esperar obter a cosmogonia detalhada ou o processo de materialização do sistema manifestado, nem devemos esperar ter uma descrição exata, detalhada e científica do processo, como apresentado em *A Doutrina Secreta*. Mas qualquer um que leia o mantra pode ver que ele procura retratar os fatos importantes da Cosmogênese de uma maneira simples, bastante poética e popular, de modo que todos consigam entender. Aqui está o *Aghamarsana-Mantra*, traduzido livremente.

"(1) Da meditação altamente concentrada (do Criador) saíram *Rtam* (o Direito) e *Satyam* (o Verdadeiro).

Daí surgiu a Noite Primordial, e dessa, o Dilúvio Oceânico.

(2) A partir do Dilúvio Oceânico, consequentemente, foi produzido o Ano. O Senhor de todos os Universos vivos ordenou então os Dias e as Noites.

(3) O Criador então criou o Sol e a Lua, como no passado. Ele também formou o Céu Jubiloso, a Terra e a região do meio (Plano Astral)".

' Não precisamos entrar na importância e no significado de todo o *Mantra* que, de forma velada e geral, descreve os diferentes estágios da Cosmogênese. Consideraremos apenas a primeira frase 'da meditação altamente concentrada do Criador saíram *Rtam* e *Satyam*' '.

Esta frase não apenas traz à tona o fato de que um *Logos* de um sistema faz descer o Plano do sistema ao qual Ele deve presidir, mas também insinua o método pelo qual o Plano é trazido para baixo e sua natureza. O Plano é trazido para baixo pela "meditação altamente concentrada" que é realizada por *Brahmā*, o Criador, como uma austeridade. Não há nada de incomum nisto, e mesmo no nível humano, quando queremos criar qualquer coisa, temos que recorrer a algum esforço desta natureza. A palavra *Tapas* significa austeridade ou aquecimento com o objetivo de purificação ou elevar a mente a um estado exaltado no qual se pode refletir a Consciência Divina contendo o Plano em sua forma potencial. A este respeito, é lembrado o processo pelo qual uma válvula é capaz de capturar as ondas de rádio da atmosfera. As ondas de rádio enchem a atmosfera, mas o rádio permanece em silêncio. Somente quando a válvula é 'aquecida' e começa a brilhar que ela começa a captar as ondas e transmiti-las para o mecanismo de rádio. É de tal forma que o Plano presente na Consciência Eterna do Não Manifestado é trazido para baixo pelo Criador no nível da Mente Divina e as verdades dos reinos espirituais são trazidas da Mente Divina para a mente individual em *Samādhi*.

Depois de considerarmos o método de fazer descer este Plano, chegamos à questão mais importante de sua natureza que é indicada pelas duas palavras *Rtam* e *Satyam*. Talvez não haja duas outras palavras de significado mais profundo em todo o campo da filosofia hindu do que *Rtam* e *Satyam*. A forma como foram traduzidas e comentadas por muitos estudiosos mostra que eles não entenderam de todo o seu significado mais profundo e, portanto, as interpretações dadas geralmente são canhestras e às vezes até mesmo absurdas.

Embora a filosofia deva muito aos estudiosos por seu trabalho em esclarecer questões filosóficas e tornar os conceitos filosóficos acessíveis ao mundo em geral, deve-se dizer, mesmo correndo o risco de causar alguma ofensa, que não há maior inimigo da Sabedoria Divina do que o mero estudioso acadêmico que interpreta as doutrinas e os conceitos da Sabedoria Divina de uma maneira de canhestra, sem a menor consideração para com seu significado interior e real. Isto pode satisfazer o grande número de pessoas que professam interesse pela filosofia, mas que estão realmente interessadas em brincar com ideias como um passatempo intelectual, e não se preocupam realmente com as verdades das quais essas ideias são os veículos. Mas os buscadores da Verdade, que querem ir além das palavras e ideias para as realidades por trás delas, devem ter cuidado com essa tendência fatal. Eles devem aprender a ler as doutrinas e concepções da Sabedoria Divina não com os olhos da carne, mas com os olhos do Espírito. Que diferença este método de abordagem faz em nossa percepção e quão maravilhosamente o mundo morto das ideias se transforma no mundo vivo das realidades! O estudioso não vê e não pode ver esse mundo de realidades porque não está interessado nele e não está procurando por ele. Podemos ver apenas aquilo em que estamos interessados e, pelo nosso desenvolvimento interior, estamos adaptados para ver. Para o *Brahmā-jñāni* (Conhecedor da Verdade), o mesmo mundo que aparece como um "concurso fortuito de átomos" para o materialista, é visto como uma expressão da Consciência Divina.

Para entendermos a importância das duas palavras *Rtam* e *Satyam* dadas no mantra acima citado, temos que voltar em pensamento à doutrina da Ideação Cósmica ou Divina. Estas duas palavras representam os aspectos dinâmicos e estáticos da Ideação Divina, respectivamente.

Se apreendemos a ideia subjacente à doutrina da Ideação Divina, devemos ver de imediato que ela deve ter dois aspectos, um estático, e outro dinâmico. Vamos primeiramente lidar com o aspecto estático. A investigação científica dos fenômenos naturais mostrou que na base deste fluxo de fenômenos está um conjunto de leis naturais que regulam o funcionamento dos processos naturais. Essas leis e princípios são imutáveis e funcionam com a máxima precisão. Por serem totalmente imutáveis, os cientistas podem sempre e completamente confiar neles para tirar suas conclusões, e utilizar os processos da Natureza para atingir seus fins em diferentes esferas dos fenômenos naturais. E porque eles trabalham com precisão matemática, o resultado de qualquer experiência pode ser calculado com a máxima precisão desde que todos os fatos envolvidos sejam definitivamente conhecidos e as leis subjacentes a esses fatores também sejam conhecidas com exatidão. Até que ponto é possível calcular o resultado de uma série de forças que trabalham em uma determinada esfera foi demonstrado de maneira muito espetacular nos experimentos que estão sendo feitos atualmente em conexão com o uso de mísseis e naves espaciais. A precisão com a qual os resultados podem ser alcançados não é nada menos do que maravilhosa.

É claro que os cientistas estão muito orgulhosos de suas realizações – e são sem dúvida realizações notáveis – mas quão poucos deles pensam no Grande Mistério que está por trás do Universo e que torna possível tais realizações! Quantos deles já se perguntaram como tais coisas poderiam ser possíveis sem que houvesse uma Realidade omnipresente oculta por trás do Universo, e uma poderosa Inteligência guiando o processo evolutivo que vemos em ação em todos os lugares? Apenas alguns poucos cientistas intuitivos aqui e ali, com grande risco para sua reputação científica, reconhecem de forma fraca e hesitante sua crença em tal Realidade, e a mão orientadora de uma Inteligência suprema por trás de todos os fenômenos naturais. Os demais estão tão imersos no estudo do maravilhoso trabalho da criação que não têm tempo nem mesmo para pensar no Criador. E esta atitude é tão comum que tem sido tomada como padrão de etiqueta científica e racionalista. Mas basta examiná-la com mente aberta à luz da razão para ver como ela é essencialmente míope e estreita e como ela apequena e embrutece o intelecto humano e o impede de se expandir e espelhar a Mente Divina oculta dentro dele.

Os ocultistas que se aprofundaram nos fenômenos e processos da Natureza encontraram a mesma imutabilidade e precisão nos reinos mais sutis da Natureza que os cientistas encontraram nos fenômenos puramente físicos. Nada, de fato, é encontrado fora do reino da lei em seu sentido mais elevado e mais inclusivo. Mesmo pensamentos e emoções e outros aspectos da vida humana que os cientistas modernos estão inclinados a considerar como fora do reino da lei, descobriu-se estarem estritamente sujeitos à lei, como fenômenos de natureza física. De acordo com o ocultista nada na existência está fora do reino da lei, não como uma questão de especulação, mas como uma questão de conhecimento e experiência direta.

Ele não concorda com a doutrina absurda de que numa metade de seu reino a Natureza trabalha estrita e precisamente de acordo com a lei, e na outra metade deixa tudo ao acaso. Ele não acredita que quando se põe em movimento uma causa no campo da física e da química, haja sempre uma reação correspondente à ação, mas quando se inflige sofrimento terrível a grandes massas de pessoas ou se causa felicidade e conforto aos outros, a Natureza não se dá conta de tais coisas e permite que se faça o que se gosta ou considera necessário. E no entanto, esta é exatamente a atitude daqueles que não acreditam na Lei do *Karma* que rege a vida e a conduta humana. E é este pensamento caótico, mesmo entre aqueles que professam ser racionalistas, que é responsável por muito do caos e do conflito que encontramos no mundo de hoje. Ele desenvolveu uma atmosfera inevitável de irresponsabilidade e mentalidade do tipo "faça o que quiser" em jovens e velhos, o governante e o governado, o intelectual e o ignorante.

Não se considera certo e errado como dependentes de leis morais e espirituais que são invioláveis como as leis do mundo físico, e que devam ser descobertas e a elas nos sujeitarmos se quisermos alcançar certos resultados desejáveis. Considera-se que elas dependem dos votos da maioria em uma assembleia representativa ou da vontade arbitrária de um grupo de pessoas que foram capazes de tomar o poder e podem forçar outros a fazer o que consideram certo ou necessário. O que a maioria considera certo é certo. O que eles acham errado é errado. Se aqueles que decidem estas questões possuem alguma qualificação para chegar a uma decisão correta, como conhecimento, sabedoria ou liberdade dos motivos básicos, é geralmente considerado irrelevante. Tudo isso realmente implica uma completa ignorância ou descrença na existência de leis morais e espirituais, pois ninguém em seus sentidos jamais sonhará em decidir assuntos envolvendo leis científicas pelos votos da maioria.

Ora, é este intangível, misterioso, imutável, eterno corpo de leis e princípios em sua totalidade que constitui a base permanente e inalterável de um sistema manifestado que é chamado de *Satyam* na filosofia hindu. É apenas uma parte muito pequena deste *Satyam* que encontra expressão como leis científicas. Pois a ciência moderna investiga apenas uma pequena fração do mundo fenomenal. Há, em primeiro lugar, os mundos mais sutis, cada um com um conjunto de leis que governam os fenômenos daquele mundo. Muito pouco se sabe sobre essas leis, e somente aqueles que podem funcionar nesses planos, depois de adquirir domínio sobre os mesmos, sabem algo sobre as leis desses planos. Um vislumbre da natureza dos fenômenos dos planos mais sutis e das leis que os governam é obtido a partir do pouco conhecimento que o Ocultismo colocou à nossa disposição. Por exemplo, o *Vibhūti Pāda* (terceiro capítulo) do *Yoga-Sūtra* dá uma série de poderes psíquicos e espirituais que o iogue adquire como resultado da prática do *Yoga*. A natureza desses poderes e a maneira como são adquiridos nos dá uma ideia dos planos mais sutis, do tipo de leis que regem os fenômenos desses planos e como essas leis diferem das leis conhecidas do Plano Físico, conforme revelado pela Ciência moderna.

Se estudarmos cuidadosamente o *Yoga-Sūtra* e os resultados de outras pesquisas ocultas, poderemos chegar a uma série de conclusões interessantes com relação ao funcionamento dos planos mais sutis. Não é possível entrar aqui em detalhes sobre esta questão, mas algumas das conclusões interessantes que podem ser tiradas de tal estudo podem ser resumidamente apontadas.

(1) Em primeiro lugar, é bastante claro que, à medida que nos aprofundamos nos planos mais sutis, os fenômenos desses planos parecem cada vez mais se adequar à doutrina Oculta de que o Universo manifestado é essencialmente de caráter mental e tem raízes na consciência, da qual diferentes estados mentais são derivados por um processo de diferenciação. Os fenômenos do Plano Físico também são de caráter essencialmente mental, mas parecem ser materiais devido a *Vikshepa* nos planos inferiores, como já foi explicado em outro lugar. Nos planos mais sutis, sentimos e sabemos que estamos vivendo em um mundo mental, e essa consciência é aumentada à medida que nos aprofundamos até transcendermos a mente e percebermos o estado de consciência integrada do qual todos os estados mentais são derivados.

(2) Em segundo lugar, fica claro que o conhecimento, as leis nas quais esse conhecimento encontra expressão, e os poderes que acompanham esse conhecimento se tornam cada vez mais integrados à medida que nos aprofundamos. Estas graduais integração, simplificação e sutilização atingem seu ponto culminante na conquista da Onisciência e da Onipotência quando o iogue realiza plenamente sua natureza Divina e se liberta da escravidão da *Prakriti*.

Ora, todo essa massa de conhecimento com suas leis e poderes é uma expressão de *Satyam* e tem raízes na Mente Divina. É uma expressão de *Sat*, A VERDADE, não de todo o *Sat*, mas uma expressão diferenciada e limitada do infinito e integrado *Sat* em sua totalidade. Cada sistema manifestado expressa apenas uma porção ou aspecto desse *Sat* de acordo com sua unicidade individual e faixa de funcionamento, e esta faixa limitada de *Sat* diferenciado pode ser considerada como *Satyam*, como aparece na mente do *Logos* particular que o faz descer. O finito não pode encarnar ou expressar o Infinito. O que está no reino da diferenciação não pode expressar plenamente o que está presente no Todo no estado integrado.

Tendo lidado com o aspecto estático da Ideação Divina, pensemos agora no aspecto dinâmico.

Para compreendermos este aspecto dinâmico, temos que lembrar que o Universo está passando por um processo de desabrochar que envolve mudanças constantes, movimentos periódicos, uma evolução constante das formas e expansão da consciência. Este fluxo de fenômenos dos quais o tempo e o espaço constituem a urdidura e a trama é como um rio a fluir que surge do Não Manifestado no início da criação e desaparece novamente no Não Manifestado no momento da dissolução ou *Pralaya*. De acordo com a doutrina Oculta, este Universo visível em desdobramento é meramente uma sombra sempre a mudar de outro Universo espiritual que existe na Mente Divina sob uma forma misteriosa que não podemos visualizar com nossas limitações. Mas podemos compreender pelo menos isto: que uma coisa que produz uma sombra em constante mudança embaixo deve ter também um aspecto dinâmico. Sabemos, por exemplo, que na projeção de uma imagem de cinema as sombras em movimento na tela são produzidas por uma bobina em movimento no projetor que contém a totalidade da imagem, e sabemos também que as imagens que são produzidas uma após a outra estão presentes simultaneamente na bobina. É desta maneira que o mundo do irreal em constante mudança está relacionado ao mundo espiritual e real tal como ele existe em sua forma eterna na Mente Divina. Ele está presente lá como um todo, simultaneamente, e, contudo, aquele elemento dinâmico que produz mudanças embaixo, no mundo do tempo e do espaço, também está lá. É este aspecto dinâmico da Ideação Divina que estamos considerando agora.

Estendamo-nos um pouco sobre este aspecto dinâmico da Ideação Divina, que se distingue do aspecto estático, e tentemos compreendê-lo tanto quanto possível sob nossas atuais limitações. Vamos considerar uma série de ideias que esclarecem esta questão, uma a uma. A primeira ideia esclarecedora que podemos considerar a este respeito é dada no aforismo IV-12 do *Yoga-Sūtra* de Patañjali. *Atītānāgatam svarūpato ‹sty adhva-bhedād dharmānām*. 'O passado e o futuro existem em sua própria forma (real). A diferença de *Dharmas* (ou propriedades) decorre da diferença de caminhos'.

Este é um *Sūtra* extraordinariamente importante e elucidador que muito esclarece a relação daquele mundo espiritual que surge na Mente Divina como resultado do *satya-samkalpa* e da Ideação Divina e suas sombras embaixo sob a forma do Universo (ou Sistema Solar) em desdobramento no reino do tempo e do espaço. Para uma discussão detalhada do *Sūtra* o leitor deve referir-se ao comentário em *A Ciência da Yoga*, mas algumas ideias que são relevantes para a questão da Ideação Divina podem ser postas perante o leitor neste contexto.

A palavra *Svarūpa* em sânscrito é usada para denotar a realidade por trás de qualquer forma ou fenômeno. A realidade está no reino do Real ou Espiritual, o fenômeno está no reino do tempo e do espaço. A realidade está presente no estado integrado, o fenômeno está presente no estado diferenciado. No *Sūtra* atual, estamos considerando o mundo fenomenal no tempo e no espaço como um todo e sua relação com a Realidade que o produz, existente no mundo do Real. O *Sūtra* afirma em primeiro lugar que o mundo fenomenal que vemos no tempo e no espaço é derivado do desdobramento de um mundo real que existe em sua forma real ou espiritual (*svarūpa*) no mundo do Real. Esta é a verdadeira forma deste mundo que se desdobra no tempo e que aparece, embaixo, como passado e futuro.

Alguém pode perguntar: Por que somente passado e futuro e não também presente? Qualquer pessoa que considere profundamente a questão do tempo pode ver que passado e futuro são as únicas realidades envolvidas no fenômeno do tempo enquanto o presente não tem existência real. É apenas a partição teórica momentânea que se move continuamente através da série de eventos que acontecem à medida que o Universo manifestado se desdobra e o que está presente no futuro gradualmente se torna o passado. A luz da Realidade que se oculta sob esta linha ideal da partição em movimento esclarece por algum tempo alguma luz em ambos os lados da partição linear ideal e os eventos são iluminados com aquele senso de realismo e vividez que caracteriza os eventos quando estamos verdadeiramente os experienciando.

Este fato pode ser ilustrado, grosso modo, organizando uma série de coisas sobre uma longa mesa numa sala perfeitamente escura e movendo um ponto de luz de uma lanterna de uma extremidade para a outra. A princípio, todos os objetos estão presentes na escuridão, mas conforme o facho de luz se move de uma extremidade à outra, cada objeto é iluminado momentaneamente antes de passar novamente para a escuridão. Não apenas o objeto no ponto de luz está totalmente iluminado, mas em cada lado dele há uma área de iluminação fraca que se verá corresponder ao realismo parcial da memória e da antecipação na vida real. Se ligarmos a luz elétrica, todos os objetos se iluminam simultaneamente em vez de sucessivamente, como no caso anterior.

Ver-se-á, portanto, que o passado e o futuro são os verdadeiros componentes do fenômeno do tempo, embora estejam ocultos na escuridão da mente. Mas a realidade da série de eventos que aparecem à medida que o Universo se desdobra gradualmente no tempo está presente em sua contraparte espiritual sob uma forma misteriosa, e não sob a forma fenomenal em que os vemos aqui embaixo.

Assim, vemos que esta Ideação Divina tem dois aspectos, um estático e outro dinâmico. O primeiro é a fonte da base permanente e imutável do Universo sob a forma de leis, arquétipos e princípios, etc., que regulam e fornecem a matéria-prima dos fenômenos. O último é a fonte da série sempre mutável e temporária de eventos que aparecem um após o outro no tempo.

A relação destes dois aspectos da Ideação Divina pode ser entendida até certo ponto considerando os fenômenos que ocorrem em um pátio ferroviário. Estes, em sua totalidade, têm dois aspectos. Um compreende as coisas permanentes, não móveis – os equipamentos fixos como os trilhos, os sinais, etc., que fornecem os meios fixos permanentes para a movimentação de trens e a regulamentação desses movimentos. O outro aspecto compreende todas aquelas coisas temporárias que estão em movimento, mudando o tempo todo, como trens, passageiros, mercadorias, etc. O primeiro corresponde aos imutáveis *noumena*, leis naturais, princípios, etc., que estão na base do Universo e que orientam, regulam e tornam possíveis os fenômenos em constante mudança. O segundo corresponde aos fenômenos da Natureza, que estão em constante mudança, mas que acontecem de acordo com leis, princípios que são inerentes à Natureza. Qualquer pessoa que se encontre na plataforma de uma grande estação ferroviária pode ver estes dois aspectos em ação simultaneamente, o permanente e fixo por um lado, e o temporário e em movimento por outro. Da mesma forma, qualquer pessoa que observa a vida ao seu redor pode ver os dois aspectos da Natureza – estático e dinâmico – simultaneamente em ação. São estes dois aspectos da Ideação Divina, estático e dinâmico, que são referidos em sânscrito como *Satyam* e *Rtam*.

Vemos assim que a natureza essencial de *Rtam* é aquele aspecto da Mente Divina que se reflete embaixo no desdobramento do Universo no reino do tempo e do espaço. Ela determina o curso dos acontecimentos, a retidão dos cursos de ação e o caminho da evolução em todos os lugares. O que estiver em harmonia com *Satyam* e *Rtam* terá sucesso no final. O que não estiver deve fracassar, pois *Satyam* e *Rtam* representam a Vontade Divina em seus aspectos estático e dinâmico.

Capítulo 13

Livre-Arbítrio e Predestinação

Outro importante problema filosófico que a doutrina Oculta da Ideação Divina e o Plano Divino esclarecem é o do Livre-Arbítrio e da Predestinação. Estas duas palavras representam dois pontos de vista extremos com relação à questão de ser ou não o homem o mestre de seu destino. Há algumas pessoas que, por natureza ou por meio da compreensão errônea das doutrinas religiosas, são fatalistas em sua atitude com relação aos problemas da vida. Elas pensam que tudo no futuro já está predeterminado por Deus ou pela Lei do *Karma* e, portanto, nada pode ser feito a não ser resignar-se a um destino inexorável. Esta filosofia, se seguida de forma não inteligente, é obrigada a levar ao desenvolvimento de uma mentalidade negativa ou passiva e a solapar todo esforço e iniciativa na vida. Mas felizmente para aqueles que professam submissão à vontade de Deus ou resignação ao *Karma*, eles não praticam o que professam ou só o fazem quando lhes convém. De fato, a vida de alguns desses homens proporciona um contraste divertido com suas vocações religiosas, pois eles se comportam como se tudo no mundo dependesse de sua vontade pessoal e não houvesse outras forças a serem levadas em consideração na determinação do transcurso dos eventos. Portanto, o fatalismo, embora seja um dogma amplamente prevalecente entre certas comunidades, não é uma força muito ativa e eficaz na vida humana. Como todas as outras coisas de crença religiosa, poucas pessoas levam este dogma a sério, e sua submissão a Deus não significa muito na vida real.

Depois há a outra visão extrema que considera o homem como o completo mestre de seu destino e capaz de fazer o que lhe aprouver. Esta visão é naturalmente muito popular no mundo moderno, pois a filosofia materialista que está muito na moda hoje em dia descartou não apenas Deus, mas também a Lei do *Karma*, segundo a qual o homem colhe o que semeia. É natural que quando nações e indivíduos insistem no direito de fazer o que querem, independentemente de como suas ações afetam os outros ou são intrinsecamente certas ou erradas, a ideia de livre-arbítrio deve ser tomada como certa. Não incomoda a essas pessoas se essa ideia é defensável. Acreditamos no que queremos acreditar e no que convém às nossas tendências naturais, mesmo que nossas crenças insultem fatos óbvios da existência. Acreditar que o homem é capaz de fazer qualquer coisa que queira, quando nem sequer sabe com certeza se estará vivo no dia seguinte, quando há a vontade de três bilhões de outras pessoas a serem levadas em conta, quando a Terra em que ele vive é apenas um grão de poeira num vasto Universo de incertezas assustadoras e mistérios desconhecidos, acreditar que esta efêmera e insignificante expressão física a que chamamos de homem tem total liberdade de vontade sob tais condições é certamente viver num mundo de faz de conta que não tem relação com as realidades de nossa existência e nossas experiências comuns.

É óbvio, portanto, que nem o livre-arbítrio nem a predestinação representam os verdadeiros fatos de nossa existência, e a verdade com relação a esta questão não pode ser encontrada em uma filosofia superficial de vida que nem mesmo leva em conta os fatos gritantes de nossa existência e se recusa a ir aos aspectos mais profundos da vida. Este Universo se baseia em fatos, não apenas físicos e visíveis, mas suprafísicos e invisíveis, sendo estes últimos muito mais significativos e vitais que os primeiros. Não podemos desejar que estes fatos de nossa vida interior desapareçam, pressupondo arbitrariamente que eles não existem, como fez a filosofia materialista. Um destes fatos importantes, baseado na experiência de inúmeros místicos, ocultistas, videntes e sábios, é que existe um mundo interior de Realidade oculto no interior do mundo fenomenal em constante mudança no qual vivemos, e que este mundo fenomenal é uma sombra do mundo espiritual interior. Se isto é um fato, então o que acontece embaixo será determinado em grande parte pela relação existente entre os dois mundos.

É difícil conceber a natureza da relação existente entre o mundo espiritual enquanto ele se desdobra na Mente Divina, e sua sombra abaixo, no mundo do tempo e do espaço. É por esta razão que os filósofos têm especulado sobre o enigma do Livre-Arbítrio e da Predestinação desde tempos imemoriais, sem conseguir chegar a qualquer conclusão definitiva.

Há certos fatos na Natureza que levam à conclusão de que a Predestinação numa de suas formas mais rígidas está na base do Universo, e a sequência e natureza dos eventos que ocorrem é predeterminada de forma tão rígida quanto a imagem sendo projetada sobre uma tela de cinema é predeterminada pelo rolo de filme presente no projetor. Por exemplo, a possibilidade de ver o futuro em sua forma detalhada, o que sem dúvida é um fato. Um artigo na revista *Reader's Digest* (setembro de 1965) sob o título "A Bola de Cristal", que mostrava como é possível ver o futuro de forma definitiva e precisa, deixa o leitor horrorizado, e a se perguntar se o livre-arbítrio em seu sentido comum existe de fato. Matematicamente, se um evento no futuro pode ser mostrado como fixo no tempo e no espaço, todos os eventos que o precedem devem ser necessariamente fixos também. E como todos os eventos no Universo estão interligados e não podem ser separados teoricamente, eles devem ser fixos no sentido em que toda imagem sendo projetada na tela cinematográfica é fixa e já está presente no rolo de filme. Aqui temos a predestinação em sua forma mais rígida.

Depois há outros fatos que apontam de forma igualmente conclusiva para a inferência de que o homem possui livre-arbítrio e seu destino está, pelo menos em certa medida, em suas próprias mãos. Todos os grandes instrutores espirituais da humanidade com uma só voz e em termos inequívocos exortaram os seres humanos a tentarem se elevar acima desses mundos inferiores de ilusão, miséria e limitações ao mundo da Realidade e assim se libertarem dessas ilusões e limitações. Eles conhecem os dois mundos – o Real e o irreal – e não poderiam possivelmente exortar os aspirantes a fazer o máximo esforço para se libertarem dessas limitações e ilusões se a predestinação em sua forma rígida fosse a verdade subjacente da existência. Isso seria pura zombaria.

O próprio fato de que a Lei do *Karma* regula a vida dos seres humanos e traz para cada indivíduo os frutos de suas próprias ações, pensamentos e desejos aponta para a presença do livre-arbítrio no homem, e sua educação e evolução como uma entidade espiritual através do exercício desse livre-arbítrio. É verdade que na fase inicial de sua evolução, quando o homem está sob o completo domínio de seus instintos, desejos e pensamentos animais, não parece haver muito espaço para o exercício de seu livre-arbítrio, e sua evolução é guiada por agentes educativos externos, pelo prazer e pela dor, e pela pressão geral da Vontade Divina para a evolução. Mas à medida que ele evolui e adquire crescente controle sobre sua mente e desejos, o livre-arbítrio desempenha um papel cada vez mais dominante em sua vida e sua evolução torna-se cada vez mais autodirigida. De fato, toda a filosofia e ciência do *Yoga* baseia-se na suposição de que o homem é totalmente livre para se libertar das ilusões e limitações em que está envolvido e para se estabelecer no mundo da Realidade ao qual ele realmente pertence. Todas estas coisas e muitas outras apontam para o fato de que o homem tem livre-arbítrio e o tem numa medida crescente à medida que evolui e se aproxima do objetivo de sua evolução humana. E quando ele atinge seu objetivo e realiza sua verdadeira natureza Divina, fundindo sua consciência com a Consciência Divina, sua vontade torna-se completamente livre, pois agora ela é una com a Vontade Divina, e ele se torna um instrumento consciente da Vontade Divina.

Portanto, ambas estas doutrinas – Predestinação e Livre-Arbítrio – embora aparentemente contraditórias, parecem ser verdadeiras e fatos da existência no que diz respeito à vida humana. Juntas elas constituem um paradoxo da vida superior. Tais paradoxos ligados às questões últimas não são resolvidos pelo intelecto, mas só podem dissolver-se à luz da Realidade, e não proponho tentar uma solução que não seja possível. Mas como esta questão é interessante não apenas do ponto de vista filosófico, mas da maior importância para o aspirante, eu gostaria de lidar com ela brevemente, pelo menos, para remover o equívoco paralisante que espreita na mente de alguns aspirantes de que seu futuro está predeterminado e, consequentemente, não adianta fazer nenhum esforço para sair das ilusões e misérias nas quais eles se encontram envolvidos. Tal equívoco, mesmo que não esteja claramente definido e exista apenas na mente subconsciente, estiola insidiosamente todos os nossos impulsos espirituais e leva à confusão e à frustração mental. Portanto, mesmo que não consigamos resolver o paradoxo do Livre-Arbítrio e da Predestinação discutido acima, devemos estudar e pensar sobre esta questão até que nos convençamos de que o livre-arbítrio de alguma forma e, em algum grau, desempenha papel importante na vida do homem e é possível para ele elaborar sua salvação se quiser fazê-lo.

Há um aforismo muito importante no *Yoga-Sūtra* de Patañjali que esclarece esta questão e dá uma indicação da relação entre o mundo Real que existe na Mente Divina e sua sombra no mundo fenomenal projetado no tempo e no espaço. Este aforismo, IV-12, já foi citado no capítulo anterior e considerado em outro contexto. Consideremos ainda este aforismo para mostrar como ele elucida a questão da limitada liberdade de vontade que é possível na elaboração do Plano Divino. Será visto pelo aforismo que o Ocultismo reconhece a possibilidade de diferenças de caminhos ou, em outras palavras, possíveis variações no transcurso dos acontecimentos, à medida que o mundo espiritual na Mente Divina é refletido no mundo fenomenal. Isto significa, pelo menos, que a predestinação de uma forma rígida não existe. A marcha dos eventos no mundo fenomenal não reproduz rigidamente o padrão ou o plano na Mente Divina como uma imagem de cinema reproduz o rolo do filme na tela, ou seja, mecanicamente e em detalhes exatos. A relação pode ser considerada semelhante à relação entre a ideia de um arquiteto como ela existe em sua mente e o edifício em cal e pedra que é erguido de acordo com o plano. Ao montar um edifício desta maneira, a construção pode seguir qualquer um dos inúmeros 'caminhos'. O construtor pode começar com qualquer conjunto de salas ADG ou CFI ou ABC ou AEI.

A	B	C
D	E	F
G	H	I

Ele pode completar a ala esquerda antes de ocupar a direita ou vice-versa. Ou ele pode erigir a partir da fundação de forma regular. Há centenas de maneiras, diferentes em detalhes maiores ou menores, nas quais o edifício pode ser erguido e concluído e, no entanto, quando concluído, estas coisas não importam em nada. O edifício concluído será o mesmo em cada caso e representará fielmente o edifício que o arquiteto tinha em sua mente. E quando for concluído e estiver presente em sua forma perfeita, o modo como foi construído, todos os detalhes, etc., serão não apenas imateriais, como também se tornarão uma ilusão, uma simples memória.

Ora, quais são as diferenças nestes detalhes de diferentes métodos para levar o edifício até a conclusão? De acordo com o *Sūtra*, são meras diferenças de aparência de diferentes propriedades ou *Dharmas* que estão todos presentes em *Prakriti* de forma latente. Assim, completar o edifício de uma forma ou de outra difere no surgimento de um conjunto de propriedades ou de outro conjunto de propriedades, todas as propriedades estando presentes de forma latente em *Prakriti*, e algumas emergindo desta condição latente para a condição ativa de acordo com as circunstâncias. Isto, naturalmente, é colocar a situação na terminologia do Sāmkhya, mas a explicação será vista como essencialmente correta e até mesmo de acordo com fatos e teorias científicas.

Tomamos a construção de um único edifício para ilustrar este ponto. Pode-se objetar que um edifício é uma parte insignificante da evolução do Universo que reflete o Plano Divino. E quanto ao Universo inteiro? Se pensarmos cuidadosamente, descobriremos que podemos dividir o edifício em suas partes componentes, e o que foi dito sobre o edifício inteiro será verdadeiro para cada uma das partes. Por exemplo, se tomarmos uma única sala, o mesmo raciocínio se aplicará à construção da sala ou de uma parede. Da mesma forma, procedendo na outra direção, podemos ir passo a passo para o Universo como um todo. O mesmo princípio se aplica em todos os casos, independentemente do tamanho ou da natureza do fenômeno que ocorre.

Assim, vemos que, no Plano Cósmico, o Universo inteiro ou qualquer sistema manifestado em particular (Sistema Solar) está presente em forma arquetípica, completa e integrada. Isto é elaborado em sua perfeita forma expandida na Mente Divina do *Logos* e é a base do Mundo Divino mencionado acima. Quando este Mundo Divino é projetado nos planos inferiores dos fenômenos, todos os fenômenos se moldam de tal forma que o Plano Divino é completado na forma que está presente na Mente Divina. Mas os fenômenos não seguem um curso rígido, como explicado acima. Há elasticidade e espaço para diferenças na realização do Plano, mas com a pressão da Vontade Divina por trás dele e da Sabedoria Divina para guiá-lo, o Plano é completado como existente na Mente Divina.

O que causa estas diferenças nos caminhos e nas incertezas nos métodos? Por que o Plano Divino em sua execução não segue uma linha predeterminada exatamente de acordo com a Vontade Divina? Em outras palavras, o que frustra a Vontade Divina, por muito pouco que possa ser esta frustração? A razão é óbvia. Junto com o *Logos* existem inúmeras Mônadas evoluindo no sistema manifestado. Essas Mônadas são parte da Vida Divina, mas para sua evolução e desdobramento têm que trabalhar sob ilusões e limitações nos estágios iniciais. Isto introduz todos os tipos de complicações e atrasos. O *Logos* tem que elaborar Seu Plano (tirado de cima) não sozinho, mas levando todas as Mônadas junto com Ele; essas Mônadas que também são como Ele e cuja vontade, transmutada em desejo, deve também ser cumprida. São essas vontades das Mônadas não desenvolvidas que levam aos desvios no Plano Divino em seu funcionamento, e é para permitir o funcionamento de suas vontades livres, na medida do possível, que tem que haver elasticidade no funcionamento do Plano. Mas como as Mônadas também fazem parte da Consciência Divina, e à medida que evoluem suas vontades se fundem na Vontade Divina Total, cada esquema é completado de acordo com o Plano Divino. O desdobramento do Universo é, portanto, um processo cooperativo no qual todas as Mônadas também participam, cada uma de acordo com sua unicidade individual e estágio de evolução.

Ver-se-á do exposto acima que tanto a Predestinação quanto o Livre-Arbítrio são verdadeiros e ambos têm seus papéis a desempenhar no Universo em evolução. O próprio fato de que existe um Plano Divino e a Vontade Divina está por trás dele significa algum grau e forma de Predestinação. Mas o fato de que na elaboração do Plano há elasticidade e considerável liberdade de ação e expressão para as Mônadas que estão evoluindo no Universo significa que há livre-arbítrio para a Mônada. Nas fases iniciais, essa vontade expressando-se como desejo traz suas próprias consequências agradáveis e desagradáveis, e assim o indivíduo aprende gradualmente a trabalhar de acordo com a Vontade Divina. Desse modo, as complicações e frustrações diminuem à medida que as Mônadas evoluem, e quando as Mônadas tornam-se Autorrealizadas suas vontades fundem-se com a Vontade Divina. É óbvio, portanto, que temos coexistência de Predestinação e Livre-Arbítrio, e no Plano deve ser feita uma provisão para os ajustes, atrasos, complicações que são parte de um Universo fenomenal com inúmeras Mônadas nele evoluindo.

A discussão acima sobre a coexistência do Livre-Arbítrio e da Predestinação não deve dar a impressão de que o Plano Divino esteja expresso em sua forma perfeita nos mundos inferiores do Tempo e do Espaço. Esses mundos são mundos temporários ou ilusórios e podem, na melhor das hipóteses, meramente refletir os diferentes estágios do Plano de uma forma imperfeita. O Plano está presente em sua Perfeição e em sua forma Eterna no mundo Divino acima do Espaço e do Tempo. Não podemos conceber esta forma transcendente do mundo Divino porque ele está acima do Tempo e do Espaço. Ele contém os diferentes estágios, bem como a forma final (relativamente final para um *Kalpa*) de forma integrada, assim como uma fórmula que resume uma série contém as formas integradas bem como as formas expandidas da série. Mas quando essa fórmula desce ao reino do Tempo e do Espaço em manifestação, os diferentes termos da série são escritos progressivamente, como ilustrado abaixo.

$$F(X) = f(x_1) + f(x_2) + f(x_3) + f(x_4) \ldots\ldots \alpha$$

A forma integrada permanece sempre no Eterno e seus termos diferenciados aparecem um após o outro no mundo do Tempo e do Espaço. Mas o aparecimento destes termos no mundo fenomenal é apenas o aparecimento sucessivo das diferentes propriedades de *Prakriti* com base nos *Gunas*. Em outras palavras, é ilusório. O Plano Real baseado na Ideação Divina em sua totalidade e perfeição só pode ser manifestado no Mundo Divino e só aqueles que podem transcender os mundos inferiores é que podem perceber esse Plano em sua perfeição. Nos mundos inferiores só podemos ver suas sombras imperfeitas, uma após a outra.

As ideias acima servirão também para esclarecer a questão da "diferença de caminhos" referida no *Sūtra* citado acima e nos permitir vislumbrar esse aspecto da relação entre o Manifestado e o Não Manifestado.

Pode haver algumas pessoas que estejam inclinadas a considerar todas essas ideias como especulações filosóficas ociosas. São especulações ociosas se brincarmos com essas ideias como fazem os filósofos acadêmicos. Mas não o são se forem os sérios esforços de um *Jignyasu* (um aspirante) para saber por meio do intelecto o que realmente está além do intelecto para o qual eles preparam o caminho, ou forem trampolins para aquele conhecimento direto que surge quando o iogue, depois de fazer esforços intensos para conhecer as realidades da vida superior, consegue finalmente romper a barreira do intelecto e encontrar-se face a face com aquelas realidades que foram o objeto de sua busca.

Capítulo 14

Ideação Individual

Após havermos ponderado um pouco a respeito da mente em seu aspecto macrocósmico, desçamos agora para o nível humano e examinemos sua atuação no caso de uma Mônada individual. Este é um assunto vasto, e podemos considerar aqui muito sumariamente apenas alguns aspectos da mente em sua natureza microcósmica, especialmente aqueles que relacionam a ideação individual à Ideação Divina e a Cósmica. Mas, antes de retomarmos a ideação individual, esclareçamos melhor nossas ideias com relação à distinção entre Ideação Divina e Ideação Cósmica.

(1) A Ideação Divina pode ser considerada como a atividade mental de um *Logos*, que é a Deidade que preside um sistema manifestado como um Universo ou Sistema Solar. O *Logos* de um Sistema Solar, de acordo com a doutrina Oculta, faz descer Seu Plano do *Logos* Cósmico manifestado que é a Deidade que preside todo o Universo, e este último faz descer Seu Plano para o Universo do *Logos* Cósmico Não Manifestado que é a fonte oculta de todos os Universos que se sucedem na eterna alternância de *Shrsti* e *Pralaya*. Estritamente falando, a frase "Ideação Cósmica" deve ser reservada para a atividade mental do *Logos* Cósmico Não Manifestado, mas como as palavras "*Cosmos*" e "Universo" são usadas quase que sinonimamente em linguagem comum, pode ser permitido usá-la também para a atividade mental do *Logos* Cósmico Manifestado.

Para ser exato, a palavra *Cosmos* deve ser reservada para a totalidade dos Universos que se sucedem na eterna alternância de *Shrsti* e *Pralaya*, enquanto a palavra Universo deve ser usada num sentido mais limitado para indicar o Universo em manifestação no momento. O nome *Logos* Cósmico indicaria, neste caso, apenas o *Logos* Cósmico Não Manifestado e Ideação Cósmica indicaria apenas Sua atividade mental no Não Manifestado. Existem, de fato, dois nomes diferentes na Cosmogonia hindu para indicar estas duas Realidades – *Maheshvara* e *Vishveshvara* – o primeiro para indicar o *Logos* Cósmico Não Manifestado e segundo para indicar o *Logos* Cósmico Manifestado.

2) É extremamente difícil para nós compreendermos até mesmo vagamente a Ideação Divina que ocorre na Mente de um *Logos* Solar. A Ideação Cósmica, seja no Manifestado ou no Não Manifestado, estando num nível infinitamente mais profundo deve, portanto, estar necessariamente além de nossa compreensão. Podemos supor que somente aqueles que se elevaram acima do nível humano e podem fundir sua consciência com a do *Logos* Solar estão em condições de ter um vislumbre da natureza da Ideação Divina nesses níveis tremendamente elevados. Tudo o que podemos fazer, na construção de um conceito razoável de Ideação Divina nesses níveis, é subtilizar e expandir ao máximo nossas ideias de ideação humana, e com a ajuda do princípio "Como é em cima, assim é embaixo", compor um conceito tênue e extremamente vago deste mistério dos mistérios. Vejamos se a matemática pode, até um certo ponto, ajudar-nos a fazer isto:

(3) As relações da Ideação Cósmica no Não Manifestado e as Ideações Divinas nos níveis Cósmico e Solar podem ser expressas matematicamente de uma maneira muito simples, como se segue:

IDEAÇÃO CÓSMICA

F (X) =	f (x1) +	f (x2) +	f (x3)	...... ∞	(Séries infinitas)
	..	..		IDEAÇÃO DIVINA	
	f (x1) a	f (x2) a	f (x3) a		
	f (x1) b	f (x2) b	f (x3) b		
	+	+	+		
	f (x1) c	f (x2) c	f (x3) c		
	....	....	....		
	∞1	∞2	∞3		

Cada termo no lado direito da equação $f(x_1)$, $f(x_2)$, etc. é uma função que tem potencialidades ocultas que se manifestam à medida que esse Universo específico evolui durante o período de um *Mahākalpa*, e um número infinito de Sistemas Solares aparecem no Universo como indicado pela série vertical. Todos os termos das séries infinitas estão resumidos em F (X) que, portanto, representa a Ideação Cósmica no Não Manifestado. Os dois aspectos da Ideação Cósmica (no Não Manifestado e no Manifestado) são, portanto, representados pelos dois lados da equação horizontal no topo, e a Ideação Divina tanto no nível Cósmico quanto no Solar é representada pelas equações verticais, cada equação representando apenas um do número infinito de Universos que aparecem um após o outro e cada um contendo inúmeros sistemas solares.

Se nesta figura fôssemos representar também a ideação individual, ela estaria sob a forma de equações escritas em ângulos retos ao plano do papel. Cada termo simbolizando a Ideação Divina de um *Logos* Solar, na figura acima, resumirá uma série cujos diferentes termos simbolizam a ideação individual das Mônadas associadas ao *Logos*. Assim, a figura se tornaria tridimensional.

Vê-se que é este desdobramento do Plano Cósmico integrado, tendo sua fonte última no Não Manifestado, que constitui a Ideação Divina, e que por projeção posterior para baixo, produz os mundos fenomenais como uma sombra embaixo. Esta elaboração ou desdobramento ocorre na Mente Divina do *Logos* Cósmico no nível mais elevado e depois nas Mentes Divinas dos *Logoi* Solares em seus respectivos Sistemas Solares. São os mundos espirituais criados por esta Divina Ideação que constituem a Real forma do Universo. Esses mundos espirituais refletem-se nos mundos fenomenais do tempo e do espaço nos quais inúmeras Mônadas evoluem e alcançam o desabrochar inicial de suas consciências.

É contra este pano de fundo das Ideações Cósmica e Divina que a ideação individual da Mônada deve ser vista de modo que possamos vê-la na perspectiva correta e importância verdadeira. Notar-se-á que, quando vista desta forma, está relacionada à Ideação Cósmica e à Ideação Divina, por um lado, e à atividade mental no nível da individualidade e da personalidade, por outro.

Foi assinalado em outro contexto que o desabrochar das diferentes Mônadas, de acordo com suas unicidades individuais, não as torna desvinculadas e aleatórias como parece, quando vistas superficialmente nos planos inferiores nos estágios iniciais da evolução. Elas são partes integrantes de um vasto padrão Divino e nele se encaixam como as peças aparentemente não relacionadas de um quebra-cabeças se encaixam num belo quadro quando o trabalho está concluído. O ciclo evolutivo de uma Mônada não é, portanto, um fenômeno isolado e independente, mas uma nota que se destina a se tornar, em última instância, parte de uma sinfonia Divina.

Ao lidarmos com a relação do Absoluto e das Mônadas em *O Homem, Deus e o Universo*, vimos que todas as Mônadas são aspectos ou partes diferenciadas do Absoluto, como os raios são aspectos diferenciados de um círculo ou esfera. É óbvio que quando tal Realidade integrada se manifesta em Sua forma diferenciada no reino do Tempo e do Espaço, mesmo que suas diferentes partes evoluam e se desdobrem em diferentes linhas, deve haver uma unidade e uma harmonia ocultas subjacentes a esses diferentes caminhos de desdobramento que elas seguem como unidades individuais, essa unidade e essa harmonia refletindo sua unicidade e integração no Absoluto. Em outras palavras, embora cada Mônada seja individualmente única e o caminho que ela segue seja também único, todas estas unicidades e caminhos individuais estão intimamente relacionados entre si porque são derivados, e juntos constituem um Todo Perfeito.

Esta é uma concepção da unicidade individual que é muito mais razoável e bela do que aquela em que a perfeição de cada alma individual é considerada como não relacionada à perfeição de outras almas, e a perfeição da SuperAlma da qual elas são derivadas. Tais perfeições não relacionadas de inumeráveis almas em um Universo infinito podem, na melhor das hipóteses, ser relativas, enquanto as perfeições que, em última análise, se integram em um Todo perfeito no Absoluto devem ser absolutas em sua totalidade. Esta não é uma mera ideia especulativa. Qualquer um que esteja familiarizado com as mais elevadas doutrinas do Ocultismo e tenha uma percepção real destas coisas pode ver que não há como escapar de tal conclusão. Uma Realidade Última que é um Todo perfeitamente harmonizado e integrado não pode, por sua própria natureza, conter inúmeras partes não relacionadas e não harmonizadas, mesmo que essas partes sejam relativamente perfeitas em si mesmas. A perfeição do

Todo exige não apenas a perfeição das partes constituintes, mas também sua perfeita relação.

Naturalmente, na concepção acima da unicidade individual, estamos levando em consideração não apenas as Mônadas que ainda têm que desabrochar sua perfeição humana, mas também aquelas que alcançaram o *status* de *Logos* Solares e estão desabrochando sua perfeição Divina. A perfeição, harmonia e totalidade do Absoluto é abrangente e inclui em seu infinito abraço todos os *Logoi* Solares e todas as Mônadas. As Mônadas diferem dos *Logoi* Solares, como foi assinalado em outros lugares, não em sua natureza essencial, mas apenas no grau de desdobramento, embora estas diferenças sejam tão tremendas a ponto de serem inconcebíveis. Juntas, elas constituem a Realidade manifestada que encontra expressão através do campo fornecido pela Consciência do *Logos* Cósmico. Esta é a penúltima síntese na qual todas as manifestações do Espírito são vistas como um todo unificado, com raízes no Absoluto como o Um, e manifestando-se no *Cosmos* como os Muitos.

Ora, se todos os elementos espirituais na manifestação estão relacionados e são partes constituintes de um Todo harmonioso e integrado, será que daí não se depreende que suas respectivas atividades no âmbito da mente também devam estar relacionadas entre si? Em outras palavras, não é lógico que a Ideação Cósmica, a Ideação Divina e a ideação individual estejam intimamente relacionadas no nível mais profundo, e que tenham um propósito comum? Não significará isto que a Ideação Divina de um *Logos* Solar tem raízes e reflete a Ideação Cósmica, e que a ideação individual de uma Mônada trabalhando através de sua individualidade e personalidade tem raízes e reflete a Ideação Divina de seu *Logos*?

Que isto não é puramente hipotético e que, até certo ponto, é corroborado por fatos da experiência, será visto se examinarmos o conteúdo normal de nossa mente, o fluxo ininterrupto de imagens e ideias mentais que constituem nossa vida mental e encontram expressão em nossa vida exterior e suas atividades. Descobriremos que este fluxo é composto de diferentes tipos de imagens mentais. Um conjunto de imagens é derivado do impacto de nosso ambiente sobre nossas mentes individuais. Outro conjunto é derivado da atividade de nossas próprias mentes. As imagens mentais produzidas em nossas mentes pelo ciclo diário de manhã, meio-dia, tarde e noite, pelo ciclo anual das estações, pelas inúmeras estrelas com as quais o céu está cravejado à noite, são todas resultado do impacto da Mente Divina em nossas mentes individuais. Elas são produzidas em nossas mentes pela atividade da Mente Divina no nível solar ou cósmico, de acordo com nossa posição no tempo e no espaço, independentemente da atividade de nossas próprias mentes.

Depois, há outra fonte de imagens e ideias mentais em nossas mentes, os *Samskāras* ou impressões potenciais, e forças ocultas dentro de nós. À medida que esses *Samskāras* amadurecem, eles aparecem em nossas mentes um após outro e determinam, em grande parte, a nossa vida. A maioria deles se deve ao nosso *Karma* passado que geramos nesta ou em vidas passadas, mas alguns deles vêm de uma fonte muito mais profunda, nossa Mônada. O padrão eterno de nossa unicidade individual está oculto no interior da Mônada como assinalado em outro lugar, e muito lenta e sutilmente desabrocha em nossa vida e determina seu curso. Portanto, somos influenciados não apenas por nossos *Karmas* gerados no passado, mas também por nossa potencialidade de aparecer no futuro. Quando estes estímulos e inspirações aparecem em nossas mentes, somos inclinados a imaginar que são o resultado da atividade independente de nossa própria mente, mas isto é uma ilusão. Embora sua fonte não seja externa (eles vêm de dentro de nós mesmos), eles não são o resultado da atividade independente de nossa mente consciente.

Se eliminarmos as imagens e ideias mentais derivadas das duas fontes mencionadas acima, descobriremos que apenas um pequeno resíduo de imagens e pensamentos, que são o resultado da atividade independente de nossa mente consciente, é deixado para trás. A proporção disto será diferente com diferentes indivíduos, dependendo de sua vida, atividades e estágio de evolução.

O fator importante a ser observado aqui, ao considerarmos esta questão, é que nossa mente é o ponto de encontro de diferentes tipos de atividades mentais, Cósmicas, Divinas e individuais e, portanto, não há nada de irracional na doutrina Oculta de que estes diferentes tipos de atividades estejam inter-relacionados. Eles não estão meramente inter-relacionados. Eles fluem de uma fonte central no Não Manifestado e descendo, passo a passo, para os reinos inferiores do Manifestado emergem como ideação individual no nível mais baixo. A Ideação Cósmica é a base e o pano de fundo último de toda atividade mental no Universo manifestado. Sobre esta base é construída a atividade mental dos *Logoi* Solares que é chamada de Ideação Divina. A mente de cada *Logos*, por sua vez, fornece a base para a ideação individual das Mônadas que estão evoluindo em seu Sistema Solar. A relação dos três tipos de ideações – Cósmica, Divina e individual – é representada esquematicamente na figura dada no capítulo sobre Ideação Cósmica.

Se o que está dito acima for verdade, então nossas vidas individuais baseadas nas respectivas atividades de nossas mentes individuais são todas partes de um padrão Divino existente na Consciência Divina e ocultas de nossa visão.

Parecemos estar vivendo, trabalhando e evoluindo independentemente aqui embaixo, mas estamos realmente tentando expressar diferentes partes deste vasto e inconcebível Padrão Divino em nossas próprias esferas respectivas. Todo o Plano para o nosso Sistema Solar está oculto na consciência de nosso *Logos* Solar. Suas diferentes partes estão encontrando expressão através das Mônadas evoluindo no Sistema Solar cada vez mais completa e perfeitamente à medida que o esquema se aproxima de sua consumação.

E de modo semelhante, mas num nível tremendamente mais elevado, os *Logoi* Solares estão dando expressão em seus respectivos Sistemas Solares ao Plano Cósmico do Universo, oculto no interior da consciência do *Logos* Cósmico. Assim, todo o *Cosmos* está relacionado não apenas espiritualmente, mas também mentalmente, usando a palavra mental em seu sentido mais amplo como incluindo todos os níveis de mente. Como seres espirituais, estamos integrados e temos raízes no Absoluto, como mostra a figura (a) a seguir. Nossas atividades mentais, que ocorrem em nossos respectivos mundos mentais separados, também estão relacionadas de forma misteriosa e têm raízes na Ideação Cósmica do *Logos* Cósmico, como mostrado na figura (b) a seguir:

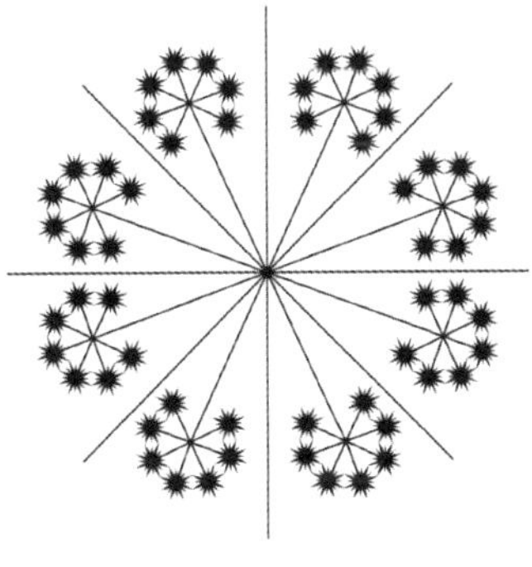

Fig. (a)

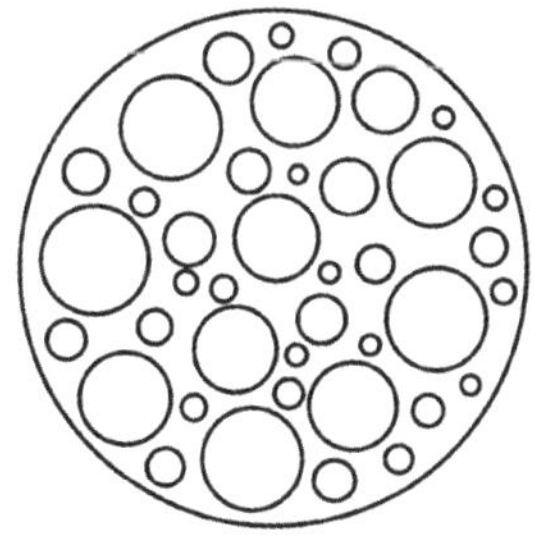

Fig. (b)

Esta é a magnífica imagem que o Ocultismo nos dá do Universo em que vivemos. É somente esta atividade ordenada, relacionada, harmoniosa e proposital em todo o Universo, visível e invisível, que o torna um *Cosmos* ao invés de uma mera coleção de estrelas e galáxias. Compare esta imagem com a que foi dada pela Ciência e veja a diferença que ela faz quando vemos uma coisa parcial ou totalmente, com os olhos da carne ou com os olhos do Espírito.

Alguém pode contestar que não estamos conscientes do fato de que nossas atividades mentais e outras buscas estão todas inter-relacionadas. A falta de tal consciência não significa que a coisa não possa ser verdadeira. Todos nós estamos nos movendo nesta terra em diferentes direções, aparentemente de forma independente e sem relação. Será que estamos conscientes do fato de que todos nós estamos circulando juntos na superfície da Terra com o giro da Terra sobre seu eixo? Será que estamos conscientes do fato de que estamos todos girando juntos em outro tipo de movimento à medida que a Terra gira em torno da órbita do Sol? Será que estamos conscientes do fato de que nosso próprio Sistema Solar está girando à medida que nossa galáxia gira em torno de seu eixo? E assim por diante. Mas tudo isso são fatos científicos baseados na observação.

Capítulo 15

O Indivíduo e seu *Dharma*

O homem em sua natureza Divina mais recôndita é parte da Realidade que subjaz ao Universo e é essencialmente uno com Ela. Esta questão já foi tratada em outro lugar e não precisamos abordá-la aqui, exceto no que diz respeito à sua relação com a Vontade Divina e a vontade humana. É pelo fato de o homem ser essencialmente Divino que sua vontade também é um fator no desenrolar do drama do Universo. É verdade que no exercício de sua vontade ele é limitado de acordo com o estágio de sua evolução, mas em menor ou maior medida sua vontade afeta o fluxo de eventos ligados à vida humana.

Embora os seres humanos não participem do drama estupendo que está a se desenrolar em uma escala colossal no Universo, eles parecem participar na determinação do andamento dos eventos ligados à evolução humana. Este papel desempenhado pelos seres humanos através do exercício de seu livre-arbítrio em sua esfera limitada é sem dúvida insignificante quando comparado com a natureza estupenda do Universo, mas isto é assim porque vemos o homem como um mero animal, com uma mente subdesenvolvida. Não o vemos como um ser Divino, não apenas com ilimitadas potencialidades Divinas, mas com poderes tremendos exercidos em seus estágios mais elevados de evolução, como *Manus*, *Logoi* Solares, etc. Somente quando temos alguma ideia do governo interno do mundo como revelado pelo Ocultismo é que nos damos conta do tremendo papel desempenhado pelo homem no desenrolar do drama do Universo após ter desabrochado suas potencialidades Divinas.

A relação da Vontade Divina com a vontade humana pode assim ser resumida dizendo-se que o andamento do Universo em expansão é determinado pela interação da Vontade Divina com as vontades das Mônadas individuais que estão associadas a um sistema em evolução. Talvez seja mais correto dizer que ela é sua resultante. Nos estágios iniciais da evolução as Mônadas são capazes de exercer apenas uma influência insignificante neste drama em constante desdobramento, mas nos estágios mais elevados como *Manus*, *Logoi* Solares, etc., esta influência se torna tremenda. De fato, à medida que subimos a escada da evolução e a fusão da consciência se torna cada vez mais perfeita, é difícil dizer onde está a linha divisória entre a Vontade Divina e a vontade Monádica. Podemos dizer igualmente que a Vontade Divina encontra livre expressão através das Mônadas, ou que a vontade das Mônadas se torna livre e autodeterminada. Isto é inevitável se as Mônadas forem derivadas da diferenciação da Realidade a que nos referimos como o Absoluto e, portanto, não há diferença essencial entre as duas.

Se existe alguma liberdade de vontade para o indivíduo e, portanto, o curso da evolução humana tanto em seus aspectos coletivo como individual é o resultado da interação da Vontade Divina e da vontade individual, qual é a lei subjacente a esta interação? Obviamente, nos estágios iniciais, a Lei do *Karma* em seu aspecto mais amplo é a lei que rege a evolução humana através do exercício do livre-arbítrio do indivíduo. O homem é um ser espiritual, e um ser espiritual pode desabrochar suas potencialidades divinas ocultas não através da imposição obrigatória de um código de conduta de fora, mas aprendendo a fazer o que é certo e de acordo com a Vontade Divina *por livre escolha*, pois isso leva ao bem mais elevado de todos, incluindo do próprio indivíduo. Que viver e agir em perfeita sintonia com a Vontade Divina é o objetivo final da evolução humana e leva ao florescimento de nossa natureza espiritual decorre da própria natureza do Universo como uma expressão da Ideação Divina apoiada pela Vontade Divina. Ela permite que o indivíduo seja harmonioso e perfeitamente encaixado no Plano Divino e cumpra seu próprio destino Divino como um fragmento da Divindade.

Aqueles que estão familiarizados com a doutrina do *Karma* sabem como o homem em última instância aprende a fazer o bem, não por compulsão externa, mas por escolha interior. Quando ele faz algo errado, é seguido por experiências dolorosas que estão relacionadas com o errado como causa e efeito. Quando faz o que é certo, ele colhe a recompensa sob a forma de experiências agradáveis e de felicidade. Esta associação natural do que é certo com o prazer e a felicidade e do que é errado com a dor e a infelicidade obriga-o a desistir de fazer o que é errado e a fazer o que é certo em todas as circunstâncias, mesmo que isto possa causar dor ou dificuldades temporárias. É verdade que este aprendizado para levar uma vida justa e adquirir uma fé cega na retidão pode durar centenas de vidas, mas a própria natureza da Lei é tal que a lição deve ser aprendida mais cedo ou mais tarde. E somente quando o indivíduo aprende plenamente e se estabelece firmemente na retidão é que ele está apto a embarcar na viagem de Autodescoberta e no desabrochar de suas faculdades espirituais e de sua natureza Divina. A retidão é o fundamento indispensável da vida espiritual.

A interação das Vontades Divina e individual continua durante todo o infindável desabrochar da Mônada, e mesmo quando ela se torna um *Logos* Solar, deve haver essa interação num nível muito mais profundo e sem envolver qualquer conflito. Mas não conseguimos ver além do estágio de *Jīvanmukti* ou Libertação e a natureza desta interação está, portanto, além de nossa compreensão. Tudo o que podemos saber é que quando um indivíduo se torna Liberto ou se torna um *Jīvanmukta* ele trabalha em perfeita harmonia com a Vontade Divina para o cumprimento do Plano Divino, embora ainda mantendo a liberdade para poder fazer sua contribuição individual dependendo de sua unicidade individual. A coexistência deste tipo de liberdade e perfeita harmonia com a Vontade Divina não é diferente da coexistência do Um e dos Muitos. Na verdade, é apenas um aspecto desse Mistério dos mistérios.

Isto nos leva à questão: como determinar o que é reta ação sob um determinado conjunto de circunstâncias, ação que esteja em harmonia com a Vontade Divina ou *Rtam*. No início de sua evolução, o homem não sabe que existe uma Lei Divina subjacente à Vida e que uma vida vivida em perfeita harmonia com essa Lei pode garantir a realização da verdadeira felicidade individual. Ele vive de acordo com os ditames do desejo e se contenta em colher os frutos doces e amargos que o *Karma* lhe traz como resultado. Como a ação errada traz dor e a ação correta traz prazer, ele aprende a evitar cada vez mais a ação errada e a refrear as más tendências que levam à ação errada. Desta forma, sua mente torna-se cada vez mais livre do ônus das más tendências, e isto aumenta não apenas o elemento felicidade, permitindo também que a luz de *Buddhi* se infiltre gradualmente em sua mente. Como resultado deste alvorecer de *Viveka*, ele começa a perceber a natureza ilusória e limitada da vida vivida nos planos inferiores e a futilidade de buscar um ideal de vida baseado na busca de objetivos mundanos e poder ou prazer temporários. Ele começa a ver que mesmo os prazeres e as alegrias da vida *post-mortem* nos mundos suprafísicos são temporários e ilusórios, e o mantêm preso à roda de nascimentos e mortes com todas as suas limitações, ilusões e misérias. A compreensão de que existe um estado de existência no reino da Realidade e acima das dualidades do prazer e da dor começa a alvorecer gradualmente em sua mente e a atrair seu coração, e assim o ideal de buscar prazeres e objetos dos mundos físicos ou suprafísicos é substituído pouco a pouco pelo ideal de alcançar aquela consciência espiritual na qual ele realiza sua natureza Divina que está acima das limitações e ilusões da vida inferior.

Somente então é que ele tem que enfrentar o problema de saber o que é certo e está de acordo com a Vontade Divina. Ele adquiriu plena fé na necessidade e eficácia da retidão e está determinado a levar uma vida justa, mas fica constantemente confuso com relação ao certo e ao errado, e não sabe com certeza o que fazer num determinado conjunto de circunstâncias. Para ele, uma vida justa não é a vida religiosa comum que consiste em professar a fé em certos dogmas e seguir mecanicamente um estúpido conjunto de regras de conduta, mas adotar uma atitude totalmente impessoal e fazer o necessário para se manter todo o tempo em perfeita harmonia com a Vontade Divina. Ele se elevou acima do reino da moral comum e agora está seguindo não um rígido código externo de conduta, mas a lei de seu próprio ser baseado em seu *Dharma*, conforme determinado por *Rtam* e descoberto por seu próprio discernimento.

Este tipo de ação na qual o elemento pessoal e as preferências pessoais foram completamente eliminados é chamado de *Nishkāma-Karma*, que significa ação realizada sem qualquer desejo pessoal, mas apenas para cumprir o Plano Divino e para realizar o que é preciso ser feito pelo indivíduo em virtude da posição que ocupa e das capacidades que possui. Pois, em um *Cosmos* nada acontece por acaso, e somos colocados num conjunto particular de circunstâncias não só porque temos que trabalhar nosso *Karma*, mas também porque temos uma função a desempenhar naquelas circunstâncias. Esta função pode ser importante ou sem importância, significativa ou insignificante do ponto de vista externo, mas está lá e impõe ao indivíduo uma obrigação que ele pode ignorar ou cumprir de má vontade e de forma descuidada apenas para sua desvantagem, criando complicações não apenas para si próprio, mas também para os outros. Não haverá considerável interferência no Plano Divino por nossa ignorância ou relutância, pois o fluxo de um rio não é interferido quando um peixe tenta nadar contra a corrente. O Plano que tem a Vontade Divina por trás dele se cumprirá de alguma forma através de um curso alternativo, mas o indivíduo criará complicações para si mesmo e passará por maior sofrimento em seu progresso em direção a seu objetivo.

De fato, a vontade do indivíduo comum é tão fraca e a liberdade de sua vontade é tão limitada que sua capacidade de se colocar contra a Vontade Divina é extremamente limitada e pode ser considerada quase nula. Ele é suportado sem auxílio pela corrente da vida e desempenha o pequeno papel a ele designado de boa ou má vontade, adequadamente ou de forma descuidada. Somente quando o indivíduo desenvolveu um forte centro de individualidade e seus poderes mentais estão consideravelmente desabrochados é que ele pode colocar-se contra a Vontade Divina e interferir significativamente no Plano Divino, apenas temporariamente e de forma muito limitada do ponto de vista mais amplo. Nossa visão é tão limitada e estamos tão absortos em nossas pequenas vidas que coisas que são totalmente insignificantes do ponto de vista superior nos parecem ter uma enorme importância no momento, nas circunstâncias em que somos colocados. Apenas em retrospectiva é que podemos ver sua pouca importância e sua natureza insignificante. Um simples político que se pavoneia no palco do mundo por um breve momento parece aos outros, e particularmente a si próprio, como um grande homem do destino que governa e determina a vida daqueles milhões de pessoas que, por enquanto, estão por ele enamoradas. Mas a forte e implacável corrente da vida logo o varre, e joga sua personalidade ilusória e temporária sobre o monte de sucata da história. E aí ela encolhe rapidamente em importância até ser engolida pelo vazio do esquecimento no qual não apenas as chamadas grandes personalidades, mas as civilizações desapareceram e continuarão a desaparecer eternamente. Estes são fatos patentes que devem curar facilmente todo desejo de fama e glória. Mas o homem tem que evoluir através da busca dessas coisas nos estágios iniciais, e por isso *Māyā* o investe com glamour que só pode ser perscrutado pelo discernimento nos estágios posteriores.

Se cada um de nós está cumprindo o Plano Divino de modo vacilante e inconscientemente levando a cabo a Vontade Divina, de que serve adotar uma vida de retidão e tornar-se um agente consciente da Vontade Divina? Que vantagem tem o homem que está estabelecido na retidão sobre o homem comum que segue os ditames de seus desejos? A vantagem é tremenda, mas precisamos de discernimento para vê-la. Enquanto o homem não estiver estabelecido na retidão, seu *Buddhi* permanece obnubilado, seus olhos espirituais permanecem fechados e ele não está sequer em condições de trilhar a senda do desabrochar espiritual que leva à realização de sua Real natureza. Ele pode até mesmo conseguir obter alguns dos poderes psíquicos inferiores, mas as portas do mundo da Realidade permanecerão fechadas para ele. Ele sequer saberá que há um mundo de Realidade oculto por trás dos mundos inferiores, aos quais somente sua consciência e poderes estão confinados.

Levar uma vida de retidão é de fundamental importância não apenas para o próprio indivíduo, mas afeta também a vida da humanidade da qual ele é parte. Um homem justo ajuda aqueles que o rodeiam de duas maneiras. Em primeiro lugar, criando um centro de harmonia através do qual forças dos planos mais sutis podem fluir para os mundos inferiores e ajudar a humanidade como um todo, esteja ele consciente disso ou não. Em segundo lugar, tornando possível para si mesmo transcender as limitações e ilusões dos mundos inferiores, ele cria no tempo outro canal de comunicação entre o mundo real e o irreal. Todo indivíduo que consegue criar um canal entre os dois mundos torna-se não apenas um agente da Vida Divina, mas um guia e ajudante daqueles que aspiram a desabrochar sua natureza espiritual. Quando atinge a Libertação, ele é capaz de atender as necessidades espirituais da humanidade no sentido real do termo, quer o mundo exterior o conheça ou não. Com muita frequência confundimos a espiritualidade real com a vida religiosa formal e pensamos que seguir as formas externas de religião e um código ético artificial é viver a vida espiritual. Mas as pessoas cujo discernimento foi despertado podem ver facilmente o grande abismo que separa as duas, e não são enganadas pelo aprendizado ou pela parafernália imponente da religião por trás da qual a ortodoxia esconde sua pobreza de espírito.

Voltando à questão de saber o que é reta ação sob todas as circunstâncias, a resposta é: fazer sempre a coisa certa na hora certa, da maneira certa, pelas razões certas, *tanto quanto soubermos*. Apesar de nossos melhores esforços, podemos não ser capazes de fazer sempre a coisa certa, mas se o motivo e a determinação para fazer a coisa certa estiverem lá, isso esclarece gradualmente nosso *Buddhi* ou discernimento, permitindo-nos não apenas ver o reto curso ou ação, mas também segui-lo com facilidade e sem hesitação. A capacidade de saber o que é certo e de fazer o que é certo só pode ser desenvolvida aprendendo a fazer o que é certo como nós o vemos em todas as circunstâncias. Isto estabelece um círculo virtuoso até que nos tornemos firmemente estabelecidos na retidão. Então, todo esforço e luta cessam e a vida flui fácil e naturalmente de nosso centro de consciência espiritual em cumprimento do Plano Divino.

Mas deve-se assinalar que um simples e vago desejo de fazer o que é certo não pode trazer uma transformação tão fundamental em nossa natureza. A maioria dos aspirantes reconhece teoricamente a necessidade de adotar uma vida justa e tenta, de vez em quando, fazer o que é certo, quando não interfere muito em seus interesses e tendências. Isto é certamente uma melhoria na atitude do homem comum que nem sequer reconhece a necessidade de uma vida justa, e faz o bem apenas por medo de ser pego nas garras da lei ou de criar complicações desnecessárias para si próprio. Mas um homem não pode se tornar *Dharma-Nishtha* ou estabelecido na retidão por simplesmente ter fé na retidão e fazer o que lhe convém ou o que é possível. Ele tem que aprender a fazer o que é certo em todas as circunstâncias, sejam quais forem os inconvenientes, perdas ou sofrimentos que estes possam envolver no momento. Isto exige vigilância constante, discernimento aguçado e uma calma e implacável determinação para fazer o que é certo em todos os momentos. Isto provavelmente envolverá muito desconforto e muitas dificuldades e talvez também sofrimento, porque no momento em que realmente decidimos nos estabelecer na retidão, somos testados e provados e todos os tipos de tentações e dificuldades começam a surgir em nosso caminho. Essas provas têm que ser suportadas e transcendidas sem vacilação, se formos realmente sérios. Elas parecem formidáveis e causam sofrimento somente quando há fraqueza no interior e há uma tendência a vacilar devido à turvação parcial do discernimento. O homem verdadeiramente justo dá até mesmo sua vida, se necessário, sem qualquer agitação ou arrependimento, como mostraram as vidas de muitos mártires, santos e grandes homens. Não há nada mais fascinante nos anais da história britânica do que o modo como Sir Thomas More enfrentou a morte ao fazer o bem – sem agitação, sem arrependimento, sem medo. Mas este tipo de equanimidade e fé na retidão só está presente quando nos estabelecemos firmemente na retidão por um longo curso de autodisciplina e estamos espiritualmente despertos.

Pelo que foi dito acima o estudante verá a relação entre *Rtam* e o *Dharma* individual. As ideias fundamentais com relação a essa relação podem ser resumidas como se segue:

Rtam é a Grande Lei subjacente ao desdobramento do Universo no espaço e no tempo. A forma Real, espiritual deste Universo em desdobramento já está presente na Mente Divina, e a forma irreal temporária abaixo meramente segue e reproduz aproximadamente a forma espiritual Real como um jogo de sombras. Neste Universo em desdobramento projetado a partir da Mente Divina estão imersas incontáveis Mônadas em vários estágios de evolução. Cada Mônada é uma parte integrante da Realidade Última com sua própria unicidade individual e papel no drama interminável no palco do Universo manifestado. Ela tem uma personalidade e uma individualidade funcionando nos mundos inferiores que servem para desabrochar as ilimitadas potencialidades Divinas ocultas dentro dela e para trazer à tona sua unicidade individual.

A personalidade e a individualidade são num determinado sentido apenas sombras da Mônada, mas, em outro sentido, são instrumentos de seu desdobramento. Este desdobramento não é um processo aleatório determinado pelo acaso, mas é governado pela unicidade individual da Mônada, por um lado, e seu lugar no Plano Divino, por outro. Estas duas forças existentes e ocultas em sua natureza eterna guiam o processo de sua evolução e determinam em grande parte o amplo padrão de suas vidas nos planos inferiores. Elas representam a Vontade Divina e o Plano Divino no que diz respeito a uma determinada Mônada.

Conformar-se a este padrão e seguir a senda traçada para cada um de nós é realmente nosso *Dharma* individual, no sentido mais elevado do termo. Mas no real decorrer do desenvolvimento, especialmente nos estágios iniciais, as complicações são causadas por nossa ignorância e a busca por objetivos pessoais egoístas, e o *Karma* individual e coletivo, portanto, também se tornam um fator importante a ser considerado. Assim, o *Dharma* básico de cada indivíduo fica condicionado às necessidades e circunstâncias de cada encarnação e ao ambiente no qual ele é colocado por causa de seu *Prārabdha*, ou o *Karma* que tem que ser resolvido em uma encarnação particular.

Já foi salientado que a Vontade Divina na evolução não age de forma rígida, mas permite liberdade às Mônadas em evolução para cometerem erros e aprenderem com esses erros. É óbvio, portanto, que o *Dharma* de um indivíduo sob um determinado conjunto de circunstâncias surge da interação de diferentes tipos de forças agindo sobre ele no momento. Portanto, nenhum conjunto de regras de conduta pode ser seguido mecanicamente para se levar uma vida justa. O único método pelo qual podemos conhecer nosso *Dharma* e determinar a linha de ação a ser tomada sob diferentes circunstâncias e em diferentes situações é manter desimpedida a luz da intuição que vem do interior. Isto, no entanto, não deve ser confundido com as motivações de nossa mente nascidas do desejo e frequentemente baseadas em preconceitos que os religiosos confundem com a voz de Deus e os políticos inescrupulosos com o chamado do dever. Este conhecimento nasce do discernimento espiritual, que é da natureza de uma consciência e não de um mero pensamento. É o resultado de drasticamente se purificar a mente de desejos inferiores de todos os tipos, e de se libertar do domínio do eu inferior.

O estudante verá também que a retidão, como explicado acima, não é muito diferente de *Nishkāma-Karma*. Ambos são baseados na reta ação, tomando a palavra ação em seu sentido mais amplo e incluindo todos os aspectos de nossa vida. Retidão significa viver uma vida não como provocada por nossos desejos e tendências inferiores, mas como deve ser vivida por um ser espiritual que usa seus corpos meramente como instrumentos não sendo influenciado por eles em suas ações. *Nishkāma-Karma* significa também ação que está livre de motivos e desejos pessoais e é praticada para cumprir nosso lugar no Plano Divino. Em ambos os casos, o padrão de referência e julgamento está dentro de nós, na parte espiritual de nosso ser e não na personalidade externa com seus desejos e tendências pessoais. Em ambos os casos é o Divino dentro de nós que prescreve a ação, e não a personalidade. A personalidade não apenas cede à orientação que vem do interior, mas se oferece alegre e inteligentemente a serviço do Eu Superior.

Esta vida de retidão está aberta a todos, embora muito poucos possam vivê-la em razão dos pesados ônus na mente e da consequente turvação de *Buddhi* ou discernimento. Ela oferece ao indivíduo o método mais simples e fácil de alcançar pelo menos a paz interior e a libertação do conflito e da tensão que atormenta a vida dos injustos, e em sua forma extrema cria para eles um verdadeiro inferno nesta terra. Ela abre a porta para os reinos interiores do Espírito. Fornece a única solução para os males de que a civilização moderna sofre e dos quais continuará sofrendo enquanto os assuntos do mundo forem administrados por pessoas injustas com base no interesse próprio, no expediente e não na retidão.

Capítulo 16

Mente e Consciência

O conhecimento direto da Realidade que está oculta no Universo, bem como no coração de cada ser humano, é o objetivo último da prática do *Yoga*. Essa Realidade está além do reino da mente, e está oculta dentro dos recessos mais profundos da mente de cada indivíduo. É por isso que a mente é chamada de a grande assassina do Real. Ela faz com que um ser humano desconheça o Real nos estágios iniciais de sua evolução, e quando, numa etapa posterior, ele quer encontrar essa Realidade, ela obstrui seu caminho em cada etapa de muitas maneiras. O método do *Yoga* para encontrar essa Realidade que existe eternamente dentro e fora da mente é penetrar sistematicamente, através das diferentes camadas da mente, até que ela seja deixada para trás ou transcendida, e a consciência emerja no reino da Realidade e a conheça diretamente, tornando-se una com ela.

Ver-se-á, portanto, que em nossa busca da Realidade temos que lidar com a mente, tentar conhecer sua natureza, lutar com suas tendências, controlá-las e, finalmente, inibir suas modificações. Somente esta última operação – *Citta-Vritti-Nirodha* – é considerada como *Yoga*, mas, num sentido mais amplo, todo o processo de lidar com a mente com o objetivo final de encontrar a Realidade que está oculta em seus recessos mais profundos é parte integrante do *Yoga*. Somente quando um esforço total desta natureza é feito é que o sucesso no *Yoga* é possível.

Se nossa mente é a barreira que nos priva de nossa consciência da Realidade e temos que torná-la inoperante para recuperar essa consciência, é óbvio que devemos primeiramente tentar conhecer sua natureza. Devemos conhecer nossa adversária o máximo possível se estivermos determinados a superá-la. Se considerarmos a mente como um instrumento da alma, mesmo assim devemos conhecer profundamente seu mecanismo se quisermos usá-lo eficientemente. É por isso que é necessário dar algum tempo para o estudo da natureza da mente antes de considerarmos os métodos que são adotados no *Yoga* para controlá-la, manipulá-la e finalmente transcendê-la. Devemos tentar conhecer sua anatomia antes de poder manipular com sucesso seu funcionamento.

É necessário, porém, advertir o estudante sobre uma coisa. Embora possamos conhecer até certo ponto as funções da mente, seu conteúdo, seus modos de comportamento, é muito difícil capturar a própria mente e dizer – esta é a mente. Muitos aspirantes que são estudantes da psicologia do *Yoga* e estão estudando a fundo a natureza da mente às vezes ficam confusos e frustrados, porque nunca conseguem isolar a mente de suas funções, conteúdos, modos de comportamento e compreendê-la em si mesma. Mesmo os livros sobre *Yoga* que tratam amplamente do controle e da manipulação da mente não definem a mente em si mesma. Eles certamente lhe dão um nome, mas não podemos defini-la ou conhecer sua natureza essencial apenas usando um nome para ela. No *Yoga-Sūtra* a mente é chamada de *Citta* e no Vedanta é chamada de *Antahkarana*, mas estes são meros nomes e não nos ajudam muito na compreensão do que de fato seja a mente. Ao definir a função de qualquer coisa, não definimos a coisa à qual a função pertence.

Esta ausência de qualquer definição ou concepção clara da natureza da mente não se deve a um descuido ou falta de competência por parte daqueles que expuseram a filosofia e a técnica do *Yoga*. Aqueles que conseguiram penetrar nos mais profundos recessos da mente e até mesmo transcender seu reino não poderiam permanecer ignorantes da natureza da mente, e não lhes poderia faltar a capacidade de explicar o que ela é ou de defini-la, se isso pudesse ser feito. A verdadeira dificuldade em isolar a mente e defini-la reside no fato de que isto não pode ser feito. Esta indefinibilidade, se me permitem usar tal palavra, é inerente à própria natureza da mente em si. Vamos ver por que isto é assim, considerando vários aspectos do problema, mas vamos primeiro tentar entender de forma geral por que a mente não pode ser capturada isoladamente e, portanto, não pode ser definida. O problema talvez possa ser colocado simplesmente desta forma:

A mente, quando está funcionando, nunca está sem suas modificações. Ela está oculta ou assimilada com suas modificações e nunca se pode chegar a ela e vê-la em si mesma. Quando se aprende a controlá-la e se consegue suprimir suas modificações, ela se resolve naquilo do qual foi derivada, ou seja, a consciência. A mente nada mais é do que uma modificação da consciência. Portanto, não se pode percebê-la quando está presente como mente, porque as modificações ocultam sua verdadeira natureza. Não se pode percebê-la quando foi libertada das modificações, porque ela não está mais presente. Foi transformada naquilo de que foi derivada.

A linha de raciocínio acima pode nos fornecer um vislumbre da relação de mente e consciência, mas será preciso examinar esta relação de diferentes pontos de vista para esclarecermos nossas ideias e permitir-nos compreender mais facilmente o problema. A propósito, ela removerá alguns conceitos errôneos com relação à natureza da mente e preparará o terreno para um estudo mais profundo da psicologia do *Yoga*.

Consideremos primeiramente a interação de Espírito e Matéria para podermos compreender a natureza essencial da mente. Como todo estudante da filosofia Oculta sabe, em todos os lugares em que se manifestam, Espírito e Matéria estão interligados ou estão presentes no mais íntimo contato.

Representemos esta união de Espírito e Matéria por meio de um veículo de consciência através do diagrama a seguir:

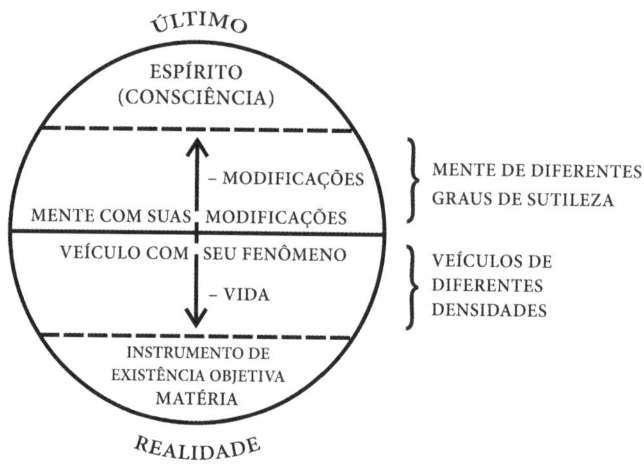

INTERAÇÃO ENTRE ESPÍRITO E MATÉRIA

Quando o Espírito e a Matéria se juntam, o Espírito começa a afetar a Matéria e a Matéria começa a afetar o Espírito. O resultado da ação do Espírito sobre a Matéria é evoluir gradual e lentamente os veículos através dos quais ele possa se expressar nos diferentes planos. O resultado da ação da Matéria sobre o Espírito é desenvolver a mente e suas faculdades em diferentes níveis e desabrochar as infinitas potencialidades que estão presentes em forma latente na consciência. Esta ação e reação mútua de Espírito e Matéria ou *Purusha* e *Prakriti* e a evolução e o desdobramento que é seu propósito e resultado é sugerida muito claramente no aforismo II-23 do *Yoga-Sūtra*.

Deixemos de fora por enquanto a questão da interação de Espírito e Matéria nos níveis superiores e inferiores, ou seja, no reino do Divino e sub-humano, e nos limitemos no nível humano com o qual estamos diretamente envolvidos. Vemos que quando Espírito e Matéria se unem através de um veículo humano, o Espírito afeta o veículo e, através do veículo, o ambiente que o cerca. Por outro lado, a matéria ao redor afeta o Espírito, bem como a mente, ao despertar diferentes tipos de sensações na mente. Basta fazermos uma pequena introspecção e observarmos nosso corpo físico para percebermos que essa interação está ocorrendo o tempo todo.

Vejamos primeiramente como o Espírito afeta a matéria através do corpo físico. Todos sabemos que o corpo físico é um organismo vivo, e que todos os tipos de atividades estão acontecendo nele para mantê-lo vivo. O sistema circulatório, o sistema nervoso, o sistema glandular e os órgãos vitais que nele se encontram estão trabalhando o tempo todo em perfeita coordenação e cumprindo suas funções com extraordinária precisão e eficiência. Nenhuma máquina feita pelo homem mostra uma coordenação e ajuste tão maravilhoso de uma variedade tão grande de atividades – químicas, físicas e biológicas – de maneira tão notável.

Como o corpo consegue trabalhar desta maneira notável e se manter com tal eficiência? Porque o Espírito está por trás dele, ou melhor, dentro dele. É a presença do Espírito no fundo, no contato mais íntimo com o corpo, que explica o trabalho do corpo com tão maravilhosa eficiência e inteligência.

Por que o corpo trabalha desta maneira notável, quando o Espírito está por trás dele? Porque tem que servir como instrumento do Espírito no Plano Físico e sem este instrumento o Espírito não poderia permanecer em contato com o Plano Físico. Quando o Espírito decide deixar o corpo e se retira dele permanentemente junto com os veículos mais sutis, o corpo imediatamente se desintegra e cada átomo, molécula e célula nele contido é liberado do controle geral do Espírito e começa a funcionar de forma independente. Quando o corpo morre, toda sua atividade coordenada, sua maravilhosa sensibilidade e capacidade de servir como instrumento do Espírito desaparece.

Durante o sono, o Espírito mantém um contato parcial com o corpo, apenas o suficiente para mantê-lo em funcionamento. Assim, embora suas atividades puramente fisiológicas continuem em perfeita coordenação como antes, sua sensibilidade é drasticamente reduzida e ele não mais vê, ouve ou sente, em suma, não serve mais como um instrumento por enquanto, até que o Espírito retorne a ele e restabeleça o contato total.

Esta é, em outras palavras e em termos mais explícitos, a doutrina de Sānkhya segundo a qual a mera presença do *Purusha* em justaposição com *Prakriti* o ativa e produz todo tipo de mudanças nele, de acordo com as condições prevalecentes. A questão de saber se o *Purusha* tem uma função conativa ou, em outras palavras, se é um ator, é uma questão filosófica discutível. Segundo a filosofia Sānkhyan, como é geralmente interpretada, ele não age, mas é uma mera testemunha dos fenômenos que são produzidos pela ação de *Prakriti*. Mas esta é realmente uma posição insustentável porque encontramos funções cognitivas e conativas existentes lado a lado em todos os lugares no reino da manifestação. No nível mais baixo, temos os órgãos de sensação e ação no corpo físico, e no nível mais alto, no reino do Divino, temos Omnisciência e Onipotência exercidas por um *Īshvara*, o *Logos* de um Sistema Solar.

O que é então este mistério de a doutrina de *Purusha* ser uma mera testemunha e não um ator? Vimos que, nos níveis mais elevados da Existência, a relação sujeito-objeto desaparece e a triplicidade de Conhecer, Conhecedor e Conhecido funde-se num estado de Consciência. É óbvio que, neste estado, a função cognitiva tal como a concebemos deve desaparecer e, junto com ela, a função conativa que é sua correlata. Neste nível, a cognição e a conação são substituídas por um estado único no qual sujeito e objeto, por um lado, e vontade e ação, por outro, são indistinguíveis. É esta fusão de vontade e ação nos mais elevados níveis que é interpretada pelo intelecto, em termos da doutrina Sānkhya, que o *Purusha* é uma mera testemunha sem nenhum papel ativo.

Mas, como foi assinalado acima, a fusão de sujeito e objeto, por um lado, e vontade e ação, por outro, ocorre no sentido real, nos níveis mais elevados da Existência. A fusão que ocorre nos níveis inferiores no estado de *Samādhi* é meramente seu reflexo no mundo do Relativo. Vê-se, portanto, que Sānkhya atribuiu ao *Purusha* ou à Mônada individual o que é verdadeiro no que diz respeito a *Brahman* ou a Realidade Suprema no reino do Eterno Não Manifestado. A Mônada individual ou o *Purusha*, mesmo quando evoluiu até se tornar um *Logos* Solar ou *Īshvara*, ainda exerce tanto as funções cognitivas quanto as funções conativas sob a forma de Onisciência e Onipotência. Em vista da concepção vaga e indefinida do *Purusha* em Sānkhya, não é surpreendente que este tipo de confusão tenha acontecido.

A pista para o mistério do Espírito controlando, guiando e regulando as atividades de um veículo sem parecer fazê-lo reside no fato de que o mesmo Espírito que é o controlador e regulador geral das atividades do corpo é também, em outro aspecto inferior, o controlador, o guia e a vida de cada átomo, molécula e célula e os faz funcionar de acordo com as leis da Natureza, guiados por uma Inteligência misteriosa que obviamente está por trás de todos os processos naturais e confunde os céticos cientistas ortodoxos. O primeiro aspecto da dupla função conativa pode ser chamado de transcendente e o segundo de imanente. Transcendência não significa estar acima e além do que é transcendido. Imanência não significa permear o Universo de forma inanimada, como a água permeia uma esponja. Significa controlar, guiando cada átomo, molécula e célula a partir do interior, embora seja difícil para o intelecto humano mergulhar nos aspectos obscuros e misteriosos da Consciência nestes níveis mais baixos. Mas este fato se torna uma questão de realização quando se tem a visão da Realidade Una.

O que dizer da ação recíproca da Matéria sobre o Espírito através de um veículo? Ela produz uma série de impressões sensoriais e imagens mentais na mente. Um mundo de forma, cor, som, etc. surge na mente associado ao corpo em particular. As vibrações originadas no ambiente e dentro do próprio veículo são levadas pelos canais dos órgãos dos sentidos até o cérebro e produzem de forma misteriosa as imagens sensoriais que são de natureza mental na mente. À medida que a mente se desenvolve e desabrocha, ela trabalha com o estoque de imagens mentais, e desenvolve a partir delas não apenas padrões mais ricos e complexos de pensamento, mas também todos os tipos de faculdades mentais que encontramos nos seres humanos. Mas a matéria-prima para a atividade e o desenvolvimento da mente é fornecida pelas imagens sensoriais produzidas pelos órgãos dos sentidos.

Deve-se notar que o próprio veículo é parte do ambiente material que produz as imagens sensoriais ou mentais na mente, pois muitas das mudanças que ocorrem no veículo, como doenças, etc., produzem suas correspondentes sensações e imagens mentais como dor, etc., na mente. O veículo não é algo independente do Espírito e da Matéria, mas uma parte do ambiente material ofuscado pelo Espírito. Pertence ao reino da Matéria, abaixo da linha horizontal que divide o círculo no diagrama. Mas serve como instrumento da Matéria ao afetar o Espírito, por um lado, e instrumento do Espírito ao afetar o ambiente material, por outro.

Deve-se ter em mente também que o estímulo das potencialidades presentes na consciência pela matéria através de veículos nos planos inferiores não é um arranjo permanente. Seu objetivo é desabrochar as potencialidades presentes na consciência até um determinado estágio. Quando se torna suficientemente desenvolvida a partir dos planos inferiores da matéria a mente torna-se desnecessária, e a mente Superior e o Espírito podem funcionar e evoluir independentemente nos planos superiores sem qualquer estimulação ou ajuda vinda de baixo. O desenvolvimento de *Pratibhā* e de *Vikaranabhāva*, e num estágio ainda mais elevado o da Onisciência e Onipotência marca os diferentes estágios do desabrochar da consciência na prática do *Yoga* superior.

Lidamos de forma geral com a interação de Espírito e Matéria. Aprofundemo-nos um pouco mais neste assunto para obtermos uma concepção mais clara da natureza essencial da mente. A questão da ação do Espírito sobre a Matéria e o aparecimento de fenômenos da vida em um veículo foi tratada em detalhes em outros contextos, e não precisamos considerá-la aqui. Tudo o que temos que observar aqui é que, embora um veículo seja energizado e controlado pelo Espírito, ele não pertence ao reino do Espírito. Mesmo o veículo ou corpo mental é uma parte do lado material da manifestação e pertence ao reino da Matéria, abaixo da linha horizontal no diagrama da p. 275.

No que diz respeito à ação recíproca da Matéria sobre o Espírito, já vimos que esta ação põe a mente em atividade, e à medida que os veículos evoluem, a mente se torna mais rica em conteúdo e suas faculdades desabrocham gradualmente. O importante a observar a este respeito é que a mente pertence ao reino da consciência e a atividade mental é, portanto, um atributo ou função do próprio Espírito. Seu campo de atuação está inteiramente acima da linha que separa o Espírito da Matéria no diagrama anterior. Este é um ponto muito significativo que devemos tentar compreender plenamente, se quisermos evitar confusão mental sobre o assunto e compreender corretamente a natureza essencial da mente.

Como tem sido assinalado em diferentes contextos, a mente é derivada da consciência, é uma forma diferenciada ou modificada de consciência, e quando essas modificações ou *Citta-Vrittis* são eliminadas pela prática do *Yoga* superior, ela reverte ao estado de consciência do qual é derivada. Isto é análogo à desintegração de um veículo e sua reversão à matéria comum quando o Espírito deixa o veículo. Em ambos os casos, a reversão para o princípio paterno ocorre automaticamente. É por isso que, como já foi assinalado anteriormente, nunca somos capazes de isolar e encontrar a própria mente. Ou ela está oculta no interior das *Citta-Vrittis* ou transformada em consciência como indicado nos aforismos I-4 e I-3 do *Yoga-Sūtra*. É preciso compreendermos com clareza que a mente é derivada da consciência, porque esta ideia é um elo essencial na cadeia do raciocínio que estabelece a doutrina mais fundamental da filosofia Oculta segundo a qual todo este Universo manifestado, com sua infinita variedade de expressões e diferentes graus de sutileza, é derivado da Realidade Una.

A reversão da mente à consciência, no entanto, não ocorre em um único passo. Embora os diferentes níveis da mente sejam iluminados pela mesma fonte de Luz, ou seja, a consciência do *Purusha*, isso não significa que a consciência subjacente que fornece o pano de fundo dos fenômenos mentais em cada plano seja a mesma. Porque a consciência do *Purusha*, ao descer progressivamente para os planos mais densos da matéria, modifica-se cada vez mais ao passar pelos planos intermediários. O processo dessa descida gradual da consciência através dos diferentes níveis da mente pode ser ilustrado pelo diagrama a seguir:

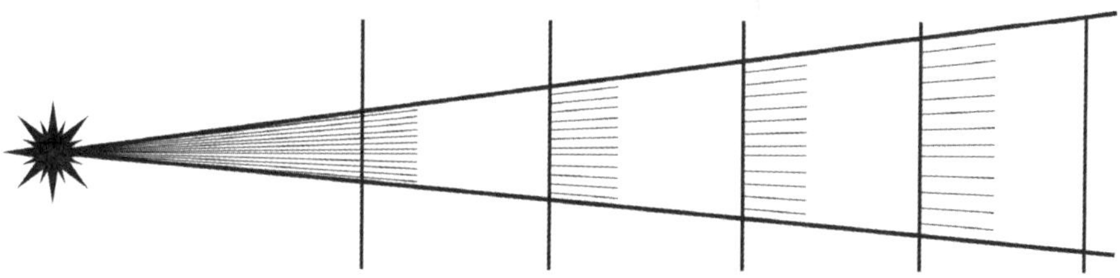

Tipos de Luz (*diferentes níveis de Purusha*) — **Comportamentos sucessivos iluminados pela Luz** (*Diferentes níveis da mente)*

Ver-se-á pelo diagrama acima que cada compartimento é iluminado não pela fonte original de iluminação, mas pela luz proveniente do compartimento seguinte que está mais próximo da fonte de luz. A luz que emerge em diferentes compartimentos não é a mesma, mas é homogênea e integrada. Não inclui todo o espectro de consciência diferenciada, mas é adequada para revelar, dos objetos do plano particular, aquelas cores que nele estão presentes em condição integrada.

A luz proveniente da mesma fonte só pode permanecer no estado integrado quando não é afetada por objetos físicos. Este fato mostra outro aspecto do grande mistério que se oculta no fenômeno da luz, e que inúmeros cientistas que trabalham neste campo da ciência ainda não conseguiram resolver. Encontramos neste comportamento da luz física outra semelhança notável entre luz e consciência, fato que aponta inequivocamente para a existência de uma relação muito íntima entre ambas.

A consciência também só pode permanecer em forma integrada quando não está associada a fenômenos mentais. Ela não precisa necessariamente ser total como existe no mundo da Realidade, mas deve ser integrada quando não está envolvida com fenômenos mentais. Este fato serve para explicar um conhecido mistério associado ao *Samādhi* na prática do *Yoga* superior. É a existência, em cada plano, da consciência integrada, que serve como pano de fundo dos fenômenos mentais do plano e pode ser experimentada no último estágio do *Samādhi* nesse nível. É verdade que essa consciência integrada é apenas uma expressão parcial da Consciência Monádica pura e total, mas ainda assim é integrada no que diz respeito a seus constituintes. Ela é adequada para iluminar os fenômenos mentais daquele plano particular e dar uma coloração característica a esses fenômenos. Mas não é possível discernir nela nenhum estado ou fenômeno mental específico. É *Nirvishesha* – sem quaisquer particularidades – dentro de seu alcance limitado.

Somente quando todos os níveis da mente tenham sido transcendidos é que a consciência emerge finalmente no reino da Realidade, onde a consciência do *Purusha* ou da Mônada é não apenas integrada, mas Total (*Pūrna*). Este fato foi claramente evidenciado nos aforismos IV-18 e 22 do *Yoga-Sūtra*. O mundo da manifestação é um mundo de Relatividade, e descobrimos, se o examinarmos cuidadosamente, que tudo nele é relativo, até mesmo a consciência integrada. Só quando ultrapassamos a manifestação é que podemos lidar com as coisas como elas são em sua forma Real, acima da Relatividade.

É fácil ver como, sob estas condições governadas pela Relatividade, é possível confundir o inferior com o superior e, devido a conhecimento e influência insuficientes do egoísmo, pensar que encontramos o Real quando tudo o que conseguimos perceber é sua sombra ou reflexo. Este tipo de coisa acontece frequentemente no caso dos iogue que tentam penetrar nos níveis mais profundos da mente sem o conhecimento e a pureza mental adequados. É por isso que no verdadeiro caminho do iogue o aspirante é obrigado a desenvolver um alto grau de *Viveka*, *Vairagya* e outras qualificações que lhe permitam penetrar através das ilusões e evitar os perigos dos mundos mais sutis. A maturidade espiritual e mental é necessária para trilhar a senda do *Yoga* superior que leva à verdadeira Autorrealização.

Capítulo 17

A Natureza da Mente de Acordo com o Vedanta

Como foi assinalado no capítulo anterior, no nosso estudo e investigação da mente não podemos isolá-la e percebê-la como ela é. Podemos considerar suas funções, podemos observar seu conteúdo, podemos manipulá-la e podemos até mesmo transcendê-la, mas não podemos vê-la como ela é. Nada há de estranho ou impossível em tal situação. O campo da Ciência está repleto de problemas desta natureza.

Vejamos o caso do elétron, uma das entidades mais faladas do mundo científico. Todo um ramo da Ciência, conhecido como Eletrônica, cresceu com base no uso do elétron para fins práticos. As realizações científicas mais espetaculares dos tempos modernos, como naves espaciais, mísseis, etc., dependem completamente do uso do elétron de diversas maneiras. Toda a estrutura do mundo material é baseada no elétron, pois os átomos de todos os elementos são compostos principalmente de elétrons girando em órbitas com velocidades inimagináveis em diferentes números e configurações.

Mas será que sabemos alguma coisa sobre a natureza do elétron? Nada realmente, embora tenhamos encontrado alguns fatos muito interessantes e misteriosos na tentativa de responder a esta pergunta. Segundo os físicos, o elétron se comporta tanto como uma partícula quanto como uma onda. Podemos fazer qualquer coisa a partir desta afirmação ou obter dela a mínima compreensão a respeito da natureza do elétron? Outra afirmação desta natureza é que os elétrons que giram nos átomos são mera função de probabilidade, em outras palavras, entidades matemáticas puramente abstratas que como nada significam para a mente humana.

A ciência aceita todas essas entidades misteriosas. E embora os cientistas sejam incapazes de compreender sua natureza, eles lidam com elas e as utilizam de inúmeras maneiras. É esta possibilidade de lidar e utilizar tais coisas, embora não saibamos realmente o que sejam, que tem permitido aos cientistas contornar o aspecto misterioso da Natureza, o 'porquê' dos problemas, e concentrar-se no 'como' e utilizar estes fatos para desenvolvimentos científicos espetaculares.

Uma entidade muito misteriosa e desconhecida é a nossa mente, e temos que nos reconciliar com sua natureza sempre efusiva e agir para considerar suas funções, estados e conteúdo sem saber o que ela realmente é. Para aprendermos algo sobre a anatomia da mente, vamos colocá-la sobre a mesa de dissecação, metaforicamente falando, e examiná-la cuidadosamente.

Há duas maneiras de fazer isso. Podemos adotar a terminologia e o método Vedantino de observar a mente, ou o método delineado no *Yoga-Sūtra*. Não há diferença significativa entre os dois pontos de vista, embora externamente eles pareçam diferentes. O estudante verá isto por si mesmo quando tiver feito este estudo comparativo da mente.

Pode-se assinalar aqui que, se quisermos penetrar nos domínios mais profundos da mente, devemos aprender a conhecer as coisas como elas são e não apenas como elas parecem através de palavras ou combinações de palavras que geralmente tomamos como ideias. Existe algo como ter conhecimento baseado apenas em palavras – chamado *Shabda-Jñāna* em sânscrito – e não ter significado claro e inteligível para aqueles que usam essas palavras. Nós cunhamos certas palavras e combinações de palavras para representar certas ideias e conceitos, e depois as usamos às vezes sem pensar e indiscriminadamente com muito pouco entendimento do que elas significam. Mas o estudante sério que aspira penetrar os domínios mais recônditos da mente deve aprender a estudar e conhecer as coisas como elas são, para ter pelo menos alguma percepção das realidades ocultas por trás das palavras que são usadas para indicar as realidades da vida interior. Se ele conhece estas realidades desta maneira, não será confundido por palavras usadas em diferentes contextos. Às vezes são usadas palavras diferentes para indicar a mesma realidade em diferentes escolas de pensamento. Às vezes a mesma palavra é usada com uma conotação totalmente diferente em um contexto diferente. Se aprendermos a ir além das palavras e conhecermos os fatos que elas representam, pelo menos até certo ponto, então saberemos o que é o que em nosso estudo de um princípio particular ou processo natural de natureza profunda. Estudada desta maneira, a concepção vedantina da mente e seu funcionamento será essencialmente a mesma que a do *Yoga*, embora externamente ambas possam parecer diferir.

Este esforço para nos aprofundarmos no significado e na importância das palavras, e conhecer as coisas como elas são, também desenvolve o discernimento e então se torna possível separar o verdadeiro do falso, o essencial do não essencial. Uma pequena quantidade de conhecimento realmente útil e essencial é misturada com uma tremenda quantidade de material de leitura espúrio e na maioria das vezes inútil na literatura Oculta. Também estamos sendo constantemente inundados com ideias novas, mas superficiais, criadas artificialmente para atender à constante demanda por novos livros e material para revistas. Se não exercermos o discernimento, estaremos perdidos e desperdiçaremos nossa vida vagando por este conhecimento superficial e entulhando nossa mente com todo tipo de inúteis fragmentos de conhecimento.

Podemos, desta forma, ganhar a reputação de sermos estudiosos, eruditos, mas não esqueçamos o aviso contido no conhecido Mantra 9 do *lshavasyopanishad.*

> "Aqueles que estão engajados nas ilusões do mundo continuam envolvidos na escuridão da ignorância. Mas aqueles que estão envolvidos na busca do conhecimento intelectual por amor à busca, ou seja, mera erudição, envolvem-se na escuridão ainda maior da ignorância, ou seja, na falta de percepção espiritual".

De acordo com a concepção vedantina da mente, ela tem quatro aspectos, todos envolvidos em seu trabalho sob diferentes condições e em diferentes níveis. Estes quatro aspectos são chamados *Citta*, *Mana*, *Buddhi* e *Ahamkāra*. Tentemos compreender o significado destas quatro conhecidas palavras sânscritas que esclarecem a anatomia da mente. Tentaremos entender estas coisas no nível inferior e nos termos mais simples para que possamos correlacionar nosso conhecimento destes princípios fundamentais com nossas experiências comuns e também aplicá-lo, se necessário, na difícil, mas necessária, tarefa de controlar a mente. Não é muito útil permanecer em uma nuvem mental de princípios e ideias vagos e gerais, e derivar apenas uma satisfação ilusória de ser elevado por um tempo. O conhecimento que não é preciso e não pode ser correlacionado à nossa vida e aplicado para a solução de seus problemas, não nos leva a lugar algum.

Chitta pode ser considerada como a faculdade de fazer imagens da mente, usando a palavra "imagem" em seu sentido mais geral. *Chitta* é uma derivação de *Chit* e é o produto da entrada em vigor do aspecto *Chit* da nossa natureza tripla *Sat-Chit-Ānanda*. Nos níveis mais profundos, o conteúdo da mente a qualquer momento pode ser qualquer coisa que ocupe o campo da consciência e é chamado *Pratyaya* na terminologia do *Yoga*. Não precisa ser necessariamente uma imagem mental concreta, como podemos ver examinando a natureza multifacetada dos "objetos" ou *Visayas* (dada no terceiro capítulo do *Yoga-Sūtra*) sobre os quais se realiza *Samyama* no desenvolvimento de *Siddhis*.

Mas é conveniente considerarmos este conteúdo da mente como uma imagem mental para nosso propósito atual. Nosso pensamento comum é feito através de imagens mentais e a mente inferior concreta nunca está livre de tais imagens mentais. Mesmo quando estamos empenhados em pensamento abstrato como na dedução matemática, essas imagens mentais estão sempre presentes no fundo de nossa mente e continuam a mudar com os processos do pensamento. Elas realmente não são essenciais para o pensamento abstrato puro, mas de alguma forma o homem comum que trabalha através da mente inferior concreta achará impossível eliminá-las completamente e pensar sem elas. Este aspecto da mente que lhe permite formar estas imagens mentais seja através do contato direto com objetos em percepção sensorial ou através das faculdades da memória ou da imaginação é chamado de *Chitta*. *Chitta* pode, portanto, ser simplesmente definida como a faculdade ou capacidade da mente de criar imagens, e está relacionada ao conteúdo da mente a qualquer momento.

A este respeito é necessário observar que na terminologia vedantina a mente em seu aspecto total é chamada de *Antahkarana*, que pode ser traduzida literalmente como o 'órgão interno'. Esta palavra significa em terminologia vedantina praticamente a mesma coisa que *Chitta* em terminologia do *Yoga*. Isto fica claro a partir da definição de *Yoga* como *Chitta-Vritti-Nirodha* no

Yoga-Sūtra de Patañjali. Aqui a palavra *Chitta* é usada no sentido mais amplo da mente, incluindo todos os quatro aspectos mencionados acima. Pois a completa inibição da mente, para que ela possa ser transcendida e a Realidade oculta dentro dela possa ser revelada, requer a eliminação de todos os quatro aspectos, como veremos mais adiante. Ficará claro, portanto, que a menos que tenhamos em mente esta diferença fundamental na conotação da palavra *Chitta* nas duas escolas de pensamento, é provável que fiquemos confusos.

É preciso lembrar também que os *Pratyayas* dos Planos Espirituais não podem ser imaginados no Plano Físico porque envolvem um número maior de dimensões. É por isso que nos livros que tratam do *Yoga* não se tenta descrever os fenômenos dos planos mais sutis, especialmente aqueles que pertencem aos domínios espirituais. No Plano Físico podemos lidar apenas com princípios gerais, segundo os quais a mente funciona nos planos superiores e não pode compreender os *Pratyayas* que ocupam o campo da consciência em diferentes níveis de *Samādhi*.

Mana é aquele aspecto da mente que subjaz à sucessão de imagens mentais. A imagem mental presente na mente em qualquer momento está sempre mudando. Um fluxo contínuo de imagens mentais está passando pela mente de cada indivíduo, e não há duas imagens em dois momentos sucessivos que sejam exatamente as mesmas. Mesmo quando parecem ser exatamente as mesmas como em *Ekāgratā Parināma* (III-12), não são realmente as mesmas. A aparente fixação da imagem nestas condições deve-se à reprodução de imagens exatamente semelhantes, como veremos mais adiante ao lidarmos com esta questão. Esse aspecto da mente que tem a ver com a implacável sucessão e mudança dessas imagens mentais é chamado de *Mana*. *Mana*, portanto, indica o aspecto dinâmico da mente em comparação com o aspecto estático indicado por *Chitta*.

No pensamento comum não conseguimos evitar a constante mudança nesta sucessão de imagens mentais, mas podemos manipular, regular e controlar o processo. As conquistas comuns da mente humana, mesmo de natureza notável, são produzidas por tal manipulação e regulamentação controladas, e o pensamento proposital como distinto do devaneio ocioso não é nada mais que essa manipulação e regulamentação controlada das imagens mentais. Quando o pensamento não é controlado e dirigido para um propósito, as imagens mentais mudam em grande parte de acordo com a lei da associação mental. As imagens mudam constantemente de acordo com a rede das associações que estão presentes na mente, e o jogo dos desejos que estão presentes na mente consciente ou inconsciente. Os caminhos da associação mental determinam os possíveis caminhos que a mente pode tomar. A soma total e a predominância dos desejos presentes na mente consciente ou inconsciente determinam quais desses cursos ela seguirá. Os psicólogos modernos, especialmente aqueles pertencentes à escola de Freud, têm trabalhado muito neste campo, mas mesmo nós, fazendo uma pequena introspecção, podemos descobrir como as associações mentais e os desejos determinam o curso que a mente segue nesta constante mudança de imagens mentais.

Somente com a prática do *Yoga* é que esta mudança de imagens mentais é rigorosamente manipulada e controlada com o objetivo final de inibir a mudança completamente e assim permitir que a consciência passe de um nível da mente para outro, passo a passo, e, no último estágio de *Samādhi*, transcenda completamente o reino da mente. Cada um desses passos leva à expansão da consciência e o último passo leva à Autorrealização, ou à plena percepção de nossa natureza Divina.

Os aforismos dados no *Yoga-Sūtra* (III 9-12) sobre os três tipos de *Parināmas*, ou transformações mentais, lidam com a natureza e o processo da sucessão de imagens mentais e o modo como estas imagens são manipuladas e controladas na prática de *Samādhi*. Estes aforismos lançam uma enxurrada de luz sobre a natureza da mente em seu aspecto, que é chamado de *Mana*. Vamos lidar com este problema ao discutirmos a natureza dos três *Parināmas*.

Chegamos então a *Buddhi*, que é a luz da consciência que ilumina as imagens mentais. A mente em seus aspectos de *Chitta* e *Mana* é considerada como *Jada* ou inanimada na psicologia do *Yoga*, e estima-se que somente quando iluminada pela luz da consciência é que as imagens mentais presentes na mente adquirem significado e importância. É por isso que a mente em seu significado mais limitado é simbolizada pela lua que brilha por meio da luz refletida, e o *Ātmā* ou Espírito é simbolizado pelo sol que é autoiluminado ou brilha com sua própria luz.

Nós mesmos podemos ver até certo ponto que a mente deriva seu poder iluminador da consciência que está presente no fundo. O mesmo nascer do sol é visto por uma vaca, um selvagem ou um artista altamente sensível. Mas que diferença nas reações de suas mentes! Lermos um livro como a *Bhagavad-Gitā* quando nossa mente está absorta pelos desejos mundanos e o nosso discernimento espiritual está bastante adormecido, e lê-lo novamente após purificarmos nossa mente e despertarmos *Viveka*, quanto mais somos capazes de obter do mesmo livro. Um *Jīvanmukta* vê o mesmo mundo que um homem comum quando está funcionando nos planos inferiores. Mas que diferença tremenda no que eles veem. Um vê o mundo inteiro como uma expressão da vida e consciência Divinas, o outro o vê como um ambiente hostil no qual tem que lutar por sua sobrevivência e existência individual. Assim, vemos que é o poder de percepção que está presente por trás da chamada mente, sua sensibilidade, sua riqueza, sua capacidade de penetrar em níveis mais profundos de consciência, que determina o que a mente pode ver. E o desabrochar espiritual é principalmente uma questão de refinar ou afiar este poder de percepção. Começamos a ver cada vez mais nas mesmas coisas até atingirmos o estágio de Iluminação e sermos capazes de "vê-Lo em tudo, e tudo n'Ele".

Deve-se notar que a palavra *Buddhi* é usada aqui num sentido específico, como a luz da consciência iluminando as imagens mentais, e não no sentido de *Viveka*, a faculdade de discernimento. A palavra sânscrita *Buddhi* tem muitas conotações, e o estudante deve conhecer a conotação particular em um contexto particular se quiser entender corretamente seu significado. Esta luz de consciência referida no contexto atual é como a luz difusa do sol que ilumina uma paisagem. A luz branca difusa do sol não é vista diretamente, mas está lá e faz brotar de cada objeto sua cor característica porque contém dentro de si todas as cores em estado integrado. Tal é a nossa consciência geral, a luz difusa da consciência do *Ātmā* ou do Espírito. Não vemos de onde ela vem, assim como não vemos o sol quando ele está encoberto pelas nuvens. Mas sabemos que ela é derivada do sol, porque se pudermos ir além das nuvens, veremos o sol brilhando sobre a paisagem.

Para entendermos esta função particular de *Buddhi* como o poder iluminador por trás da mente, temos que lembrar que a mente se baseia no estabelecimento da relação sujeito-objeto na consciência integrada. Podemos entender esta relação simplesmente considerando o que acontece quando um artista projeta em sua mente a imagem mental do quadro que quer fazer.

Assim que a imagem mental do quadro aparece em sua mente, uma relação subjetiva se estabelece em sua consciência. Ele se torna o sujeito, a imagem mental se torna o objeto, e sua percepção da imagem mental relaciona o sujeito e o objeto. Somente enquanto o artista mantiver a atenção voltada para a imagem é que ela pode existir. No momento em que ele retira sua atenção, ela desaparece e a relação sujeito-objeto é abolida.

Buddhi é o poder ou a faculdade de percepção que relaciona o sujeito e o objeto. A permeação do objeto ou da imagem mental pelo sujeito, ou a iluminação da mente pela consciência é provocada por *Buddhi*. Assim, *Buddhi* participa da natureza do sujeito ou *Ātmā*, é de fato aquele elemento do *Ātmā* que ficou envolvido ou aprisionado no interior da mente. Vê-se, portanto, que *Buddhi* é um elemento espiritual na composição da mente. Está diretamente relacionado ao Espírito, é de fato a projeção do Espírito no reino da mente, que é uma expressão ainda mais baixa do Espírito.

Esta iluminação da mente pela luz da consciência, ou *Buddhi*, é análoga no Plano Físico à iluminação dos objetos no Sistema Solar pela luz do sol. A luz solar é, de certa forma, uma parte, um aspecto do sol. É aquele aspecto do sol que está presente sob a forma de uma emanação e é capaz de iluminar os objetos físicos. Esses objetos também são essencialmente da natureza da luz (a radiação engarrafada como a matéria é chamada pelos físicos), e, portanto, derivados do sol. Mas eles são uma expressão ou derivação mais baixa do sol do que a própria luz. O símile acima talvez forneça o melhor meio de entender a relação de *Ātmā*, *Buddhi* e *Manas* (mente), e mostre como os fenômenos da luz física refletem de forma notável as realidades do mundo espiritual.

Posso referir-me aqui à doutrina da imanência de Deus. Pelo que foi dito podemos ver facilmente que o Eu tem que permear o Não Eu se o Não Eu que saiu do Eu tiver que continuar a existir. Deus tem que permear o mundo que Ele cria, e sem esta permeação o mundo não poderia existir, pois a imagem mental na mente de um artista não pode existir a menos que ele mantenha sua atenção voltada para ela. No momento em que ele retira dela sua atenção, ela está destinada a desaparecer, e o mesmo aconteceria com um mundo idealizado se a Ideação Divina chegasse ao fim. Vemos, assim, como a imanência de Deus não é opcional. É uma necessidade, inerente à própria natureza da manifestação como fenômeno mental, como produto da Ideação Divina.

O símile acima também dará ao estudante alguma ideia a respeito da natureza da onipresença do Divino. Muitas pessoas visualizam essa onipresença em termos materiais, por exemplo, quando a água permeia uma esponja. Mas uma pequena reflexão mostrará ao estudante que é absurdo visualizar a onipresença da Consciência Divina desta maneira. A Consciência Divina é espiritual e acima das limitações de tempo e espaço, e é este fato que lhe possibilita penetrar o sistema manifestado que criou na Mente Divina como resultado da Ideação Divina. Toda sua onipresença é melhor visualizada como análoga à onipresença da imagem mental de um quadro pela consciência do artista que o criou em sua mente. Todo o sistema criado está contido e funciona no "Grande Ponto" como um fenômeno mental.

Ahamkāra, o quarto aspecto da mente, é o centro egoico a partir do qual a luz da consciência que ilumina a mente é projetada. Nós geralmente nos referimos a ele como o "Eu", o pivô em torno do qual gira nossa vida mental. *Ahamkara* está geralmente associado na mente do leigo ao egoísmo ou orgulho, mas este não é seu significado real, básico na filosofia.

Se examinarmos nossa vida mental, descobriremos que todas as imagens mentais que passam por nossa mente e as nossas experiências reúnem-se em torno de um centro egoico que relaciona e coordena todas elas em um todo harmonioso e integrado. Sem esse centro de consciência não poderia haver vida mental significativa e contínua. Todas as nossas imagens mentais e experiências permaneceriam dispersas de forma aleatória, sem nada que as unisse numa vida única e diferente da vida de todos os outros indivíduos. É verdade que o conteúdo desta mente muda constantemente, mas o "eu" que une e mantém unidas as experiências, as memórias e as antecipações, etc., sempre permanece. É este "eu" que tem raízes no centro da consciência e é a fonte da iluminação das imagens mentais e o instrumento de coordenação de nossas experiências que é chamado de *Ahamkāra* na terminologia vedantina. Atrás deste centro que é concêntrico com o 'Grande Ponto' está oculta toda a Realidade em camada após camada de profundezas insondáveis do ser e esplendores inimagináveis. É por isso que é possível para qualquer ser humano penetrar os diferentes níveis da mente e da consciência através deste centro e entrar em contato com qualquer nível de Realidade.

É preciso que o estudante entenda claramente a natureza de *Ahamkāra* e sua verdadeira função em nossa vida mental. É realmente o centro ou sede da consciência individualizada, a própria base de nossa vida como um indivíduo separado. É através deste centro espiritual que o Espírito universal ou *Paramātmā* se expressa como um Espírito individual ou *Ātmā* ou *Purusha* como é chamado na terminologia do *Yoga*. Devemos manter na mente este caráter dual de *Ahamkāra* se quisermos compreender sua natureza essencial, sem o confundir com suas mais baixas expressões indesejáveis como orgulho, egoísmo, etc. Por um lado, ele constringe e limita a Realidade infinita e ilimitada que existe eterna e profundamente dentro de si, e, por outro, fornece a própria base da vida da Mônada como um indivíduo separado. Se não houvesse *Ahamkāra* ou Ego-idade, não haveria Mônada ou Espírito individual.

Se examinarmos nossa vida mental e analisarmos cuidadosamente nossas operações mentais, descobriremos para nossa surpresa que os quatro aspectos da mente que foram discutidos acima, a saber, *Chitta*, *Mana*, *Buddhi* e *Ahamkāra* estão presentes em todas as expressões mentais, e a concepção vedantina da mente é correta pelo menos no que diz respeito às nossas experiências comuns. Sempre encontramos imagens mentais em nossas mentes. Essas imagens estão mudando o tempo todo. É a luz de nossa consciência presente no Plano Físico sob a forma de uma consciência comum que ilumina essas imagens mentais e lhes dá sentido e significado. Todas essas imagens mentais que constituem a base de nossas experiências estão centradas e são coordenadas pelo nosso 'Eu', o centro de nossa individualidade. Esta é a anatomia da mente em poucas palavras, de acordo com o Vedanta.

A concepção vedantina da mente, embora baseada no estudo e investigação da mente desde o nível mais baixo até o mais elevado pelos métodos do *Yoga*, tem a grande vantagem de poder ser facilmente compreendida pelo estudante comum se ele aplicar sua mente ao problema. Ele próprio pode, ao praticar um pouco de introspecção, analisar as operações de sua mente e ver que a divisão em quatro é essencialmente verdadeira.

Não é muito útil nem necessário em nosso esforço para compreendermos a natureza da mente estudarmos o assunto com espírito puramente acadêmico. Podemos e devemos correlacionar nossos conhecimentos teóricos com nossa própria experiência e ver por nós mesmos se esta correlação está em harmonia com nossas próprias observações. Podemos não conseguir isso com relação aos níveis mais profundos da mente, mas a vantagem desta concepção da mente é que ela se baseia em princípios gerais que são verdadeiros em todos os níveis e, portanto, esclarece sobre o funcionamento da mente em todos os níveis.

Nossa vida mental pode ser comparada à projeção de uma imagem cinematográfica em uma tela, como já foi assinalado em outros contextos. Isso nos ajudará a entender o assunto mais claramente se observarmos brevemente a correspondência entre diferentes aspectos da mente e suas contrapartes na projeção cinematográfica. Vemos que em ambos os casos estamos percebendo imagens, imagens mentais projetadas em nossa própria mente, por um lado, e imagens fotográficas projetadas na tela, por outro. As imagens na tela são bidimensionais, enquanto as imagens em nossa mente são tridimensionais no Plano Físico. É por isso que elas são mais realistas e seu poder de produzir ilusão é maior. A cinematografia tridimensional foi aperfeiçoada, e é bem sabido que seu poder de produzir ilusão da realidade é muito maior. Imagine o que pode acontecer em mundos de mais de três dimensões, como o astral, e como somos mais susceptíveis de sermos enganados nesses mundos inferiores, a menos que a luz penetrante dos Planos Espirituais torne ineficazes as ilusões desses planos. É por isso que o mero psiquismo é tão enganoso e não confiável. No verdadeiro *Yoga* vamos além do nível da mente inferior e consideramos estas coisas de um ponto de vista superior, à luz dos Planos Espirituais, o que impossibilita as ilusões dos mundos inferiores. É por isso que os poderes psíquicos que aparecem no iogue após sua consciência ter sido elevada aos Planos Espirituais podem ser exercidos com segurança e sem possibilidade de erro, enquanto o mero psíquico que começa de baixo e desenvolveu esses poderes por métodos diferentes daqueles baseados em *Samādhi* é sempre passível de ilusão e erro, e pode até mesmo se desviar para os caminhos tortuosos e perigosos do pseudo-ocultismo.

Voltando à comparação do funcionamento da mente com a projeção de uma imagem, vemos que em ambos os casos há uma sucessão de imagens, sendo cada imagem sucessiva diferente da anterior e separada dela por uma lacuna, ou seja, um intervalo de tempo. Mas a sucessão é tão rápida que dá a impressão ilusória de continuidade e movimentos suaves como a vida. Esta descontinuidade no processo do fenômeno natural é percebida nos estágios superiores de *Samādhi* ao se realizar *Samyama* no processo de sucessão de 'momentos', a menor unidade de tempo (*Yoga-Sūtras* III-53, IV-33).

Então mais uma vez comparando os dois conjuntos de fenômenos, descobrimos que em ambos os casos as imagens são iluminadas por uma fonte externa de luz, pela luz da consciência ou *Buddhi* no caso de imagens mentais, e a luz do arco dentro do projetor, no caso de imagens fotográficas projetadas na tela.

E por último, em ambos os casos as imagens são projetadas a partir de um centro, o centro egoico ou *Ahamkāra* no caso da mente, e a pequena abertura que se fecha e se abre alternadamente no caso do projetor cinematográfico. Vemos também que o mesmo centro de luz pode iluminar teoricamente um número infinito de rolos de filme, por um lado, e um número infinito de mundos mentais das Mônadas, por outro. Isto pode ser ilustrado pelas figuras (a) e (b), respectivamente.

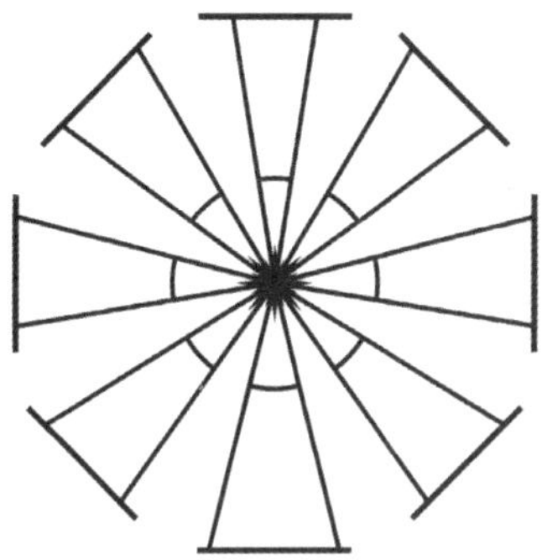

(a)

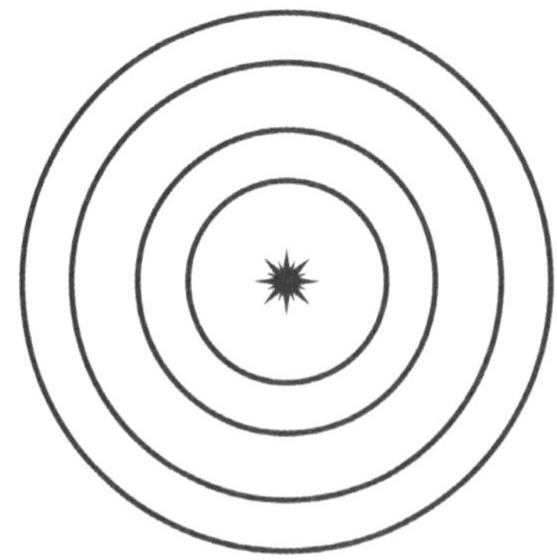

(b)

A figura (a) representa uma série de telas dispostas em um círculo no qual diferentes imagens estão sendo projetadas a partir de uma luz central comum. A figura (b) representa um número infinito de globos de vidro concêntricos que são perfeitamente transparentes e que estão sendo iluminados por uma luz central comum. Como a mente não é material e é permeável à pura consciência integrada em todos os níveis, podemos ver facilmente como um número infinito de mentes pode ser iluminado pela luz da Consciência Divina emanando do Centro Comum ou *Mahābindu* e brilhando nos corações de todos os *Jīvātmās* ou almas.

Vemos assim que a analogia entre os fenômenos luminosos e os fenômenos mentais é quase completa, mostrando de maneira notável como os fenômenos da mente e da consciência são refletidos fielmente nos fenômenos da luz física. Estas coisas apontam para a probabilidade de a luz física ser de alguma forma misteriosa uma expressão da consciência no Plano Físico.

Capítulo 18

A Natureza da Mente de Acordo com o *Yoga* – I

A Mente e os Três *Gunas*

Nós já lidamos com os quatro aspectos da mente de acordo com o Vedanta. Segundo a concepção vedantina a mente, que é chamada *Antahkarana*, tem quatro aspectos fundamentais – *Chitta*, *Mana*, *Buddhi* e *Ahamkāra* – todos presentes em todos os fenômenos mentais. Esta concepção, que é simples e fácil de entender, no entanto, não esclarece muitas questões de psicologia e algumas das técnicas do *Yoga*. É preciso estudar o *Yoga-Sūtra* de Patañjali para adquirir este conhecimento adicional no que diz respeito ao funcionamento da mente. As informações dadas no *Yoga-Sūtra* servem para preencher até certo ponto o esboço fornecido pela concepção vedantina e devem, portanto, ser consideradas de natureza complementar e não de natureza alternativa. Os diferentes sistemas de filosofia hindu não devem ser considerados como sistemas de filosofia completamente independentes, mas partes de um todo relacionado. Eles analisam os problemas fundamentais da vida de diferentes pontos de vista e esclarecem diferentes aspectos desses problemas.

De certa forma, todo o livro, isto é, o *Yoga-Sūtra*, trata dos problemas da mente e esclarece suas funções, modificações e transformações, mas há onze aforismos no Capítulo IV que tratam da teoria da percepção mental e são de particular interesse e importância para aqueles que estão tentando entender a natureza essencial da mente. São os aforismos de 13 a 23. Consideremos estes aforismos, um por um, a fim de entendermos seu significado interno e ver como eles iluminam ainda mais a natureza e o funcionamento da mente humana. Portanto, começamos com o aforismo IV-13 apresentado abaixo:

Te vyakta-sūksmāh gunātmānah

"Eles, os (*Dharmas*), manifestados ou não manifestados, são da natureza dos *Gunas*."

Este é um aforismo muito importante. Seu objetivo é indicar a relação entre a natureza ou propriedades de qualquer objeto e sua estrutura interna, conforme definida de acordo com a doutrina dos *Gunas*. O aforismo significa de forma ampla que as propriedades inerentes de qualquer objeto dependem de sua estrutura ou constituição interna. Esta afirmação será vista como estando de acordo com as ideias científicas modernas para qualquer pessoa que tenha algum conhecimento de química. Mas como o estudante pode não ter estudado Ciência, vamos ilustrar o ponto, tomando alguns exemplos concretos.

Vejamos uma substância familiar como o sal. Uma molécula de sal, que é a menor partícula possível da substância, contém um átomo de sódio e um de cloro unidos por força elétrica devido à transferência de um elétron do sódio para o átomo de cloro, como mostrado abaixo:

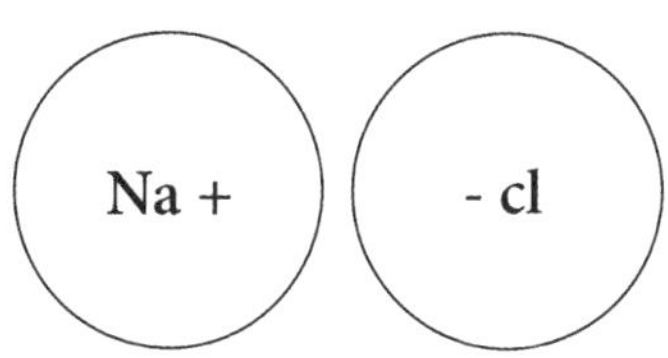

Ora, o sal tem certas propriedades com as quais todos nós estamos familiarizados. Tem um gosto salino peculiar, é incolor e inodoro, é solúvel em água. Ele tem outras propriedades químicas, físicas e fisiológicas adicionais com as quais os cientistas estão familiarizados. Há ainda algumas outras propriedades que ainda não foram descobertas. Todas estas propriedades, em sua totalidade, são inerentes à molécula de sal e onde quer que esta molécula esteja presente, elas estarão presentes.

Vejamos outra substância, a glicose, cuja constituição química é indicada pela fórmula molecular $C_2H_2O_2$. Isto significa que uma molécula de glicose contém 6 átomos de carbono, 6 de hidrogênio e 5 de oxigênio dispostos e unidos de uma forma particular. Onde quer que uma molécula de glicose esteja presente, teremos as propriedades características desta substância, ou seja, doçura, ausência de cor e odor e tantas outras propriedades de natureza química, física e fisiológica. Todas estas propriedades dependem da constituição ou da estrutura da molécula e nada mais.

Não entremos de imediato na questão da estrutura ou constituição subjacente da substância. O que temos que entender ao estudar este aforismo é que as propriedades inerentes a qualquer substância ou objeto em sua totalidade dependem desta estrutura interna. Qual a natureza dessa estrutura é outra questão fundamental na qual vamos entrar ao considerarmos o próximo aforismo.

Pode-se assinalar aqui que no método *Sūtra* de formular uma doutrina ou teoria, as diferentes ideias na cadeia de argumento ou afirmação estão todas ligadas, embora não obviamente, e a pista para o significado de um aforismo enigmático reside frequentemente em rastrear esta conexão. Este fato é sugerido pela palavra *Sūtra* que significa 'fio' – o fio invisível e subjacente da relação que une todas as ideias.

A palavra sânscrita *te* ou 'eles' em IV-13 refere-se aos *Dharmas* ou propriedades mencionadas no último aforismo, não apenas propriedades que podem ser percebidas ou foram descobertas, mas todas as propriedades em sua totalidade, algumas das quais podem ser descobertas no futuro ou podem existir nos planos mais sutis. Assim, "*Vyakta-Sūksmā*" refere-se a todas as propriedades que são inerentes à substância. *Gunātmanah* é difícil de traduzir. Significa 'são da natureza dos *Gunas*', 'são baseados nos *Gunas*', 'dependem dos *Gunas*'. São estes *Gunas* que, de acordo com a psicologia do *Yoga*, determinam a estrutura interna ou essencial de todas as coisas e, portanto, pode-se dizer que as propriedades inerentes a cada substância dependem dos *Gunas*. Quando uma coisa é composta, sua propriedade dependerá da totalidade das estruturas internas de todos os seus constituintes.

Porém, é preciso lembrar, como foi assinalado em outro lugar, que as propriedades como as percebemos existem em nossa mente e não no objeto. Elas são evocadas na mente como resultado da estimulação da mente pela estrutura peculiar do objeto. A manifestação envolve o estabelecimento de uma relação multifacetada entre a consciência e a chamada matéria, como resultado da qual a matéria de uma determinada estrutura evoca uma determinada propriedade ou conjunto de propriedades na mente. No Plano Físico, essas imagens mentais elementares que aparecem na mente através da instrumentalidade dos órgãos dos sentidos são chamadas de sensações. Mas em planos mais sutis, é também a estrutura dos objetos que entram em contato com a consciência que determina as imagens mentais que são evocadas na mente pelos objetos.

De que maneira a estrutura interna de cada objeto depende dos *Gunas* é indicada no próximo aforismo, e iremos agora considerar o importante aforismo dado abaixo:

Parināmaikatvād vastu-tattvam (IV-14)

"A essência do objeto consiste na singularidade da transformação (dos *Gunas*)".

Este aforismo baseia-se na doutrina dos *Gunas*, que forma um dos principais pilares da psicologia do *Yoga*. Essa doutrina será tratada posteriormente num dos Capítulos deste livro e não é, portanto, necessário entrar aqui em detalhes, mas podemos recordar brevemente os princípios gerais subjacentes à doutrina para nos permitir compreender o significado amplo e geral do aforismo.

Posso começar assinalando que o objetivo principal subjacente à doutrina dos *Gunas* é mostrar que o Universo manifestado se baseia interna e essencialmente no movimento e somente no movimento. Esta, como bem sabemos, é uma doutrina fundamental do Ocultismo e, a menos que a compreendamos completamente, nunca poderemos compreender como a base deste Universo aparentemente tangível e material pode ser mental. Para mostrar que a base final do Universo é mental, temos primeiramente que mostrar que as estruturas internas de todos os tipos de substâncias e objetos não são nada mais que diferentes combinações de diferentes tipos de movimentos. Se puder ser demonstrado que não há nada na base deste Universo a não ser movimento, a matéria desaparece em movimento, e se não houver matéria no sentido usual, o materialismo científico ortodoxo não tem nada mais para se sustentar e perde completamente sua validade. Isto limpa o terreno para consideração séria de que a base final do Universo manifestado é mental.

O que a Ciência tem a dizer sobre esta ideia: que no que diz respeito ao Universo material, não há nada além de movimento? Citei em outros contextos um parágrafo de *The Mysterious Universe* (*O Universo Misterioso*) de James Jeans que deveria ser ponderado por todos os estudantes que estejam interessados nesta questão. Aquele parágrafo afirma em poucas palavras a conclusão da física moderna de que «todo o Universo material é resolúvel em ondas e nada mais que ondas". Estas ondas são de dois tipos: ondas engarrafadas que chamamos de matéria, e ondas não engarrafadas que chamamos de radiação ou luz". Penso que esta afirmação científica corrobora o mais claramente possível a doutrina Oculta de que a base do Universo material nada mais é do que movimento, e soa lugubremente o toque da morte do materialismo científico ortodoxo, embora a maioria dos cientistas não esteja ciente deste fato. Com relação a isto temos de lembrar que a Ciência não reconhece agora a existência do éter, que anteriormente se supunha ser o meio no qual a luz ou a radiação viajava. Se não há éter, segundo a Ciência, e a luz consegue viajar pelo espaço vazio sem nenhum meio, ou seja, no vácuo, então até mesmo a tênue base da matéria fornecida pelo conceito de éter se vai, e ficamos sem nada que possa, mesmo remotamente, sugerir uma base material do Universo.

Se nada há além de movimento, no que diz respeito à base do Universo material, a próxima pergunta que se impõe é: Qual é a natureza desse movimento? Não vamos entrar aqui na questão do meio em que este movimento se realiza. Foi demonstrado em um dos capítulos de *O Homem, Deus e o Universo* que um meio é essencial para ondas de qualquer tipo, e se não houver éter, então este movimento de onda só pode ocorrer no meio mental, ou *Chidākāsha*, como é chamado em sânscrito.

É aqui que entra a doutrina dos três *Gunas*, e temos agora que considerar brevemente essa doutrina e compreender seu significado geral se quisermos entender o aforismo em discussão. A doutrina dos *Gunas* não tem sido compreendida adequadamente mesmo na Índia, onde as pessoas usam constantemente esta palavra sem saber o que significa, ou tendo uma ideia muito vaga de seu significado. O fato é que ela não poderia ser compreendida adequadamente sem o conhecimento dos desenvolvimentos ocorridos no campo da física e da química durante este século. Somente à luz deste conhecimento é que agora podemos ver claramente o que ele significa. Mas a tendência de tomar as coisas como certas é tão grande que apesar deste conhecimento estar agora disponível, não fizemos nenhum esforço para correlacionar a doutrina dos três *Gunas* ao conhecimento científico.

Outro empecilho para a compreensão do significado interno desta doutrina é a conotação errada que geralmente atribuímos à palavra *Guna*. O sânscrito é uma língua maravilhosa, mas tem uma característica traiçoeira, que a mesma palavra tem às vezes uma grande variedade de significados com diferenças muito sutis. Portanto, se não conhece a conotação exata em um contexto particular, a pessoa está sujeita a sair completamente dos trilhos e ter uma ideia totalmente errada do que está tentando entender.

Ora, o significado comum da palavra *Guna* é 'uma qualidade' que pode ser percebida pela mente, mas outro significado da mesma palavra é a base das qualidades, ou seja, a constituição interna das coisas das quais suas qualidades dependem. Uma é *Rūpa*, a forma externa como aparece aos sentidos, a outra é *Svarūpa*, a forma interior essencial. Podemos entender esta diferença entre as duas tomando o exemplo da luz e do som. A luz é vista como cores externamente, e internamente como vibrações eletromagnéticas. O som é ouvido como uma combinação de notas externamente, e internamente como vibrações rítmicas de átomos e moléculas. A palavra *Guna* significa não as propriedades que são percebidas pela mente, e que são chamadas *Lakshana* em sânscrito, significando, porém, os três tipos fundamentais de movimento que em suas infinitas permutações e combinações constituem todos os objetos na Natureza e que em seu estado total, integrado e harmonizado são chamados *Prakriti* ou *Pradhān* na psicologia do *Yoga*.

Tendo em vista a sobreposição do significado das três palavras sânscritas *Guna*, *Dharma* e *Lakshana*, é preciso entender a distinção entre elas quando são usadas na discussão dos problemas da psicologia do *Yoga*: *Dharma* significa natureza essencial que compreende a totalidade de suas propriedades, conhecidas ou desconhecidas. Esta natureza é determinada unicamente por sua constituição interna baseada nos *Gunas* e conhecida por suas propriedades externas ou aparentes, que são chamadas *Lakshana*.

Quais são os três tipos fundamentais de movimento ou *Gunas* que, por suas diferentes combinações, determinam a constituição interna de todas as substâncias e, consequentemente, suas naturezas essenciais ou *Dharmas*? A resposta a esta pergunta é dada no aforismo II-18 apresentado abaixo:

Prakāsha-kriyā-sthiti-shīlam bhūtendriyātmakam bhogāpa-vargārtham drshyam

"O Visto (lado objetivo da manifestação) consiste de Elementos e órgãos dos sentidos; tem por natureza a cognição, a atividade e estabilidade (*Sattva, Rajas* e *Tamas*) e tem por propósito (proporcionar ao *Purusha*) experiência e Liberação".

Antes de considerarmos o papel desempenhado pelos *Gunas* na percepção mental, devemos limpar o terreno mostrando como os três *Gunas* primários estão relacionados com a infinita variedade e número de *Gunas* que podem ser derivados de *Prakriti*, e que em seu estado harmonizado e integrado representam o *Sāmyāvasthā* de *Prakriti*. Esta relação é análoga à das três cores primárias do espectro – vermelho, azul e amarelo – com a infinita variedade de cores que é possível pela combinação das três cores primárias em diferentes proporções. Se entrarmos em uma grande loja que venda panos de diferentes variedades, ficaremos impressionados com a grande variedade de cores que são vistas. E, contudo, sabemos que todas essas cores são derivadas das três cores primárias, misturadas com branco e preto que representam o estado integrado e a ausência de todas as cores, respectivamente. O número infinito de *Gunas* é, da mesma maneira, derivado dos três *Gunas* primários ou fundamentais (*Rajas*, *Tamas* e *Sattva*) por diferentes combinações dos três tipos de movimento.

Ao considerarmos o número infinito de estados diferenciados de qualquer categoria, temos que incluir também os dois estados extremos, o estado integrado, por um lado, e a ausência de todos os estados diferenciados, por outro. Estes dois estados extremos flanqueiam todos os estados diferenciados possíveis, por assim dizer, mas são estados peculiares com uma identidade própria definida. No reino dos *Gunas*, os dois estados são indicados pelas duas palavras sânscritas *Samyāvasthā* e *Gunātīta Āvasthā*. A primeira significa o 'estado harmonizado' dos *Gunas*, a segunda significa o 'estado que transcende' os *Gunas*. O primeiro estado corresponde à luz branca, o segundo ao preto, ou ausência de toda a luz.

Os três tipos de movimento que são a base dos três *Gunas* são chamados de luz, atividade e imobilidade no aforismo acima citado e dão uma ideia maravilhosamente clara da natureza essencial dos três *Gunas* primários em termos do conhecimento científico moderno. Vemos imediatamente como a doutrina Oculta dos *Gunas* está em geral de acordo com as concepções científicas modernas sobre a natureza das substâncias que constituem o mundo físico. Este assunto será tratado em detalhes em um capítulo posterior, mas como está intimamente ligado à teoria da percepção mental, é necessário fazer aqui uma breve revisão da doutrina.

Qualquer pessoa que esteja familiarizada com o conhecimento científico atual sabe, pelo menos de uma maneira geral, que luz (vibração rítmica), atividade (movimento irregular) e estabilidade (nenhum movimento ou posição fixa) são os três tipos fundamentais de movimento que não só entram na constituição de todas as substâncias, mas constituem as realidades básicas de sua existência. O mundo físico composto de átomos, moléculas, etc. é realmente um jogo desses três tipos de movimento que, em sua infinita variedade de combinações, produzem o fluxo dos fenômenos em seu aspecto estrutural ou objetivo subjacente. Em seu aspecto subjetivo ou perceptivo, trata-se de um fenômeno mental.

Temos que observar cuidadosamente que a base estrutural dos *Gunas* é movimento e nada mais que movimento. Em termos gerais, existem apenas três tipos fundamentais de movimento que são possíveis. O movimento pode ser não rítmico ou irregular como no caso de moléculas que se movimentam em um gás ou em uma solução. Tal movimento é indicado pela palavra sânscrita *Kriyā*, que significa atividade, e corresponde a *Rajas*. O movimento pode ser rítmico ou harmônico como a luz ou o som, caso em que é chamado de vibração. No aforismo acima a palavra usada para vibração é *Prakāsha* ou luz não apenas porque a luz é um exemplo típico de vibração que ilumina a mente, mas também porque os movimentos dos elétrons são essencialmente luz que foi aprisionada. Mesmo vibrações como o som evocam a cognição do objeto do qual o som emana e, pode-se dizer, para iluminar a mente de uma maneira diferente. O terceiro tipo de movimento possível chama-se *Sthiti*, que significa posição fixa ou estabilidade. "Nenhum movimento" também pode ser considerado como um tipo fundamental de movimento se considerarmos o assunto cuidadosamente. Ele corresponde a *Tamas*, enquanto *Prakāsha* corresponde a *Sattva*.

Aqueles que têm algum conhecimento de física e química podem pegar qualquer objeto e analisá-lo mentalmente em seus constituintes em termos de movimento rítmico, movimento irregular e 'nenhum movimento'. Peguemos uma substância como a água. O que ela contém do ponto de vista científico? É uma massa de moléculas de H^20 que se movimentam de forma irregular. Este é o *Kriya*. Cada molécula de água contém dois átomos de hidrogênio e um de oxigênio ligados entre si e separados por uma distância fixa. Este é o *Sthiti*. Em cada átomo de hidrogênio e oxigênio os elétrons estão girando com a velocidade da luz e, como mostrado em outro lugar, são realmente luz aprisionada. Este é *Prakāsha*. Assim, cada objeto pode ser visto como uma combinação única dos três tipos fundamentais de movimento ou uma transformação única dos três *Gunas* em termos de psicologia do *Yoga*. E suas propriedades em sua totalidade dependem desta combinação única ou constituição, e mudam com qualquer mudança em sua constituição. Na síntese química de qualquer composto como o famoso DNA, introduzimos um radical aqui, retiramos um átomo ali e as propriedades mudam pelo menos em certa medida. Assim, movimento e apenas movimento pode ser considerado de forma geral como a base e a substância do Universo objetivo e, nesta conclusão, o Ocultismo e a Ciência são vistos como concordantes em grande medida.

Se o movimento e apenas o movimento é a base do Universo físico de acordo tanto com o Ocultismo quanto com a Ciência, o caminho fica claro para se entender e aceitar a doutrina Oculta fundamental, segundo a qual a base do Universo é mental. De acordo com essa doutrina, o que aparece como uma mistura de fenômenos mentais e físicos é realmente "um tecido de experiência psíquica" ou fenômenos puramente mentais. O que se apresentava como um obstáculo no modo de se levar esta doutrina a sério era a presença dessa matéria física incongruente com suas partículas materiais existentes independentemente da mente e que interagem e afetam a mente. Era difícil conceber não só como uma coisa não material e intangível como a mente poderia interagir com uma coisa puramente material como matéria física, mas também como tal matéria poderia existir em um Universo puramente mental. Se esta matéria é nada mais que movimento, estas duas dificuldades essencialmente desaparecem. Pois o movimento não só pode ser concebido como existente em um mundo puramente mental, mas também como uma via de comunicação entre mente e mente, por exemplo, entre a Mente Universal e a mente individual, ou entre duas mentes individuais. Exemplos de tais transmissões e interações são fornecidos em abundância pela Ciência moderna como no caso de transmissões de som e imagens visuais por ondas de rádio.

Visto sob esta luz, o complexo e vasto mecanismo do Universo físico serve meramente como um meio de transmissão do pensamento de uma mente para outra sobre o princípio da imagem-objeto. Este assunto foi tratado em *O Homem, Deus e o Universo* e não é necessário entrar nele aqui.

Capítulo 19

A Natureza da Mente de Acordo com o *Yoga* – II

Teoria da Percepção Mental

No último capítulo tratamos dos aforismos 13 e 14 e discutimos a relação da mente com os *Gunas*. Vimos como a cognição sensorial, que fornece a matéria-prima para a mente inferior no Plano Físico, depende da estimulação da mente por objetos físicos através do movimento. O olho e o ouvido são estimulados pelas vibrações de luz e som. A pele é afetada pelo bombardeio de átomos e moléculas sobre sua superfície. A membrana mucosa do paladar é afetada pelo movimento das moléculas em solução, e a do nariz pelo impacto das partículas da substância odorífera. Portanto, não só a cognição sensorial depende do movimento de um ou outro tipo, mas os próprios objetos que produzem a cognição sensorial nada mais são do que combinações diferentes dos três tipos fundamentais de movimento subjacentes aos três *Gunas*.

O mundo físico não é, portanto, nada mais que um fenômeno baseado em movimentos de diferentes tipos sem base tangível, embora dê a impressão ilusória de conter objetos tangíveis de diferentes graus de densidade. Vivemos, portanto, em um mundo fantasmagórico que serve apenas para criar os mundos mentais em nossas mentes individuais e produz a impressão de um mundo real tangível fora de nós. É contra esta ilusão generalizada na qual estamos envolvidos e a qual desconhecemos completamente que a *Bhagavad-Gitā* nos adverte repetidamente.

Os dois aforismos seguintes, ou seja, 15 e 16, não tratam de nenhum problema de importância fundamental. Eles simplesmente respondem a duas perguntas que podem surgir na mente do estudante com relação ao funcionamento da mente.

Se cada objeto é uma combinação única dos *Gunas* e tem uma identidade própria definida em termos dos três tipos de movimento, surge a pergunta: por que pessoas diferentes o veem de maneira diferente? O aforismo 15 responde a esta pergunta. De acordo com esse aforismo, as diferenças na percepção do mesmo objeto por pessoas diferentes devem-se ao fato de que suas mentes "seguem caminhos diferentes". Qualquer pessoa pode ver que esta é apenas uma outra forma de dizer que mentes diferentes veem o mesmo objeto de forma diferente porque reagem a ele de forma diferente. Esta diferença na reação pode ser devida a diferenças nas condições externas. Se eu vejo um homem de pé em um campo a uma distância de 200 metros e você está perto dele, naturalmente o veremos de forma diferente porque o corpo dele afeta nossos olhos de forma diferente. Ele produz, na minha retina, uma imagem menor do que na sua, e assim parece menor para mim. As mentes são afetadas de maneiras diferentes devido às diferentes impressões sensoriais produzidas pelos órgãos dos sentidos. Esta diferença na reação das mentes deve-se a causas puramente mecânicas de natureza objetiva.

A diferença nas reações de mentes diferentes a um mesmo objeto pode ser devida ao fato de que as duas mentes estão em diferentes estados de vibração. Se A é uma pessoa que constantemente serve aos meus interesses e o que ela faz sempre vai contra os seus interesses, eu gosto dela e você não gosta. Este tipo de diferença nas reações de duas mentes em relação ao mesmo objeto é de natureza subjetiva. É uma coisa variável, e muda à medida que nossa mente muda. Ao tentarmos levar uma vida espiritual, temos que eliminar o elemento pessoal inferior e egoísta, e isto consiste essencialmente em mudar nossas atitudes com relação às coisas e às pessoas, em outras palavras, mudar o estado de nossa mente. Portanto, o significado do aforismo deve ser claro.

O aforismo 16 afirma que a existência de um objeto aparentemente externo não depende da mente que o percebe, embora o que percebamos seja sua imagem em nossa própria mente e não o objeto em si diretamente. Há duas escolas de filosofia, tanto no Oriente quanto no Ocidente. Uma é chamada de Realismo puro e a outra de Idealismo puro. Segundo o Idealismo puro, o que vemos no mundo externo é nada mais que imagens mentais em nossa própria mente. Não há nada no mundo externo que corresponda aos objetos externos. De acordo com o Realismo puro, o que vemos no mundo externo deve-se unicamente às imagens sensorialmente produzidas em nossos cérebros pelas vibrações produzidas pelos objetos externos. A mente não tem existência independente nesta filosofia, que é a filosofia do materialismo, enquanto nas outras filosofias os objetos não têm existência independente.

O argumento que está implícito na posição assumida pelo aforismo 16 é que se a percepção do objeto é um fenômeno puramente subjetivo, então não haveria objeto quando não o estamos percebendo. Esta seria uma suposição absurda, pois quando não estamos percebendo um objeto, outras pessoas podem estar percebendo-o ou nós mesmos podemos percebê-lo novamente. Isto mostra que o objeto tem uma existência independente da mente. Embora seja apenas uma combinação particular dos três *Gunas* ou dos três tipos fundamentais de movimento, e, portanto, imaterial, há algo definido na existência correspondente a cada objeto externo realmente percebido pela mente e não meramente imaginado ou lembrado na memória.

Ver-se-á, portanto, que este aforismo repudia a filosofia do Idealismo puro, como também o Realismo puro, e a teoria da percepção mental baseada na doutrina dos *Gunas* conduz a um rumo intermédio entre as duas visões extremas à luz do conhecimento adquirido em *Samādhi*. É verdade que percebemos nossas próprias imagens mentais em cognição sensorial, mas existem objetos externos que estimulam essas imagens mentais. Esses objetos, no entanto, não são materiais no sentido usual. São meramente modos de movimento, ou seja, não materiais.

Chegamos agora a um conjunto de aforismos em que é delineada a teoria do *Yoga* da percepção mental. Será mais fácil entendermos o significado de cada aforismo individual se em primeiro lugar assinalarmos brevemente, de forma geral, o que esses aforismos pretendem imprimir na mente do estudante. Sempre nos ajuda se tivermos uma visão panorâmica antes de entrarmos nos detalhes de qualquer assunto.

Segundo a psicologia do *Yoga*, embora a mente seja uma realidade e funcione em diferentes níveis, ela é *Jada* ou insensível e, em si mesma, não tem poder de percepção ou de ver o significado e a importância das coisas. Sua percepção e poder de compreensão dependem de dois fatores. Em primeiro lugar, ela deve ser afetada pelo objeto de percepção. Esse objeto pode ser qualquer coisa, seja um objeto externo que produza uma imagem mental na mente por meio da intervenção dos órgãos dos sentidos, seja um objeto puramente mental que ocupe o campo da consciência. Quanto mais o objeto colorir a mente ou for assimilado por ela, mais clara e profunda será a compreensão desse objeto pela mente.

Mas este efeito do objeto sobre a mente é apenas um fator no ato da percepção mental – um lado da moeda, por assim dizer. O outro é a luz da consciência ou *Buddhi*. A mente deve ser iluminada pela luz da consciência não apenas para perceber o objeto, mas também para trazer à tona no objeto seu significado e importância. Somente quando a mente é afetada desta dupla maneira simultaneamente é que ela se torna capaz de apreender o objeto, a plenitude da apreensão dependendo do grau de assimilação do objeto pela mente e da pureza e da força da luz da consciência que o ilumina.

Ser-nos-á útil para a compreensão da interação dos dois fatores que afetam a mente contar com a ajuda da seguinte representação esquemática deste fenômeno mental.

Este diagrama tem o objetivo de indicar os seguintes fatos e muitos outros.

(1) *Ātmā* ou o Centro de nossa consciência é a fonte de luz que ilumina todos os níveis da mente.

(2) *Buddhi* é a luz da consciência que emana do centro da consciência e ilumina todos os níveis da mente.

(3) Em cada barreira do nível mental, a luz, por assim dizer, é parcialmente filtrada e perde parte de seu poder iluminador, mas é a mesma luz que ilumina todos os níveis da mente.

(4) A luz da consciência que emerge e ilumina um nível ou compartimento particular serve como consciência integrada para esse nível da mente.

(5) Diferentes objetos penetram em diferentes profundidades de consciência e, portanto, têm aspectos mais ou menos profundos em sua natureza, como explicado ao discutir o aforismo III-6 em *A Ciência da Yoga*. Os aspectos de um objeto que são percebidos dependem do compartimento da mente no qual a percepção ocorre. Quanto mais profundo o nível, mais profunda e rica é a nossa compreensão do objeto.

(6) No Plano Físico, a percepção vaga e generalizada, com a qual todos estão familiarizados, é tudo o que conhecemos da consciência. Mas esta percepção vaga contém e oculta dentro de si todos os níveis de consciência. A prática de *Samādhi* é o único meio de penetrar através desses níveis.

(7) No caso de um indivíduo Autorrealizado, é possível penetrar através de todos os níveis da mente e perceber todos os objetos do ponto de vista da Realidade sem que os véus mentais os obscureçam.

Vamos tentar entender os aforismos em discussão com a ajuda do diagrama apresentado acima.

Consideremos o aforismo 17. Significa que um 'objeto' é conhecido na medida em que a mente é 'colorida' por ele. O uso da palavra cor para denotar o efeito do objeto sobre a mente é muito adequado. Todos sabemos que se pegarmos uma solução de qualquer corante e nela colocarmos fibras de diferentes substâncias, elas absorverão a cor na solução em diferentes extensões.

Alguns absorverão totalmente a cor e ficarão da mesma cor da solução, outras absorverão um pouco de cor e adquirirão uma ligeira tonalidade, enquanto outras ainda permanecerão bastante inalteradas pelo corante. Portanto, esta metáfora é usada para denotar os diferentes graus de assimilação do objeto pela mente.

Devemos lembrar, no entanto, que neste aforismo estamos considerando apenas um dos dois fatores que afetam a mente, o efeito do objeto sobre a mente. Todos nós sabemos como a mente é afetada progressivamente no estudo de um assunto. Quanto mais o estudamos, mais ele permeia a mente, por assim dizer, e podemos compreendê-lo em maior medida. Às vezes começamos a estudar um assunto que é bastante novo para nós e para o qual não temos inclinação. Quando é apresentado à nossa mente pela primeira vez, não vemos nada nele. Não parece penetrar na mente de modo algum. Se gradualmente colocarmos nossa mente nele e perseverarmos, ele começa a penetrar gradualmente e nós o compreendemos cada vez mais.

Shabda-Jñāna ou conhecimento superficial baseado no mero uso de palavras dificilmente colore a mente, e quase não há conhecimento do assunto no sentido real. Todos nós conhecemos pessoas que às vezes são consideradas muito bem falantes. No momento em que abrem a boca, surge uma torrente de palavras. Mas tudo isso é som e fúria, não significando nada. Se você analisar o que elas têm estado a dizer, não encontrará substância, e depois que elas se sentam, você começa a se perguntar sobre o que elas estiveram falando.

Estudar profundamente 'colore' a mente pelo menos até certo ponto, e há assimilação de mais ou menos conhecimento, dependendo da intensidade do esforço e do desenvolvimento da mente. Mas é somente em *Samādhi* que a mente se torna totalmente colorida pelo objeto, tanto que a mente desaparece como se estivesse no objeto e apenas o conhecimento real do objeto 'brilha' no campo da consciência (I-43).

Chegamos então ao aforismo 18 que mostra o outro lado da moeda, a iluminação da mente pela luz da consciência que é chamada de *Buddhi* em sânscrito. Mesmo que a mente tenha sido mais ou menos afetada pelo objeto, sua iluminação pela luz da consciência é necessária para a compreensão do objeto. Sem essa luz de *Buddhi*, o significado ou a verdadeira importância do objeto não despertará na mente. Se mergulharmos um pano em uma solução colorida no escuro e o retirarmos da solução, não poderemos ver a cor que foi adquirida pelo pano, a menos que haja luz para iluminá-lo.

Até agora, é bastante claro o que significa o aforismo. Mas o aforismo em discussão vai muito além e é muito mais profundo. Seu principal objetivo é indicar que existe apenas uma fonte de luz que ilumina a mente de um *Purusha* em diferentes níveis, e que é sua consciência eterna que brilha através do Centro *Átmico*. O diagrama apresentado acima nos ajudará, até certo ponto, a compreender este ponto. Vemos nesse diagrama que a luz que é projetada do centro representando o Espírito individual passa por todas as divisórias da mente e ilumina os diferentes compartimentos que representam os diferentes níveis da mente. Assim, existe apenas uma fonte de luz, e a mesma luz ilumina os diferentes níveis da mente, embora em graus diferentes, devido à sua progressiva opacidade e ao obscurecimento na passagem através das misteriosas divisórias que separam os diferentes níveis da mente.

Um ponto importante que deve ser observado com relação à luz da Consciência tal como ela existe no mundo da Realidade é que ela é um estado integrado e contém dentro de si todos os possíveis estados diferenciados da mente de uma forma potencial. É por isso que ela é capaz de trazer à tona o significado e a importância de todos os possíveis estados diferenciados da mente em todos os níveis, assim como a luz branca é capaz de trazer à tona qualquer tipo de cor nos objetos que ilumina. Outro resultado de ser um estado integrado é que o *Purusha* está sempre ciente de tudo o que acontece em sua mente funcionando em diferentes níveis. Podemos dizer que ele está sempre ciente de tudo em sua mente porque ele é eterno, acima do tempo e do espaço, ou porque é imutável, pois nada no reino da mente pode ser imutável. Todos estes são métodos diferentes de indicar a natureza única e transcendental da Realidade, na qual o *Purusha* ou a Mônada existe eternamente.

> Pode-se acrescentar, entretanto, que a capacidade de estar sempre plenamente consciente de tudo em diferentes níveis de manifestação pertence apenas à Mônada. Como a luz de sua consciência se filtra para os níveis inferiores, passo a passo, essa capacidade se torna cada vez mais limitada devido ao rebaixamento progressivo dessa luz ao passar pelos diferentes planos, de modo que quando finalmente emerge no Plano Físico está com máxima limitação e tudo o que podemos ter aqui é uma percepção vaga e parcial do que está ocorrendo em nossa mente como resultado de seu contato com o ambiente imediato. Mesmo nos Planos Astral e Mental inferior, o alcance de nossa percepção aumenta progressivamente e as limitações de tempo e espaço começam a afrouxar seu domínio sobre a consciência à medida que nos aprofundamos dentro de nós mesmos. Mas as limitações só desaparecem completamente no mundo da Realidade.

Os três aforismos seguintes – 19, 20 e 21 – são dedicados a estabelecer o fato de que é a consciência do *Purusha* que é o único poder iluminador da mente em todos os níveis. Isto é feito através de três argumentos. O primeiro elo na cadeia de argumentos apresentados no aforismo 19 é que a mente não pode ser autoiluminante porque é perceptível. Uma coisa que pode ser percebida objetivamente não pode ao mesmo tempo ser o sujeito, como assinalado no aforismo 20. Este fato se aplica não apenas aos planos inferiores, mas também aos planos superiores. À medida que o centro da consciência desce a níveis mais profundos, o que parecia ser o sujeito do ponto de vista inferior passa para a esfera do objetivo, ou seja, torna-se perceptível. Que a mente não é autoiluminante, mas deriva seu poder de iluminação da consciência subjacente é um fato bem reconhecido da psicologia do *Yoga*. É por isso que ela é simbolizada pela lua que brilha pela luz refletida, enquanto o *Ātmā* que é Autoiluminante é simbolizado pelo sol.

Se a mente não pode ser a perceptora e a percebida ao mesmo tempo, é possível que haja mentes diferentes funcionando independentemente em níveis diferentes. Esta objeção hipotética é descartada no aforismo 21. O argumento sugerido neste aforismo é que, se houver uma multiplicidade de mentes atuando independentemente uma da outra, surgirão duas dificuldades. Uma é que haverá confusão de memórias, pois cada mente terá seu próprio estoque de memórias que são independentes umas das outras e assim, quando passamos de um nível de mente para outro, como em *Samādhi*, não conseguiremos correlacionar as experiências dos diferentes planos.

Ora, uma das coisas mais notáveis sobre a expansão da consciência em *Samādhi* é que existe uma perfeita correlação e harmonização de nossas experiências quando nos elevamos de um plano para outro. Quando nossa consciência emerge em um plano superior, não sentimos de modo algum que estamos num estranho mundo novo que nada tem em comum com o mundo que deixamos. A nova consciência que emerge inclui a memória e as experiências dos planos deixados para trás e, portanto, há uma correlação perfeita de todas as experiências e continuidade da consciência. Sentimos que nossa consciência apenas se expandiu e inclui em si mesma os estados mentais e as experiências anteriores e, portanto, sentimo-nos bastante à vontade no novo mundo.

Talvez sejamos capazes de entender este ponto claramente se lembrarmos do que acontece após a morte. Quando o chamado morto passa para o Plano Astral, chamado *Antariksha* em sânscrito, ele não sente que está num mundo inteiramente novo, pois a memória das experiências pelas quais passou na vida física anterior ainda está lá. É uma continuação da mesma vida em um nível mais profundo e em condições um pouco novas. A razão para esta continuidade de consciência está no fato de que quando passamos por nossas experiências físicas, as impressões são feitas não apenas no cérebro físico, mas também nos corpos mais sutis simultaneamente.

No mundo celeste, ou *Svarga*, como é chamado em sânscrito, a memória da vida passada é sem dúvida cortada, mas este é um estado mental subjetivo especial projetado para permitir à entidade desencarnada colher os benefícios de seu *Punya* ou 'boas' ações praticadas na vida anterior. Não se aplica aos estados de consciência alcançados em *Samādhi*.

O segundo argumento que é usado para descartar a ideia de uma possível multiplicidade de mentes, referida acima, é que isso significará supor que pode haver "percepção de percepção", o que obviamente é impossível. Uma fonte de luz pode iluminar seu ambiente, mas não pode iluminar outra fonte de luz. Uma vela acesa pode iluminar um ambiente de forma fraca. Se você ligar a luz elétrica, ela iluminará melhor a sala. Mas a luz elétrica não pode iluminar a luz da vela.

Ora, todos estes argumentos para estabelecer a unidade de consciência são realmente redundantes, pois o fato de a unidade de consciência funcionar em diferentes níveis da mesma mente é baseado na experiência direta em *Samādhi*. Vê-se frequentemente no campo da filosofia, ciência ou religião que uma verdade particular é primeiramente percebida intuitivamente e depois é construído um esmerado argumento intelectual para justificar e provar essa verdade. Pois o homem comum não conhece a natureza ou a importância da percepção intuitiva ou direta, e para ele uma verdade baseada em razões e argumentos intelectuais fracos e duvidosos é mais válida do que uma verdade baseada em intuição real ou percepção direta na qual não há possibilidade de erro. E se lhe for fornecida uma "prova" baseada em uma experiência física, tanto melhor, embora seja bem conhecido que o testemunho dos sentidos é muito enganoso e pouco confiável e precisa ser verificado pelo raciocínio ou outras experiências independentes.

É preciso ter em mente que a psicologia do *Yoga* é baseada em experiências adquiridas no estado de *Samādhi* e verificadas por todos os adeptos do Ocultismo no curso de investigações nos planos mais sutis. Não se baseia em teorias formuladas por psicólogos comuns para dar conta de fenômenos mentais comuns. Uma teoria pode ou não ser verdadeira porque se baseia em um exame superficial e parcial de fatos relevantes. Mas as doutrinas da psicologia do *Yoga* devem ser verdadeiras porque se baseiam na investigação de todos os fatos, por métodos infalíveis. Embora, portanto, às vezes utilizemos a palavra teoria para indicar estas doutrinas, devemos lembrar que elas não são teorias no sentido em que a palavra é usada na literatura científica.

Consideremos agora o aforismo IV-22 dado abaixo:

Citer apratisamkramāyās tad ākārāpattau

sva-buddhi-samvedanam

"O conhecimento de sua própria natureza através da autocognição (é obtido) quando a consciência assume aquela forma na qual não muda de lugar para lugar".

Este é um dos aforismos mais importantes do *Yoga-Sūtra* e muito esclarece o funcionamento da mente, sua relação com a consciência e a técnica do *Samādhi*. Ele descreve como o centro da consciência penetra, passo a passo, através dos diferentes níveis da mente durante os diferentes estágios de *Samādhi*, e quando todas as barreiras da mente tiverem sido atravessadas, emerge finalmente no reino da Realidade. Então o iogue torna-se perceptivo do que é a consciência em si mesma, e não do que ela parece quando funciona através dos diferentes níveis da mente. É neste estado que ela é vista como o poder iluminador por trás da mente trabalhando em diferentes níveis, como assinalado no aforismo 18.

A palavra sânscrita *Sva-Buddhi*, que significa autoconhecimento, é muito sugestiva e insinua essa função última e mais sutil da consciência quando ela se ilumina. Se uma luz central está iluminando vários globos de vidro concêntricos translúcidos, ela é o poder iluminador por trás de todos os globos. Se removermos um globo após o outro, começando pelo mais externo, a luz se torna mais clara e mais forte. O que acontece quando todos os globos tiverem sido removidos? A luz então ilumina a si mesma. Isto ilustra o *Sva-Buddhi* ou Autoiluminação pela consciência de si mesmo no estado integrado quando conhecedor, conhecido e conhecimento tornam-se um só.

Este aforismo é importante, porém, não tanto porque mostra como a luz da consciência pode iluminar a mente em todos os níveis, mas porque descreve de maneira muito eficaz e inequívoca o processo pelo qual a consciência é capaz de se libertar das ilusões e limitações de todos os níveis da mente e realizar sua própria natureza Real. Este processo só é possível se houver apenas uma fonte de luz iluminando todos os níveis da mente, e essa fonte é aquela Realidade que é o objeto de busca no verdadeiro *Yoga*.

O último aforismo do conjunto que trata da teoria da percepção mental é o seguinte:

Drastr-drshyoparaktam citam sarvārtham (IV-23)

"A mente, colorida pelo Conhecedor (isto é, o *Purusha*) e o Conhecido, é oniabarcante".

Isto indica a plena inclusão do princípio mental no reino da manifestação. É verdade que a mente é enganosa, cega e impotente em si mesma, mas quando está ativamente associada ao *Purusha*, por um lado, e a *Prakriti*, por outro, ela é capaz de perceber tudo e fazer tudo no que diz respeito a um sistema manifestado. É isto que significa a expressão sânscrita *Sarvārtham*. Ela inclui tanto os aspectos cognitivos quanto os conotativos da mente. Este fato é óbvio pela natureza do mais elevado e último *Siddhi* alcançado no reino da manifestação, a saber, Omnisciência e Onipotência. É verdade que mesmo a onisciência e a onipotência têm que ser renunciadas antes que o *Purusha* possa se libertar completamente de todas as limitações da existência manifestada, mas de qualquer modo este *Siddhi* indica a natureza oniabarcante e onipotente da mente.

É preciso lembrar, entretanto, não apenas que todo o poder de percepção e ação do mais baixo para o mais alto deriva de *Purusha* e *Prakriti*, mas também que é somente quando a mente está associada a ambos que ela pode existir e exercer tanto suas funções cognitivas como conativas. O *Purusha* fornece os elementos positivos associados à consciência, e *Prakriti* os elementos negativos associados à matéria. É a indispensável necessidade da associação destes dois elementos, o Vidente e o Visto, com a mente, que se procura transmitir com a frase "colorido pelo Conhecedor e pelo Conhecido" no aforismo em consideração. Sob este ponto de vista, a mente será vista como aquele meio intangível, invisível e enganador no qual *Purusha* e *Prakriti*, ou Consciência e Natureza, se encontram para produzir os fenômenos de manifestação. É o campo de sua interação e colaboração.

A mente não é diferente do éter luminoso hipotético e enganador no qual forças elétricas e magnéticas se encontram e se combinam para produzir vibrações eletromagnéticas conhecidas como luz ou radiação. Na verdade, a semelhança da interação das forças elétricas e magnéticas na produção de luz com a interação de *Purusha* e *Prakriti* na produção do fenômeno da manifestação é muito marcante para escapar da observação pelo estudante que tem alguma percepção intuitiva. Ele verá nesta semelhança um exemplo do reflexo das verdades espirituais mais sutis nos fenômenos físicos mais grosseiros e descobrirá, se estudar estas coisas cuidadosamente, que o que ele sabe sobre o *Shiva-Shakti Tattva* esclarece a natureza da radiação e vice-versa.

Estivemos a considerar acima alguns dos importantes aforismos que servem para esclarecer a natureza e as funções da mente. O estudante verá que a concepção iogue está em desacordo com a concepção vedantina, que foi discutida anteriormente. Ela meramente elabora e complementa a concepção vedantina e torna nosso conceito de mente mais claro e mais rico.

Capítulo 20

A Importância do Desejo

Vimos, ao considerar a experiência da água ao ser violentamente agitada por uma turbina e iluminada por uma lâmpada elétrica, que a infinita variedade de padrões que incessantemente se formam na água é gerada pela força motriz da turbina. Por esta razão, quanto mais velocidade se imprime à turbina, mais densos são os padrões formados na água e maior o obscurecimento da luz que sai da lâmpada elétrica. Quando a turbina é parada, a formação dos padrões na água diminui gradualmente e a luz que fora obscurecida pelos padrões é revelada automaticamente em sua verdadeira natureza. É fácil ver que a formação dos padrões que obscurecem a luz não pode ser eliminada sem parar a turbina. Mesmo a revelação parcial da luz exige que a força que causa a agitação seja reduzida gradualmente, mesmo que não seja eliminada completamente.

Este fenômeno luminoso ilustra de maneira muito eficaz o obscurecimento da luz da Realidade pelas modificações da mente e sua revelação quando essas modificações são eliminadas. Esta é a ideia por trás da conhecida frase sânscrita *Citta-Vritti-Nirodha* que indica o método do *Yoga* de revelar a luz da Realidade no interior do coração de um indivíduo.

Que força é essa que mantém a mente de cada indivíduo em uma condição perturbada e é a causa das modificações que estão sempre presentes na mente? De acordo com os adeptos do Ocultismo, essa força é a força do desejo que é chamada *Vāsanā* na terminologia do *Yoga*. A palavra sânscrita *Vāsanā* tem a conotação não só de desejo em sua forma ativa, mas também das impressões que são deixadas na mente subconsciente e que servem como forte fonte potencial de desejos ativos no futuro. Esses *Samskāras* têm raízes em nossos apegos aos objetos, e em sua totalidade constituem uma força poderosa que nos mantêm presos aos mundos inferiores da ilusão.

Muitas pessoas confundem uma inatividade temporária e superficial de desejos ativos com aquele estado de espírito que leva ao desaparecimento gradual de modificações da mente. Esquecem a tremenda pressão exercida sobre a mente pelos inúmeros desejos potenciais que estão presentes nas regiões subconscientes da mente, prontos para aparecerem acima da superfície assim que condições favoráveis se apresentem. Às vezes ficamos chocados num estado de paralisia mental ou emocional por alguma calamidade ou luto, ou reduzidos a um estado de letargia mental e indiferença por condições tais como velhice, doença prolongada ou frustração. Podemos começar a imaginar que adquirimos aquele estado de desapego da mente que é geralmente referido como *Vairāgya*. Nada do tipo. Os desejos que estão em suspensão por algum tempo aparecerão novamente e se afirmarão assim que tivermos recuperado nosso equilíbrio mental, ou começado uma nova vida numa nova encarnação sob um novo conjunto de condições. Os problemas de nossa vida espiritual não são resolvidos tão facilmente, e aqueles que são sérios devem conhecer a fundo os fatores que estão envolvidos nestes problemas. Não devemos exagerar as dificuldades, mas o candidato à Autorrealização deve enfrentar os fatos e não se rebaixar para viver em um mundo de faz de conta.

Antes de lidarmos com o problema fundamental do desejo e sua eliminação, é preciso considerar cuidadosamente a gênese do desejo e seu significado. Nós tínhamos considerado a mente como a assassina do Real, mas, examinando mais de perto, descobrimos agora que o poder que move a mente é o desejo, e a mente é meramente sua ferramenta. Portanto, o desejo é nosso verdadeiro adversário e, se quisermos enfrentar nosso adversário de forma eficaz, precisamos primeiramente conhecê-lo a fundo.

Posso salientar aqui que o método mais eficaz de lidar com qualquer problema é ir à causa, à raiz do problema, e enfrentá-lo lá, em vez de lidar apenas com os efeitos que fluem dessa causa e dela continuarão a fluir de uma forma ou de outra, enquanto a causa não for removida. A tendência moderna é lidar apenas com os efeitos e aplicar paliativos, deixando as causas intocadas. É por isso que nenhum problema jamais é resolvido de forma eficaz e permanente. Os conflitos internacionais no mundo de hoje ilustram muito bem esta tendência. Eles se baseiam em rivalidades e ódios internacionais e na exploração mútua, que por sua vez se baseiam na ignorância ou no desconhecimento do fato de que todos os seres vivos compartilham uma Vida em comum. Não consideramos o fato de que ao tentarmos explorar e ferir outros estamos violando a lei central e mais fundamental da Natureza, baseada na unidade subjacente da Vida, e isto deve necessariamente levar a mais problemas, mais conflitos, mais sofrimento. Se, portanto, queremos eliminar o desejo completa e permanentemente para que possamos estar plena e permanentemente estabelecidos em nosso Eu Real, a coisa óbvia a fazer é descobrir a causa fundamental do desejo em suas inúmeras formas e remover essa causa. O resto seguirá em seu devido tempo.

A fim de rastrearmos a gênese do desejo, temos que lembrar como a Mônada, que é essencialmente um Ser Divino, uma expressão dessa Realidade que subjaz e impregna o Universo, se envolveu na manifestação. Por que e como se envolveu assim é uma questão filosófica que tem sido discutida em outros contextos e na qual não precisamos entrar aqui. Vamos supor que Ela esteja assim envolvida e tenha que trabalhar sua própria salvação, recuperando o conhecimento de sua própria Divindade e se estabelecendo permanentemente em sua Real natureza Divina.

Tentemos primeiramente imaginar e raciocinar como tal ser Divino, que foi exilado de seu verdadeiro lar e esqueceu quem é e qual é sua Real natureza, como tal ser se sentirá e se comportará no mundo de manifestação no qual está vivendo como exilado. É claro que ele carrega o conhecimento de sua Real natureza, ou melhor, da natureza Real em si mesma, nos mais profundos recessos de sua consciência, mas essa natureza Real está oculta, obscurecida e encoberta pelos diferentes veículos de densidade crescente e que, portanto, só pode encontrar expressão nos planos inferiores com crescente dificuldade e distorção. Mas é fácil ver que qualquer que seja a expressão existente, mesmo no plano mais baixo, por mais ineficaz e rebaixada que seja, será uma espécie de reflexo fraco e distorcido de sua natureza mais recôndita.

Não apenas sua natureza inferior será um reflexo parcial e distorcido de sua natureza Real, mas em todas as suas atividades e buscas a Mônada procurará direta ou indiretamente o que perdeu e do qual está pouco perceptiva nos mais profundos recessos de seu coração. Ela perdeu a consciência de sua natureza Divina e, portanto, é natural que tente tatear na escuridão de sua ignorância em busca daquelas coisas que nos mundos inferiores de ilusão e limitações são um fraco reflexo dessa natureza e, portanto, lhe dão pelo menos uma satisfação parcial de seu anseio mais íntimo.

Qual é a natureza desta Divindade até onde podemos compreender e julgar através dos véus do intelecto? Dicas a respeito disso são encontradas dispersas na literatura mística e oculta como os *Upanishads*, ou nas escrituras sagradas de diferentes povos. Dizem-nos de maneira geral que a Mônada, que é um Centro de Consciência individualizada no Espírito Universal, é Onipotente, Onisciente, Eterna, Autodeterminada e Livre, que ela é o próprio Amor, a própria Sabedoria, a própria Bem-aventurança, em suma, ela tem todos os atributos que geralmente associamos à Divindade em sua forma infinita. São, portanto, esses atributos Divinos diferentes aspectos de sua natureza essencial que ela buscará inconsciente ou conscientemente nos diversos objetos de busca. A Mônada é potencialmente onisciente no mundo da Realidade, portanto, ela busca o conhecimento no mundo do irreal. Ela é onipotente no mundo da Realidade, portanto, busca o poder no mundo do irreal. Ela é puro êxtase no mundo do Real, portanto, busca a felicidade no mundo do irreal. Ela é livre e autodeterminada no mundo do Real, portanto, busca a liberdade no mundo do irreal. Ela é eterna no mundo do Real, portanto busca a imortalidade no mundo do irreal. Ela é una com todas as outras Mônadas no mundo do Real, portanto busca a unidade e o amor no mundo do irreal. Assim, podemos utilizar estes diferentes objetos universais de busca, estas características humanas universais que parecem ter raízes na natureza humana e rastreá-las de volta à Real natureza da Mônada da qual derivam e da qual são, de certa forma, reflexos parciais e distorcidos.

Vemos, assim, por que em toda parte existe este anseio e busca por conhecimento, poder, felicidade, liberdade, imortalidade e amor que caracteriza os seres humanos em diferentes graus de acordo com seu raio, unicidade individual e a fase particular do desabrochar pelo qual estão passando num determinado momento. Eles estão apenas buscando o que são potencialmente em sua natureza mais íntima, essencial e o que têm de verdadeiramente se tornar como resultado do ciclo evolutivo pelo qual estão passando à sua própria maneira individual e única. Nesta transformação da forma potencial para a ativa da Divindade está a pista para a máxima ocultista: "Torna-te o que és". Quando usamos as palavras potencial e ativo neste contexto, temos que ter cuidado para não tomar estas palavras em seu significado comum. A diferença entre a Mônada antes de entrar no ciclo de evolução e desdobramento humano e depois de ter concluído este trabalho é um dos enigmas da filosofia, e não pode ser realmente concebida pelo intelecto humano ligado à ilusão. É parte desse conhecimento transcendente que nasce no coração do ser humano liberto ao alcançar a Autorrealização.

Esta ideia de que todo ser humano individual, ao tentar satisfazer desejos de todo tipo, está realmente buscando seu verdadeiro Eu Divino, é de grande importância porque nos permite compreender o significado das atividades e do comportamento dos seres humanos tanto em seus aspectos coletivos quanto individuais, e as formas indesejáveis que às vezes assumem nos estágios inferiores da evolução. Se soubermos a razão, compreenderemos e seremos mais pacientes com eles. É claro que eles estão buscando poder, amor, conhecimento, felicidade, etc., não apenas de maneira errada em muitos casos, mas também no lugar errado, onde estas coisas não podem ser encontradas em sua verdadeira natureza. Elas só podem ser encontradas em sua forma real dentro de si mesmos. Mas o mero esforço e as satisfações e decepções temporárias e parciais que derivam de tal busca fútil conduzem-nos continuamente, mais e mais profundamente, até atingirem seu objetivo. O fato de que nossos desejos nos mundos inferiores nunca poderão ser satisfeitos de forma permanente e plena será, portanto, visto como nossa salvação, pois isso significa que nossa busca não pode parar até que o objetivo seja alcançado.

Embora existam tantos aspectos diferenciados da natureza humana que surgem no mundo da manifestação quando a natureza integrada da Mônada é projetada no mundo em diferentes níveis, devemos lembrar que todos eles são derivados dos três aspectos fundamentais bem conhecidos da natureza Divina que são chamados de *Sat-Chit-Ānanda*. Estes três aspectos são como as três cores primárias do espectro – vermelho, azul e amarelo – das quais todas as cores possíveis são derivadas por combinações em diferentes proporções.

O reflexo destes três aspectos fundamentais da natureza Divina nos mundos espiritual e temporal pode ser representado da seguinte forma:

Mônada	**Divino**	***Sat***	***Chit***	***Ānanda***
Individualidade	Espiritual	Vontade Espiritual (Onipotência)	Conhecimento Espiritual (Onisciência)	Bem-aventurança Espiritual (Amor Universal)
Personalidade	Temporal	Desejo	Pensamento	Felicidade (Prazer)

Um estudo cuidadoso da tabela acima nos permitirá compreender até certo ponto não apenas a relação mútua dos três aspectos Divinos, e também como esses aspectos se refletem nos mundos espiritual e temporal da individualidade e da personalidade associadas à Mônada. É fácil ver como *Sat* reflete-se na vontade espiritual e ainda mais no desejo e, portanto, o desejo é apenas uma forma degradada da Vontade Divina que "doce e poderosamente ordena todas as coisas". Também é óbvio como *Chit* reflete-se primeiramente no conhecimento espiritual e depois novamente no pensamento, e assim o intelecto é meramente uma forma rebaixada do aspecto *Chit* da Consciência Divina. Mas o reflexo do aspecto *Ānanda* na bem-aventurança e novamente na felicidade é complicado e requer explicação. A dificuldade que muitos estudantes sentem em compreender esta relação deve-se em parte à natureza complicada desta relação, e em parte ao uso da palavra sânscrita *Ānanda* para o terceiro aspecto da Consciência Divina. *Ānanda* significa bem-aventurança e quando usada em relação à Consciência Divina indica aquele estado de Suprema Bem-aventurança do qual mesmo a felicidade dos Planos Espirituais é meramente um reflexo, e a felicidade mais requintada nos planos temporais é uma expressão degradada e distorcida. Mas a palavra *Ānanda* ou bem-aventurança não indica a natureza essencial da relação entre *Sat* e *Chit*. Ela indica antes um aspecto subsidiário dessa relação que deve, pela própria natureza das coisas, ser da natureza da percepção ou do saber. É por isso que outras palavras como Amor e Sabedoria são frequentemente usadas para indicar esta relação. Não há realmente nenhuma contradição ou discrepância no uso dessas diferentes palavras, desde que tenhamos uma clara compreensão da natureza essencial dessa relação e de seus diferentes aspectos. Isto será visto a partir das considerações a seguir.

Amor, sabedoria e bem-aventurança são nomes dos diferentes aspectos de um mesmo estado de Consciência no qual o indivíduo está consciente do Todo. A percepção do Todo no qual tudo é visto em sua própria perspectiva e verdadeira natureza é Sabedoria. A atitude em relação ao Todo e suas diferentes partes que resulta da percepção dessa unidade e relação harmoniosa é o Amor. A reação na consciência que é o produto conjunto desta consciência de unidade e completude, por um lado, e a atitude de amor, por outro, é Bem-aventurança ou *Ānanda*. Vê-se, portanto, que Sabedoria, Amor e Bem-aventurança são diferentes aspectos de um mesmo estado de Consciência Divina e o uso da palavra *Ānanda* com conotação limitada para indicar todos os três aspectos é a causa da confusão ao se pensar sobre o assunto.

Que o desejo, o pensamento e a felicidade emocional são derivados de *Sat*, *Chit* e *Ānanda* respectivamente é demonstrado claramente pelo fato de que a supressão ou eliminação da forma inferior de expressão leva ao aparecimento ou liberação do aspecto superior correspondente da Consciência. Assim, a supressão dos desejos inferiores leva ao desabrochar da vontade espiritual do *Ātmā* e da onipotência, em última análise, e a renúncia até mesmo desta vontade espiritual e onipotência leva a que o indivíduo se torne uno com a Vontade Divina. Da mesma forma, a supressão do pensamento em *Samādhi* leva ao conhecimento espiritual do qual o ápice é onisciência, e a renúncia à onisciência leva ao conhecimento transcendente do Real, como sugerido nos aforismos III-50 e IV-31 do *Yoga-Sūtra*. Da mesma forma, a renúncia aos prazeres dos sentidos e a busca da felicidade nos objetos temporários e irreais dos mundos inferiores leva à experiência da felicidade dos Planos Espirituais, e a renúncia mesmo a este exaltado estado de felicidade leva ao estado de *Ānanda* no qual o Amante, o Amado e o Amor são indistinguíveis. O mais elevado é sempre alcançado pela supressão e renúncia de sua contraparte ou expressão nos planos mais baixos e o voltar-se para o interior, em direção à sua fonte Real.

Podemos ver, pelo que foi dito acima, que a pista para a natureza essencial do desejo encontra-se no nosso exílio do nosso verdadeiro lar e consequente perda de consciência de nossa Divindade. Todo o nosso ciclo evolutivo nos mundos inferiores da ilusão é uma busca, consciente ou inconsciente, pelo que perdemos. Há, no entanto, um profundo propósito oculto por trás deste banimento e da Grande Ilusão em que estivemos envolvidos. Esse propósito é desabrochar a perfeição Divina que está presente em cada ser humano apenas em forma "potencial" antes de empreender essa longa peregrinação nos mundos inferiores da manifestação. Nessa busca por seu Eu Real de inúmeras maneiras, o indivíduo desabrocha a perfeição que está oculta nas camadas mais profundas de sua consciência, e se torna qualificado para retornar ao seu Verdadeiro Lar e novamente se unir ao seu Verdadeiro Eu. Nesta união com seu Eu Verdadeiro, ele se encontra unido aos Eus Verdadeiros de todos os outros indivíduos, bem como com o Ser Supremo.

Ver-se-á também que o desejo é um aspecto muito fundamental de nossa vida, subjacente e motivador de todas as nossas atividades. É a força motivadora não apenas por trás da busca de poder, mas também por trás da busca de conhecimento e prazer. Isto não é surpreendente porque é uma expressão degradada do aspecto *Sat* do Eu no qual os outros dois aspectos – *Chit* e *Ananda* – estão contidos e do qual derivam. O aspecto *Chit* reflete-se no mecanismo mental através do qual o desejo é satisfeito, e o aspecto Ā*nanda* na felicidade que acompanha a satisfação do desejo.

Capítulo 21

A Eliminação do Desejo

No processo de evolução e desdobramento humano nos mundos de manifestação o desejo é o poder impulsionador da mente nos mundos inferiores em que a personalidade funciona, e a vontade espiritual é o poder impulsionador nos mundos espirituais da individualidade. Como já foi assinalado em outros contextos, o desejo é apenas uma expressão degradada da vontade espiritual. Quando a vontade é atraída à ação pelos objetos atraentes e repulsivos pelos quais estamos cercados e aos quais estamos apegados, ela é desejo. Quando a vontade opera a partir de nosso centro espiritual para realizar algum propósito determinado por nosso Eu superior ou pelo Deus dentro de nós, não afetado pelos objetos que nos rodeiam, devido ao não apego, é vontade espiritual. Que o desejo é meramente uma expressão degradada da vontade espiritual é provado pelo fato de que quando os desejos inferiores são eliminados pela prática da vontade espiritual, *Vairāgya* aparece automaticamente em seu lugar.

Muitos aspirantes e estudantes de *Yoga* se perguntam onde irão obter a tremenda força de vontade que é preciso para trilhar a senda do *Yoga*. Este pensamento arrefece seu entusiasmo e às vezes gera um sentimento de desespero. Eles começam a pensar que são muito fracos e ainda não qualificados para trilhar a senda e, tornam-se facilmente inclinados a adiar o esforço para alguma vida futura, quando se terão tornado mais fortes espiritualmente.

Há uma falácia envolvida neste equívoco que tem um efeito quase paralisante em nossas aspirações. A falácia está na ideia errada de que a vontade espiritual é algo a ser desenvolvido ou criado. Esquecemos que é a pura energia potencial do *Ātmā*, nosso Eu Verdadeiro. Esta energia potencial está oculta em nossos desejos nos estágios iniciais da evolução e é o verdadeiro poder por trás de nossa natureza do desejo. Tudo o que temos que fazer é libertar esta energia dos elementos grosseiros que a rebaixam à forma de desejos inferiores e lhe impedem de funcionar em sua verdadeira forma espiritual.

De fato, quanto mais poderosos e variados forem os desejos, maior será a energia que eles representam em forma degradada e, portanto, se de alguma forma conseguirmos eliminar ou purificar nossos desejos inferiores, mais energia sob a forma de vontade espiritual estará disponível. Este fato esclarece a conhecida e misteriosa declaração 'Quanto maior o pecador, maior o santo'. É claro que o grande santo só aparece se o pecador estiver morto, e é um grande "se". Do ponto de vista espiritual, aqueles que têm uma natureza forte, inclinados à busca de todo tipo de objetos nos mundos inferiores, são mais auspiciosos do que os aspirantes fracos e indiferentes que não querem nada e não podem alcançar nada e, às vezes, erroneamente confundem sua falta de interesse vital e de propósito dinâmico com *Vairāgya*.

O estudante deve ter cuidado para não interpretar mal o significado da afirmação acima. Não está sendo sugerido que é preciso ou aconselhável mergulhar na vida mundana para satisfazer nossos desejos inferiores para que possamos desenvolver uma forte natureza de desejo. Este será um caminho extremamente perigoso e pode resultar em nosso total desvio. A vontade espiritual pode ser desenvolvida de forma eficaz e segura pelo método direto, ou seja, perseguindo com vigor e perseverança nosso ideal espiritual. Não é preciso desenvolvê-la indiretamente através de desejos inferiores. Mas é preciso desenvolvê-la, se quisermos trilhar a senda do desabrochar interior. Geralmente descobrimos que, se começarmos a enfrentar seriamente este problema, todos os tipos de desejos que estavam adormecidos em nossa mente subconsciente começam a vir à tona e temos que lutar muito para os eliminar. Isto desenvolve a vontade espiritual.

Ficará claro pelo que foi dito acima, por que é essencial controlar e sublimar os desejos inferiores e por que *Vairāgya* desempenha um papel tão importante na autodisciplina para a Autorrealização. De fato, *Vairāgya* é considerado tão importante quanto todas as técnicas positivas para eliminar as modificações da mente consideradas em conjunto. Isto ficará claro a partir dos aforismos I-2 e I-12 dados logo no início do *Yoga-Sūtra*. Estes dois aforismos fornecem os dois métodos amplos e gerais de tornar a mente livre de quaisquer tipos de modificações para revelar a Realidade que está oculta dentro delas. Estes métodos são, como é bem conhecido, *Abhyāsa* e *Vairāgya*.

Abhyāsa significa a prática ininterrupta e intensiva das técnicas progressivas descritas no *Yoga-Sūtra* de Patañjali. *Vairāgya* significa a ausência de *Rāga* ou apego com seus dois aspectos de atração e repulsão. Muitas pessoas pensam que o apego se baseia apenas na atração por objetos. Mas a repulsão vincula tão firmemente quanto a atração e é meramente o aspecto negativo do apego. Estamos também ligados a pessoas de quem não gostamos ou odiamos e, portanto, devemos também eliminar esta forma negativa de apego se quisermos ser livres.

O estudante notará que a expressão falta de desejos não foi usada com referência à necessidade de se eliminar desejos. Esta expressão tornou-se muito comum na literatura que trata das qualificações para trilhar a senda e produziu muitos mal-entendidos e confusão nas mentes dos aspirantes que desejam adquirir estas qualificações. Embora desejos de todos os tipos tenham que ser eliminados completamente na última etapa antes que a Autorrealização possa ser alcançada, não é isto o que tem que ser feito nas etapas iniciais. Isto fica bastante claro a partir dos aforismos dados em *Luz no Caminho*. O estudante que estudou este livro lembrará que seis destes aforismos no início do livro dão instruções para "matar" certos desejos. Mas esses aforismos são imediatamente seguidos por outro conjunto de seis aforismos que instruem o aspirante a cultivar seis outros desejos que o tornam não apenas devidamente qualificado para trilhar a senda do desabrochar interior, mas também desabrocham sua vontade espiritual. Portanto, é claro que nos estágios iniciais do desabrochar espiritual os desejos não têm que ser destruídos, enraizados e ramificados, mas por outro lado, apenas alguns desejos têm que ser eliminados e outros têm que ser desenvolvidos ou nutridos. Em outras palavras, o problema não é a destruição completa dos desejos que a expressão "falta de desejos" sugere, mas a substituição pelos desejos mais elevados que nos atraem para cima ou para dentro em direção à nossa meta dos desejos inferiores que nos atraem e tendem a nos manter presos aos planos inferiores onde esses desejos podem ser satisfeitos.

O insucesso em trazer esta questão à atenção dos aspirantes e enfatizá-la tem geralmente um efeito devastador em sua moral espiritual, se pudermos usar tal frase. Aos aspirantes comuns, cuja vida nos estágios iniciais é motivada em grande parte por desejos comuns e vinculada por apegos de vários tipos, é dito que eles devem tornar-se sem desejos sem explicar a eles o que significa falta de desejo nesta fase. O resultado natural desta instrução inqualificável é assustá-los até certo ponto e fazê-los sentir que a vida espiritual significa, em primeiro lugar, tornar suas vidas vazias com quase nada mais para desejar, para trabalhar e para viver. A perspectiva não é muito agradável ou encorajadora e corta pela raiz todo entusiasmo e profundo interesse que são tão necessários nos estágios iniciais. O aspirante comum leva algum tempo para se tornar bem fundamentado nas atitudes e técnicas da vida espiritual, para poder considerar seus problemas na perspectiva correta e adquirir o gosto da paz interior e da força que traz o florescimento espiritual.

Todo o medo infundado sobre a vida do aspirante tornar-se desprovida de interesse é desnecessário e se deve a uma concepção equivocada sobre a natureza do trabalho que tem que ser feito nos estágios iniciais com respeito à nossa natureza de desejo. O equívoco reside, como vimos, em pensar que todos os desejos têm que ser eliminados, enquanto de fato o trabalho do aspirante nesta fase consiste na substituição por desejos mais elevados que trazem paz, força e destemor, de desejos mais baixos que são a causa de conflitos internos, preocupações e medos de todos os tipos. Se examinarmos os seis aforismos dados em *Luz no Caminho* para o desenvolvimento de certos desejos, descobriremos que, fundamentalmente, eles significam que o aspirante tem que desenvolver ao máximo seu desejo de encontrar a Verdade ou a Realidade que está oculta no coração de cada ser humano, e que é a única fonte de verdadeiro conhecimento, poder, força, amor e felicidade que todo ser humano, sem exceção, está buscando consciente ou inconscientemente. Ele tem não apenas que desenvolver um intenso desejo por esta Realidade, mas também o desejo por todas aquelas faculdades e poderes que lhe permitirão encontrar esta Realidade. Esse desejo é geralmente chamado de *Mumukshattva* e é uma qualificação necessária para aqueles que são candidatos a trilhar a senda da Autorrealização. Não apenas é necessário, mas sua intensidade mostra quão próximo o candidato está de seu objetivo, como aponta o aforismo 1-21 do *Yoga-Sūtra*.

Ora, aqui está um ideal positivo e uma perspectiva de vida que não desanimará o candidato, mas, ao contrário, infundirá o maior entusiasmo e inspiração em sua vida, desde que ele esteja pronto e seja realmente sério. Não há nada que toque tão eficazmente o acorde mais íntimo de nosso ser e que traga uma resposta simpática e vibrante como a perspectiva de retornar ao nosso verdadeiro Lar. Toda a nossa natureza interior responde e ressoa da maneira mais notável quando algo é capaz de tocar essa misteriosa corda dentro de nós e nos faz ouvir aquele chamado do Infinito, mesmo que possa ser apenas por um átimo. E, portanto, a substituição da perspectiva de desenvolver nosso desejo ou apego ao Deus dentro de nós pela satisfação de desejos inferiores não permite que nenhum vácuo seja criado e não nos faz sentir que nossa vida se tornou vazia e sem sentido. Todos aqueles cuja mente não foi artificialmente condicionada pela filosofia materialista, ou que não estão completamente absorvidos em buscas materialistas podem ver e sentir intuitivamente que o que devemos ganhar desenvolvendo nosso apego e amor a Deus é de muito maior valor do que o que devemos perder como resultado da renúncia aos desejos inferiores. Podemos não ser capazes de provocar esta mudança, mas podemos ver a necessidade de a realizar, pelo menos teoricamente.

Será possível entender este ponto mais facilmente se o ilustrarmos com um exemplo específico. Tomemos a questão do amor pessoal para com aqueles que nos são próximos e queridos e aos quais estamos indubitavelmente ligados. Se você disser a uma pessoa para matar todos esses amores porque eles são pessoais e baseados no apego e levam à escravidão, ela ficará confusa e quase desesperada porque a perspectiva de uma vida sem amor, embora esse amor seja pessoal, é muito sombria e proibitiva para ser contemplada. Portanto, ou ela ignora seus conselhos ou faz tentativas sem convicção nessa direção. Por que não colocar diante dela um objetivo positivo para trabalhar e pedir-lhe que direcione todos os seus esforços para a tarefa necessária, mas inspiradora, de desenvolver a devoção a Deus. Quando ela conseguir desenvolver este amor maior, todos os amores menores se fundirão nele naturalmente e tomarão o lugar que lhes pertence apropriadamente.

Esta é uma perspectiva que não precisa desanimar e desencorajar nenhum verdadeiro aspirante, mas pode, por outro lado, exigir o máximo esforço dos recessos mais profundos de sua natureza. Este método de enfrentar o problema do amor pessoal não envolve nenhuma destruição do amor pessoal, e sim sua absorção natural no amor maior, quando este se manifesta. Quando o sol do amor divino surge no coração do devoto, as luzes menores são automática e naturalmente absorvidas pela luz desse sol. Por outro lado, se apagarmos essas luzes antes que o sol apareça, não fazemos nada, exceto mergulhar na escuridão de uma vida sem amor. Na verdade, quando o amor divino aparece em nosso coração, amamos a todos de forma muito mais terna e verdadeira do que em nossas relações puramente pessoais. Isto é fraternidade real, não a profissão e a prática de um ideal intelectual.

Voltando ao problema do desejo, temos que observar que a eliminação dos desejos inferiores não significa que nosso trabalho em relação à nossa natureza de desejo esteja terminado. Pois o desejo é coextensivo com a mente e onde quer que haja mente, pode haver desejo correspondente nesse nível da mente. À medida que a mente se torna cada vez mais sutil devido à penetração nos níveis mais profundos de consciência, os desejos a serem atacados nesses níveis mais profundos tornam-se mais sutis. Mesmo o exaltado estado de consciência no Plano *Átmico* não está livre da influência dos desejos, embora nos seja difícil compreender a natureza desses desejos. Quando o iogue atinge a onipotência e a onisciência no plano mais elevado da individualidade, a influência desses desejos mais sutis torna-se uma fonte de perigo e uma causa de escravidão. Isso impede que o iogue liberte completamente sua consciência do nível mais sutil da mente e se estabeleça permanentemente no reino da Realidade que é a verdadeira Libertação. Isto está claramente assinalado nos aforismos III-50 e III-51 do *Yoga-Sūtra.*

A eliminação deste desejo mais sutil não só é necessária para passar pela última barreira da mente, mas também para atingir aquele estado transcendente de consciência do qual o homem não pode cair novamente nos mundos inferiores das ilusões. De todas as expansões de consciência que acontecem na iluminação passo a passo do iogue, a Libertação por si só é um processo irreversível. Abaixo dessa etapa, que é um passo muito definido e crítico no processo evolutivo, não há realmente nenhuma certeza de que o iogue não cairá da altura vertiginosa que alcançou. O iogue é duramente testado e tentado mesmo naqueles domínios inimagináveis de conhecimento e poder, para ver se existem pontos fracos em sua natureza que cederão lugar quando a tremenda mudança envolvida na Autorrealização ocorrer em sua consciência. As histórias de se ser submetido a provas tão severas que estão associadas à vida de todos os grandes Mestres Mundiais são de natureza alegórica e representam este período de provações e testes que todo candidato à Autorrealização tem que passar quando se apresenta no limiar do *Nirvāna*. As tentações não são as tentações comuns, como geralmente são representadas para permitir ao homem comum compreender até certo ponto a natureza dessas tentações. Pois as fraquezas comuns foram deixadas para trás à medida que o iogue progredia em estágios muito anteriores. Elas são de uma sutileza correspondente à extrema sutileza dos desejos que operam nesse nível mais elevado, e não podemos ter uma concepção delas. Mas se os testes, quaisquer que sejam eles, forem vencidos com sucesso, a porta do *Nirvana* se abre para admitir o iogue no mundo da Realidade do qual ele não pode cair novamente nos mundos inferiores de ilusões e limitações.

Enquanto discutimos o problema da eliminação dos desejos em diferentes estágios do progresso do iogue, é preciso lidar com o papel do discernimento ou *Viveka*, como é chamado em sânscrito. No estudo das qualificações para trilhar o caminho do *Yoga*, o estudante deve ter notado que *Viveka* e *Vairāgya* ou discernimento e desapego andam sempre juntos. Há uma razão definida para isto, embora muitos estudantes não saibam qual é. A razão está no fato de que *Viveka* e *Vairāgya* estão intimamente relacionados, são na verdade dois aspectos de um mesmo processo de transformação mental. A prática de um leva, portanto, ao desenvolvimento do outro. Quanto mais claramente formos capazes de ver através das ilusões e glamour dos desejos comuns, mais nos distanciaremos dos objetos que despertam esses desejos, e quanto mais desapegados formos em nossa relação com objetos e situações, mais penetrante e eficaz se tornará nossa faculdade de discernimento. Não é necessário entrar nesta interessante questão aqui, mas uma pequena observação de nossa própria vida e estados mentais e os dos outros nos mostrará como *Viveka* e *Vairāgya* se reforçam mutuamente e estabelecem uma espécie de círculo virtuoso que nos liberta do domínio e do poder de ligação dos desejos inferiores.

O papel tanto do discernimento quanto do desapego não se limita apenas aos estágios iniciais do florescimento espiritual, mas continua até o último estágio, até passarmos para o reino da Realidade em *Kaivalya*. Não apenas entramos na senda do *Yoga* com a ajuda de *Viveka* e *Vairāgya*, mas também precisamos destas duas armas indispensáveis no arsenal do iogue para sair dela. É verdade que *Viveka* e *Vairāgya* nos estágios posteriores da senda são bastante diferentes do que o são nos estágios iniciais, mas o ponto importante a lembrar é que sua capacidade mútua de reforço continua, e ambos são necessários até o último estágio. Este fato é evidenciado muito claramente nos aforismos 25, 26 e 29 do último capítulo do *Yoga-Sūtra*. Mesmo após atingir a onisciência e a onipotência, o iogue tem que perceber através de *Viveka* que o apego ao exaltado estado de consciência no Plano *Átmico* é uma fonte de escravidão, e deve ser renunciado antes que ele possa se estabelecer plena e permanentemente no mundo da Realidade. E quando esta realização chega, ele tenta romper esta última barreira da mente com a ajuda de *Viveka* e *Vairāgya*. Somente quando estes dois estão desenvolvidos ao máximo, e ele consegue permanecer totalmente inalterado pelos tipos mais sutis de ilusões e apegos do Plano *Átmico* é que *Dharma-Megha-Samādhi*, o tipo mais elevado de *Samādhi*, é alcançado e ele cruza o limiar do *Nirvāna*, para nunca mais ser pego pelas ilusões e os apegos dos mundos manifestados. A vitória final foi conquistada e ele atingiu seu objetivo. Ele se tornou *Pūrna-Kāma* – aquele cujos desejos estão plena e permanentemente satisfeitos. Sua consciência contém tudo na manifestação em si. Assim, não há espaço para o desejo, e ele deve necessariamente tornar-se sem sentido.

Capítulo 22

A Natureza do *Samādhi* – I

Ao lidarmos com a natureza do desejo, vimos que a eliminação das modificações mentais para alcançar o objetivo do *Yoga* é produzida por *Abhyāsa* e *Vairagya*, ou pela prática persistente e pelo desapego. Já consideramos a natureza e a importância do desapego ao lidarmos com o problema do desejo, e agora vamos discutir *Abhyāsa*. Ao contrário de *Vairāgya* que é simples e significa um estado de desapego a todos os tipos de objetos existentes em diferentes níveis da mente, *Abhyāsa* é uma disciplina composta que consiste numa grande variedade de práticas e técnicas que são utilizadas na prática do *Yoga* em diferentes estágios.

O significado do *Abhyāsa* é derivado do *abhi+as*. O prefixo *abhi* significa "mover-se ou ir em direção a (qualquer coisa) com intensidade". O verbo *as* como entre outras coisas significa 'fazer qualquer coisa sem interrupção'. A palavra *Abhyāsa*, portanto, significa fazer qualquer coisa com perseverança e intensidade e sem interrupção. Os dois aforismos seguintes do *Yoga-Sūtra* esclarecem a natureza de *Abhyāsa*

Tatra sthitau yatno' bhyāsah (I-13)

'*Abhyāsa* é o esforço para permanecer firmemente estabelecido nesse estado (de *Citta-Vrtti-Nirodha*)'.

Sa tu dīrgha-kāla-nairantarya-satkārasevito drdha-bhūmih (I-14)

'Torna-se firmemente estabelecido pela prática por longo tempo, sem interrupção e com reverente devoção'.

O uso da palavra *Abhyāsa* não se limita à prática do *Yoga*. Ela é usada para qualquer tipo de prática ininterrupta para adquirir facilidade em fazer qualquer coisa com eficiência e facilidade. Na autodisciplina do *Yoga* muitas técnicas, físicas ou mentais têm que ser aprendidas, e a prática persistente para dominar uma técnica em particular é, portanto, *Abhyāsa*. A culminância destas diferentes práticas em sua totalidade é, naturalmente, *Citta-Vrtti-Nirodha*, e a prática para manter a mente numa condição não modificada ou *Samādhi* é, portanto, *Abhyāsa* por excelência.

O aforismo I-14 define as três condições de sucesso em *Abhyāsa* para alcançar qualquer objeto no campo do *Yoga*. São elas a persistência, a não interrupção e a atitude adequada. A necessidade das duas primeiras condições é bastante óbvia, mas a necessidade de adotar uma atitude reverencial requer alguma explicação. Na prática do *Yoga*, estamos realmente em peregrinação. Um peregrino comum vai a um lugar sagrado no Plano Físico. Mas o iogue embarcou numa viagem para o Santo dos Santos, do qual deriva a sacralidade de todos os lugares de peregrinação. Ele está pisando em solo sagrado nos estágios mais elevados da prática do *Yoga* ao se aproximar do Templo no qual sua Deidade está consagrada. Mas mesmo nos estágios iniciais do *Yoga*, na prática das técnicas preliminares, sua peregrinação já começou e a atitude apropriada de um peregrino – devoção reverencial – deve caracterizar seu trabalho se ele realmente entendeu o que está fazendo e para onde está indo.

Ao considerarmos *Samādhi*, devemos lembrar que esta técnica não é apenas a última e mais elevada técnica do *Yoga*, mas é a própria essência do *Yoga*.

De fato, *Yoga* e *Samādhi* são considerados como sinônimos, como mostra a seguinte declaração de Vyāsa.

Yogab Samādhi

"O *Yoga* é *Samādhi*"

Ver-se-á, portanto, como vulgarizamos grosseiramente o *Yoga* quando o equiparamos às práticas físicas como *Āsana* e *Prānāyāma*. No Ocidente, especialmente, há a ampla prevalência de um conceito errôneo sobre a natureza e o objetivo do *Yoga*. Uma pessoa que esteja praticando *Āsanas* e *Prānāyāma* para melhorar sua saúde geral ou para se curar de certos males diz: "Estou praticando *Yoga*".

É verdade que *Āsana* e *Prānāyama* são parte da disciplina do *Yoga*, necessárias para colocar o corpo físico em condições adequadas para a prática do verdadeiro *Yoga*, mas essas práticas por si só não constituem o *Yoga* ou mesmo têm algo a ver com o *Yoga* propriamente dito. Um indivíduo pode praticar *Yoga* sem fazer *Āsanas* e *Prānāyāma*, e pode ser um especialista em *Āsanas* e *Prānāyāma* sem conhecer ou se importar com o verdadeiro *Yoga*.

Precisamos de alimento puro ou *Sáttvico* para colocar o corpo no estado de pureza e harmonia necessário para a prática do *Yoga*. Assim, uma pessoa que vive com uma dieta de arroz, leite, vegetais e frutas – e muitas pessoas na Índia vivem habitualmente com essa dieta – essa pessoa poderia muito bem dizer: "Eu estou praticando *Yoga*". Assim, o estudante verá o absurdo destes conceitos errôneos amplamente prevalecentes e a necessidade de conhecer, e fazer os outros conhecerem, o verdadeiro propósito e as técnicas essenciais da disciplina do *Yoga*.

Embora o *Samādhi* seja a técnica essencial do *Yoga*, não pode ser praticado sem uma preparação adequada e um treinamento prolongado, sistemático e graduado. O treinamento consiste na prática de uma série de técnicas bem elaboradas e científicas que estão integradas num curso sistemático, mas elástico, de disciplina. Isto tem que ser seguido por aqueles que entram na senda do *Yoga* com seriedade e com a determinação de alcançar o objetivo, por muito tempo que leve ou qualquer que seja o número de vidas que possam ter que ser gastas para alcançar o objetivo final. É somente desta forma que o *Yoga* pode ser praticado com sucesso, e não se adotando métodos fáceis, simplificados demais ou atalhos que muitos professores populares de *Yoga* apresentam para atrair discípulos – especialmente os discípulos ocidentais dos quais eles geralmente muito se orgulham.

É preciso assinalar aqui um dos fatores que tem complicado muito o problema de entender o *Yoga* e ver suas técnicas, métodos e objetivos na perspectiva correta. O fator complicador é a confusão entre o verdadeiro *Samādhi* e o transe, ou seja, um estado de inconsciência produzido devido a diferentes causas ou por diferentes métodos. Este equívoco é tão comum que a palavra *Samādhi* é frequentemente traduzida pela palavra 'transe', aliás, tem que ser traduzida desta maneira porque não há outra palavra que tenha sequer uma conotação aproximada de *Samādhi*.

O *Yoga* não fazia parte da cultura ocidental, e somente nos últimos anos é que as pessoas no Ocidente começaram a se interessar por ele. Assim, naturalmente, quando foi preciso transmitir a ideia de *Samādhi* às pessoas do Ocidente não se conseguiu encontrar nenhuma palavra no idioma inglês que correspondesse até mesmo aproximadamente ao verdadeiro estado de *Samādhi*. Mesmo aqueles que entendiam o que *Samādhi* significava tinham, ao discutir o tema do *Yoga*, de usar a palavra "transe" que indica um estado que em sua expressão física exterior, pelo menos, se assemelha muito ao *Samādhi*. Em ambos os casos, há inconsciência do corpo físico, e os órgãos dos sentidos não estão funcionando. Nesta era de perspectiva materialista julgamos tudo pela expressão física.

Mas embora a palavra transe seja geralmente usada para *Samādhi*, e muitas pessoas cujo conhecimento destas coisas é muito superficial considerem o mero transe como um estado de *Samādhi*, não há nada em comum entre ambos, exceto a insensibilidade do corpo físico e a suspensão das funções sensoriais. Esta condição também pode ser produzida muito facilmente por muitos outros agentes, por hipnose, por anestesia, por doença, por drogas, por êxtase emocional e por uma condição mediúnica. Neste caso, a entidade residente pode fácil e naturalmente sair do corpo físico para o próximo veículo mais sutil de consciência.

Podemos ver, portanto, como é fácil e natural confundir o transe comum com o *Samādhi*, e com que facilidade pessoas ignorantes podem ser exploradas como resultado disso. Podemos não apenas enganar os outros, mas também podemos enganar a nós mesmos pensando que somos grandes iogues enquanto tudo o que temos é uma constituição psíquica que realmente significa muito pouco. É por isso que Patañjali teve o cuidado de fazer uma distinção entre pseudoiogues e Iogues Verdadeiros em dois aforismos, I-19 e I-20. Mas um critério comum que nos permitirá julgar corretamente nestas questões é baseado no efeito produzido pelo transe comum e pelo *Samādhi* sobre a pessoa em questão. Quando uma pessoa sai de *Samādhi*, ela é mais sábia porque tocou os reinos espirituais da existência que estão dentro dela mesma e estabeleceu contato com seu Eu Superior, enquanto um homem que sai de transe comum, induzido por qualquer outro método, é exatamente o que era anteriormente. Mesmo que ele seja psíquico e tenha sido capaz de entrar em contato com o Plano Astral ou Plano Mental inferior, isso não o torna mais sábio. Todos nós fazemos isso durante algum tempo após a morte ou mesmo durante o sono.

Como já foi assinalado, a prática de *Samādhi* é precedida pelo domínio de uma série de técnicas que fazem parte de cada sistema de *Yoga* e são chamadas de *Angas* ou "membros" desse sistema. Cada sistema difere dos outros no que diz respeito a algumas das técnicas menores não essenciais. Mas como o *Samādhi* é a técnica essencial do *Yoga,* ele é um constituinte comum de todos os sistemas reconhecidos.

O sistema de Patañjali delineado no *Yoga-Sūtra* é geralmente chamado de *Rāja Yoga* ou o *Yoga* 'Real', porque ele sintetizou de forma muito eficaz todas as técnicas essenciais do *Yoga* em seu sistema clássico. Ele viu todas essas técnicas na perspectiva correta e lhes deu a importância que mereciam do ponto de vista do objetivo final e do método mais eficaz para obter esse objetivo. Muitos sistemas menores de *Yoga* são baseados principalmente em uma técnica particular, e dão uma importância e lugar exagerados a essa técnica. Algumas dessas técnicas menores são também incluídas por Patañjali em seu sistema, mas dispostas em um ou dois aforismos. Elas não são essenciais, mas podem ser usadas como práticas subsidiárias para ajudar certos *Sādhakas* numa fase particular de seu desenvolvimento. Muitos destes sistemas menores de *Yoga* baseados nessas técnicas levam o aspirante até um certo ponto e não mais longe. Ou ele deve então recorrer ao sistema de Patañjali para um maior progresso ou marcar o tempo na fase em que chegou.

Esta é uma das razões pelas quais um aspirante sério deve primeiramente adquirir um conhecimento profundo e abrangente da filosofia e técnica do *Yoga* em geral antes de se precipitar num desses becos sem saída e, mais cedo ou mais tarde, encontrar seu caminho bloqueado.

Existem oito *Angas* ou técnicas no sistema de *Yoga* descrito no *Yoga-Sūtra*. Por isso se chama *Āshtānga Yoga* ou "o sistema de *Yoga* com oito membros". Essas técnicas são *Yama*, *Niyama*, *Āsana*, *Prānāyāma*, *Pratyāhāra*, *Dhāranā*, *Dhyāna* e *Samādhi*. Embora nos estágios iniciais, quando o aspirante está se preparando para a prática intensiva do *Yoga* superior, ele pode experimentar estas técnicas em qualquer ordem ou da maneira que quiser, é preciso lembrar que na prática intensiva do *Yoga* nos estágios mais elevados estas técnicas têm que ser praticadas e dominadas na ordem dada acima, porque a prática bem-sucedida de qualquer técnica requer um domínio considerável de todas as técnicas precedentes.

O fato acima não precisa desanimar os aspirantes que se veem incapazes de empreender tarefa tão árdua nesta vida. Eles devem saber que este Universo é governado pela Lei e, apesar da aparente falta de ordem e justiça na Natureza, existe uma Providência subjacente, que "doce e poderosamente ordena todas as coisas" e traz a cada indivíduo o que lhe é devido e as melhores condições possíveis para seu progresso. Se um aspirante tentou enfrentar o problema de seu desabrochar interior com seriedade e de todo o coração, as condições necessárias para obter sucesso em seu empreendimento devem se apresentar assim que ele estiver pronto para as aproveitar. A maioria de nós ainda não está pronta para tirar proveito das condições altamente favoráveis para um rápido progresso, embora desejemos que elas se concretizem. Se um aspirante tiver adquirido todas as qualificações para a prática de *Yoga* superior, ele nasce numa família de pessoas altamente espirituais com corpos adequados para a prática intensiva do *Yoga* e com intenso desejo de alcançar seu objetivo. Ele encontra um instrutor devidamente qualificado que pode ajudá-lo em suas dificuldades, e suas condições externas são ajustadas para lhe proporcionar a oportunidade de praticar o *Yoga* intensivamente.

Com tais condições favoráveis e com o impulso gerado pelos esforços de muitas vidas, ele é capaz de trilhar a senda rapidamente e alcançar seu objetivo em uma ou mais vidas. Mas ele conquistou tais condições com o esforço persistente de adquirir as qualificações necessárias para um progresso rápido. Se ele simplesmente espera por condições e oportunidades favoráveis e nada faz, elas nunca virão.

Tudo chega àquele que faz o maior esforço sob as circunstâncias em que é colocado, e então espera paciente e reverentemente que a Grande e Boa Lei lhe proporcione melhores oportunidades e faça a melhor provisão possível para seu bem final. E se houver demora para as condições certas se apresentarem, devemos saber que este atraso se deve a nós, principalmente pelo fato de não possuirmos ainda as qualificações exigidas. Somente com este tipo de atitude de paciência infinita e completa entrega à Vontade Divina é que é possível o sucesso no *Yoga* superior.

Yama, *Niyama*, *Āsana*, *Prānāyāma* e *Pratyāhāra*, as cinco primeiras técnicas consideradas juntas são chamadas de *Bahiranga* ou *Yoga* 'externo'. Sua função é meramente preparar o terreno para a prática da *Antaranga* ou "*Yoga* interno", que trata apenas da mente e compreende as três técnicas de *Dhāranā*, *Dhyānā* e *Samādhi*.

Yama e *Niyama* lidam com os desejos e as emoções inferiores, e visam eliminar completamente os distúrbios produzidos na mente a partir dessas fontes. *Niyama* também fornece o treinamento em *Yoga* preparatório através da prática de *Tapa*, *Svādhyāya* e *Īshvara Pranidhāna*, construindo assim um caráter que é essencial para a prática do *Yoga*. *Āsana* elimina os distúrbios mentais causados pelo corpo físico. *Prānāyāma* elimina os distúrbios causados pelos defeitos do *Prānāmaya Kosha* e, ao dar total controle sobre as correntes de *Prāna*, prepara o terreno para a prática de *Pratyāhāra* e *Dhāranā*. *Pratyāhāra* tem o objetivo de eliminar efetivamente os distúrbios que vêm através dos "órgãos dos sentidos".

Assim, após o trabalho preliminar do *Yoga* externo ter sido completado pela prática sistemática, e todas as fontes de distúrbios causados à mente a partir do exterior terem sido eliminadas efetivamente, somente a própria mente é deixada para se lidar, e a prática do *Yoga* interno através de *Dhāranā*, *Dhyāna* e *Samādhi* pode ser retomada e perseguida sistemática e efetivamente. Vê-se, portanto, como procedemos de forma científica e sistemática na autodisciplina do *Yoga*, e quão completa é a preparação para a prática de *Yoga* superior nos estágios posteriores. É por isso que o aspirante sério, espiritualmente maduro e determinado a atingir seu objetivo, nunca pode falhar, embora possa ter retrocessos e obstruções ao trilhar a senda.

Consideremos agora as três últimas técnicas do *Yoga* – *Dhāranā*, *Dhyāna* e *Samādhi*. Este é naturalmente um assunto difícil de entender por estar fora do escopo da experiência comum. Mas é de interesse fascinante, desde que tenhamos percebido a natureza ilusória de nossa vida comum e estejamos determinados a encontrar o mundo da Realidade oculto dentro de nós. Se não nos aprofundarmos demais em detalhes, é possível compreendermos os princípios gerais e ter uma ideia ampla desta técnica mais elevada do *Yoga*, com cuja ajuda o homem é capaz de desvendar todos os mistérios do Universo, e depois de obter esse conhecimento total no reino da mente, é capaz de transcender completamente a mente e alcançar aquele conhecimento supremo de sua natureza Divina que o liberta. A jornada na senda do *Yoga* chega então ao fim. O peregrino chega ao Santo dos Santos e se confronta com a Divindade, e nessa experiência percebe que Ele não é outro senão o seu próprio Eu.

A primeira coisa a lembrar sobre *Dhāranā*, *Dhyāna* e *Samādhi* é que estes são três estágios progressivos do mesmo processo mental contínuo. Os três estágios diferem um do outro por características bem definidas, mas o processo é um processo contínuo. O processo composto começa com *Dhāranā* ou concentração. Quando *Dhāranā* é aperfeiçoado, transforma-se em *Dhyāna* ou contemplação. Quando *Dhyāna* é praticado e aperfeiçoado, transforma-se em *Samādhi*. Estas mudanças não são diferentes das mudanças que ocorrem quando o gelo se transforma em água e a água se transforma em vapor d'água no aquecimento. Em ambos os casos as transformações ocorrem através de fases de transição, mostrando as características de ambos os estados adjacentes.

Os três processos em sua totalidade são chamados de *Samyama* em sânscrito. Quando a técnica de *Samādhi* tiver sido dominada, o iogue poderá tomar qualquer 'objeto' na manifestação e concentrar a mente nele nos três estágios de *Dhāranā*, *Dhyāna* e *Samādhi* até que a realidade *oculta* no interior do objeto seja revelada em sua consciência. Quando lidamos com qualquer 'objeto' desta maneira, diz-se que executamos *Samyama* sobre ele na linguagem técnica do *Yoga-Sūtra*. O 'objeto' não precisa ser algo tangível. Pode ser qualquer coisa existente, um princípio, um processo, um estado de espírito, um fenômeno natural do qual a realidade interior tenha que ser concretizada.

Ao lidarmos com um processo triplo que é progressivo em sua natureza, pode parecer mais razoável lidar com os três estágios na ordem de sua progressão, ou seja, começando com o primeiro e terminando com o último. Mas, embora esta ordem de tratamento pareça mais natural e razoável, nem sempre é o melhor método para lidarmos com um assunto, se quisermos compreendê-lo o mais fácil e minuciosamente possível. A razão para isto reside no fato de que, ao lidarmos com todos os assuntos de natureza difícil, ou pelo menos ao tentarmos compreender alguns assuntos de natureza profunda, é útil sabermos primeiro qual é a natureza do problema que estamos tentando resolver, ou qual é a natureza do processo final que estamos tentando alcançar através de uma série de processos anteriores de crescente complexidade ou sutileza. Para termos uma ilustração simples deste tipo de dificuldade: se um teorema não for dito no início de uma demonstração geométrica e o aluno for obrigado a passar pela prova, ele se sentirá totalmente confuso e se perguntará o que o professor está querendo dizer com aquilo.

Para verificarmos o problema que estamos a considerar exatamente agora, pode parecer que ao lidarmos com *Dhāranā*, *Dhyāna* e *Samādhi* devemos começar considerando *Dhāranā*, e depois irmos de *Dhāranā* para *Dhyāna* e de *Dhyāna* para *Samādhi*. Mas, na verdade, este não é o melhor método para lidar com o assunto. A razão disso é que, a menos que entendamos qual é a natureza de *Samādhi*, ou qual é o estado mental em *Samādhi*, não podemos apreciar a natureza dos processos preliminares que são necessários para produzir esse estado por etapas progressivas. É por isso que é necessário que consideremos primeiramente a natureza de *Samādhi*, e só depois de termos adquirido uma compreensão clara e geral desse estágio é que devemos voltar aos dois estágios anteriores de *Dhāranā* e *Dhyāna*, vermos como eles são necessários e como levam ao estágio de *Samādhi*.

Que este é o método de proceder correto e desejável para lidarmos com o assunto é demonstrado pela forma como o assunto foi tratado no *Yoga-Sūtra*. Parece para muitos estudantes desse livro que o modo de lidar com o assunto do *Samādhi* é estranho. O primeiro capítulo trata principalmente do tema *Samādhi* e, portanto, é chamado *Samādhi Pāda*, embora o *Samādhi* seja o ápice da prática do *Yoga*, o mais sutil estado mental e o mais difícil de entender. Os outros dois processos ou técnicas mentais que precedem o *Samādhi* e são complementares a ele – *Dhāranā* e *Dhyāna* – são definidos pela primeira vez no início do Capítulo III. O que foi dito acima mostrará porque esse método incomum de tratamento foi adotado nesse caso.

Nós, que ainda somos iniciantes tentando entender estes assuntos profundos, devemos refrear nosso julgamento quando lidamos com o trabalho dessas mentes magistrais que conseguiram atingir os limites finais do conhecimento e tentaram transmitir esse conhecimento da melhor maneira possível. Mesmo quando descobrimos que seus métodos são estranhos e difíceis de entender ou apreciar, existem razões muito sólidas para adotar esses métodos.

Há outro importante processo de transformação que está envolvido na prática do *Samādhi*, mas esse processo, ao contrário do processo anterior de *Dhāranā*, *Dhyāna* e *Samādhi*, entra plenamente em ação após o estado de *Samādhi* ter sido alcançado. Este último frutifica quando o primeiro estágio do estado de *Samādhi* é alcançado, enquanto o primeiro começa neste estágio e termina quando *Kaivalya* é alcançado.

Este processo consiste em três tipos de transformações que são bastante distintos uns dos outros, e são marcados por características bem definidas. Estes três tipos de transformações são chamados de *Nirodha Parināma*, *Ekāgratā Parināma* e *Samādhi Parināma* no *Yoga-Sūtra*, e são definidos nos aforismos III-9, III-11 e III-12. Para uma explicação detalhada destes aforismos, o estudante deve consultar os comentários relevantes em *A Ciência do Yoga*, mas pode-se dar aqui uma ideia geral resumida da natureza e função dessas transformações que são chamadas *Parināmas* em sânscrito.

Aqui, mais uma vez, o conhecimento prévio do objetivo final dessas transformações nos ajudará a apreciar e compreender sua natureza e função essenciais e, portanto, vamos considerar resumidamente qual é o objetivo final que elas estão destinadas a alcançar.

Como bem sabe o estudante que estudou o primeiro capítulo do *Yoga-Sūtra*, o propósito de *Sabīja Samādhi* é adquirir conhecimento direto da realidade de um "objeto" que é meramente uma ideia para o homem comum. Este conhecimento é adquirido através da prática do *Samprajñāta Samādhi*. Ao levar *Samādhi* ao nível mais baixo, ou seja, ao estágio de *Vitarka* (I-17) a meditação sobre um 'objeto' leva através da sucessão de *Dhāranā* e *Dhyāna* a *Savitarka Samādhi*, e termina em *Nirvitarka Samādhi* (I-41, I-42 e I-43). Até o estágio de *Savitarka Samādhi* estamos lidando com um estado dinâmico que envolve uma mudança contínua e progressiva. Mas quando *Savitarka Samādhi* dá lugar ao *Nirvitarka Samādhi*, chegamos a um estado limitador que é estático por natureza. A mudança contínua que caracterizou o estado anterior chega ao fim porque atingimos um limite além do qual não podemos prosseguir até esse nível particular da mente com referência a esse 'objeto' particular. A realidade subjacente somente ao 'objeto' 'brilha' através da mente, ou é revelada no campo da consciência e nada mais pode ser conhecido desde que a consciência esteja confinada nesse nível particular. A fim de progredir ainda mais em nosso conhecimento desse 'objeto', temos que mergulhar mais profundamente na consciência para que possamos entrar em contato com os aspectos mais profundos do 'objeto'. A função de *Samprajñāta Samādhi* com referência a esse 'objeto' e nesse nível da mente foi cumprida e agora se tem de praticar *Asamprajñāta Samādhi* para mergulhar num nível mais profundo de consciência.

O estado estático de *Nirvitarka Samādhi* atingido no estágio limitante de *Savitarka Samādhi* é um estado muito peculiar. Só externamente é que é um estado estático ou permanece o mesmo. É na verdade um estado dinâmico que consiste em estados intermitentes que são exatamente os mesmos e se sucedem uns aos outros com extrema rapidez. Sob estas condições, a série de estados interrompidos aparece como um estado contínuo, como explicado no comentário sobre o aforismo III-12. Nada no reino da manifestação pode permanecer realmente estático, pois a manifestação é um fenômeno dinâmico baseado unicamente no movimento. Em tal fenômeno tudo e cada estado deve continuar mudando o tempo todo e sem exceção, como foi explicado no comentário sobre o aforismo IV-33.

Como já foi assinalado acima, em *Nirvitarka Samādhi* o iogue conhece a realidade do 'objeto' em que está meditando pela percepção direta. Nesse nível da mente não é possível para ele ir mais longe. Há apenas dois rumos abertos para ele agora. Ele pode terminar o estado de *Samādhi* e selecionar outro 'objeto' para executar *Samyama*, ou pode tentar penetrar num nível mais profundo de consciência para poder entrar em contato com os aspectos mais profundos do mesmo objeto. Se ele decidir adotar o segundo curso, terá que abandonar o *Pratyaya* que está ocupando o campo da consciência, e praticar *Asamprajñāa Samādhi,* como foi explicado ao lidarmos com os aforismos I-17 e I-18 em *A Ciência do Yoga*.

O abandono do *Pratyaya* em *Asamprajñāta Samādhi*, se puder ser realizado com sucesso, limpa o campo da consciência e é um tipo inteiramente novo de experiência para o iogue, cuja mente nunca esteve sem um *Pratyaya* durante os estágios anteriores do *Samādhi*. A natureza desta experiência e a consciência parcialmente integrada sobre a qual ela se baseia foi tratada em outros contextos. Consideremo-la aqui em relação ao terceiro tipo de transformação que se chama *Nirodha Parināma* e que se define no aforismo III-9. Foi assinalado, ao fazer referência ao *Nirvitarka Samādhi*, que ele é um estado mental interrompido no qual *Pratyayas* exatamente iguais se alternam com espaços em branco com extrema rapidez, produzindo assim uma impressão de um *Pratyaya* imutável. Como nos fenômenos análogos de luz vistos na projeção de uma imagem cinematográfica sobre uma tela, os espaços em branco não são discerníveis sob estas condições porque são dominados pelas impressões positivas do *Pratyaya*. O abandono do *Pratyaya* em *Asamprajñāta Samādhi* remove o *Pratyaya* do campo da consciência substituindo assim as impressões positivas produzidas pelos *Pratyayas* interrompidos por espaços em branco. Assim, obtemos um estado contínuo que consiste apenas de espaços em branco, como mostrado abaixo:

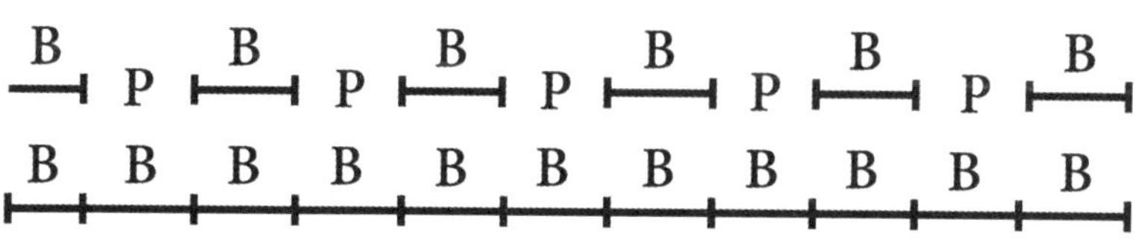

Na parte superior do diagrama acima B & P representam impressões alternadas de espaço em branco e *Pratyaya* respectivamente em *Nirvitarka*

Samādhi que é o estado limitante de *Samprajñāta Samādhi* no nível mais baixo. Quando o *Pratyaya* é abandonado e se pratica *Asamprajñāta Samādhi*, podemos ter apenas uma impressão contínua de espaço em branco, como mostrado na parte inferior do diagrama.

Qual é a natureza das impressões representadas por B no diagrama acima? Nós os chamamos de espaços vazios em comparação com as impressões do *Pratyaya* que ocupa a mente em *Samprajñāta Samādhi* e a desocupa em *Asamprajñāta Samādhi*. Obviamente, este estado em branco da mente que está presente no estado de *Nirodha* ou supressão de imagens mentais não é realmente um estado em branco. É o estado de consciência integrada que serviu como pano de fundo dos fenômenos mentais naquele nível particular e iluminava o *Pratyaya* antes de este ser abandonado na prática de *Asamprajñāta Samādhi*. Esta consciência esteve sempre presente no fundo dos fenômenos mentais e foi, de fato, a luz que iluminou esses fenômenos. Ela foi exposta momentaneamente através dos intervalos entre os sucessivos *Pratyayas* em *Nirvitarka Samādhi*, mas não pôde ser percebida devido à rápida sucessão de impressões produzidas pelo intermitente *Pratyaya* em *Samprajñāta Samādhi*. Somente quando essas impressões são eliminadas na prática de *Asamprajñāta Samādhi*, e o período em branco torna-se contínuo é que a consciência subjacente é revelada e *Asamprajñāta Samādhi* é alcançado. Como foi explicado no comentário do aforismo I-17, se *Asamprajñāta Samādhi* puder ser praticado com sucesso, a consciência escapa mais cedo ou mais tarde através de seu centro e emerge no plano superior seguinte, repetindo-se todo o ciclo até que o Plano *Átmico* seja alcançado.

Como o Plano *Átmico* está na fronteira que separa o reino da mente e *Prakriti* da consciência integrada e Real do *Purusha*, uma maior penetração na consciência pode levar apenas ao reino da própria Realidade. A técnica desta perfuração do último véu da mente se insere no âmbito de *Nirbīja Samādhi*, que foi tratado nos últimos aforismos do Capítulo 4.

O que foi dito nos parágrafos anteriores permitirá ao estudante compreender até certo ponto a natureza e função dos três tipos de transformações mentais, *Samādhi Parināma*, *Ekāgratā Parināma* e *Nirodha Parināma*. A função de *Samādhi Parināma* é isolar completamente o 'objeto' de meditação de todos os outros objetos e manter a mente contemplando o 'objeto' sem vacilar ou interromper. A função do *Ekāgratā Parināma* é reduzir o 'objeto' à sua própria essência. Este mínimo irredutível, que por sua própria natureza deve ser imutável, é a realidade do 'objeto' e é o objetivo de *Samprajñāta Samādhi*. A função de *Nirodha Parināma* é obter percepção da consciência relativamente integrada naquele nível particular e permitir que o centro de consciência penetre no plano superior seguinte. Isto é realizado pela prática do *Asamprajñāta Samādhi*.

Recapitulemos as diferentes etapas num ciclo completo de três transformações no plano inferior para termos uma ideia mais clara de suas respectivas funções na prática do *Samādhi*. O processo mental que começa com *Dhāranā* e termina com *Nirvitarka Samādhi* é uma operação para atingir o estado de *Samādhi* e, portanto, é chamado de *Samādhi Parināma*. O estado aparentemente imutável e limitador que é alcançado no final desta operação, e que revela a realidade do objeto em sua pureza é *Nirvitarka Samādhi*, e a transformação repetitiva e imperceptível que está ocorrendo neste estado peculiar é *Ekāgratā Parināma*. Devemos notar que enquanto *Samādhi Parināma* é uma série de estados mentais variáveis, *Ekāgratā Parināma* é um estado mental único e invariável, embora seja um estado interrompido. O *Ekāgratā Parinā-*

ma chega ao fim quando o *Pratyaya* presente na mente neste estado limitante e imutável é abandonado e é produzido um estado em branco sem nenhum *Pratyaya*. Este estado é chamado *Asamprajñata Samādhi* e a transformação da mente que ocorre neste estado é chamada *Nirodha Parināma*. É chamada de *Parināma* ou transformação porque, embora pareça ser um estado uniforme, é realmente um estado interrompido que consiste numa série de espaços em branco desprovidos de qualquer *Pratyaya*. Devemos notar cuidadosamente que, tal como *Ekāgratā Parināma*, *Nirodha Parināma* também é um estado invariável único que só termina quando a consciência desaparece através de seu centro para emergir no próximo plano superior.

O parágrafo acima descreve a série de transformações em apenas um ciclo correspondente ao estágio *Vitarka*, que é o estágio mais baixo, como será visto a partir da enumeração dos quatro estágios do *Samprajñāta Samādhi* no aforismo 1-17. Todo o ciclo é repetido muitas vezes nos planos mais sutis da mente nos estágios mais elevados de *Samādhi* até que o Plano *Átmico* seja alcançado. É difícil compreender a natureza dos estados mentais ou da consciência nesses estágios superiores de *Sabīja Samādhi*, mas as séries de transformações que neles ocorrem, são análogas às do estágio mais baixo delineado acima. Isto está indicado no aforismo 1-44.

O último e mais elevado estágio de *Samādhi* é chamado de *Nirbīja Samādhi*. Seu propósito é penetrar através do nível mais profundo da mente no Plano *Átmico* e obter acesso direto ao mundo da Realidade no qual o *Purusha* vive eternamente. *Nirbīja Samādhi* difere de *Sabīja Samādhi* não apenas em seu objetivo, mas também na natureza da técnica sutil e aparentemente vaga adotada para alcançar esse objetivo, ou seja, a Autorrealização. Esta técnica é sugerida nos aforismos dados na última parte do Capítulo 4, começando com o aforismo IV-25. A prática prolongada e persistente de *Nirbīja Samādhi* culmina em *Dharma Megha Samādhi* aludido no aforismo IV-29. Quando o iogue atravessa esta etapa com sucesso, ele cruza o limiar do *Nirvāna* e se estabelece permanentemente no mundo da Realidade, livre das ilusões e limitações dos mundos manifestados, e ainda é capaz de viver e trabalhar nestes mundos como um agente livre e consciente da Vida Divina.

Ver-se-á pelo que foi dito nos parágrafos acima como é necessário que o estudante tenha uma compreensão clara da natureza e das funções dos três tipos de transformações mentais, se quiser entender corretamente a natureza, função e técnica do *Samādhi* em suas diferentes etapas.

Capítulo 23

A Natureza do *Samādhi* – II

Após a consideração geral sobre a natureza de *Samādhi* e dos processos e estágios mentais que estão envolvidos na prática do *Yoga* superior, vamos agora tentar entender o mais claramente possível a natureza essencial de *Samādhi*. O assunto foi tratado minuciosamente em vários contextos em *A Ciência do Yoga* e, portanto, não é preciso entrar em detalhes ou explicar tudo. Nosso propósito aqui é entrar no âmago do assunto, por assim dizer, e tentar compreendê-lo o mais profundamente possível para aqueles que olham para esses estados e processos mentais de fora sem a vantagem daquela percepção que vem da experiência direta, pelo menos de natureza periférica. Iniciaremos nosso estudo levando em consideração um dos aforismos do primeiro capítulo do *Yoga-Sūtra*, a saber, I-41.

Ksīna-vrtter abhijātasyeva maner grahitr-grahana-grāhyesu

tatstha-tadañjanatā samāpattih

Este aforismo é uma obra-prima e, com o auxílio de um símile, dá-nos uma percepção mais acurada quanto à natureza essencial do *Samādhi*. Antes de lidarmos com as diferentes variedades de *Samādhi* e as diferentes etapas percorridas para alcançar o objetivo final do *Samādhi*, Patañjali tenta dar neste aforismo uma ideia clara do que é o *Samādhi* em sua natureza essencial. Traduzido livremente, o aforismo significa:

"No caso de alguém cujas *citta-vrittis* foram quase completamente aniquiladas, ocorre a fusão ou completa absorção recíproca do conhecedor, do conhecimento e do conhecido, como no caso de uma joia transparente (colocada sobre uma superfície colorida)".[5]

A palavra sânscrita *Ksīna* tem a conotação de não apenas diminuir gradualmente, mas também da última etapa de tal processo, ou seja, o desaparecimento completo, assim como as fases da lua incluem não apenas a lua cheia e as diferentes fases do minguante da esfera brilhante, mas também a última etapa do desaparecimento completo. Portanto, este aforismo é aplicável a todas as fases de *Citta-Vritti-Nirodha* quando as modificações da mente estão gradualmente se tornando mais tênues até desaparecerem completamente num determinado nível da mente.

Esta é a beleza do sânscrito. As palavras mais importantes têm um espectro tão amplo de conotações que, consequentemente, torna possível denotar por uma única palavra todas as etapas de um processo complexo, ou todas as fases de um estado variável, ou todos os constituintes de uma coisa composta. Somente com a ajuda de tal idioma é possível expor um assunto profundo sob a forma de *Sūtras* e condensar a exposição até o limite máximo.

A palavra *Ksīna*, portanto, abrange todas as etapas da meditação, não apenas aquelas em que o iogue adquire progressivamente um conhecimento mais completo e verdadeiro do 'objeto' da meditação, mas também a etapa final do *Nirvitarka Samādhi*, na qual a realidade do 'objeto' brilha através da mente transparente sem qualquer obscurecimento por parte das *Citta-Vrittis*.

---

[5] TAIMNI, I. K. *A Ciência do Yoga*, Brasília: Editora Teosófica, 7ª ed., 2019, p. 84. (Nota Ed. Bras.)

O símile usado neste aforismo para ilustrar a fusão do conhecedor, conhecido e conhecimento num estado uniforme de consciência foi explicado em outros contextos e foi mostrado como um objeto opaco colocado sobre uma superfície colorida funde-se com a cor da superfície quando perde sua opacidade causada por dificuldades de vários tipos. Este símile ilustra muito eficazmente a percepção direta da realidade de um 'objeto' pelo iogue quando sua mente é gradualmente desnudada de seus estorvos e se funde com o 'objeto' de meditação.

Devemos lembrar que a mente é meramente um instrumento da consciência, uma via de comunicação entre o sujeito e o objeto, e tudo é visto através de seu meio deturpador e obscurecedor. Quando ela é privada de sua atividade e capacidade de obscurecimento e se torna um vazio por assim dizer, o véu entre o sujeito e o objeto desaparece e o 'objeto' pode ser visto diretamente. Se estivermos observando um jogo de sombras, vemos tudo através do meio obscurecedor da tela. Se a tela for removida, podemos ver a peça diretamente.

Este desaparecimento gradual de um objeto em outro, pela perda progressiva de sua própria identidade e individualidade, pode ser provocado, de outras formas, por um amor intenso, por uma completa autoentrega. É um dos mistérios profundos da vida interior, baseado no fato fundamental de existir apenas a Realidade Una na base do Universo manifestado. Embora esta fusão tome muitas formas em sua expressão externa, é essencialmente um processo de desnudação progressiva da mente com seu centro egoico que cria a ilusão de separatividade. Por qualquer meio que esta desnudação seja produzida, resulta sempre na unificação das duas entidades, seja uma unificação do sujeito e do objeto, seja uma unificação da consciência de dois indivíduos conscientes.

À luz do que foi dito acima, o estudante deve conseguir entender o significado interno do aforismo III-3 que define o *Samādhi*. A frase *Svarūpa-sūnyam iva* que significa, "a mente tendo se tornado um vazio, por assim dizer", refere-se ao desaparecimento desta ação deturpadora e obscurecedora da mente.

A ação deturpadora da mente no pensamento pode ser detectada por qualquer pessoa por meio de uma experiência simples. Permita-lhe tentar olhar seu ambiente a partir do centro de sua consciência, a partir de seu "coração" como é chamado em linguagem mística. Ela descobrirá que não consegue por mais que tente. Ela sempre se encontrará olhando mentalmente para o centro, ao invés de olhar do centro, o que significa que está obtendo uma visão distorcida de seu ambiente.

Ao analisar melhor sua imagem mental, ela descobrirá que a distorção se deve ao fato de a imagem ser projetada para fora por *Vikshepa* a partir de seu cérebro, a sede da sensação ao invés de seu "coração", o verdadeiro centro a partir do qual a mente trabalha, como explicado no comentário sobre o aforismo III-35. Esta tendência, portanto, será vista como tendo raízes na identificação da consciência com o corpo físico, e só pode ser removida rompendo essa identificação com o corpo físico. Distorções semelhantes, embora de natureza mais sutil, são produzidas pelos outros veículos da consciência. O estudante também verá do exposto acima o motivo da recomendação de "meditar no coração".

É preciso dizer também algumas palavras neste contexto com relação à realidade do 'objeto' que 'brilha' no campo da consciência em *Samādhi* para o qual apontam os aforismos I-43 e III-3 no *Yoga-Sūtra*.

Em primeiro lugar, devemos notar o significado da palavra "brilhar" neste contexto. Nos estágios iniciais da absorção do conhecimento pela mente, a palavra usada é 'colorida' (IV-17, IV-23), mas quando a opacidade da mente é removida e o estado de *Samādhi* é atingido, a palavra 'brilhar' é usada em seu lugar. A razão é óbvia. O que agora está presente no campo da consciência não é a impressão embaçada do objeto na mente, mas a realidade do objeto em si que é uma parte da mente Divina. O objeto não está agora iluminado indiretamente pela mente, que é iluminada pela própria luz da consciência. Ele é iluminado pela própria consciência. É a Consciência Divina por trás da Mente Divina que permeia o objeto e o faz 'brilhar'.

Se a realidade do 'objeto' se revela em *Samādhi*, surge a questão: Qual é a natureza desta realidade que é compreendida pelo processo de 'vir a ser'.

Para compreender a natureza desta realidade, é preciso recordar duas importantes doutrinas ocultas. Primeira, que as realidades de todos os objetos existentes na manifestação estão presentes em sua verdadeira forma na Mente Divina, e o que vemos destes objetos nos planos inferiores são meramente seus reflexos distorcidos e embaçados sob a forma de imagens mentais, usando a frase 'imagens mentais' em seu sentido mais amplo. A realidade do objeto na Mente Divina é seu *Svarūpa* ou verdadeira forma essencial. O que vemos ou concebemos nos planos inferiores é sua *Rūpa* ou forma exterior.

A segunda doutrina importante que temos que lembrar a este respeito é que a imagem de um objeto real numa mente individual é o resultado do impacto da Mente Divina sobre a mente individual devido a sua interação no Centro Comum dos dois, que é chamado *Mahābindu*. Certas imagens mentais criadas na mente individual que são de natureza subjetiva (tais como devido à memória, imaginação, às alucinações e aos sonhos) são criadas pela mente individual, e não são derivadas da interação com a Mente Divina. Mas algumas outras são, e estas são geralmente caracterizadas por serem produzidas em inúmeras mentes simultaneamente. Todos nós vemos o mesmo sol nascer no Leste todas as manhãs. Todos nós vemos o mesmo céu cravejado de estrelas à noite. Todos nós experimentamos as mesmas mudanças das estações de acordo com nossa localização no espaço e no tempo. Todas estas imagens mentais produzidas por fenômenos naturais que passam por nossas mentes individuais num fluxo contínuo têm origem na Mente Divina, seja em seu aspecto estático chamado *Satyam* em sânscrito e se expressando em leis e fatos naturais, ou em seu aspecto dinâmico chamado *Rtam*, e se expressando no desdobramento do Universo no tempo e no espaço.

Estas duas doutrinas Ocultas nos permitirão compreender até certo ponto qual é a realidade subjacente a qualquer 'objeto' experienciado em *Samādhi*. É o objeto tal como ele existe na Mente Divina. É esta forma verdadeira do objeto que lança múltiplas sombras em planos diferentes, sombras que são percebidas pelas mentes individuais espalhadas no tempo e no espaço. As impressões produzidas nas mentes individuais diferem naturalmente de acordo com as condições de tempo e espaço, com o pano de fundo e a evolução da mente individual. Os fatos acima podem ser ilustrados pelo diagrama a seguir, que é de caráter simbólico.

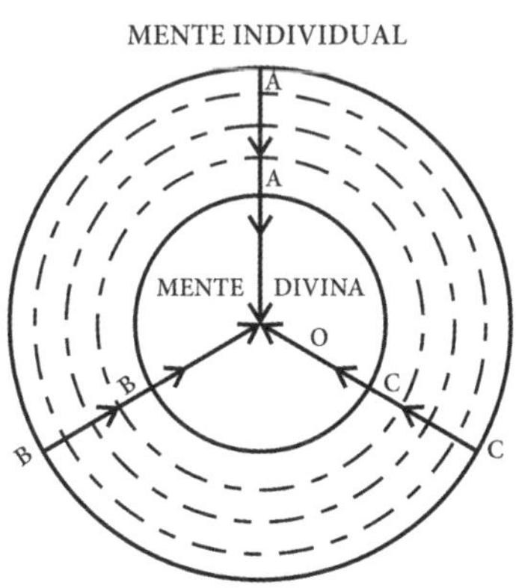

Os dois círculos concêntricos representam as mentes individual e Divina com um Centro Comum de Realidade ou Consciência no qual ambas as mentes trabalham em níveis diferentes, uma no nível individual e a outra no nível Divino. Os diferentes pontos no círculo interno, simbolizando a Mente Divina, representam as realidades de todos os objetos projetados na manifestação, enquanto os pontos correspondentes no círculo externo, simbolizando a mente individual, representam as sombras dessas realidades produzidas na mente individual sob a forma de imagens ou conceitos mentais.

Esta figura nos permitirá compreender o que acontece quando meditamos sobre um objeto "A" para conhecer sua realidade diretamente pelo processo de *Samyama*. Penetramos em direção ao centro comum da consciência ao longo da linha "AO" e chegamos ao ponto "A'" onde a linha "AO" corta o círculo interno que representa a Mente Divina. Quando a consciência, que está recuando para dentro em direção ao seu centro "0", emerge no reino da Mente Divina, no ponto "A'" , a realização da realidade oculta no interior do objeto "A" acontece no estado de *Samādhi*. Da mesma forma, outros objetos" B, C, etc." podem ser levados para meditação e se *Samyama* for realizado neles, a consciência será guiada automaticamente para os pontos correspondentes "B', C', etc." na Mente Divina, e ocorrerá a realização direta das realidades destes objetos, porque em *Samyama* nos movemos em direção ao centro de nossa consciência que é o mesmo que o centro da Consciência Divina.

Ver-se-á que ao realizarmos *Samyama* sobre um "objeto" particular, emergimos no reino da Mente Divina, mas em momento algum ao acaso. O 'objeto' de meditação guia a mente, por assim dizer, para sua própria realidade que está oculta no interior da Mente Divina. Esta é a função da 'semente' em *Sabīja Samādhi*, ou *Samādhi* com semente.

A técnica de *Samyama* pode ser aplicada a qualquer 'objeto' de meditação, e o estudante verá agora o que se quer dizer quando, conforme referido no terceiro capítulo do *Yoga-Sūtra*, se medita sobre diferentes 'objetos' para se desenvolver o *Siddhi* correspondente. Como o conhecimento da realidade de um objeto obtido no estado de *Samādhi* permite ao iogue adquirir o *Siddhi* ou *Vibhuti* correspondente, ficará evidente para o estudante se ele lembrar que uma função da consciência e seu poder correspondente estão natural e inerentemente relacionados a opostos polares (simbolizados como *Devatās* e *Devis* no Hinduísmo), e quem quer que venha a conhecer a realidade de um objeto (não apenas seu conceito) adquire automaticamente o poder correspondente. Vemos, mesmo no âmbito do intelecto, que o conhecimento de uma determinada lei ou fato natural dá à pessoa que detenha esse conhecimento um poder correspondente como uma questão natural. O progresso da Ciência e as invenções e descobertas que estão sendo feitas todos os dias como resultado da expansão do conhecimento demonstram claramente esta relação inerente não apenas entre o conhecimento intelectual e o poder correspondente, mas também entre funções da consciência superior e os correspondentes poderes psíquicos ou espirituais nos níveis superiores. Se um iogue atinge a onisciência no estágio mais elevado do *Yoga*, a onipotência vem a ele como é de se esperar.

O diagrama apresentado na página 365 também ilustra muito bem a relação entre *Sabīja* e *Nirbīja Samīdhis* mencionada no *Yoga Sūtra* (I-46, I-51, III-8). Existem dois tipos de *Samādhi* chamados "*Samādhi* com semente" e "*Samādhi* sem semente". *Sabīja Samādhi* é aquela variedade de *Samādhi* na qual existe um 'objeto' definido sobre o qual *Samyama* é realizado e do qual a realidade é percebida como mostrado acima. Ele se ocupa e é utilizado para desvendar os segredos de todos os tipos de coisas no reino da manifestação ou, em outras palavras, no reino da mente. Com a ajuda de *Sabīja Samādhi*, o iogue pode descobrir o segredo mais íntimo de qualquer fenômeno natural ou lei no reino da *Prakriti*, e adquirir o poder que tal conhecimento lhe confere.

O conhecimento, que é chamado de Ocultismo, seja ele revelado ou ainda não revelado, foi descoberto desta maneira. O Ocultismo pode, de fato, ser definido como a totalidade do conhecimento dos segredos interiores e ocultos da Natureza reunidos desta maneira pelos Adeptos do Ocultismo, preservados de idade em idade, e revelados aos poucos pelos fundadores das grandes religiões do mundo ou pelos Adeptos responsáveis pela evolução da raça humana, e para o treinamento e progresso dos alunos na verdadeira senda Oculta.

Não é que todo esse conhecimento tenha sido reunido pelos Adeptos do Ocultismo e preservado de uma vez por todas para referência e uso futuro. Todo este conhecimento está eternamente presente na Mente Divina, e qualquer um que tenha dominado a técnica de *Samādhi* pode verificar e adquirir qualquer parte dele pelos métodos que foram delineados acima. Mesmo quando ocorre *Pralaya* e os mundos em manifestação desaparecem por um tempo, o sol do conhecimento continua a brilhar, e qualquer parte do conhecimento pode ser trazida novamente para os novos mundos quando eles são formados. Todos os grandes Adeptos do Ocultismo, que são Seres Libertos, podem se colocar em contato com qualquer parte deste conhecimento quando precisarem dele e não é necessário que eles passem pelos arquivos empoeirados de bibliotecas ou estudar atentamente antigos manuscritos escritos em folhas de palma. O sol da Consciência Espiritual brilha eternamente no coração de cada ser humano, que pode a qualquer momento descobrir qualquer segredo no reino da Natureza, se tiver o necessário domínio da técnica. Mas é um grande "se", e só pode ser superado trilhando-se a senda do Ocultismo que faz florescer sistemática e cientificamente nossas potencialidades divinas.

O outro tipo de *Samādhi* relacionado a *Sabīja Samādhi* é, em contraste, chamado *Nirbīja Samādhi.* É chamado *Nirbīja* ou 'sem semente' porque não há nenhum 'objeto' que tenha que ser mentalmente aberto por *Samyama* para encontrar a realidade, que está oculta no interior, como no caso de *Sabīja Samādhi*.

Para entendermos claramente o que significa *Nirbīja Samādhi*, temos que lembrar que todos os "objetos" que são tratados em *Sabīja Samādhi* estão no reino da manifestação, e as realidades ocultas dentro deles são parte da Mente Divina que é a base da manifestação. Assim, em *Sabīja Samādhi*, não apenas nosso objeto é limitado e está presente no reino da mente, mas ao encontrarmos sua realidade correspondente, penetramos apenas até o nível da Mente Divina, não mais. Mas a Mente Divina também é uma expressão do Princípio da Mente, embora seja uma mente de tipo mais sutil. Por trás dessa Mente está a Consciência Divina da qual a Mente Divina é derivada e pela qual é iluminada. É nesta Consciência Divina, que é a Realidade subjacente ao Universo, que nossa individualidade Espiritual como Mônada está enraizada. Cada um pertence à sua própria espécie. Como indivíduos mentais ou *Jīvātmās*, somos parte da Mente Divina. Como indivíduos Reais, isto é, como *Purushas* ou Mônadas, somos parte da Consciência Divina ou da Realidade que está oculta por trás da Mente Divina.

Portanto, se quisermos encontrar não as realidades dos diferentes "objetos" na manifestação, mas nosso Eu Real, temos que mergulhar mais profundamente em nossa própria mente e ir além da profundeza da Mente Divina no reino da Consciência Divina da qual nossa própria consciência eterna é parte integrante. Se nos referirmos ao diagrama dado acima, significa que temos que penetrar em nossa consciência além do nível da Mente Divina e atravessando o círculo interno, alcançarmos o Centro Comum "0". Só então podemos realizar nosso Eu Real emergindo no reino da Realidade, representado simbolicamente pelo ponto "0". O processo mental de ir em *Samādhi* além do nível da Mente Divina, que é representada pelo círculo interno no diagrama, é a técnica de *Nirbīa Samādhi*. Ela é chamada *Nirbīja* porque não há nenhum objeto particular na manifestação para ser conhecido. Nosso objetivo é a Autorrealização que nos liberta completa e permanentemente das ilusões e limitações dos mundos inferiores em manifestação.

Assim, *Nirbīja Samādhi* será visto como o auge de *Sabīja Samādhi* e não como uma técnica independente do *Yoga*. É "interna" com relação a *Sabīja Samādhi*, assim como *Sabīja Samādhi* é "interna" com relação às cinco primeiras práticas constituintes do *Yoga* externo. Isto é o que significam os aforismos III-7 e III-8. O próprio *Nirbīja Samādhi* culmina em *Dharma-Megha-Samādhi*, que é, portanto, o estágio final de *Samādhi* antes da Autorrealização. Todos os aforismos que tratam de *Nirbīja Samādhi*, e até mesmo o aforismo que trata do *Dharma-Megha-Samādhi* (IV-29), dado no último capítulo do *Yoga-Sūtra*, fazem alusão ao último estágio de penetração na profundeza mais recôndita da consciência antes que o iogue irrompa do mundo da manifestação no mundo da Realidade. É inevitável, portanto, que as nossas ideias sobre a técnica desta etapa final sejam vagas e incompletas.

Ao lidarmos com *Sabīja Samādhi* nos parágrafos acima, foi apontado que o centro da consciência passa do ponto "A" para o ponto "A" até que o iogue tome consciência da realidade do objeto "A" na Mente Divina. Na verdade, este não é um processo único e simples, pois, ao fazê-lo, a consciência tem que passar por muitas barreiras correspondentes aos diferentes níveis mentais representados pelos círculos pontilhados no diagrama. Em cada uma destas barreiras deve ser adotada uma técnica definida e essa técnica consiste na prática de *Samprajñāta* e *Asamprajñāta Samādhi* alternadamente. O iogue pratica primeiro o *Samprajñāta Samādhi* e quando obtém controle e estabilidade necessários, ele abandona o *Pratyaya* e permite que o centro de consciência permaneça suspenso num vazio, por assim dizer. Mais cedo ou mais tarde, se ele conseguir manter este estado, sua consciência poderá passar pelo Centro *Laya* e emergir no próximo plano ou nível mental. Isto significa atravessar uma barreira. Este processo tem que ser repetido muitas vezes em diferentes planos até que a última barreira da Mente Divina no Plano *Átmico* seja alcançada. Quando chega a esta etapa, ele está, por assim dizer, na fronteira que separa o reino da mente do reino da Realidade, e não há nenhum nível mental mais sutil por onde passar. Portanto, aqui a técnica de *Sabīja Samādhi* com seus dois aspectos, *Samprajñāta* e *Asamprajñāta,* tem que ser substituída pela técnica de *Nirbīja Samādhi.* Esta técnica, como já assinalado, é tratada de maneira muito geral no último capítulo do *Yoga-Sūtra* e não é necessário discuti-la aqui.

Essas barreiras mentais através das quais o Centro de Consciência tem que penetrar nos diferentes estágios de *Asamprajñāta Samādhi* são chamadas *Granthi*s ou "nós" na literatura do *Yoga.* Eles são chamados assim metaforicamente porque servem como impedimentos para a suave passagem da consciência para reinos mais profundos, e têm que ser penetrados pelo processo um tanto abrupto de *Asamprajñāta Samādhi* para progredir ulteriormente. Existem três *Granthi*s chamados *Brahmā Granthi, Vishnu Granthi* e *Rudra Granthi.* Esses nós obviamente correspondem aos três *Asamprajñāta Samādhi*s mostrados no diagrama na página 39 de *A Ciência da Yoga.*

Parte 4

Vislumbres da Natureza da Assim Chamada Matéria

Capítulo 24

A Doutrina dos Três *Gunas*

Nenhuma formulação satisfatória da teoria da percepção mental e do mecanismo da sensação é possível sem ideias claras com relação à doutrina dos *Gunas*. Embora academicamente esta doutrina seja uma parte da filosofia Sāmkhyan, ela permeou todo o campo do pensamento filosófico hindu de tal forma que praticamente todas as escolas de filosofia consideram como certo que ela esclarece os fenômenos puramente mentais percebidos pela mente. Mas devemos lembrar que não se trata meramente de uma doutrina filosófica engenhosa como tantas outras que têm sido desenvolvidas pelos filósofos ao longo dos tempos para esclarecer o mundo fenomenal. Ela se baseia nas experiências de uma longa linha de ocultistas e adeptos práticos e assim se tornou parte integrante da filosofia e da psicologia do *Yoga*.

Ainda assim, embora se baseie na experiência prática de ocultistas, permaneceu apenas como uma doutrina filosófica enigmática para a grande maioria dos estudantes cujo conhecimento do Ocultismo era puramente teórico. Era muito simples, muito vaga e muito abrangente em sua generalização da causa de todos os tipos de fenômenos para poder esclarecer o mecanismo da percepção mental e para influenciar o crescimento do pensamento filosófico de forma definitiva. Somente as recentes descobertas revolucionárias da Ciência no campo da física e da química é que lançaram alguma luz sobre esta doutrina obscura e mostraram sua razoabilidade inerente e possível base sobre fatos da Natureza. E, a propósito, a iluminação parcial desta doutrina por fatos e teorias da Ciência permitiu-nos obter uma compreensão mais satisfatória de outras doutrinas da filosofia Oculta a ela relacionadas. Pois, como já foi assinalado anteriormente, todas estas doutrinas estão relacionadas entre si, e tudo o que serve para iluminar e validar uma doutrina serve também para iluminar e validar outras. É por isso que todo o sistema de filosofia e psicologia do *Yoga* deve ser estudado e compreendido em conjunto, pois suas diferentes doutrinas e técnicas fazem parte de um todo integral e harmonioso. O *Yoga* é uma ciência prática e, como todas as ciências, tem tanto o lado teórico quanto o prático. Mas, como trata de coisas fora do âmbito da experiência do homem comum, tanto sua filosofia quanto sua técnica devem sempre parecer vagas e misteriosas para ele, só podendo ser compreendidas e praticadas por aqueles que levam estas coisas a sério e estão preparados para fazer experiências com sua própria vida e mente.

A fim de compreendermos a natureza essencial dos *Gunas*, temos que proceder passo a passo e rastrear sistematicamente os vários elos da cadeia de doutrinas que lhe estão relacionados ou que servem para esclarecê-la. Como algumas dessas doutrinas foram discutidas em outros contextos, não é necessário tratá-las aqui em detalhes. Deve bastar a mera referência a elas e apontar sua relevância para a questão que estamos considerando.

Todo o sistema da filosofia Oculta é baseado na doutrina mais fundamental que afirma inequivocamente que o Universo manifestado é derivado e é a expressão de uma Realidade Última referida como o Absoluto ou *Parabrahman*. Esta Realidade em seu aspecto mais elevado é um Todo harmonioso, equilibrado, integrado, sem começo nem fim, além de todos os estados opostos e diferenciados e, portanto, é tanto um Vazio quanto um Pleno.

No seu aspecto inferior seguinte, há primeiramente uma diferenciação primária em dois Princípios polares e opostos que são chamados *Shiva* e *Shakti*, que podem ser considerados como a raiz da Consciência e a raiz do Poder. Estritamente associada à diferenciação primária, mas dela derivada, há uma diferenciação secundária que traz à existência a relação Eu e não Eu, e estabelece a base do princípio mental. Embora estas duas diferenciações que ocorrem no Não Manifestado sejam geralmente consideradas separadamente por conveniência, todo o processo deve ser considerado como um só, uma dupla diferenciação que pode ser melhor simbolizada por uma cruz representando dois tipos de polaridades agindo, por assim dizer, em ângulos retos um ao outro.

Os aspectos acima mencionados do Não Manifestado podem ser representados esquematicamente da seguinte forma:

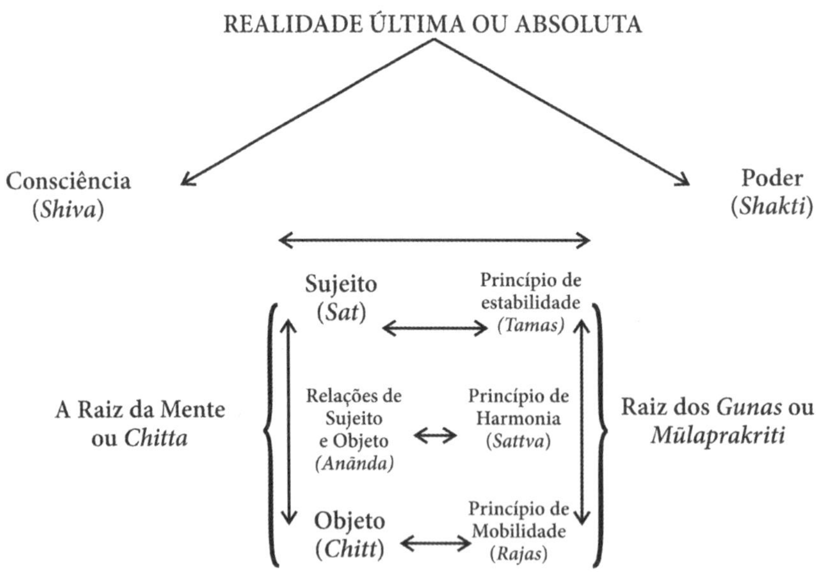

Do exposto acima, ver-se-á que a diferenciação secundária, estando baseada na diferenciação primária, afetará ambos os polos da dualidade primária e os diferenciará em suas triplicidades correspondentes, a Consciência dando origem à triplicidade de *Sat-Chit-Ānanda*, e o Poder à de *Tamas-Rajas-Sattva*. Embora os produtos triplos ou esta diferenciação secundária não sejam geralmente considerados polares, eles se baseiam na oposição de dois princípios opostos em contraste e, portanto, em um sentido mais amplo, podem ser considerados como sendo de natureza polar. Sua natureza polar é demonstrada ainda mais por fatos como a dependência mútua dos opostos presentes em cada triplicidade, ou seja, *Sat-Chit* e *Tamas-Rajas*. Estes opostos não podem ser completamente separados, não podem ser encontrados isoladamente e quando os dois opostos extremos desaparecem, o terceiro elemento da triplicidade que é o elo entre os dois desaparece simultaneamente.

Podemos observar os seguintes detalhes com relação às duas triplicidades que são os produtos da diferenciação secundária:

(1) Essas duas triplicidades, embora tendo raízes no Não Manifestado, estão presentes nesse reino em um estado misterioso e incompreensível, que pode ser melhor chamado de "potencial". Elas só encontram expressão quando a manifestação ocorre e a mais alta triplicidade em manifestação – o Tríplice *Logos* – emerge da escuridão do Eterno Não Manifestado.

(2) Do Tríplice *Logos* derivam todas as triplicidades que encontramos na manifestação através dos processos duais de reflexo e diversificação. Como todos os princípios estão presentes no Absoluto em um estado harmonizado e integrado, e a manifestação pode ser considerada como uma descida gradual da Realidade em estados menos reais, cada princípio deve estar presente em

diferentes níveis de Realidade em um grau de sutileza correspondente a cada nível.

(3) À medida que a Realidade se envolve cada vez mais no irreal em cada etapa deste processo, cada princípio deve estar presente de forma menos real, menos vívida e menos dinâmica do que na etapa anterior. É preciso manter este importante fato em mente ao considerarmos estes diferentes níveis de Realidade e os inúmeros princípios e processos que neles funcionam. Para nós aqui embaixo, nos níveis inferiores, esses princípios e processos parecem reais, vívidos e significativos e suas contrapartidas nos níveis mais elevados, se pensarmos neles, parecem vagos, nebulosos e praticamente desprovidos de significado. Mas isto é obviamente uma ilusão causada pela falta de compreensão ou percepção, pois as sombras das sombras não podem ser mais reais do que a substância da qual elas são derivadas.

(4) A triplicidade derivada do polo positivo da Consciência chamada *Shiva Tattva* funciona através do meio Mental ou *Chitta* em seus diferentes graus de sutileza, como indicado nos aforismos I-17 e IV-21 do *Yoga-Sūtra*. A triplicidade derivada do polo negativo do Poder chamado *Shakti Tattva* funciona através da Natureza ou *Prakriti*, que também tem diferentes graus de sutileza como indicado nos aforismos II-19 do *Yoga-Sūtra*. Esses níveis Mentais e a Natureza de *Chitta* e dos *Gunas* que correspondem a cada um deles são amplamente considerados em número de quatro, como indicado pelos aforismos acima mencionados.

(5) No caso de ambos os tipos de triplicidades, o termo médio indica apenas uma relação. Os dois termos extremos indicam as realidades que estão relacionadas pelo termo médio. Assim, a percepção é meramente uma relação

do sujeito e do objeto, e o movimento harmônico ou vibração é uma relação de inércia e mobilidade.

A triplicidade que surge da diferenciação da Consciência integrada e resulta no surgimento da Mente com sua relação sujeito-objeto foi discutida em algum outro lugar, e não precisamos lidar com ela aqui. Consideremos agora a outra triplicidade que surge no polo negativo da diferenciação do Poder e resulta no surgimento de *Prakriti* com seus três *Gunas*. Tentemos compreender a natureza essencial dos três *Gunas* e sua relação mútua. Mas antes de abordarmos esta questão é preciso dizer algumas palavras sobre *Prakriti*.

Parece haver alguma incerteza na mente de muitos estudantes de filosofia hindu com relação à natureza de *Prakriti*. Às vezes é chamado de *Jada* ou inanimado. Outras vezes é elevado ao *status* de *Shakti*. Mas qualquer pessoa cuja mente esteja livre da abordagem rígida da filosofia acadêmica e que possa considerar esses problemas de forma imparcial pode ver que os dois nomes *Shakti* e *Prakriti* referem-se a duas realidades diferentes, embora intimamente relacionadas. *Shakti* é reconhecida como a Consorte de *Shiva*, e da relação existente entre *Shiva* e *Shakti* depreende-se que *Shakti* deve ser o Poder Divino consciente que está na base do Universo. *Prakriti*, por outro lado, deve ser o meio através do qual *Chitta* ou *Mente* trabalha. Isto deve ficar claro pelo fato de que quando o *Purusha* atinge *Kaivalya*, de acordo com a psicologia do *Yoga*, ele transcende os reinos de *Chitta* e dos *Gunas* simultaneamente. Assim, *Chitta* (ou Mente) e *Prakriti* (a condição harmonizada dos três *Gunas*) devem ser considerados como correlatos, um, o meio através do qual *Shiva* ou a Consciência Divina funciona, e o outro, o meio através do qual *Shakti* ou Poder Divino funciona. A Mente realmente vem à existência quando os três

Gunas emergem de seu estado integrado ou *Prakriti* para fornecer um meio para a Mente funcionar.

Esta ideia é expressa muito claramente no conhecido *Shloka* de *Durgā-Saptashati* que ocorre no hino dirigido a *Durgā*, a representação simbólica do Poder Divino ativo.

Srishti sthiti vināshānām shaktibhute sanātani

Gunāshraye gunamaye Nārāyani namostu te.

'Vós sois aquele Eterno Poder Divino que cria, preserva e destrói (o Universo). Vós não só permeias os *Gunas* (durante a manifestação), mas também dais refúgio aos *Gunas* (durante o *pralaya*). Saudações a Vós Nārāyani'.

Na estrofe ou *Shloka* acima, *Durga* é chamado tanto de *Gunāshraye* quanto de *Gunamaye*. Como *Gunāshraye*, ela é *Shakti* na qual os *Gunas* se tornam *laya* ou latentes quando retornam à sua condição não manifesta. Como *Gunamaye*, Ela é a Realidade subjacente que permeia *Prakriti*, o estado manifestado dos *Gunas*. Esta visão de que *Chitta* e *Prakriti* são correlatas e aparecem e desaparecem simultaneamente é não apenas mais racional, como também está em harmonia com a doutrina Oculta relativa aos estágios de descida da Realidade Última na manifestação.

A *Prakriti* mostrada no quadro apresentado na página 376 é *Mulaprakriti* ou a raiz de *Prakriti*, pois tudo no reino do Não Manifestado é potencial, a fonte oculta e misteriosa dos Princípios correspondentes que se tornam ativos quando a manifestação ocorre. A filosofia Oculta reconhece diferentes tipos, ou melhor, níveis de *Prakriti*, e a *Prakriti* como é geralmente entendida, que funciona como um correlato de *Chitta* ou a mente, é a *Prakriti* inferior.

Ora, se *Prakriti* não é *Shakti*, então o que é? De acordo com a filosofia Sāmkhyan, nada mais é do que o estado integrado ou harmonizado dos três *Gunas*. Este estado é chamado *Sāmyāvasthā*, ou o estado de integração harmoniosa em que cada *Guna* está tão perfeitamente mesclado com os outros que nenhum deles é discernível. Também é chamado de *Dharmi* ou o estado integrado, que serve como fonte ou base de todos os *Dharmas* ou propriedades (aforismo III-14 do *Yoga-Sūtra*), do qual todas as propriedades ou *Dharmas* são derivadas ou podem aparecer quando necessário.

Como já vimos em tantos exemplos de integração e diferenciação, o estado integrado contém todos os possíveis estados diferenciados dessa categoria específica potencialmente, mas nenhum de fato. Como contém todos os estados diferenciados potencialmente, pode manifestar qualquer estado diferenciado se o estímulo apropriado lhe for aplicado, assim como a luz branca pode liberar de seu estado integrado qualquer luz colorida de acordo com as condições que estejam presentes para sua manifestação.

No caso de *Prakriti*, os estados diferenciados que este contém de forma integrada são a infinita variedade de propriedades que a mente em todos os estados de sutileza é capaz de perceber. Isto por si só mostra que *Prakriti* é bem diferente de *Shakti*, o Poder Divino consciente, e ao invés de ser *Shakti* em si, é o instrumento de *Shakti* para a manifestação de um Universo. É o meio através do qual o Poder Divino pode trazer à tona a infinita variedade de propriedades para a percepção das mentes das Mônadas que evoluem no Universo. É, portanto, a base do Universo em seu aspecto objetivo, pois a mente é a base do Universo em seu aspecto subjetivo. Isto é realmente o que se entende ao se dizer que *Chitta* e *Prakriti* são correlatos.

Aqui podemos fazer uma pequena pausa para lembrarmos a doutrina Oculta de que o Universo aparentemente tangível é essencialmente de natureza mental, e a percepção de um mundo fora pela mente é um fenômeno puramente mental, devido ao aparecimento na mente de diferentes combinações de propriedades que são por ela percebidas, e nos mundos inferiores são tomadas por um mundo material tangível fora da mente. É *Prakriti* ou Natureza em seu sentido mais amplo que de seu seio fornece a infinita variedade de propriedades, que em sua infinita variedade de combinações constitui as experiências pelas quais passa a mente no mundo por ela criado para seu desenvolvimento.

Somente depois de aclararmos nossas ideias a respeito desta questão fundamental relativa à natureza da percepção mental é que estamos em condições de ir mais longe na natureza dos *Gunas* que emergem do estado integrado de *Prakriti* e são percebidos pela mente, como propriedades. A concepção de que o mundo que percebemos é composto de nossas próprias ideias e é, portanto, de natureza puramente mental, não é nova nem é monopólio da filosofia Oculta. Há uma escola de pensamento mesmo na filosofia ocidental que considera o mundo que percebemos ao nosso redor como sendo de natureza puramente mental. Esta filosofia chamada de "idealista" baseia-se na análise da natureza de todos os objetos que constituem o mundo. Cada objeto é visto como nada mais que um feixe de propriedades, e é considerado desnecessário admitir a presença de um substrato físico para responder por essas propriedades. Não precisamos ir mais longe nesta ideia além de dizer que a doutrina Oculta relativa à natureza do mundo difere fundamentalmente desta filosofia, não só porque vai muito mais fundo no problema, mas também porque se baseia em experiências obtidas por experimentação e não apenas em especulações filosóficas.

Comecemos perguntando: "qual é a natureza dessas propriedades com a ajuda das quais conhecemos os objetos que nos rodeiam? "Essas propriedades são chamadas de *Dharmas* na psicologia do *Yoga* e sua natureza essencial é indicada pelo aforismo IV-13 do *Yoga-Sūtra.*

Te vyakta-sūkshmāh gunātmānah

Eles (*Dharmas* ou propriedades), manifestados ou não, são da natureza dos *Gunas.*

É nas inumeráveis combinações possíveis dos três Gunas primários que temos a base de todas as propriedades. Cada combinação dá origem a um conjunto particular de propriedades quando afeta a mente, e cada combinação de propriedades que representa um objeto pode ser responsável por uma combinação particular dos *Gunas.* Uma afirmação abrangente e enigmática que é verdadeiramente difícil de entender sem a ajuda das descobertas que foram feitas no campo da Ciência durante os últimos anos. Como doutrina da filosofia hindu e do Ocultismo, esta ideia foi passada a nós geração após geração por milhares de anos, mas somente agora o homem comum pode considerá-la pelo menos como uma doutrina plausível, senão racional, à luz das descobertas e teorias da Ciência moderna.

A natureza essencial dos Gunas é dada no aforismo II-18 do *Yoga-Sūtra.*

Prakāsha-kriyā-sthiti-shīlam bhutendriyātmakam

bhogāpavargārtham drshyam

O Visto (lado objetivo da manifestação) consiste de elementos (*Bhūtas*) e órgãos dos sentidos (*Indriyas*), tem por natureza a cognição, a atividade e a estabilidade (*Sattva*, *Rajas* e *Tamas*) e tem por propósito (proporcionar ao *Purusha*) experiência e Liberação.

Neste aforismo são dadas as duas triplicidades que definem em poucas palavras os aspectos funcionais e estruturais ou subjetivos e objetivos dos fenômenos mentais. O aspecto funcional ou subjetivo é sugerido na frase *Bhutendriyātmakam*, que significa em palavras simples que os fenômenos mentais são essencialmente da interação entre os *Indriyas* (os cinco órgãos dos sentidos) e os *Bhūtas* (os cinco agentes estimulantes da sensação). Como resultado desta interação no Plano Físico, é estabelecida a relação entre o perceptor e o percebido, e ocorre a percepção mental na forma mais baixa de sensação.

O aspecto estrutural ou objetivo é sugerido na frase *Prakāsha-kriyā-Sthiti-Shīlam*, que significa simplesmente que os três *Gunas* são, em sua natureza essencial, meramente diferentes combinações de vibração, atividade e estabilidade que estão na base dos *Bhūtas* e *Indriyas*.

A relação das duas triplicidades pode ser representada da seguinte forma:

Vidente	Visão	Visto
(Perceptor)	(Percepção)	Percebido
Tamas	*Sattva*	*Rajas*

O acima exposto mostrará a relação da percepção ou *Buddhi* com *Sattva* na qual se baseia a psicologia do *Yoga*.

De acordo com a psicologia do *Yoga*, o resultado da interação entre *Bhūtas* e *Indriyas* não é casual, mas regulado exatamente de acordo com as leis naturais que podem ser definidas e formuladas em termos matemáticos, porque na sua base estão estruturas ou combinações definidas dos três *Gunas*. Embora a interação ocorra no reino da chamada matéria e através da instrumentalidade de instrumentos aparentemente materiais, seu resultado é obviamente um fenômeno mental, ou seja, o aparecimento de sensações na mente do perceptor a quem pertencem os órgãos dos sentidos.

O ponto importante a ser observado ao considerarmos a questão, entretanto, é não apenas que o resultado da interação, ou seja, as imagens sensoriais que aparecem na mente, é mental, mas também que o aparato dos órgãos dos sentidos através dos quais a interação ocorre nos planos físicos, bem como os agentes estimulantes chamados *Bhūtas*, são todos essencialmente de caráter psíquico. Se, segundo a Ciência, a base do Universo físico não é matéria no sentido comum, mas radiação, não deveria, em princípio, haver dificuldade em aceitar a teoria do *Yoga*. Tudo o que sabemos com certeza é que existe movimento, e movimento puro sem base material só pode ser interpretado em termos mentais.

O Ocultismo não nega, portanto, a própria base deste mundo físico elaborado e complicado que consiste em átomos e moléculas e as vibrações que atuam entre eles. Ele só interpreta em termos mentais o que o cientista ortodoxo insiste em interpretar em termos materiais, mesmo que a matéria no sentido usual não exista. Como é possível esta interpretação mental de fenômenos aparentemente materiais sobre o princípio objeto-imagem foi discutido em outro lugar, e não precisamos discuti-lo novamente neste contexto. O mecanismo de interação entre os *Bhūtas* e os *Indriyas* que resulta na percepção mental de um mundo externo na mente será discutido em detalhes mais tarde nos dois capítulos sobre *Pancha Bhūtas* e *Indriyas*, e não precisa ser tratado aqui. Passemos, portanto, à consideração da outra triplicidade relacionada com o aspecto estrutural dos fenômenos mentais.

A triplicidade sugerida na frase *Prakāsha-kriyā-sthiti-shīlam* obviamente se refere aos três *Gunas* e define sua natureza essencial como a base estrutural das propriedades em termos científicos modernos. É realmente maravilhoso como os antigos Videntes ou *Rishis*, que podiam penetrar nas profundezas mais recônditas do Universo e nas realidades que são a sua base, foram capazes de perceber o essencial dos fenômenos e leis da Natureza, e separá-los da vasta massa de não essenciais em que estavam ocultos. A própria essência do que a física e a química foram capazes de descobrir com relação à natureza da assim chamada matéria através dos esforços de milhares de cientistas de ponta que trabalharam durante um século é dada nesta frase, definindo a natureza essencial da matéria apenas em termos de movimento puro e simples.

O significado interno desta frase foi discutido no Comentário sobre o aforismo II-18 do *Yoga-Sūtra* e o estudante pode lê-lo para esclarecer suas ideias sobre o assunto. Aqui, uma breve explanação da frase e seu significado oculto devem bastar.

Prakāsha, *Kriyā* e *Sthiti* são os equivalentes sânscritos de luz ou radiação (vibração na forma mais sutil), movimento (ou seja, movimento irregular em oposição à vibração que é o movimento harmônico sobre uma posição média) e estabilidade (ou seja, ausência de movimento), respectivamente. Aqueles que são estudantes de Ciências e têm alguma ideia das estruturas dos átomos e das moléculas, as unidades fundamentais de todos os tipos de matéria, verão que estas três palavras se referem aos três tipos de movimento possíveis (ausência de movimento ou não movimento é tomado como um destes três) e que entram na constituição de todas as coisas materiais. Temos tanto o movimento harmônico (movimento dos elétrons em órbitas elípticas no átomo também pode ser considerado harmônico de um ponto de vista mais amplo) como no caso das vibrações de luz e som. Ou temos um simples movimento irregular, como no caso de partículas de um gás ou objetos maiores feitos de agregados de átomos e moléculas e que são capazes de realizar trabalho no sentido científico. Ou por último, temos estabilidade ou ausência de movimento relativo, como no caso de estruturas moleculares ou corpos sólidos maiores que são agregados de átomos e moléculas. Todo o mundo físico em seu aspecto estrutural é, portanto, um jogo dos três tipos fundamentais de movimento. Estes entram na estrutura não apenas de átomos e moléculas de diferentes maneiras e determinam suas propriedades, mas também de objetos maiores que são agregados de átomos e moléculas e determinam seu comportamento e propriedades. A radiação que, segundo a física moderna é a base última da matéria (ver citação em *O Universo Misterioso*, de James Jeans), nada mais é do que puro movimento.

É importante lembrarmos que as propriedades de todos os átomos e moléculas dependem de suas estruturas e nada mais, de acordo com a Ciência, e essas estruturas na análise final não são nada mais do que combinações diferentes destes três tipos fundamentais de movimento. Para aqueles que não estão familiarizados com as pesquisas modernas no campo da Ciência, esta afirmação pode parecer muito abrangente e uma simplificação excessiva dos problemas envolvidos, mas uma visão mais próxima e imparcial dos fatos observados pela Ciência mostrará que a afirmação geral feita acima é fundamentalmente correta. As propriedades de todas as substâncias são determinadas unicamente por suas estruturas internas, e essas estruturas internas determinadas pelas combinações dos três tipos fundamentais de movimento e nada mais. Portanto, a afirmação feita no aforismo IV-13 de que os *Dharmas* ou propriedades são da natureza dos *Gunas* não só é fundamentalmente correta, mas contém uma das mais brilhantes generalizações científicas que poderíamos pensar. Mas a ciência ainda não conseguiu compreender o significado completo destes fatos que ela mesma descobriu, e assim esta generalização, que é essencialmente de natureza científica, permanece até agora meramente uma doutrina filosófica ou Oculta. Isto mostra a tremenda importância de uma abordagem integrada na descoberta da Verdade e a pouca sabedoria de manter a Ciência, a Filosofia e a Religião em compartimentos impermeáveis.

Vê-se pelo que foi dito acima que os *Gunas* têm seus aspectos objetivo e subjetivo. O aspecto objetivo tem a ver com a base constitucional de propriedades em diferentes formas e combinações de movimentos e constituições de partículas. O aspecto subjetivo tem a ver com a natureza das imagens mentais que aparecem na mente como resultado da estimulação por objetos externos.

Ver-se-á também que estes dois aspectos consistem em duas séries infinitas de causas e efeitos, relacionados a cada um deles. As permutações e combinações de movimentos e constituições (*Prakāsha*, *Kriyā* e *Sthiti*) fazem parte da série objetiva, e as propriedades correspondentes que são percebidas pela mente como efeitos de sua estimulação, constituem a série subjetiva A série objetiva consiste em um número infinito de combinações de movimentos e constituições. A série subjetiva, tal como o número infinito de cores produzidas a partir da luz branca, também é infinita e consiste no número infinito de propriedades que são percebidas pela mente.

Até agora lidamos apenas com os aspectos subjetivos (psicológicos) e objetivos (científicos) dos três *Gunas* primários. Na religião e filosofia hindu, a doutrina dos *Gunas* é aplicada a quase todas as esferas da vida. Isto não é surpreendente. Se os três *Gunas* estão na base do Universo manifestado, eles devem determinar até certo ponto a manifestação da vida em cada campo, bem como o comportamento das coisas pertencentes a diferentes categorias. Não podemos entrar nesta interessante questão aqui. Basta apontar àqueles que querem estudar este aspecto do assunto que, de modo geral, *Sattva* está relacionado à harmonia, liberdade, bem-aventurança, percepção; *Rajas* à atividade, paixão e energia e *Tamas* à inércia, passividade, vontade e estabilidade. Através de análise descobrir-se-á que estes diferentes tipos de expressões dos três *Gunas* em diferentes esferas da vida e dos fenômenos naturais têm raízes em sua natureza fundamental e distintiva, que, em termos científicos, depende do movimento harmônico, do movimento irregular e da ausência de movimento ou não movimento. Um estudo cuidadoso de todo o problema da aplicação da doutrina dos *Gunas* em diferentes esferas da vida à luz do que foi dito acima mostrará que as muitas declarações feitas sobre os *Gunas* em livros como a *Bhagavad-Gitā* são basicamente corretas e estão em harmonia com os fatos da Ciência.

Capítulo 25

A Doutrina dos Cinco *Bhūtas*, *Indriyas* e *Tanmātrās* – I

Já lidamos em *O Homem, Deus e o Universo* com o conceito dos *Tattvas* que são inerentes à Consciência e através de cuja mediação o Universo manifestado funciona de forma eficiente e harmoniosa ao longo de sua existência. Como foi assinalado no capítulo sobre o assunto, a palavra *Tattva*, como é usada na filosofia hindu, é de grande e sutil importância, embora seja difícil definir seu significado. Significa literalmente 'existente'. A qualidade essencial de uma coisa que a distingue de todas as outras coisas constitui sua "verdadeira natureza das coisas"[6], e assim a palavra *Tattva*, em seu sentido mais geral, representa a qualidade essencial corporificada numa coisa ou grupo de coisas que têm essa qualidade em comum. Ver-se-á, portanto, que um *Tattva* é realmente um princípio que é corporificado por inúmeras coisas que por esta razão adquirem uma semelhança de natureza de um certo tipo, embora em graus diferentes e se expressando de maneiras diferentes. Este princípio pode ser uma função e, neste caso, "essa verdadeira natureza das coisas" consistirá em que esse grupo de coisas tenha uma função comum na manifestação. Ver-se-á, portanto, que a conotação da palavra *Tattva* é muito sutil e difícil de definir. Mas o estudante deve ser capaz de ter pelo menos uma ideia geral do que implica a partir da discussão do conceito no capítulo que trata do assunto.

[6] No original em inglês: *thatness*. (Nota Ed. Bras.)

Embora os *Tattvas* sejam inumeráveis e indefiníveis, há um grupo de cinco *Tattvas* que são bem conhecidos e ocorrem com frequência na literatura do *Yoga* porque estão na base do mecanismo de percepção sensorial. Esses *Tattvas* são chamados de *Pancha Tattvas* ou 'os cinco *Tattvas*', mas são mais geralmente chamados de *Pancha Bhūtas*. A palavra *Bhūta* é outra palavra sânscrita com uma gama muito sutil e ampla de conotações, mas como seu significado coincide em parte com o de *Tattva*, as duas palavras são usadas quase como sinônimos neste contexto particular. Não precisamos discutir aqui em detalhes o conceito dos *Pancha Bhūtas* para o qual o estudante pode se referir ao comentário no aforismo III-45 em *A Ciência do Yoga*. Mas podemos considerar alguns aspectos desta importante doutrina que subjaz à teoria da percepção mental, do *Yoga*. Isto esclarecerá esta doutrina bastante abstrusa e pouco compreendida, e esclarecerá nossas ideias a respeito da psicologia do *Yoga*.

Não há dúvida de que a evolução das almas ou *Jīvātmās* é um dos principais, se não o único propósito da manifestação. Ora, como evolui um *Jīvātmā* envolto na matéria? Obviamente, através dos diferentes tipos de estímulos recebidos de seu ambiente em diferentes estágios de seu desenvolvimento. Para este fim, ele gradualmente desenvolve *Upādhis* ou veículos que servem como meio de comunicação entre o *Jīvātma* e seu ambiente. Os cinco *Bhūtas* desempenham papéis diferentes nesta interação entre o *Jīvātmā* e seu ambiente.

A luz permite que o *Jīvātmā* veja não apenas objetos em sua vizinhança imediata, e que também entre em contato com as extensões mais distante de seu vasto ambiente através da instrumentalidade de telescópios de alta potência. Mesmo galáxias a milhões de anos-luz de distância podem ser estudadas, porque a luz dessas galáxias está continuamente chegando até nós e as galáxias podem ser fotografadas por meio de câmeras sensíveis inventadas pela Ciência.

O som permite que o *Jīvātmā* entre em contato com seu ambiente imediato mesmo estando distante de uma maneira diferente. Ele nos permite perceber coisas que estão fora da vista e nos comunicarmos uns com os outros através da linguagem. Aqui também as invenções da Ciência moderna aumentaram enormemente o alcance deste tipo de percepção através de instrumentos como o rádio. Podemos ouvir clara e instantaneamente o que uma pessoa a milhares de quilômetros de distância está dizendo.

Os três *Bhūtas* restantes dando as sensações de tato, paladar e olfato têm um alcance de ação muito mais limitado, mas nos permitem perceber certas qualidades definidas nos objetos que constituem nosso ambiente. Ao afetar nosso nariz, língua e pele, eles nos tornam conscientes das qualidades relacionadas ao olfato, paladar e tato, e nos permitem distinguir entre os diferentes objetos em nosso ambiente. Assim, duas substâncias que parecem exatamente iguais aos olhos podem afetar nosso olfato ou paladar de uma maneira diferente e pode ser possível distingui-las desta maneira. A ciência tem desempenhado papel muito limitado no campo dessas sensações, e elas parecem ter um papel comparativamente menor na evolução de um *Jīvātmā*. Sua principal função na fase atual parece ser a de produzir prazer ou dor e assim incentivar ou evitar o contato com os objetos de nosso ambiente. O desejo de obter objetos que são agradáveis e evitar aqueles que são dolorosos fornece o principal incentivo para a ação nos estágios inferiores da evolução, e desse ponto de vista talvez não se possa realmente dizer que essas sensações desempenhem um papel secundário na evolução inicial da humanidade.

A doutrina dos *Pancha Bhūtas* que é a base da teoria do *Yoga* da sensação e da percepção mental esclarece o problema da interação entre a assim chamada matéria e a consciência. Como a consciência é afetada pela matéria que pertence a uma categoria totalmente diferente de coisas existentes? Vemos geralmente que duas coisas só afetam uma à outra quando se assemelham em natureza ou pertencem à mesma categoria. A moderna psicologia é silenciosa sobre esta questão e, seguindo o exemplo da Ciência, ignora convenientemente o que não consegue explicar.

O mecanismo da percepção sensorial em seu aspecto físico tem sido estudado pela Ciência com grande cuidado e precisão. As vibrações externas foram rastreadas até os órgãos dos sentidos. Descobriu-se quais mudanças são produzidas nos órgãos dos sentidos e como as correntes nervosas resultantes alcançam os centros correspondentes no cérebro. Isso é tudo. Como as correntes nervosas puramente físicas que chegam aos centros cerebrais produzem as imagens sensórias, que são de caráter mental, ninguém sabe, e o que é surpreendente é que ninguém se importa em saber. A distância entre a matéria e a consciência não foi transposta, e ninguém pensa sequer numa teórica explicação hipotética deste fenômeno peculiar que exige uma explicação. A forma como a mente científica moderna consegue se satisfazer com este tipo de conhecimento fragmentário e incoerente sem tentar preencher as amplas lacunas e integrá-lo num todo harmonioso é realmente surpreendente. Isto mostra a natureza puramente intelectual deste conhecimento com pouca iluminação de *Buddhi* que tenta ver todas as coisas como um todo e em sua perspectiva correta no todo.

Ora, segundo a doutrina dos *Pancha Bhūtas*, a assim chamada matéria e a energia que afetam nossos órgãos dos sentidos e produzem as imagens mentais sensoriais em nossa mente estão também associadas à consciência, e é essa consciência que pode ser considerada como a 'alma' da matéria que interage com a consciência do perceptor através dos *Indriyas*, ou instrumentos de percepção, e produz as imagens mentais. Todo o processo de cognição sensorial pode ser representado esquematicamente de uma maneira muito simples, como a seguir:

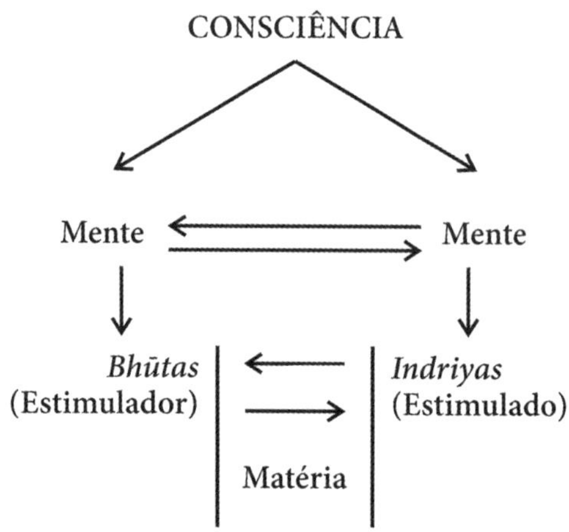

Externamente, vemos apenas as interações na matéria através das vibrações fornecidas pelos agentes de estimulação, e pelos órgãos dos sentidos que fornecem os instrumentos de estimulação. Mas, associada a ambos, a matéria que estimula através da vibração e os órgãos dos sentidos que recebem a estimulação, está a consciência ou sua modificação, a mente. Estamos pouco perceptivos da presença da consciência por trás dos órgãos dos sentidos, nem sabemos que por trás do estimulador existe também a consciência. É esta interação de consciência com consciência que reduz a distância entre matéria e mente, e provoca o enigmático ou misterioso surgimento das imagens mentais por meio de uma interação puramente material referida acima. Estamos flutuando num mar de consciência, por assim dizer, por um lado, e um mar da assim chamada matéria, por outro. A interação de matéria com matéria na junção onde a matéria estimula os órgãos dos sentidos é, portanto, também uma interação de mente com mente, ou num nível ainda mais profundo, de consciência com consciência.

Não é muito correto usar a frase "interação de consciência com consciência", pois duas coisas só podem interagir quando estão separadas e são diferentes, enquanto a consciência é a Realidade Integrada que mantém tudo no Universo dentro de si mesma. Quando a relação subjetiva-objetiva é estabelecida na consciência, e ocorre a divisão em duas correntes que são a base dos fenômenos subjetivos e objetivos, estamos realmente na esfera da mente. Mas nos níveis mais elevados da mente, a distinção entre mente e consciência torna-se tão sutil e tão difícil de entender que talvez seja permissível usar as palavras consciência e mente como sinônimas. Por exemplo, mencionamos com frequência a diferenciação secundária da Realidade Última que leva ao estabelecimento do relacionamento subjetivo-objetivo no nível mais elevado. Este aspecto da Realidade, que é a sede da Ideação Cósmica, é a raiz da Mente e tecnicamente é a Mente Divina no nível mais elevado. Mas essa mente é de natureza tão sutil que é mais sutil do que as expressões mais sutis do que possamos conceber como consciência no reino da manifestação. Não devemos esquecer que abaixo do Absoluto tudo é relativo, e um aspecto superior da mente pode ser mais sutil do que um aspecto inferior da consciência.

Antes de prosseguirmos e lidarmos com certos outros aspectos desta doutrina de *Bhūtas* e *Indriyas*, vamos dar uma olhada no diagrama a seguir que foi reproduzido de *A Ciência do Yoga* e que mostra a relação dos vários fatores que estão envolvidos no mecanismo de percepção dos sentidos de acordo com a doutrina acima mencionada.

Para uma explicação dos vários fatores que estão envolvidos no mecanismo dos órgãos de percepção e sua relação mútua, o estudante é remetido aos comentários relevantes em *A Ciência da Yoga*, especialmente aqueles sobre os aforismos III-45 e III-48. A partir de um estudo cuidadoso desses comentários, ele verá que a doutrina de *Bhutas* e *lndriyas* fornece um método muito simples e científico de classificar todos os fenômenos que são percebidos pela mente. Os cinco órgãos dos sentidos são chamados de *lndriyas*, e os cinco misteriosos agentes que com a mediação da matéria estimulam os órgãos dos sentidos e produzem os cinco tipos de sensações, são chamados de *Pancha Bhutas*.

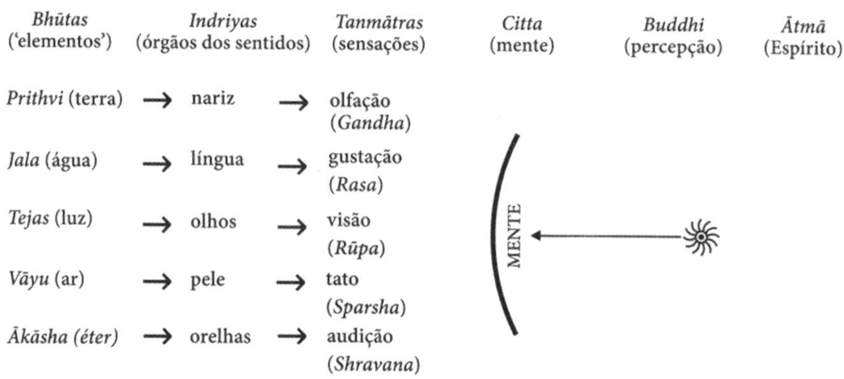

Mas não se deve imaginar que a concepção por trás da doutrina dos *Pancha Bhūtas* seja baseada meramente num método simples de classificação, por mais razoável que isso seja. Baseia-se verdadeiramente na doutrina muito mais profunda e fundamental de que por trás de todas as forças e processos naturais existe a Inteligência, e essa Inteligência não é nada mais que a expressão da Consciência Divina através de fenômenos naturais. Não é apenas que exista uma Inteligência que tudo permeia – fato que até a Ciência ortodoxa foi forçada a reconhecer – mas que as várias funções requeridas na manifestação de um Universo são realizadas através da mediação de hierarquias de Seres, cada uma das quais corporifica uma determinada função e a realiza através da instrumentalidade de um meio ou veículo. Segundo a doutrina Oculta, os *Pancha Bhūtas* ou os 'Cinco Elementos' pertencem essencialmente a esta hierarquia de Inteligências Cósmicas que desempenham papel muito fundamental na manifestação. A estimulação dos órgãos dos sentidos e a evocação de imagens mentais na mente dos seres vivos é apenas uma de suas funções menores realizadas num campo limitado, e nos planos inferiores do Sistema Solar. Os *Pancha Bhūtas*, portanto, têm raízes no mistério final da manifestação e desempenham um papel muito importante no mecanismo da manifestação em diferentes níveis. Portanto, não devemos esperar compreender sua natureza essencial, exceto de uma forma muito geral. Mas mesmo uma ideia tão geral será de grande ajuda na compreensão da natureza do Universo e do mecanismo que lhe é subjacente.

Outro fato importante que temos que observar a este respeito é o caráter composto dos *Bhūtas*. Eles parecem ter componentes diferentes em sua composição que correspondem ao corpo, à mente e à consciência. Como foi assinalado acima, quando a matéria física entra em contato com os órgãos físicos dos sentidos e, como resultado, uma imagem mental sensorial aparece na mente do perceptor, a verdadeira interação é de mente com mente, ou num nível ainda mais sutil no reino da consciência. Mas a interação é estimulada a partir de baixo, no reino da assim chamada matéria, e sem esse meio material a interação não pode ocorrer, assim como nenhuma comunicação mental entre dois indivíduos comuns pode ocorrer sem uma comunicação verbal no nível físico. É óbvio, portanto, que no nível inferior os *Bhūtas* pertencentes ao mecanismo objetivo são matéria ou estão incorporados na matéria, e em seu nível mais elevado têm raízes na consciência. Da mesma forma, tomando o mecanismo subjetivo da mente ou da consciência, os *Tanmātrās* ou sensações estão corporificados nos *Indriyas* materiais ou órgãos dos sentidos e, no nível mais elevados, têm raízes na consciência, como mostrado num diagrama anterior.

Este tipo de interação no nível da mente através da instrumentalidade dos mecanismos físicos não deve ser difícil de entender, porque vemos este tipo de fenômeno todos os dias quando nos comunicamos com os outros através da fala. Quando duas pessoas falam, os órgãos dos sentidos do orador e do ouvinte são materiais, e as vibrações sonoras também são materiais, mas é realmente a mente do orador que afeta a mente do ouvinte através dos mecanismos físicos. Da mesma maneira, os *Bhūtas* no nível mental afetam os *Indriyas* no nível mental através da matéria. O estimulador é o objeto da percepção, feito de matéria, tendo uma forma física e uma constituição química definidas ou emitindo certas vibrações definidas. O receptor é o órgão dos sentidos, novamente feito de matéria e com uma estrutura particular organizada. Mas esses instrumentos aparentemente materiais são meramente os agentes da mente em suas funções objetiva e subjetiva. O acima exposto deve deixar claro como as duas correntes de mente e matéria, uma a base dos fenômenos objetivos e a outra dos fenômenos subjetivos, interagem como mostrado no diagrama da página 394. O estudante também pode ler neste contexto os comentários sobre os aforismos III-45 e III-48 no *Yoga-Sūtra.*

A investigação clarividente da matéria que constitui os planos mais sutis que o físico mostrou a presença nesses planos de um tipo peculiar de matéria, que é diferente da matéria atômica e molecular presentes nesses planos. Essa matéria é chamada Essência Elemental e representa os três primeiros estágios da involução da consciência na manifestação, os reinos mineral, vegetal, animal e humano, sendo os quatro restantes do total de sete, os estágios através dos quais a consciência passa durante seu ciclo involutivo-evolutivo nos mundos inferiores de manifestação, como mostrado abaixo:

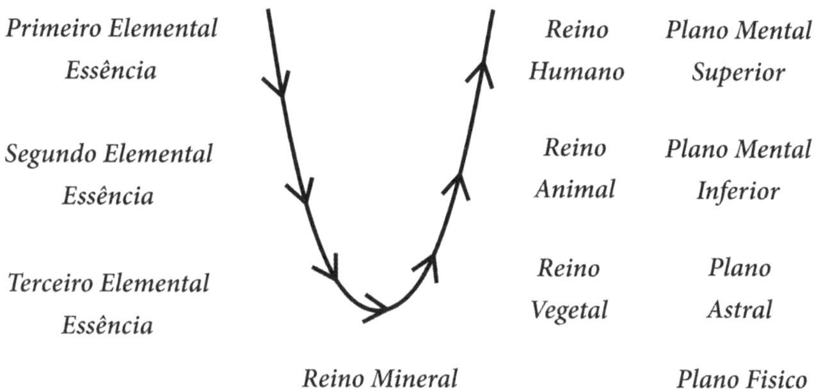

Essa Essência Elemental faz parte dos veículos de todos os seres vivos que evoluem nos mundos não espirituais inferiores, e é através de sua intermediação que a interação de moléculas e átomos no Plano Físico é capaz de produzir imagens sensoriais. Essa Essência Elemental é o elo perdido que explica a conversão da interação puramente material de átomos e moléculas em interação mental e na produção de imagens sensoriais. Podemos considerá-la como a 'alma' da assim chamada matéria física, a mente e a consciência rudimentares nesta 'alma' que afeta a mente e a consciência da entidade viva em cuja mente a sensação é despertada. Os próprios nomes Essência Elemental e os Cinco Elementos deveriam ter fornecido uma pista para o mistério da sensação, mas de alguma forma a implicação importante deste tipo peculiar de matéria suprafísica não foi percebido por aqueles que investigaram estes fenômenos. Suas mentes estavam ocupadas com as ideias sobre os Elementais, etc. e não conseguiram ver a função mais importante da Essência Elemental como uma ponte entre a matéria e a consciência.

O fato de que tanto o aspecto subjetivo quanto o objetivo do Universo manifestado têm raízes na consciência está indicado na simbologia de *Mahesha* ou o *Logos* manifestado. Ele é frequentemente simbolizado com cinco faces (*Pancha-Vaktram*) e três olhos (*Tri Netram*). As cinco faces do *Mahesha* de cinco faces simbolizam os *Pancha Bhūtas* ou *Pancha Tattvas*, como os nomes dados a estas faces mostram claramente. Os três olhos simbolizam o poder subjetivo da cognição ou percepção, os dois olhos comuns o da cognição instrumental, e o terceiro olho extraordinário no centro da testa o da cognição e ação não instrumental. Pois, quando a cognição instrumental e a ação são transcendidas nos níveis mais profundos da consciência, a cognição e a ação fundem-se numa função integrada. Obviamente, a diferenciação da função integrada em dois tipos diferentes de funções só pode ocorrer por meio de dois conjuntos diferentes de instrumentos – os cinco órgãos de ação e os cinco órgãos de sensação. Quando os instrumentos são transcendidos num estágio superior de evolução, as duas funções diferenciadas devem novamente ser integradas em uma função, sendo realizadas através de um único instrumento – o Ponto ou o *Mano-bindu*.

Esta verdade, buscada para ser representada na simbologia de *Mahesha*, é de profunda importância. Ela mostra não apenas que os aspectos subjetivo e objetivo do Universo têm raízes nos reinos mais elevados da Realidade (*Maheshvara-Maheshvarī Tattva*), mas também que o Universo objetivo que vemos ao nosso redor no nível mais baixo do Plano Físico também não é nada mais que uma expressão dessa Realidade. Estamos inclinados a associar a Realidade apenas à mente ou consciência subjetiva, e a considerar o Universo objetivo com suas formas ilusórias e fenômenos mutáveis como algo fora e diferente dessa Realidade. Mas do mais elevado ponto de vista espiritual, mesmo este Universo objetivo sempre em mudança não é nada além de uma expressão dessa Realidade de uma maneira diferente. *Mahesha* manifesta-se no Universo, por um lado, como o Perceptor – *Drishtā* – exercitando a percepção como Testemunha Eterna não apenas em seu aspecto macrocósmico, mas também através das inúmeras Mônadas nas quais Ele está consagrado. Por outro lado, Ele nos aparece como o Universo objetivo – o *Drishyam* através do qual as Mônadas estão evoluindo. Talvez não estejamos perceptivos deste fato, e talvez o achemos difícil de acreditar ou compreender até mesmo intelectualmente. Mas é a Verdade das verdades que está oculta em nosso coração, a ser descoberta por nós quando chegar a hora certa. Enquanto isso, tentemos ponderar sobre ela, intuí-la e vislumbrar sua profunda importância que é de tirar o fôlego, não apenas como uma doutrina da filosofia Oculta, mas como a verdade última de nossa própria existência, a qual estamos destinados a realizar um dia dentro dos recessos mais íntimos de nosso coração. Quando isso acontecer, este Universo objetivo externo também será transformado de um vasto fenômeno aterrorizante, na veste de nossa Amada, e dentro de suas dobras viveremos eternamente, livres do medo e da incerteza. É esta visão que finalmente nos liberta do *Samsāra*, a grande ilusão do mundo fenomenal.

A correlação de *Bhūtas*, *Indriyas* e *Tanmātrās* como aparece no gráfico da p. 399 requer alguma explicação, pois existem algumas discrepâncias aparentes que só podem ser explicadas aprofundando-nos nos processos que estão envolvidos na cognição sensorial.

A relação de *ākāsha* com o ouvido e a sensação de audição, e de *Tejas* com o olho e a sensação de visão é clara e razoável e não requer nenhuma explicação. Mas muitas pessoas acham difícil ver as relações entre *Prithvi*, *Jala* e *Vāyu* com *Gandha*, *Rasa* e *Sparsha* respectivamente; ou colocando em termos modernos, não conseguem ver como os estados sólido, líquido e gasoso da matéria estão relacionados com o olfato, o paladar e o tato respectivamente. Deve-se notar que, no caso da visão e da audição, o objeto não entra em contato direto com os órgãos dos sentidos correspondentes, mas através da mediação das vibrações. Mas, no caso do olfato, do paladar e do tato o contato direto com o órgão do sentido é necessário para produzir a sensação correspondente. Assim, para sentir o cheiro, as partículas da substância odorífera devem entrar em contato com a membrana mucosa do nariz. Para sentir o sabor, a substância em solução deve entrar em contato com as papilas gustativas. E para sentir se uma substância está quente ou se é fria, lisa ou áspera, ela deve tocar a pele. Há apenas uma exceção a esta última afirmação com relação ao funcionamento da pele e é que o calor radiante, tal como a luz, pode afetar a pele a distância. Isto se deve provavelmente ao fato de que a energia radiante tem um caráter duplo. É ao mesmo tempo corpuscular e vibracional, os dois caracteres intercambiando-se de acordo com o comprimento de onda. Os comprimentos de onda mais curtos no espectro de radiação afetam o olho, e os comprimentos de onda maiores afetam a pele. Isto não é surpreendente porque se supõe que o sentido da visão e, de fato, os sentidos do olfato, da audição e do paladar evoluíram também a partir do sentido do tato através do refinamento gradual e da especialização do sentido do tato de diferentes maneiras.

Voltando à questão das aparentes discrepâncias entre os *Bhūtas*, *Indriyas* e *Tanmātrās* mencionados acima, um exame mais detalhado dos mecanismos de reconhecimento dos sentidos revelará a relação natural entre o estado líquido e o sentido do paladar, pois é um fato científico que sem um meio líquido nenhum gosto pode ser sentido. A substância que produz o sabor deve entrar em contato com as papilas gustativas sob a forma de um líquido ou de uma solução.

A relação natural do estado líquido ou *Jala* com o sentido do paladar (*Rasa*) deixa apenas dois *Bhūtas* a serem relacionados com os *Tanmātrās* correspondentes, a saber, *Vāyu* (ar) com *Sparsha* (tato) e *Prithvi* (terra) com *Gandha* (olfato) e agora temos que considerar estas correlações.

Ora, qual é a qualidade essencial de *Vāyu* ou o estado gasoso? As partículas de um gás movem-se de forma aleatória em todas as direções, colidindo constantemente umas com as outras e produzindo fenômenos como pressão, temperatura, etc., quando entram em contato com um meio sólido ou líquido. Estas são as qualidades que são reconhecidas pela pele, o órgão do sentido do tato. Assim, é clara também a relação de *Vāyu* ou estado gasoso com o sentido do tato e seu órgão, a pele.

Isto nos deixa somente com o *Bhūta* chamado de *Prithvi*, que se reflete no estado sólido e que está relacionado com o sentido do olfato exercido através do nariz. Esta é a discrepância gritante que requer explicação, pois a maioria das pessoas não consegue ver nenhuma relação entre o estado sólido e o olfato. Vamos ver se a ciência nos pode fornecer os fatos necessários para justificar a relação acima de acordo com a doutrina Oculta de *Bhūtas*, *Indriyas* e *Tanmātrās*.

Qual é a característica essencial do mecanismo do olfato? O contato direto. No caso dos outros quatro *Bhūtas*, o objeto afeta o órgão do sentido a distância através de vibrações (luz, som) ou através de algum meio (sabor através de solução, tato através de bombardeio com partículas gasosas). Mas o *Bhūta* chamado de *Prithvi* afeta o órgão do sentido correspondente por contato direto. As partículas da substância devem entrar em contato direto com a membrana do nariz e se fixarem ou ficarem presas na membrana. Não há movimento nem da natureza da vibração nem através de um meio como numa solução (as soluções exercem pressão osmótica mostrando o movimento das partículas da substância dissolvida). Ora, a rigidez ou ausência de movimento livre das partículas constituintes é uma característica do estado sólido. Cada partícula num sólido permanece numa posição fixa e, mesmo que se mova, vibra dentro de uma faixa muito limitada com relação a uma posição média. Não há movimento *livre* como no caso de partículas de um gás ou partículas de uma substância presente num estado de solução. Portanto, a relação do estado sólido com o olfato é bastante natural e razoável do ponto de vista científico, e a discrepância será vista apenas como aparente, com base numa consideração superficial do fenômeno do olfato e do desconhecimento da natureza do estado sólido.

Capítulo 26

A Doutrina dos Cinco *Bhūtas*, *Indriyas* e *Tanmātrās* – II

Nos capítulos anteriores tratamos de certos aspectos dos três fatores envolvidos na cognição de um Universo externo e sua correlação mental. Neste capítulo trataremos de certos outros aspectos de *Bhūtas*, *Tanmātrās* e *lndriyas*, e examinaremos esta antiga doutrina Oculta à luz do conhecimento científico moderno. Isto não só servirá para esclarecer mais a doutrina Oculta, mas também mostrará como os antigos videntes eram capazes de compreender de forma geral o essencial das realidades mais recônditas da existência, embora não achassem que valesse a pena acumular conhecimentos detalhados a respeito deles. É por isso que quanto mais a Ciência se aprofunda nos mistérios da existência, tanto mais suas descobertas corroboram as doutrinas Ocultas formuladas pelos Videntes.

Numa ulterior consideração da natureza dos cinco *Bhūtas*, devemos notar que eles têm relação entre si e não são independentes, mas membros de uma série conectada na qual cada membro sucessivo é derivado de seu antecessor. A ordem de derivação é a seguinte:

ĀKĀSHA	*AGNI*	*VĀYU*	*JALA*	*PRITHVI*
(espaço)	(radiação)	(estado gasoso)	(estado líquido)	(estado sólido)

As traduções dadas acima são aproximações e não nos dão uma ideia correta e completa com relação à verdadeira natureza dos *Bhūtas*. Mas como elas mostram as relações mútuas dos *Bhūtas* em termos das modernas concepções da Ciência, elas são de grande valor para correlacionar a doutrina Oculta aos fatos da Ciência moderna e compreendê-la em termos da Ciência moderna.

Na derivação dos *Bhūtas* como mostrado acima, é interessante notar como a 'substância' primária *Ākāsha* é transformada, passo a passo, nos diferentes *Bhūtas* numa ordem definida. O substrato primário, *Ākāsha*, que é de caráter mental e por isso é chamado de *Chidākāsha* é transformado primeiro em radiação pelo aparecimento do movimento vibratório (*spanda*), e depois a diminuição progressiva do dinamismo da radiação resultante leva à formação dos três *Bhūtas* restantes correspondendo aos estados gasoso, líquido e sólido da matéria.

A derivação progressiva dos três últimos *Bhūtas* da série acima mencionada coincide notavelmente com a descrição que faz *Sir* James Jeans da matéria como "radiação engarrafada". A primeira etapa na diminuição do dinamismo é a formação dos elementos químicos de diferentes graus de complexidade. As partículas em movimento com vibrações eletromagnéticas que constituem a luz e viajam em linhas retas são transformadas em átomos pelo movimento linear sendo convertidas no movimento circular dos elétrons nos átomos, como mostrado abaixo:

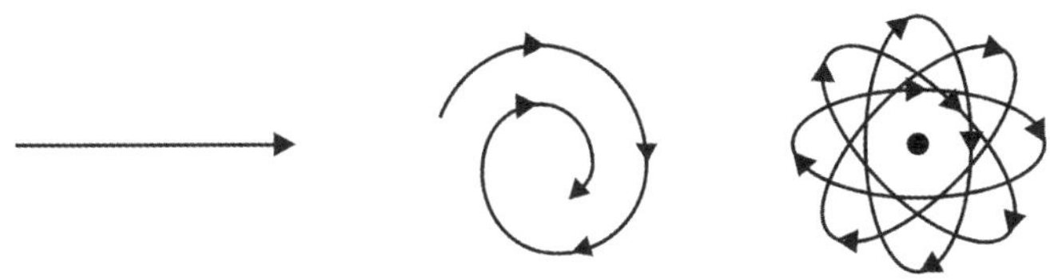

Transformação de movimento linear de elétrons em movimento circular.

No estado gasoso, o dinamismo ainda é suficiente para fazer com que as partículas do gás continuem se movendo e colidindo com outras partículas. O elétron foi ligado, mas a energia era originalmente tão grande que sobrou um resíduo dela para dar movimento às partículas gasosas. O dinamismo é reduzido ainda mais nas partículas de um líquido ou solução, e seu movimento torna-se muito mais restrito. No estado sólido, o movimento das partículas está no nível mais baixo de dinamismo e, na melhor das hipóteses, elas podem vibrar sobre uma posição média dentro de uma faixa muito limitada. Somente no zero absoluto a energia molecular das partículas desaparece completamente, e o movimento desaparece. Assim, os estados gasoso, líquido e sólido serão vistos como diferentes estágios na ligação e desaceleração da energia que conhecemos como luz ou radiação.

Na explicação do que foi dito no parágrafo anterior, pode-se salientar que, de acordo com as descobertas feitas no âmbito da física, o comportamento da luz é muito anômalo. Ela se comporta tanto como um movimento ondulatório quanto como um fluxo de partículas. E o que é ainda mais surpreendente, seu comportamento como ondas ou partículas depende das condições predominantes. Sua natureza como ondas pode ser suprimida quando ela se torna predominantemente corpuscular ou vice-versa. Para colocar a ideia em linguagem simples para os leigos, podemos dizer que a luz como radiação é capaz de ser transformada em partículas, e as partículas são capazes de ser transformadas em radiação pela mudança no conteúdo energético. O processo anterior pode ser responsável pela formação da chamada matéria a partir da radiação (radiação engarrafada). O processo inverso de liberação da energia radiante da matéria é um fenômeno bem conhecido hoje em dia, e sob a forma de bomba atômica se tornou um desafio para a civilização moderna.

Nossas modernas teorias sobre a estrutura atômica fornecem um quadro muito interessante desta transformação da energia radiante em matéria. De acordo com essas teorias, os átomos são em sua maioria uma massa de elétrons que giram em órbitas circulares ou elípticas em torno de um centro. Eles são mantidos juntos pela atração entre as cargas elétricas negativas sobre os elétrons e a carga positiva sobre o núcleo central. As propriedades características dos átomos de diferentes elementos são determinadas principalmente pelo número e disposição desses elétrons girando. Assim, vemos que, segundo a Ciência, a formação de matéria a partir da radiação é essencialmente o resultado de uma mudança na natureza do movimento da luz. Na radiação, a luz viaja em linhas retas. Em um átomo, a unidade fundamental da matéria, ela viaja em órbitas circulares. Parece que algum Poder Oculto pegou a luz comum e lhe deu um impulso que a envia girando em torno de um centro em órbitas circulares, como mostrado abaixo:

(1)

Movimento da luz comum como radiação em que é a um só tempo corpuscular e ondulatória.

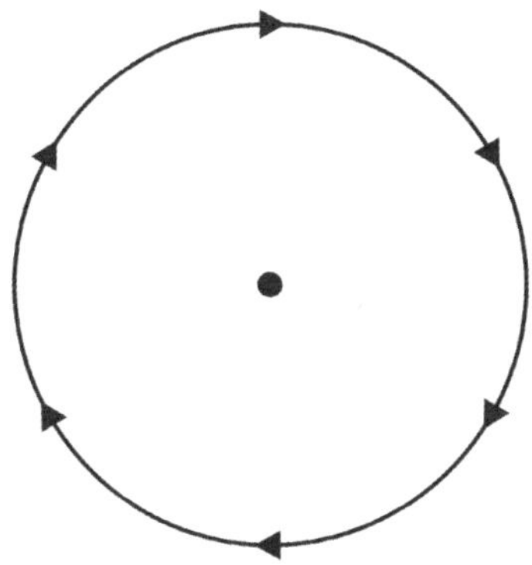

(2)

Movimento da mesma luz como um elétron dentro de um átomo.

No estado anterior (1) naturalmente o aspecto ondulatório é predominante, e o aspecto corpuscular é suprimido em grande parte, embora ainda presente. No último estado (2), o aspecto corpuscular sob a forma de um elétron torna-se predominante e o aspecto ondulatório é suprimido em grande parte, embora ainda presente.

É verdade que o mistério da estrutura atômica ainda não foi totalmente desvendado. Há muita incerteza e desconhecimento com relação à natureza do núcleo no qual se concentra a massa do átomo com sua carga positiva. É provável que este mistério do núcleo se mantenha porque está ligado à estrutura das partículas pertencentes aos planos mais sutis que o físico. Mas o conhecimento definitivo que foi adquirido com relação à estrutura externa dos átomos físicos, consistindo em elétrons giratórios em várias carapaças eletrônicas, é suficiente para fornecer uma pista para o mistério da transformação da luz, ou radiação, em matéria, e para corroborar em grande parte a doutrina

Oculta relativa ao mecanismo de manifestação através da mediação dos *Pancha Bhūtas*.

Como a transformação da radiação em matéria em estado gasoso, líquido e sólido é o resultado da diminuição progressiva da energia do movimento, é natural esperar que a primeira etapa do "engarrafamento da radiação" ou da condensação da luz em matéria seja a formação do estado gasoso que é o veículo de *Vāyu Tattva*. Pois, de todos os três estados – gasoso, líquido e sólido – o gasoso é o mais dinâmico, e as partículas de um gás têm maior liberdade de movimento.

Uma diminuição adicional na energia das partículas resulta no surgimento do estado líquido que é o veículo do *Jala Tattva*. A completa liberdade de movimento presente no estado gasoso é perdida, e as partículas ficam confinadas dentro de um volume definido ocupado pelo líquido. No entanto, elas ainda estão livres para se mover dentro daquela esfera restrita, e as mais dinâmicas entre elas, que se encontram na superfície, estão livres para sair do volume confinado do líquido e assumir a liberdade do estado gasoso.

O último passo resultante da diminuição da energia das partículas é a transformação do estado líquido em sólido, que é o veículo do *Prithvi Tattva*. Aqui a liberdade de movimento limitada dentro do volume do líquido também é perdida. Cada partícula em grande parte tem seu próprio lugar fixo e qualquer movimento está confinado a uma vibração sobre uma posição média. Também perde em grande medida sua capacidade de deixar a superfície limitada, a menos que uma força externa seja aplicada. Ao aplicar energia a um sistema, seu dinamismo pode ser aumentado e mudanças de estado podem ser produzidas. É por isso que, através do aquecimento, um sólido pode ser transformado em líquido e um líquido em gás.

Os parágrafos acima dão uma ideia geral dos estados da matéria para mostrar como eles correspondem à concepção dos cinco *Bhūtas* ou *Tattvas*. Mas o estudante deve observar que a linha de demarcação entre esses estados da matéria não é definida com precisão, e o comportamento das partículas não segue rigidamente os padrões gerais indicados acima. Mas da breve discussão pode-se ao menos ver como a partir de uma substância básica, *Ākāsha* (*Chidākāsha*), o movimento pode produzir luz ou radiação, e a luz por alterações produzidas na natureza e intensidade do movimento, pode produzir os três estados bem conhecidos de matéria. Os fatos científicos relativos aos três estados de matéria não apenas esclarecem a doutrina dos *Pancha Bhūtas*, mas também a corroboram em certa medida.

Pelo exposto acima o estudante também verá que todos os cinco *Bhūtas* não são da mesma natureza, até onde podemos ver pela natureza dos veículos através dos quais eles funcionam.

Os três últimos – *Vāyu*, *Jala* e *Prithvi* – devem ser do mesmo tipo, mais ou menos, diferindo um do outro apenas no grau de dinamismo e liberdade de movimento das partículas que servem como seus veículos na forma bruta. Neles o movimento está presente principalmente como um movimento de elétrons em órbitas circulares dentro do átomo e, em parte, como movimento molecular. Mas *Ākāsha* e *Tejas* são bastante diferentes deles e parecem pertencer a duas categorias totalmente diferentes.

Ākāsha é "matéria" indiferenciada, ou melhor, o material mental a partir do qual a matéria é feita, ainda não galvanizada pelo movimento, mas contendo energia infinita de movimento em forma potencial. É o meio básico, o ponto de partida para o desenvolvimento dos mundos inferiores. A primeira ação da vontade divina sobre este meio básico é lançá-lo em agitação ou vibração harmônica, *Spanda*, liberando parcialmente a energia potencial que nele está presente. Isto produz radiação ou luz que antes era considerada como ondas eletromagnéticas em um meio hipotético chamado éter. Experiências rigorosas, entretanto, não revelaram a presença do éter como meio para a transmissão de ondas de luz, e a ideia da existência de qualquer éter físico foi praticamente abandonada.

O Ocultismo fornece em parte a pista para este dilema da Ciência. Os físicos tentaram descobrir o 'éter' por meios físicos e naturalmente não conseguiram encontrá-lo porque ele não é material no sentido comum. É de natureza mental e, portanto, chamado de *Chidākāsha* (espaço mental). Estando acima dos estados materiais, não pode ser afetado ou descoberto por meios físicos. Assim, os físicos tiveram que concluir que não havia éter como anteriormente se supunha, e que a luz existia e viajava no espaço vazio. Segundo o Ocultismo, existe um meio básico chamado *Ākāsha*, mas é de natureza mental, o material em que a mente trabalha. A luz é vibração neste meio e é chamada de radiação em sua forma geral. É a condensação desta radiação que resulta na formação dos estados gasoso, líquido e sólido, como assinalado nos parágrafos anteriores.

A existência dos "éteres" nos subplanos mais sutis do Plano Físico que foram descobertos pela investigação Oculta não contradiz a ideia acima. Significa apenas que a luz passa por alguns estados intermediários de dinamismo decrescente antes de atingir o estado gasoso. A matéria nesses estados é o veículo de *Prāna*, ou vitalidade, e constitui um veículo quase independente chamado *Prānamaya-kosha* ou o 'duplo etérico'. Este veículo trabalha associado ao corpo físico denso, ou *Sthūla-sharīra* e, embora seja invisível, regula e coordena suas diferentes atividades. É este fato que explica a aparente discrepância onde *Vāyu* é mostrado como estando ao lado de *Ākāsha* na série de derivação. *Prānas,* que são matéria dos níveis 'etéricos', são chamados de *Vāyus*, e como não são revelados pela luz comum, *Vāyu* é mostrado como precedendo *Tejas* na série de derivação.

É preciso notar que existe também um *Mahākāsha*, a forma mais sutil e definitiva de espaço, que tem para com os diferentes graus de espaços mentais o mesmo tipo de relação que a consciência pura tem para com os diferentes níveis da mente. Pode ser considerado como a forma integrada de espaço no qual todos os tipos de espaços mentais existentes em diferentes planos de manifestação são derivados por diferenciação. Este *Mahākāsha*, é razoável supor, é aquele espaço último ou Vazio que é referido como o recipiente da Realidade Suprema n'*A Doutrina Secreta*, e no qual todos os opostos, princípios, etc., permanecem num estado perfeitamente harmonizado.

Tejas com seu veículo, ou seja, a radiação, é, consequentemente, o primeiro produto da ação da Vontade Divina sobre o meio básico, o espaço, e isto nos faz lembrar de afirmações místicas como 'Deus disse "Faça-se a Luz" e fez-se Luz'. Vê-se, portanto, que a Luz ou sua forma mais geral de radiação é um fenômeno muito peculiar. É a expressão da Vontade Divina como movimento primário na mente. A ação desta Vontade converte o indiferenciado substrato homogêneo e tranquilo *Ākāsha* num meio pulsante com movimento sob a forma de luz ou radiação. Desta radiação que pode ser considerada como um aspecto de *Nāda*, derivam os três *Bhūtas* restantes e seus veículos, os estados gasoso, líquido e sólido, por um processo progressivo de condensação, como descrito anteriormente. Estes três que representam meros estágios nesta condensação progressiva, e não quaisquer transformações fundamentalmente diferentes, estão, portanto, mais estreitamente relacionados entre si do que com os dois primeiros.

Foi salientado em um capítulo anterior que os três sentidos – tato, paladar e olfato – parecem estar comparativamente menos desenvolvidos do que os outros dois – visão e audição. É interessante notar que esta distinção entre os dois grupos de sentidos é igualada pela distinção no método de desenvolvimento ou derivação do *Bhūta* correspondente. Se esta diferença se deve ao fato de que os três primeiros sentidos ainda não estão desenvolvidos e atingirão um grau muito maior de perfeição no futuro, ou se deve à natureza comparativamente mais grosseira dos *Bhūtas* ou *Indriyas* correspondentes que são incapazes de desenvolvimento e refinamento, é uma questão para a qual se deve buscar uma resposta no Plano Divino para a nossa humanidade.

Deve-se notar que *Bhūtas* e *Indriyas* apenas fornecem o mecanismo para a atividade da mente atuando no princípio subjetivo-objetivo sobre os planos inferiores da manifestação. Eles têm o objetivo de fazer florescer em última instância o poder da percepção não instrumental e da ação da consciência através do método inicial, mais rude, da percepção instrumental e da ação. Assim, eles devem ser considerados meramente como um dispositivo temporário no longo e ilimitado desdobramento da consciência a partir de baixo. Quando os poderes da Consciência Superior tiverem adequadamente desabrochado e ela puder funcionar independentemente do mecanismo inferior baseado nos *Bhūtas* e *Indriyas*, este mecanismo torna-se redundante e é substituído pela percepção e ação não instrumental, como sugerido no *Yoga-Sūtra*. Ele ainda pode continuar a ser usado por conveniência em certos assuntos, mas não é absolutamente necessário.

Este é um fenômeno geral observado no processo de evolução de corpo e mente e no desabrochar da consciência. Nos estágios iniciais, um mecanismo é lenta e laboriosamente construído para estimular uma faculdade potencial mental ou espiritual em ação, e quando a faculdade potencial se tornou ativa e atingiu um estágio adequadamente desenvolvido, o mecanismo inferior torna-se mais ou menos redundante e, ou desaparece por atrofia gradual, ou continua a servir a uma função menor no organismo.

A criação dos cinco *Jñānendriyas* e sua estimulação pelos cinco *Bhūtas* é, portanto, meramente um estágio, um estágio inicial no desabrochar ilimitado da consciência através da mente. A mente, por assim dizer, coloca cinco tentáculos nos mundos inferiores nos estágios iniciais, mas quando se tiver desenvolvido suficientemente, não precisará usar esses tentáculos ou dispositivos acessórios. Esta é a doutrina do *Yoga* no que diz respeito à função dos órgãos dos sentidos. Eles são meramente instrumentos subsidiários da mente, necessários ao seu funcionamento e desenvolvimento nos estágios iniciais e a serem descartados em última instância quando seu propósito tiver sido alcançado. Na perspectiva mais longa do processo evolutivo, mesmo a personalidade e a individualidade devem ser consideradas como meros mecanismos que são usados nos estágios iniciais do desdobramento e da expansão ilimitados da consciência.

Após lidarmos com a natureza geral e as funções de *Bhūtas* e *Indriyas*, vamos refletir um pouco sobre os mecanismos através dos quais eles operam e interagem. É preciso que tenhamos ideias claras, mesmo que gerais, com relação a estas coisas e não permitamos que nossa mente permaneça satisfeita com ideias vagas e conhecimento fragmentário. Qualquer pessoa que queira atuar eficientemente através da mediação de qualquer instrumento, deve conhecer a fundo o funcionamento desse instrumento. Pode-se contestar que a grande maioria das pessoas no mundo que estão usando a mente de modo eficiente para diferentes propósitos não sabem praticamente nada sobre este mecanismo através do qual atuam nos planos inferiores. Mas elas não são aspirantes. Elas não aspiram ir além da mente e se elevar acima de suas limitações e ilusões. Elas não querem explorar os recessos mais profundos da mente e encontrar aquela Realidade que está oculta atrás da mente e que é o poder iluminador por trás da mente. Elas não pretendem se tornar iogues e praticar as técnicas do *Yoga* para alcançar este objetivo.

Se alguém é um buscador da Verdade e quer entrar na senda do Ocultismo prático, ele deve conhecer estas coisas adequadamente. Antes de poder conhecer a si mesmo, ele deve conhecer sua mente e aprender a controlá-la e transcendê-la. O homem comum não precisa saber nada sobre seu corpo físico para poder viver. Ele será capaz de digerir sua comida, respirar e atuar através de seu corpo sem nenhum conhecimento deste tipo. Mas para se tornar um cirurgião, ele precisa ter conhecimento completo da anatomia do corpo e ser capaz de manipular os vários processos fisiológicos do mesmo de forma eficiente.

A primeira coisa importante que devemos saber sobre o homem é que ele é realmente um ser mental com um núcleo espiritual de infinitas possibilidades. É por isso que ele é chamado de *Mānas* em sânscrito, que significa uma entidade mental. Toda a parafernália dos três planos mais baixos associados ao homem serve apenas para permitir que ele funcione em sua mente, e é realmente uma parte desse mecanismo que torna possível a interação de *Bhūtas* e *Indriyas*. Mesmo quando aparentemente estamos funcionando em nosso corpo físico ou astral, estamos realmente funcionando em nossa mente, e as imagens mentais que se formam em nossa mente são meramente refletidas em nosso cérebro físico ou em sua contraparte astral e produzem a impressão ilusória de que estamos funcionando através do veículo físico ou astral.

Não deve ser difícil constatar este fato um tanto sutil, mas óbvio, se lembrarmos que o Plano Físico, mesmo segundo a Ciência, não é nada além de um mar de átomos, moléculas e vibrações atuando entre si. Não conseguimos encontrar sequer um traço de nada ligado à mente no Plano Físico, e é por isso que para aqueles que insistem em investigar a natureza do homem apenas por métodos puramente físicos, o homem permanecerá sempre desconhecido. Procurar o homem real no Plano Físico é como procurar em uma sala escura por um gato preto que não está lá. Vamos refletir sobre estes fatos a fim de percebermos seu verdadeiro significado antes de prosseguirmos.

Se o homem não está nos Planos Físico e Astral, então que função desempenham estes mundos físico e astral em sua vida? Eles simplesmente fornecem o mecanismo para despertar imagens mentais em sua mente pela interação da matéria do mundo externo com os órgãos dos sentidos em seus corpos físico e astral, como já foi explicado anteriormente. Essas imagens mentais que estão realmente presentes na mente são refletidas no cérebro físico e astral e produzem a impressão ilusória como se estivéssemos funcionando no Plano Físico. De fato, a mente está funcionando apenas no Plano Mental, mas o reflexo dessas imagens mentais no cérebro dá a impressão de que é o cérebro que é a sede do sentimento e do pensamento. Na morte do corpo físico enquanto parecemos viver no Plano Astral, ainda estamos vivendo em nossa mente, mas o estímulo agora vem do Plano Astral e as imagens que agora são despertadas na mente são refletidas no cérebro astral, dando assim a impressão de viver no Plano Astral.

Ver-se-á, portanto, que os cérebros físico e astral desempenham uma dupla função. Eles estimulam as imagens mentais na mente a partir de baixo, através da instrumentalidade de todo o corpo com seus órgãos sensoriais, e espelham simultaneamente essas imagens mentais no cérebro físico através do corpo astral. Essas imagens mentais no cérebro físico são projetadas para fora pelo processo de *Vikshepa*, como explicado em outro lugar. Consequentemente estamos lidando com a sensação com um processo duplo, um direcionado para o interior da mente, o outro direcionado para fora pela mesma via a partir da mente.

O que foi dito acima mostrará por que *Samādhi* sempre começa com a mente inferior e tem a ver com seu controle, esvaziamento e transcendência. Nosso estado mais baixo de existência real está no nível da mente inferior concreta, e nossa vida nos Planos Físico e Astral é meramente um reflexo e expressão de nossa vida mental.

Também poderemos ver pelo que foi dito acima que o mero psiquismo, a capacidade de funcionar nos Planos Astral e Mental inferior através das faculdades dos veículos correspondentes é bem diferente do treinamento e das realizações do *Yoga*. O exercício das faculdades psíquicas comuns significa que ainda estamos funcionando no reino da mente inferior. Se estamos lidando com as imagens mentais nos Planos Astral ou Mental inferior ou no Plano Físico não faz muita diferença no que diz respeito às ilusões e limitações que são inerentes aos mundos da mente inferior. Somente quando conseguimos nos elevar acima do reino da mente inferior e entrar em contato com os mundos espirituais é que começamos a transcender as ilusões e limitações dos mundos inferiores. Um médium que pode funcionar nos Planos Astral ou Mental inferior não é, portanto, necessariamente mais sábio ou mais espiritual do que aquele que pode funcionar apenas no Plano Físico, embora seu horizonte mental seja ampliado até certo ponto e ele possa estar de posse de alguns poderes e faculdades adicionais do tipo inferior. Mas todos eles estão confinados ao reino da mente inferior.

Já estivemos a lidar de forma geral com a natureza do mecanismo através da instrumentalidade do qual imagens sensoriais são despertadas na mente. Vamos agora olhar um pouco mais de perto para a natureza deste mecanismo. Já foi salientado que os elementos essenciais deste mecanismo são os *Bhūtas* e os *lndriyas*. Ambos são físicos em seu nível mais baixo. Os *Bhūtas* atuam através da mediação da matéria física e afetam os *Indriyas* físicos, seja através das vibrações que emanam da matéria, seja através do movimento de partículas que atingem o órgão do sentido, seja através do efeito da constituição especial das moléculas e átomos que entram em contato com os órgãos dos sentidos. Assim, um objeto pode estar muito quente e enviando vibrações eletromagnéticas que afetam o olho. Pode estar vibrando e produzindo ondas sonoras que afetam o ouvido. Suas moléculas podem estar se movendo com grande velocidade, golpeando a pele e produzindo a sensação de calor. Ou as moléculas da substância podem ter uma constituição particular que produzam, ao entrar em contato com o paladar ou a membrana mucosa do nariz, a sensação de gosto ou cheiro correspondente.

O importante a observar com relação a estas interações entre a assim chamada matéria e os órgãos dos sentidos é que a resposta dos órgãos dos sentidos não é aleatória, estando matematicamente relacionada à natureza do estimulador. Assim, a luz de um determinado comprimento de onda sempre produz a sensação de uma determinada cor quando atinge a retina. O som de um determinado comprimento de onda produz a sensação de uma determinada nota quando atinge o tímpano. As moléculas de uma substância química com uma constituição particular sempre despertam um gosto ou cheiro particular. Se um líquido contém íons de hidrogênio em quantidade suficiente, ele deve produzir o sabor que associamos aos ácidos.

São estas correlações matemáticas de objetos no mundo externo e as sensações que eles despertam na mente que explicam (1) a uniformidade das experiências sensoriais de todos os indivíduos sob as mesmas condições, (2) a invariabilidade das leis naturais. É esta relação invariável entre sensação e estímulo externo que fez muitos cientistas suporem que a mente é realmente um produto da matéria ou, pelo menos, depende da matéria. Mas a verdadeira razão para esta relação invariável segundo o Ocultismo é totalmente diferente. Ela está no fato de que tanto os *Bhūtas* que estimulam a sensação através da mediação da matéria, quanto os *Indriyas* que recebem o estímulo através do órgão do sentido, têm raízes na Mente Universal, estão relacionados à Mente Universal e são meramente os instrumentos da Mente Universal para produzirem sensações. A produção dessas sensações por interação mútua fornece a matéria-prima para o desenvolvimento inicial da mente dos *Jīvātmās* individuais que estão envolvidos na manifestação nos planos inferiores. A Mente Universal em si é uma expressão dessa Realidade Última na qual todas as coisas não só estão harmoniosamente relacionadas, mas devem existir em relação matemática a partir da própria natureza dessa Realidade.

Este fato fica bastante claro pelos dois aforismos sobre os cinco estados de *Bhūtas* e *lndriyas* no *Yoga-Sūtra* (III-45 e III-48). No caso de ambos, *Bhūtas* e *lndriyas*, seu estado mais sutil ou ponto de partida é chamado de *Arthavattva* ou função. Este é obviamente um arquétipo ou uma ideia na Mente Universal, definindo a finalidade ou função de cada forma de matéria e vibração, por um lado, e a finalidade ou função dos órgãos dos sentidos, por outro.

Podemos nos imaginar considerando este assunto nos recessos da Mente Universal, assim como quando consultamos tabelas em um livro de dados técnicos e lá encontramos todas estas relações dadas em sua plenitude e variedade infinita. São essas funções de *Bhūtas* e *lndriyas* existentes na Mente Universal que, quando projetadas para baixo no reino da matéria, trazem as relações invariáveis existentes entre matéria e mente e fazem com que um estado particular da matéria produza uma sensação particular na mente de um indivíduo. É por isso que os produtos da interação de *Bhūtas* e *Indriyas*, ou sensações, são chamados de *Tanmātrās* que literalmente significa "Medida DAQUILO". Ou seja, são os produtos das funções existentes na Mente Universal matematicamente relacionados. É sua fonte NAQUILO, a Realidade Única, que explica a natureza imutável das leis do Plano Físico. A Natureza, tal como concebida pela Ciência, não é mais que uma expressão no Plano Físico da Mente Universal ou Divina com sua infinita variedade de funções, arquétipos, leis, etc., que são necessárias no funcionamento da maquinaria de um sistema manifestado. O mecanismo dos *Bhūtas* e *Indriyas* é uma parte desta maquinaria cujo projeto está presente na Mente Universal. Os dois aforismos mencionados acima também dão uma dica com relação aos quatro estágios restantes da descida de *Bhūtas* e *lndriyas* da Mente Universal em nível de matéria física bruta na qual ocorre a interação de *Bhūtas* e *Indriyas* para despertar a sensação, como mostrado anteriormente. Um estudo cuidadoso destes dois aforismos esclarecerá outro aspecto dos *Bhūtas* e *lndriyas*, e mostrará como o homem pode elevar-se acima de seus reinos para o reino do Espírito.

Capítulo 27

O Que é a Vida?

A palavra vida é geralmente usada num sentido muito amplo e indefinido. Assim como usamos a palavra mente para uma muito extensa gama de fenômenos associados à consciência, também usamos a palavra vida para indicar uma grande variedade de processos e expressões naturais, alguns dos quais não têm quase nada em comum. Alguns dizem que a consciência é um produto da vida e da matéria, outros que é a capacidade de um organismo mostrar características tais como crescimento, decadência, etc. Tudo isso mostra a falta de clareza de pensamento e a necessidade de esclarecermos nossas ideias sobre o assunto.

Pode haver alguma desculpa para esta confusão de pensamento no caso do biólogo que estuda fenômenos da vida num campo muito restrito, muito superficialmente, e desconhece a natureza de um grande número de forças das quais a vida num organismo físico é a expressão mais externa. Mas não pode haver justificativa para esta incerteza e falta de pensamento claro para o estudante de Ocultismo que tem à sua disposição algum conhecimento dos diferentes tipos de forças que atuam sobre o organismo e os diferentes estados de Realidade que estão ocultos sob a expressão física mais externa. Tentemos, portanto, compreender e, se possível, responder à pergunta: "O que é a vida?" à luz deste conhecimento mais amplo e profundo sobre a natureza do Universo. Mas deve-se entender que estamos tratando aqui da vida no sentido em que um biólogo usa a palavra, e não no sentido mais geral em que denotamos por esta palavra o modo de existência de um indivíduo ou os acontecimentos de sua vida.

Ao considerarmos esta questão, será preciso recordarmos muito brevemente algumas das doutrinas fundamentais da Sabedoria Eterna a respeito da natureza essencial do Universo manifestado. Jamais poderemos ter uma visão correta sobre alguma coisa a menos que conheçamos o todo do qual ela é uma parte, e também saibamos onde e como essa parte em particular se encaixa no todo. Como a vida é apenas um aspecto do fenômeno total ao qual nos referimos como o Universo, é preciso primeiramente lembrarmos a Realidade da qual ela é uma manifestação parcial.

De acordo com a doutrina Oculta existe apenas uma Realidade Última, e as diferentes realidades da existência como consciência, mente, matéria e vida são derivadas dessa Realidade. A relação destas diferentes derivações umas com as outras e a maneira como elas são derivadas e formam uma cadeia, por assim dizer, foi discutida em outras partes. Aqui, bastaria lembrar de maneira geral que o Universo objetivo e a percepção subjetiva desse Universo, ou matéria e consciência, são duas expressões polares opostas dessa Realidade única, e a percepção é apenas uma relação, unindo as duas. As três são realmente três expressões diferentes de uma mesma Realidade. A Ciência Física pode fornecer-nos uma excelente ilustração de como uma coisa pode funcionar de três maneiras, desta forma. Vejamos o caso da luz que ilumina um objeto físico. Qual é a natureza do iluminador? A luz. Qual é a natureza do objeto físico de acordo com a física moderna? Luz engarrafada ou radiação. E, claro, a iluminação do objeto pela fonte de luz é a própria essência do fenômeno luminoso.

Outra doutrina fundamental do Ocultismo é que Consciência e Matéria são dois opostos polares, e a manifestação nada mais é do que uma interação destes dois. Estes opostos polares são chamados de *Purusha* e *Prakriti* na filosofia Samkhyan e podem ser considerados como as realidades subjetiva e objetivas do Universo de uma maneira geral. Como geralmente encontramos a vida presente num veículo organizado que é um terreno de encontro de consciência e matéria, a natureza da vida deve ser procurada nesta interação de consciência e matéria. Mas não basta dizer de uma maneira geral que a vida é um produto da interação de consciência e matéria. Temos que nos aprofundar no assunto e examiná-lo com mais detalhes. Pois existem outros produtos desta interação e temos que ver como eles estão relacionados entre si. A mente é obviamente um produto muito importante desta interação de consciência e matéria que está presente sob a forma de um veículo organizado. Pois vemos que quando a consciência entra em contato com um veículo que é vivo, um mundo mental surge no campo da consciência.

As relações destes dois produtos primários da interação de consciência e matéria, os dois opostos polares em manifestação, podem ser amplamente representadas como mostrado abaixo:

Podemos ver pelo diagrama que a linha AB é a fronteira entre os domínios da consciência e da matéria e onde ambas são afetadas.

As mudanças produzidas na consciência como resultado desta aproximação e interação são os fenômenos que associamos à consciência. São mudanças na consciência e, portanto, são da natureza da consciência. Os produtos destas mudanças têm as qualidades da consciência, especialmente a de seu papel subjetivo. Vimos num contexto diferente como a mente é apenas uma modificação da consciência ou uma forma diferenciada de consciência e, portanto, essencialmente da mesma natureza da consciência. Vimos também que a consciência é o verdadeiro sujeito em todos os atos de percepção. A mente também desempenha o papel subjetivo na manifestação. De fato, todo ato de percepção, em qualquer nível, é um ato mental ou ocorre através da mente. Embora por trás da mente esteja o verdadeiro sujeito ou perceptor, enquanto a mente estiver presente, a consciência ou "o vidente" "verá" através da mente.

As mudanças produzidas no mecanismo objetivo, ou no veículo, como resultado da interação de consciência e matéria são, estritamente falando, fenômenos da vida. Assim, a vida é o resultado da interação de consciência e matéria na medida em que esta interação pode ser vista objetivamente no veículo material, usando a palavra material em seu sentido mais amplo, e incluindo graus suprafísicos da matéria. Portanto, a vida está relacionada ao veículo e a ele associada da mesma forma que a mente está relacionada à consciência e está no reino da consciência. Estas relações ficarão claras a partir do diagrama.

A visão da vida esboçada acima e seu lugar nos fenômenos da manifestação mostram não apenas sua relação com as outras variedades da existência – consciência, mente, matéria, etc. – mas também nos permite ver os fenômenos da vida em sua perspectiva correta sem ser confundidos com outros tipos de fenômenos. Esta visão é também uma visão geral baseada num princípio e, portanto, permite-nos estender a ideia aos reinos suprafísicos invisíveis da Natureza. Onde quer que haja um veículo organizado no qual diferentes tipos de forças estejam atuando, há vida de algum tipo. Na verdade, a vida é a expressão dessas forças no veículo que de outra maneira seria inerte, com um veículo puramente material é obrigado a ser.

Um corpo físico vivo é um veículo que está em contato com o *Ātmā*, o Espírito no homem. Quando o *Ātmā* o deixa e o contato é rompido e a interação cessa, o corpo torna-se um mero conglomerado material, sem vida – morto. Vemos assim como o contato do veículo puramente material com a consciência é um pré-requisito para a presença de fenômenos vitais de ordem superior, e os fenômenos que ocorrem sem tal contato pertencem a uma categoria inferior e funcionam de acordo com as leis da matéria inanimada. Um corpo morto é um mero agregado de átomos e moléculas e segue as leis da matéria inerte, e como não há forças para mantê-lo como um veículo organizado, ele se desintegra.

A mesma relação de consciência, mente, vida e matéria se mantém nos Planos Astral e Mental inferior. Quando o *Jīvātmā* se retira de um corpo mais sutil funcionando nestes planos, o corpo se desintegra lentamente ou morre. Isto é o que acontece quando a individualidade com os princípios mais elevados deixa os três corpos da personalidade, um após o outro, no processo de retirada para dentro de si mesma após a morte do corpo físico.

Olhando para o problema deste ponto de vista e considerando a vida como fenômeno que ocorre num veículo organizado como resultado da consciência que entra em contato com um veículo, vemos que, estritamente falando, os fenômenos da vida no sentido comum se estendem apenas até o nível do corpo mental inferior, nos três mundos temporais nos quais funcionamos como uma personalidade através de veículos organizados. Nos mundos espirituais superiores da Individualidade, onde os veículos são atômicos, os fenômenos da vida no sentido em que os entendemos aqui embaixo, não podem existir. Pois, se não existe um veículo organizado do tipo que podemos conceber, não podemos realmente dizer que o produto da interação da consciência com o veículo, na medida em que afeta o veículo, seja um fenômeno vital no sentido comum. O próprio fato de estes veículos superiores não estarem sujeitos ao nascimento, crescimento, decadência e morte recorrentes mostra que a vida, em seu sentido comum, existe nos Planos Espirituais. As principais características pelas quais reconhecemos a vida são o nascimento, o crescimento, a decadência e a morte. Se estas coisas não existem nos Planos Espirituais, não faz sentido denotar o produto da interação da consciência e do veículo pelo termo "vida". É verdade que há desdobramento da mente e da consciência e evolução dos veículos, mas isto não é a mesma coisa que crescimento. O crescimento é um fenômeno que está relacionado à decadência e é o oposto de decadência, pois o nascimento é um fenômeno que está relacionado à morte e é o oposto da morte. Mas o desdobramento da mente e da consciência nos Planos Espirituais é um processo irreversível. Nós não nos desdobramos e depois começamos a fechar. O desdobramento prossegue *ad infinitum*. "A alma do homem é imortal, e seu futuro é o futuro de algo cujo crescimento e esplendor não têm limites", como diz *Luz no Caminho*.[7] Portanto, é óbvio que a vida no sentido em que entendemos a palavra está confinada aos três planos nos quais a personalidade temporária do homem funciona e os corpos estão sujeitos ao ciclo de nascimento, crescimento, decadência e morte.

[7] COLLINS, Mabel, Editora Teosófica: Brasília, 7ª ed. de bolso, 2020. (Nota Ed. Bras.)

Algumas vezes usamos a palavra vida de forma um tanto vaga em relação ao *Logos* de um Sistema Solar, em frases como vida do *Logos*, etc. Em tais declarações, os fenômenos de vida em seu aspecto macrocósmico também podem ser estritamente considerados como confinados aos três mundos mais baixos nos quais os veículos organizados da personalidade funcionam. A totalidade dos fenômenos vitais nos veículos organizados dos três planos inferiores pode ser considerada como a vida do *Logos* da mesma forma que os diferentes planos do Sistema Solar podem ser considerados como seus 'corpos', ou veículos de consciência. Mas usar a palavra 'vida' de uma maneira geral para as expressões envolvidas nas manifestações *Logoicas* nos Planos Espirituais superiores é obviamente o resultado de se pensar de maneira vaga e a expressão de pensamento incorreto.

Livros para Viver Melhor!

A Ciência do Yoga

I. K. Taimni

Uma exposição sistemática da disciplina do *Yoga Sūtra*, de Patañjali (grande filósofo indiano do século VI a.C.), traçando um estudo comparativo da Ciência moderna com a clássica. Dr. Taimni define o *Yoga* como uma ciência de autoconhecimento e libertação progressiva da consciência, através da experiência direta com a prática da meditação.

Livros para Viver Melhor!

A Ciência Oculta e a Ciência Moderna

I. K. Taimni

Ao construir uma ponte reflexiva, de sólidas fundações, com a Ciência Moderna, o autor possibilita que ambos, cientistas e iniciados da Ciência Oculta se aproximem e se reconheçam como buscadores da Verdade. E talvez assim passem a criar todo um novo universo de possibilidades de pesquisas e investigações, que poderão levar a uma humanidade mais fraterna.

Livros para Viver Melhor!

Autocultura à Luz do Ocultismo

I. K. Taimni

Dr. I. K.Taimni, renomado professor e pesquisador de Química, sendo também versado em Filosofia Oriental, apresenta nesta obra, em linguagem contemporânea, uma das mais claras e profundas descrições da atuação da consciência através de seus veículos, bem como dos métodos que levam ao desenvolvimento dos poderes latentes no homem.